本书由扬州大学出版基金资助

中俄(苏)马克思主义本土化比较研究

ZHONG'E(SU)
MAKESI ZHUYI
BENTUHUA BIJIAO YANJIU

姚永明  著

 南京大学出版社

图书在版编目(CIP)数据

中俄(苏)马克思主义本土化比较研究 / 姚永明著
. — 南京 : 南京大学出版社, 2016.4(2025.4重印)
ISBN 978-7-305-16420-0

Ⅰ. ①中… Ⅱ. ①姚… Ⅲ. ①马克思主义理论—对比研究—中国、俄罗斯 Ⅳ. ①A81

中国版本图书馆 CIP 数据核字(2015)第 315581 号

出 版 者 南京大学出版社
社 址 南京市汉口路 22 号 邮 编 210093
出 版 人 金鑫荣

书 名 中俄(苏)马克思主义本土化比较研究
著 者 姚永明
责任编辑 王小兰 编辑热线 025-83305645
审读编辑 孟庆生

照 排 南京中经印务有限责任公司
印 刷 三河市佳星印装有限公司
开 本 718×1000 1/16 印张 17 字数 324 千
版 次 2016 年 4 月第 1 版 2025年4月第3次印刷
ISBN 978-7-305-16420-0
定 价 50.00 元

网址:http://www.njupco.com
官方微博:http://weibo.com/njupco
官方微信号:njupress
销售咨询热线:(025)84461646

自 序

呈现在读者面前的这部专著，是在我的博士学位论文基础上做进一步修改整理而成的。本人本科阶段读的是物理学应用电子技术专业，因为毕业留校从事共青团工作和学生管理工作，所以不久后又修了马克思主义理论与思想政治教育专业的第二学士学位和硕士学位，攻读马克思主义中国化博士学位是本人出于对马克思主义理论及马克思主义中国化的兴趣。

按常规，博士学位论文选题宜小开口，深挖掘。选取"中俄(苏)马克思主义本土化比较研究"作为博士学位论文是有点冒险的，因为，此研究确有难度。众所周知，苏联为什么会解体是一个非常复杂的问题，国内外有许多学者都对此进行了研究，也得出了许多很有说服力的结论。然而，运用比较研究的方法，探究两国马克思主义本土化之间的关系和影响，到目前为止，还没有一个相对全面而系统的成果。本人能否在两至三年的时间里填补这个空缺，难度确实很大。首先，虽然苏联解体已经20多年了，但是，到目前为止解密的档案非常有限，又很难有机会亲身到俄罗斯，获得第一手的资料，将其运用到论文之中，给读者带来耳目一新的观点。其次，本人虽有较好的英语基础，但没有俄语基础，即便在国内有一些现成的外文资料，也不能方便利用。第三，就是我平时工作繁杂，经常处于应急的状态，是否有足够的精力投入，也成为能否完成此研究的重要难度之一。

但是，本人更坚信此研究确有意义。20世纪是国际共产主义运动光荣与梦想交织的世纪、胜利与挫折并存的世纪、希望与忧患比肩的世纪、自豪与痛苦混杂的世纪。其中，苏联解体无疑是那个世纪最为经典的注解之一。作为世界上第一个社会主义国家，在拥有20万名党员时夺取了政权，在拥有200万名党员时击败了希特勒，在拥有近2 000万名党员时却丧失了政权。对于这突如其来的戏剧性、悲剧性的巨变，全世界都感到震惊和疑惑。西方人将此次巨变形容为"天鹅绒般的革命"，更多的国内外学者将之称为20世纪最大的"历史之谜"。对此，全世界有很多的政治家、理论家进行了大量的研究。从研究的总体情况来看，无论是关于苏联社会主义的历史、苏联成为超级大国的经验和苏联解体的教训的研究，还是关于中国革命的历史、中国社会主义革命和建设探索的教训和中国特色社会主义建设改革发展的经验的研究，都可谓研究深入、成果丰硕。"仅关于苏联解体的历史类专题书籍就20多万种,数百亿字,各学科的研究论文更是不计其数。"但从研究的方法或角度来看,基本都是"单体"的研究,而关于两国马克思主义本土化比较的研究很少见到。因此,运用比较研究的方法,或从比较的角度,来进行别人没有从事过的研究是很有意义的。更重要的是,由于马克思主义本土化在苏联遭遇失败,而马克思主义中国化必须面向未来,鉴于两国马克思主义本土化有着千丝万缕的联系,所以,对中俄(苏)马克思主义本土化进行比较研究意义非常重大。

促使我下定决心做此研究的,是开题前得到两位专家的首肯。一位是我国"马工程"知名专家,中国人民大学马克思主义学院秦宣教授,另一位是南京师范大学"东方学"专家俞良早教授,两位专家不仅对此选题给予了基本肯定,还就整个论文的框架结构给出了他们的建设性意见。此外,为了配合开题报告的后期修改,在导师的建议下,我以同样的标题申报了江苏省教育厅研究生创新项目,4个月后,项目获得了立项批准。申报创新项目最大的作用是督促我抓紧时间保持正常的写作进度,并尽可能地提高写作的质量。因为,我校有规定,博士研究生申报课题的,必须课题结项才能申请博士论文答辩。而且,课题结项必须在中文核心期刊发表两篇与课题直接相关的论文,作为课题的阶段性成果。为此,我在《扬州大学学报(人文社会科学版)》2013年第4期发表了《马克思主义中国化概念、实践和意义的内涵探析》,在《中国青年政治学院学报》2013年第5期发表了另一篇论文《改革开放以来马克思主义中国化的实践特点探析》,为我最终完成学位论文增添了信心。

本书从总体上说,较好地实现了预定的创新目标。一是创新定位了关于比较研究活动的价值。比较研究是一种常用的研究方法,在马克思主义中国化研究中也不乏运用,但是,对中俄(苏)马克思主义本土化进行比较研究确实不多见。就比较研究这项工作而言,可以说是弥补了马克思主义中国化研究方法和领域的不足。本人认为进行中俄(苏)马克思主义本土化比较研究,不仅是马克思主义中国化研究的重要组成部分,而且是马克思主义中国化实践的重要组成部分。这就是说,要进行马克思主义中国化研究,就应该对两个国家的马克思主义本土化情况进行比较研究,进而说,要把马克思主义中国化实践继续推向深入,就必须对两国马克思主义本土化实践情况进行比较研究,这是一个有创新意义的认识高度。

二是较好地体现了综合创新。博士论文首倡创新,但是在实际写作中创新是很难的。本人的这部专著所叙述的部分内容都是大家熟知的,有些问题已经有了定论,似乎很难超越。但是,运用比较的方法,来重新安排这些内容,就有了创新的色彩。如马克思主义俄国(苏联)化各个阶段实践特点的初步归纳,就是在别人已有研究的基础上的综合创新,有的体现为把已有分散观点系统化,有的体现为对已有观点做进一步的归纳,用更加贴切的词汇重新表达,有的体现为对已有的、未形成结论的论述进行凝练,提出自己的观点。再如,对马克思主义中国化各个阶段实践特点的重新归纳，既有对前人研究成果的继承，又有自己的创新尝试。

三是提出了一些有创新元素的观点或名词。所谓创新，不是突发奇想凭空捏造。要创新一个观点，要求对观点所指的对象物进行深刻的、严谨的思考，再通过恰当的表述来完成。如本人在毛泽东当年于苏共20大后“三七开”评价斯大林的基础上提出了“三七开法”，意思是虽然毛泽东在评价斯大林时用的“三七开”中“三”和“七”可能是两个实数，但是在评价一个历史人物，包括领袖人物时应该采用辨证的、一分为二的方法，作为一种方法，“三”和“七”不再具有实数的意义，而是虚数，是既有优点，也有缺点，既有功劳，也有错误的意思，不能全盘否定。再如“社会信仰”也是一个有创新元素的词汇。作者认为，所谓“社会信仰”，它不同于“政治信仰”或“宗教信仰”，是指人民群众普遍的精神状态和价值追求，是长期以来在老百姓中形成的比较一致的、稳定的精神状态和价值追求。通俗地讲，就是老百姓对党和政府的认可和信任、对现实生活的意义和对未来的希望。

当然，本书一定还存在许多缺点和不足，本人感到在佐证观点时原理运用还不十分充分、部分章节的论述还比较粗糙、部分章节的逻辑架构还不十分清晰、部分章节一手文献的占有和运用还比较薄弱、有些地方的语言叙述还显生硬，等等。所以，本人恳请各位专家、学者和同人们批评指正！本人一定以此书的出版为新的起点，继续在这个选题方向上做进一步深入的研究，力争以新的成果来弥补以上的缺点和不足。

作　者

2015年9月于扬州

目录

导 论

一、研究的意义

中俄（苏）马克思主义本土化比较研究①的意义是多方面的，不仅有作为历史学、党史学的意义，还有作为当代政治学、政党学、社会学等的意义，更有作为科学社会主义的意义。既有深远的历史意义，更有重要的实践意义。

（一）中俄（苏）马克思主义本土化比较研究的历史意义

中俄（苏）马克思主义本土化是国际共产主义运动的重要组成部分，两国的马克思主义本土化实践是国际共产主义运动的晴雨表。因此，对中俄（苏）马克思主义本土化进行比较研究，无疑具有深远的历史意义。

1. 有利于中国共产党持久坚持和发展马克思主义

马克思主义诞生于19世纪的欧洲，当时，欧洲资本主义快速发展的同时，工人运动也此起彼伏，马克思主义受到欧洲各国工人阶级的普遍欢迎。马克思、恩格斯的思想、学说和理论在之后的半个多世纪里，被翻译成十几种文字，在生产力比较发达的欧洲迅速传播开来。然而，欧洲革命的胜利却迟迟没有到来，相反，马克思主义传播到了兼连欧亚的俄国，在那里生根、开花和结果。以列宁为代表的俄国马克思主义者，把马克思主义的基本原理与俄国实际相结合，创立了列宁主义，以十月革命的胜利为标志，实现了马克思主义俄国化。

十月革命后，马克思主义继续“东播”，十月革命一声炮响给中国送来了马克思列宁主义，在马克思主义的指导下成立的中国共产党，领导中国人民把马克思主义基本原理与中国具体实际相结合，取得了新民主主义革命的胜利，建立了新中国。之后，又在不断汲取社会主义革命和建设探索的经验教训的基础上，开始了有中国

---

① 本研究中的“俄（苏）”是一个有时间节点的概念，即1922年12月30日之前时期使用“俄国”，在此之后至1991年12月21日间使用“苏联”，苏联解体后使用“俄罗斯”，为方便起见，在一般性叙述时多使用“俄”；本文中的“马克思主义”是指广义的马克思主义，需要表达狭义的马克思主义时使用“马克思的学说”或“经典马克思主义”。

特色的社会主义改革和发展。

然而,就在中苏两个社会主义国家各自继续探索社会主义发展道路的过程中,世界上第一个社会主义国家苏联,遭到了解体的命运,马克思主义丢失了在苏联主流意识形态的指导地位,马克思主义停止了在苏联的继续发展。中国共产党如何从苏联解体中汲取教训,确保做到“沉舟侧畔千帆过,病树前头万木春”,是中国共产党必须自觉面对和认真思考的问题,进行中俄(苏)两国马克思主义本土化比较研究是一个根本途径。

诚然,作为放之四海而皆准的马克思主义基本原理要继续发展,国际共产主义运动要能最终在全世界取得胜利,不是也不可能依靠哪一个国家的共产党,但作为在马克思主义理论指导下成立起来的中国共产党有理由,也有责任,以更加积极的主人翁姿态,为持久坚持和发展马克思主义做出贡献。本研究将为中国共产党全面总结经验,汲取教训,提供参考。

2. 有利于不断推进和发展中国特色社会主义事业

从人类社会发展的角度讲,社会主义事业是人类社会最崭新的事业,中国特色社会主义是这项最崭新事业迄今为止最成功的代表。我们说最成功,是因为苏联失败了。我们说成功,是因为我们理性地、忠实地遵循了将马克思主义基本原理与中国具体实际相结合的规律,我们找到了有中国特色的社会主义道路,而这个“中国特色”与当下我们“仍然处在社会主义初级阶段”这个基本判断相吻合。

社会主义初级阶段的内涵包括两层意思,那就是我们已经建立了社会主义基本制度,但我们还处在不发达的阶段或较低级的阶段。为了使社会主义制度成为人类社会普遍追求的美好社会制度,我们必须立足初级阶段这个现实,不断发展初级阶段的社会主义,不断完善社会主义。苏联在建设和发展社会主义的过程中存在既忽视了基本国情,又盲目乐观,甚至错误地估计了社会主义发展的条件和形势,以及社会发展所处的历史阶段,制定了许多不切实际的发展目标,夸大了发生世界战争的可能性等情况,值得我们从中汲取教训。因此,对中俄(苏)马克思主义本土化进行系统而科学的比较,有利于我们不断推进和发展中国特色社会主义事业。

3. 有利于实现马克思主义中国化旗帜永不变色

人类社会总是由低级社会向高级社会发展的。社会主义初级阶段也要向社会主义高级阶段——共产主义发展,这个发展能否顺利和能否成功,有许多综合的因素,其中最关键的是看我们能否始终坚持以马克思主义为指导。

综观世界范围内的社会主义建设发展历程,我们应当清醒地意识到,随着中国的改革开放进入全面深化阶段,面临的国际国内形势更加复杂多变,中国特色社会主义旗帜面临诸多挑战，中国特色社会主义道路面临诸多障碍，中国特色社会主义事业面临诸多困难。这些诸多的挑战、障碍和困难，固然有缘于中国特色社会主义发展过程中自身的原因，但绝不可忽视来自国外的，特别是来自西方资本主义的反马克思主义的、反社会主义的因素，可以说，意识形态领域颠覆与反颠覆的斗争依然尖锐，社会主义在苏联的失败就是一个生动的反面教材。苏联的解体是国际共产主义运动的一大挫折，从时间上讲已经固定为历史，但从国际共产主义运动的历史来讲，确是一段真实的、不可忘却的历史，我们要牢记“忘记了过去就意味着背叛”的警言，从马克思主义本土化在苏联的失败中汲取惨痛教训，只有这样，才能实现中国特色社会主义旗帜永不变色。

（二）中俄（苏）马克思主义本土化比较研究的实践意义

中俄（苏）马克思主义本土化比较研究除了具有深远的历史意义之外，还具有重要的实践意义。

1. 揭示中国民主革命道路选择的科学性

苏联解体后，关于暴力革命的合理性问题再一次成为理论界研究和争论的热点问题。中俄（苏）马克思主义本土化比较研究以民主革命阶段为起点，全面系统地分析了两国民主革命酝酿和准备阶段的国情和条件，指出了无产阶级革命采取暴力形式的必然性和不可替代性。以列宁为代表的布尔什维克人反对伯恩斯坦修正主义，同社会民粹派、经济派和孟什维克等就俄国革命纲领和策略问题，展开了大规模的理论批判，坚持了马克思主义的无产阶级革命理论，并结合俄国国情，形成了帝国主义理论和社会主义革命理论，这既是对传统的马克思主义革命理论的重大突破和创造性发展，也成为十月社会主义革命的指导思想和理论基础。也就是说，列宁领导的十月社会主义革命取得胜利的这一过程，既证明了马克思主义无产阶级革命理论的真理性，也为中国革命选择什么样的理论和道路指明了方向，树立了榜样。

十月革命是武装暴力革命的胜利，是从城市革命胜利到最终夺取全国政权。这条胜利的道路是否是唯一的道路？是否可以作为经验？是否适合中国革命呢？事实已经给出了答案。中国革命走了一条与俄国革命胜利并不完全相同的道路，即“农村包围城市，武装夺取政权”的道路。

通过这样的比较，不仅证明了中国革命选择暴力革命道路的正确性，即中国革命为什么要选择暴力革命，而且证明了暴力革命路径选择的科学性，即怎样进行暴力革命，从而进一步证明马克思主义中国化的历史必然性，证明中国民主革命道路选择的必然性。

2. 凸显中国社会主义革命和建设艰辛探索的可贵性

众所周知,中苏两国开始社会主义建设的起止时间不同,社会主义建设经历的时间也不相等,只有部分重叠。具体地说,苏联是从十月革命后到 1985 年的 68 年,而中国社会主义建设是从 1949 年新中国成立,连同过渡时期到 1978 年,也只有 29 年。无论起点早与迟,所经过时间的长与短,社会主义建设仍然是人类崭新的事业,两国的社会主义建设都具有探索的性质,虽然中国的社会主义建设有着很深的“苏联模式”的痕迹,但是在探索中又有很多具有中国特色的内容,对社会主义理论与实践的发展意义重大。

十月革命后,列宁在马克思主义理论和俄国具体实际相结合的基础上,提出了许多极其深刻、富有创见和深远意义的战略思想和精辟论断,然而他“壮志未酬身先死”,留下了一些可能解决而未及解决的重要问题。斯大林继承列宁的事业,为奠定社会主义基础,增强综合国力,夺取反法西斯战争的胜利做出了巨大的努力,成为马克思主义在苏联继续发展的坚实基础。但是,苏联社会主义实践却把一国建设经验绝对化,并强加于别国,且在政治生活中搞个人崇拜,导致苏联社会生活缺乏民主,特别是斯大林去世后出现全盘否定斯大林、全盘否定苏联历史的情况,对苏联社会主义事业造成巨大冲击。

新中国成立后,以毛泽东为代表的中国共产党人,在对国际形势充分研判的基础上,虽然在制度选择上采取“一边倒”的政策,但在具体建设道路的选择上,却坚持以“自力更生为主,争取外援为辅”的政策。特别是 20 世纪 50 年代中后期,由于中苏关系的变化和恶化,中国共产党及时调整并采取了“独立自主、自力更生”的政策,借鉴“新经济政策”等思想,完成了对生产资料私有制的社会主义改造。但由于急躁冒进和缺乏经验,在建设探索中犯了“大跃进”、“人民公社化”运动等重大错误,特别是后来由于毛泽东在阶级斗争问题上的失误和偏差,发生了“文化大革命”的全局性错误。

通过比较两国社会主义建设并不完全重叠的历史,我们发现中国根据国际形势的变化,采取“一边倒”政策既是一种制度现象,也是当时中国国情所决定的,更是一种历史必然。采取“独立自主、自力更生”政策同样既是中国共产党人的一贯主张,更是坚持马克思主义本土化的必然结果。事实上,中国在社会主义建设和探索过程中选择性放弃“苏联模式”,成为后来苏联解体而中国的改革没有步苏联后尘的重要因素之一,这就从客观上证明了 20 世纪 50 年代至 70 年代中国社会主义建设探索是非常艰辛而又可贵的。

3. 强调走中国特色社会主义道路的必然性

马克思主义为人类描绘的共产主义美好蓝图,是社会主义建设的最终目标。随着时代的发展,社会主义建设一定会面临新的课题和新的挑战,改革是社会主义建设的唯一出路，改革是为了更好地发展社会主义，改革是发展的题中应有之义。

戈尔巴乔夫担任苏共中央总书记时的苏联确实需要改革，但是，他打着“完善社会主义”的旗号，推行他的改革新思维，鼓吹“公开化”和“多元性”，强调“全人类的利益”，淡化和否定国家政治生活中的阶级性，其实质就是放弃社会主义，放弃马克思主义。同时，借口改造党的组织，从放弃党对改革的领导，到最终丧失党在国家政治生活中的领导地位，仅用了不到6年的时间，就使世界上第一个社会主义国家苏联惨遭解体。

在中国，1978年12月，党的十一届三中全会召开，在对“实践是检验真理的唯一标准”的持续讨论中，中国共产党恢复了马克思主义“实事求是”的思想路线。在“改革是社会主义制度的自我完善”的原则方针指引下，有步骤地推行从经济体制到政治体制的改革，坚定不移地坚持把马克思主义的基本原理同中国的具体实际相结合，走中国特色的社会主义道路，马克思主义中国化取得了举世瞩目的伟大成就。

通过对中苏两国改革成败的经验教训进行比较，我们从中得出的启示是，马克思主义所揭示的人类社会发展的规律是真理，社会主义制度具有内在的理论优势和比较优势，要在现实中实现这种优势，必须把马克思主义基本原理与本国国情紧密结合，走有本国特色的社会主义改革发展道路。

此外，随着课题研究的展开，笔者对选题的意义又有了新的认识。那就是，随着时代的变化，特别是代际的变迁，人们可能会对东欧剧变和苏联解体逐渐淡忘。与之同时，随着马克思主义中国化的不断深入，马克思主义中国化实践将面临更多更复杂的“挑战”，这种“忘却的可能”与“挑战的增加”并存的现实，使得“比较”变得更加的迫切和重要，如果说忘记历史就意味着背叛，那么，忽视“比较”和忽视“比较研究”就意味着失败的危险。因此，“比较研究”不仅理所应当地成为马克思主义中国化研究中的一个最为重要的方法之一，而且，“比较研究”活动本身还应当成为马克思主义中国化实践的重要组成部分。

二、研究的现状

马克思主义本土化是马克思主义被世界各民族所认识、理解、运用和发展的实践及其结果的概述。具体包含三个层面的意思：一是用本民族的语言翻译、解释、传播马克思主义；二是运用马克思主义理论指导本民族政治、经济、文化和社会发展的实践；三是坚持马克思主义的执政党在实践中创新理论，丰富和发展了马克思主义。

马克思主义本土化是一个世界范围内的客观现象，坚持马克思主义的社会主

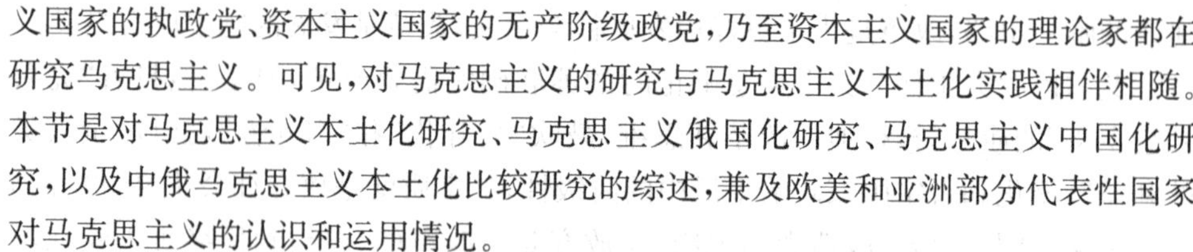

义国家的执政党、资本主义国家的无产阶级政党，乃至资本主义国家的理论家都在研究马克思主义。可见，对马克思主义的研究与马克思主义本土化实践相伴相随。本节是对马克思主义本土化研究、马克思主义俄国化研究、马克思主义中国化研究，以及中俄马克思主义本土化比较研究的综述，兼及欧美和亚洲部分代表性国家对马克思主义的认识和运用情况。

（一）马克思主义本土化研究现状

马克思主义创立160多年来，特别是20世纪以来，她的发展过程从总体上看，是一个世界化与本土化相统一的过程。由于马克思主义所具有的科学性、实践性和开放性，适应了世界各民族实践发展的时代需要，不断地超越狭隘地域和民族界限，得到广泛传播和运用，形成了一股世界马克思主义的热潮，尤其在20世纪的社会主义革命和建设实践中发挥了巨大的指导作用。伴随马克思主义本土化实践的推进，马克思主义本土化研究也随之展开。

1. 关于国外共产党执政国家马克思主义本土化的研究

国外共产党执政国家马克思主义本土化情况是国外马克思主义研究的重点内容，也是马克思主义中国化研究的重要组成部分。数十年来，特别是东欧剧变、苏联解体以来，我国学者对此进行了多方面的研究，取得了可喜的进展。自1979年1月到2015年1月，在中国期刊全文数据库中输入“国外共产党”、“共产党执政(国家)”等篇名或关键词，分别有29篇/11篇、1 661(1 239)篇/2(1)篇。在中国国家数字图书馆中文书库中输入主题词“国外共产党”和“共产党执政国家”，分别有0本和2本著作。可见，国外共产党执政国家马克思主义本土化研究虽有了良好的基础和开端，但还有很大的研究空间。

2. 国外共产党执政国家马克思主义本土化研究的主要内容

目前，国外共产党执政的国家主要分布在拉美和亚洲，包括越南、朝鲜、古巴和老挝等，他们在社会主义革命、建设和改革的实践中都坚持以马克思主义为指导，并把马克思主义基本原理与本国的具体实际和时代特征相结合，走有本国特色的社会主义发展道路。从目前可能检索到的资料来看，对这些国家的马克思主义本土化的研究主要集中在关于马克思主义的理论认识和理论成果两个方面。东欧曾经是社会主义国家的主要集中区，由于这些国家都是在苏联的“援助”下建立起社会主义制度的，20世纪80年代末发生了“政治地震”，这些国家已经放弃了马克思主义，本研究不做研究。

(1) 国外共产党执政国家对马克思主义的理论认识

越南共产党从胡志明时期就提出要把马克思列宁主义与越南具体实际相结合。他曾强调：“我们学习马克思列宁主义是为了分析和解决我们革命的具体问题,为了在我国的特殊条件下加以运用。"[1]苏共二十大更是引起了胡志明对如何运用马克思主义的思考,他说:"我们不能与苏联一样,因为我们与苏联有着不同的风俗习惯、历史、地理,从苏联共产党第二十次大会作出的决定看,我们可以走其他的社会主义道路。"1998年越共八届六中全会指出:"要大力加强对国内外的实践经验总结和理论研究工作,进一步搞清实践中产生的急迫问题,搞清越南社会主义模式和走向社会主义的道路。"[2]

朝鲜劳动党很早就意识到要进行马克思主义民族化的问题。金日成曾指出,学习马克思列宁主义,不是背诵马克思列宁主义理论的个别词句,而要理解这一理论的革命本质,并善于根据这一理论科学地研究和分析朝鲜革命的具体问题。他特别强调:"我国的革命具有自己的特点,它的全过程和别的国家不同。我们党发展的主客观条件,我们国家的政权形式、社会经济的变革和经济、文化建设的进程也都具有自己的特点。"[3]金正日主政以来,则强调要"按自己的方式进行革命和建设"。1997年,他在《关于在革命和建设中固守主体性和民族性的几个问题》中指出:"在民族自主的原则下,按自己的方式进行革命和建设是固守自主性和民族性的最基本要求","喜欢别人的样式,并喜欢模仿他人的习惯绝不是什么负责民族命运的主人翁式的态度"。[4]

古巴是中美洲加勒比海地区唯一一个社会主义国家,长期受美国的封锁却仍能坚持马克思主义民族化的探索。卡斯特罗早在1961年就指出:"建设社会主义的确是一条人家已经走过的道路。但是,这并不是说各国的条件都完全一样、各国所建设的社会主义都要一样、应该丝毫不差地抄袭人家已经使用过的方式……每一个国家都有它的特点,正因为如此,每一个国家应该使自己的纲领、方法和策略适合本国的特点,这也是我们应该做的事。"[5]东欧剧变、苏联解体后,古巴不仅重视研究东欧剧变、苏联解体的原因,也非常重视学习中国等社会主义国家的经验,古巴共产党一直认为,古巴与所有社会主义国家有共同之处,更有不同的地方。劳尔·卡斯特罗曾指出:"如何建设社会主义,就像前苏联宇航员加加林飞往太空时一样,仍是个未知数。"[6]

---

① 《世界社会主义思想通鉴》,人民出版社,1996年版,第495页。

② 《国际共产主义运动》(人大复印资料),1999年第4期,第48页。

③ 《朝鲜劳动党简史》,人民出版社,1986年版,第406页。

④ 任明:《金正日时代朝鲜政治经济前景展望》,载《国际政治》(人大复印资料),1998年第11期,第86页。

⑤ 《卡斯特罗言论集》(第2册),人民出版社,1963年版,第256页。

⑥ 崔桂田:《共产党执政国家的马克思主义民族化比较》,载《山东社会科学》,2005年第4期,第11—12页。

老挝人民革命党也非常重视马克思主义本土化问题,原人民革命党主席坎代曾指出,要“紧紧把握本国特点和实际,在运用马列主义理论和外部经验的同时,发扬独立、开创精神,以制定适合各革命时期特点的政治路线及确立正确的战略和灵活的策略”①。老挝实行革新开放以来,则更加注意考虑自己国家的特点,更加正视经济和社会发展中,由于本国地理、经济、社会、历史等条件所造成的困难,而不抄袭任何一个其他社会主义国家的模式。

(2) 国外共产党执政国家马克思主义本土化理论成果

马克思主义本土化是一个历史进程,各国执政党在把马克思主义创造性地运用于本国的具体实践中,都取得了程度不同的成功经验,并上升到了马克思主义理论的高度。

越南共产党提出了“胡志明思想”。1991 年 6 月,越共召开七大,第一次把“胡志明思想”写入党的正式文件。2001 年,越共九大则更加全面系统地阐述了胡志明思想,九大报告认为:“胡志明思想是关于越南革命基本问题的一套全面、深刻的理论和政治观点体系,是在我国具体条件下创造性运用和发展马克思列宁主义,继承和发展优良民族传统价值观以及吸收人类文化精华的产物”,“我们党和人民决心沿着以马克思列宁主义和胡志明思想为基础的社会主义道路建设越南”。②

朝鲜劳动党提出了“主体思想”。1970 年,朝鲜劳动党召开第五次全国代表大会,第一次正式将“主体思想”写入党的文件,金日成在大会报告中指出:“我们党的革命思想——党的一思想的精髓,是马克思列宁主义的主体思想,我们党的唯一思想体系,是主体的思想体系”,“主体思想已经成为我们党的坚定不移的指导思想和我们的一切革命斗争与建设事业的最正确的指导方针”。③“主体思想”的核心内涵就是在革命和建设中必须贯彻思想上树立主体、政治上自主、经济上自立、国防上自卫的原则。金正日进一步认为:“主体思想是关于民族解放、阶级解放和人的解放的理论和关于社会改造、自然改造和人的改造的理论全面地加以体系化的完善的共产主义革命理论。”④

古巴共产党提出了“马蒂思想”。1991 年 10 月,古共召开第四次全国代表大会,第一次把“马蒂思想”列为党的指导思想。1992 年版的古巴宪法第 5 条就规定:“以马蒂思想和马列主义为指导的古巴共产党是古巴民族有组织的先锋队,是

① 张唤:《坎代主席谈老挝人民革命党 40 年》,载《当代世界》,1995 年第 10 期,第 34 页。

② 许宝友:《越共九大政治报告的新特点》,载《国外理论动态》2001 年第 7 期,第 2 页。

③ [朝]金日成:《在朝鲜劳动党历次代表大会上的报告》,人民出版社,1979 年版,第 374 页。

④ [朝]金正日:《以人民群众为中心的我们朝鲜式社会主义是战无不胜的》,朝鲜外文出版社,1991 年版,第 13 页。

社会和国家最高的领导力量，它组织和指导社会为实现建设社会主义的崇高目标和向共产主义社会迈进而共同努力。”①

老挝共产党目前还没有提出马克思主义本土化的具体理论成果，但坎代认为，老挝在社会主义实践中已经形成了指导革新事业的新思维体系、观点和原则，在不远的将来很有可能也会凝练出一个具体的理论体系来。

（二）马克思主义中国化研究现状

数十年来，马克思主义中国化的研究已取得了丰硕的成果，马克思主义中国化的概念界定、价值内涵、阶段划分、目的意义、发展取向、现实追求、实现机制等都得到了科学的论证，许多与现实和时代关联度很高的问题不断被关注并纳入研究领域，理论与实践的研究同步推进，呈现良好的发展态势。但毋庸置疑，在丰硕的成果背后仍存在不少研究的空白，仍有许多有价值的问题没有被发现，尚需进一步去开拓和耕犁。此外，还有一些热点、焦点问题尚未取得一致意见，还需要进一步澄清，特别是关于马克思主义中国化的“未来走向”一类的问题，在一定程度上仍存在迷茫，需要更多的人为之付出艰辛的探索。

1. 马克思主义中国化研究的部分成果统计及主要内容

截至 2015 年 1 月，根据中国期刊全文数据库检索统计（2000—2015）显示：篇名中含有“马克思主义中国化”的文章有 5 260 篇；优秀硕士论文全文数据库统计（2000—2015）显示，篇名中含有“马克思主义中国化”一词的文章有 209 篇；中国博士学位论文全文数据库统计（2000—2015）显示，篇名中含有“马克思主义中国化”一词的文章有 42 篇。中国国家数字图书馆中文普通图书统计（2000—2015）显示，正题名为“马克思主义中国化”的著作有 428 部。当然，肯定还有一些发表于其他各类杂志的相关文章，以及出版的相关论著并没有完全统计在内。这些已有的研究主要可以归纳成如下三大类：关于马克思主义中国化基本问题的研究、关于马克思主义中国化热点问题的研究及关于马克思主义中国化其他问题的研究。

2. 关于马克思主义中国化基本问题的研究

哪些问题属于马克思主义中国化的基本问题，亦是一个仁者见仁、智者见智的问题，目前意见比较集中的问题有：

一是关于马克思主义中国化的提出者之争研究。大多数研究者都赞成马克思主义中国化命题，是毛泽东在 1938 年召开的党的六届六中全会《论新阶段》报告中正式提出的。也有少数学者认为，马克思主义在中国的最早传播者李大钊也提出

① 徐世澄：《古巴》（列国志），社会科学文献出版社，2003 年版，第 111 页。

过马克思主义中国化的任务，但没有明确提出马克思主义中国化的概念。李大钊在论述马克思主义的基本原理时就明确强调："马氏的学说，实在是一个时代的产物"，我们"不可拿这一个时代一种环境造成的学说，去解释一切历史，或者就那样整个拿来，应用于我们生存的社会"。① 马克思主义理论家、宣传家艾思奇在1938年4月写的《哲学的现状和任务》中也从哲学的视域和抗日战争的实际需要提出了马克思主义哲学中国化的任务，同样也没有明确提出马克思主义中国化的概念。

二是关于马克思主义中国化的必然性问题研究。必然性问题包括必要性和可能性两个部分。有研究者认为，马克思主义之所以要中国化，既是马克思主义理论本身发展的必然要求，也是当时解决中国社会矛盾的必然需要，是"供与需"的匹配促成了马克思主义中国化的实现。"用实践的观点来看马克思主义中国化问题，旨在揭示马克思主义的内在根据，亦即中国是否具有接受马克思主义的实际社会需要。"②有研究者进一步认为，马克思主义之所以能中国化，是因为马克思主义理论的真理性、科学性和实践性契合了中华民族寻求独立和发展的价值追求，与中国传统文化有共同的价值交汇点。③ 还有研究者提出，马克思主义传播到中国，必然促成中国共产党的成立，而中国共产党的成立又促进了马克思主义的中国化，在马克思主义中国化的历史过程中，中国化所开创的中国特色社会主义事业取得了巨大的成功，进一步证明了马克思主义中国化的可能性。还有研究者提出，中国的马克思主义者通过"创造性地运用"马克思主义，实现了"运用性地创造"马克思主义，即自觉地把中国的实践经验逐步升华为新的理论形态，更是马克思主义中国化成为可能的重要因素。④

三是关于马克思主义中国化的历史进程研究。马克思主义中国化是一个不断推进的历史进程，复杂性是这个历史进程最为重要的特征，因此，对这个历史进程进行阶段划分是全面研究马克思主义中国化特点的基础和前提。首先必须明确马克思主义中国化的起点。有研究者认为，自马克思主义一来到中国这片土地就开始了马克思主义中国化的进程。因为中国早期的仁人志士和先进知识分子已经实质性地开始认识和理解马克思主义，信仰和传播马克思主义，用马克思主义的立场、观点和方法思考并解决中国社会的实际问题。当然，也有学者认为马克思主义中国化开始于中国共产党成立之日。如顾海良主编的《马克思主义发展史》中说：

---

① 《李大钊文集》，人民出版社，1984年版，第68—69页。

② 何成学：《论马克思主义中国化的历史缘由》，载《桂海论丛》，2007年第1期，第24页。

③ 洪建设、赵麟斌：《马克思主义中国化述评》，载《学术界》，2010年第4期。

④ 谭培文：《马克思主义中国化究竟是何以可能的》，载《马克思主义研究》，2006年第2期。

"中国共产党自成立之日起，实际上就开始了马克思主义与中国革命实践的结合，即马克思主义中国化的进程。"[①]此二说都有一定道理。

关于马克思主义中国化历史进程的阶段划分，学术界存在诸多不同意见，可谓百花齐放，百家争鸣。从目前能够收集到的资料来看，主要是划分的标准和思考问题的角度不一样，如有研究者采用"实践主题"标准，认为马克思主义中国化的过程是一个以不同主题为中心而分阶段展开的过程。第一阶段以"争取民族民主革命的胜利"为主题，理论成果是形成了毛泽东思想，实践成果是建立了新中国；第二阶段以"建立社会主义制度"为主题，理论成果是毛泽东思想进一步发展，实践成果是建立了社会主义基本制度；第三阶段以"进行社会主义现代化建设"为主题，其间社会主义建设事业虽遭受挫折，但最终形成了邓小平理论、"三个代表"重要思想和科学发展观等，并开创了中国特色社会主义新的伟大事业。[②] 有研究者采用"时间推进"标准，认为从 1917 年十月革命到 1921 年中国共产党成立前是马克思主义在中国的传播阶段，是马克思主义中国化的起始阶段；1921 年到 1935 年遵义会议召开前是马克思主义准中国化阶段；遵义会议后是马克思主义实现中国化阶段。[③] 在 2003 年前后，还有学者选择"理论成果"标准，认为马克思主义中国化分三个阶段，毛泽东思想是第一阶段，邓小平理论是第二阶段，"三个代表"重要思想是第三阶段。[④] 其他还有"党史发展"标准、"实践特征"标准、"领袖任务"标准等。党史专家龚育之提出，马克思主义中国化历史进程主要包括三个历史阶段，即新民主主义革命、新中国成立后到党的十一届三中全会、十一届三中全会以后三个阶段。[⑤] 此外，还有研究者提出"四个阶段说"。第一阶段：毛泽东思想是马克思主义中国化的先河；第二阶段：邓小平理论是马克思主义中国化的又一理论成果；第三阶段："三个代表"重要思想是马克思主义中国化的创新理论成果；第四阶段：科学发展观与构建社会主义和谐社会理论是马克思主义中国化的最新理论成果。[⑥]

四是关于马克思主义中国化的途径和实现机制研究。马克思主义只有"中国化"了，才能化解不同历史时期的"中国问题"，显示其巨大的生命力。以何种形式，

---

① 顾海良：《马克思主义发展史》，中国人民大学出版社，2009 年版，第 541 页。

② 陆剑杰：《马克思主义中国化的基本历程及当代任务》，载《党建研究》，1999 年第 7 期。

③ 张步仁：《论马克思主义中国化过程》，载《南京航空航天大学学报》，2001 年第 1 期。

④ 徐贵相：《论马克思主义中国化的历史进程》，载《新华文摘》，2003 年第 2 期。

⑤ 宋贵伦：《加强马克思主义中国化研究坚持和发展中国特色社会主义——研读龚育之同志有关观点随感》，载《中国特色社会主义研究》，2007 年第 1 期。

⑥ 高瑞：《马克思主义中国化的历史进程及发展规律》，载《理论界》，2007 年第 7 期。

通过什么途径来实现"中国化",是马克思主义在中国场域中必须直面的关键性课题。不同学者从不同的视阈阐述了不同的观点。近年来一个比较普遍的观点认为,是"在坚持中发展,在发展中坚持"是马克思主义中国化的必由路径,包括三层含义:第一是准确理解和把握马克思主义理论;第二是全面认识和分析中国的实际,将马克思主义基本原理运用到中国具体实践,并进行创新;第三是把马克思主义同中国的民族文化相结合,使马克思主义"说中国话"。

马克思主义中国化的实现机制是马克思主义"中国化"从理论与价值层面上的"应然"向"实然"跃迁的核心论题。实现机制,即马克思主义基本原理与中国具体实际如何实现结合的问题,从其构成上看,应包含理论前提、文化环境、国情条件、实践基础、逻辑主题、实现主体等要素,从方法上看,蕴含着结合的途径、诠释的视角、解弊的策略等,学术界的研究会因着力点不同,得出的结论也不尽相同。①

五是关于马克思主义中国化的基本经验研究。马克思主义中国化的基本经验是马克思主义中国化的重要成果,总结和研究它是马克思主义中国化的内在要求。有研究者认为,马克思主义中国化有四条重要经验,即坚持理论与实践相结合、坚持继承与创新相统一、坚持民族性与时代性相联结、坚持大众化与学术化相一致。② 著名马克思主义哲学专家陈先达从实践的角度解读马克思主义中国化的经验,认为"立足实际,立足变化着的实际、实践是确定是否属于马克思主义学派的标准、坚持基本原理,重视文本研究"是马克思主义中国化最重大的经验。③ 也有研究者认为,"善于集中全党全国人民的集体智慧"是一条基本经验。④ 石仲泉认为,"破除迷信,解放思想,科学地对待马克思主义"是重要的经验之一。⑤ 在中国学术期刊全文数据库中,以"马克思主义中国化基本经验"为主题的论文就有 79 篇之多。

六是关于马克思主义中国化的基本规律研究。研究者们一致认为马克思主义中国化尽管在不同的时期呈现出不同的特点,但从总体上看,马克思主义中国化在其历史发展过程中还是遵循了一些共同的规律。有研究者提出"结合"规律说,认

---

① 洪建设、赵麟斌:《马克思主义中国化述评》,载《学术界》,2010 年第 4 期。

② 周国琴:《马克思主义中国化的基本经验》,载《社科纵横》,2010 年第 10 期。

③ 陈先达:《马克思主义中国化经验的实践解读》,载《中国特色社会主义研究》,2007 年第 4 期。

④ 王家云:《善于集中全党全国人民的集体智慧——马克思主义中国化的一条基本经验》,载《毛泽东思想研究》,2011 年第 5 期。

⑤ 石仲泉:《破除迷信　解放思想　科学地对待马克思主义——马克思主义中国化的基本经验之一》,载《中国特色社会主义研究》,2010 年第 1 期。

为马克思主义中国化的第一个基本规律在于将马克思主义普遍原理与中国具体实际相结合，过去是这样，将来也必然是这样。① 梅荣政、杨军认为要把握马克思主义中国化的规律就是要始终坚持把马克思主义基本原理与中国实际相结合，从坚持理论与实践、改造客观世界与主观世界、运用理论与发展理论的三个结合中寻找马克思主义中国化的规律。② 有研究者提出"斗争"规律说，认为马克思主义自诞生之日起就在不断地同各种非马克思主义的思想和谬误做斗争并不断向前发展，马克思主义传入中国更是如此。黄永久认为马克思主义中国化进程便是与各种错误进行斗争的过程。在斗争和切磋中发展，是马克思主义中国化规律。③ 有研究者提出"实践"规律说，认为实践是理论的来源，伟大的理论源于伟大的实践，只有通过社会实践，才能产生创新的理论成果。包心鉴认为要实现马克思主义中国化就要坚持马克思主义基本原理同中国具体实践相结合，这是马克思主义中国化的基本原则，而要实现这一基本原则，关键在于一切从实际出发，把实践作为"结合"的逻辑起点。④ 也有研究者提出"创新"规律说，认为创新贯穿马克思主义中国化的历史进程之中，而且会随着社会、历史和实践的新变化、新发展，不断地增添新的内涵。⑤ 此外，还有学者提出"时代"规律说、"民族化"规律说，等等。

七是关于马克思主义中国化与中国化的马克思主义关系问题。这个"关系问题"经常被人误认为是"文字游戏"，其实不然，这是一个最基本且最重要的问题。有研究者认为，马克思主义中国化重在过程，中国化的马克思主义则是马克思主义中国化的结果，主要是指马克思主义和中国实际相结合的理论成果。⑥ 肖贵清指出，马克思主义中国化是马克思主义与中国实际相结合的过程，中国化马克思主义是这一过程的逻辑结果。马克思主义中国化与中国化马克思主义相互联系、相互促进、双向互动，统一于中国革命、建设和改革的实践之中。马克思主义与中国实际和中华民族优秀思想文化的结合，使中国化马克思主义体现出鲜明的民族特色。⑦

① 周光迅、徐献军：《试论马克思主义中国化理论创新的基本规律》，载《浙江社会科学》，2007年第4期。

② 梅荣政、杨军：《揭开马克思主义中国化研究的理论新篇》，载《武汉大学学报》，2005年第1期。

③ 黄永久：《马克思主义中国化发展规律初探》，载《中共南宁市委党校学报》，1999年第3期。

④ 包心鉴：《马克思主义中国化的历史经验和基本规律》，载《山东社会科学》，2004年第7期。

⑤ 张晓明：《马克思主义中国化历史进程中的规律性研究》，郑州大学硕士研究生学位论文，2005年5月。

⑥ 刘铁明：《论马克思主义中国化与中国化马克思主义的关系》，载《探索》，2005年第2期。

⑦ 肖贵清：《马克思主义中国化与中国化马克思主义的关系》，载《安徽行政学院学报》，2010年第1期。

张军、吴阳松认为,马克思主义中国化与中国化马克思主义是两个不同的概念,两者之间的区别在于,两者内涵不一样、状态不一样、范畴不一样、“质”与“量”不一样;两者之间的联系在于,两者之间是一种相互促进、良性互动的关系、是一种继承与发展的关系、两者统一于中华民族复兴的伟大事业当中。①

3. 关于马克思主义中国化热点问题的研究

马克思主义中国化是人文社会科学研究的热门领域和重要领域,当下有一些热点问题引起了研究者们的高度关注和浓厚兴趣。

一是关于中国特色社会主义理论体系与经典马克思主义的关系问题。党的十七大提出了中国特色社会主义理论体系的科学命题,明确指出:“中国特色社会主义理论体系,就是包括邓小平理论、‘三个代表’重要思想以及科学发展观等重大战略思想在内的科学理论体系。”②这一理论体系,凝结了几代中国共产党人带领人民不懈探索实践的智慧和心血。全面、系统、深刻地理解和坚定不移地坚持这一理论体系,对于夺取全面建成小康社会新胜利,谱写人民美好生活新篇章,实现中华民族的伟大复兴,具有重大而深远的历史意义。有研究者认为,所谓经典就是由马克思和恩格斯创立的马克思主义理论。从经典看,马克思主义是关于无产阶级争取解放斗争的理论,立场上的无产阶级性、观点上的超越资本统治、方法上的唯物辩证法、目标上的共产主义是它区别于其他学说的精神实质。马克思主义经典的无产阶级立场与中国特色社会主义理论体系的人民立场是逻辑关联的;马克思主义经典的超越资本统治观点与中国特色社会主义理论体系的利用资本、制衡资本逻辑观点是逻辑关联的;马克思主义经典的唯物辩证研究方法与中国特色社会主义理论体系的解放思想、实事求是、与时俱进工作方法是逻辑关联的;马克思主义经典的共产主义社会理想与中国特色社会主义理论体系的民族复兴、人民幸福基本目标是逻辑关联的。③ 在“中国知网”键入“中国特色社会主义理论体系与马克思主义的关系研究”篇名,有 3 166 条记录,可见此问题的研究热度。在中国知网键入“中国特色社会主义理论体系与马克思主义中国化的关系研究”篇名,就有 265 条记录,表明对上述问题的进一步深化研究也很热门。其中最具代表性的观

---

① 张军、吴阳松:《论马克思主义中国化与中国化马克思主义二者之间的关系》,载《马克思主义理论研究》,2008 年第 9 期。

② 《中国共产党第十七次全国代表大会文件汇编》,人民出版社,2007 年版,第 11 页。

③ 周宏、董岗彪:《马克思主义经典与中国特色社会主义理论体系》,载《马克思主义研究》,2009 年第 1 期。

点是,中国特色社会主义理论体系是马克思主义中国化阶段性成果的整合。①

二是科学发展观理论与马克思主义中国化的关系问题。科学发展观是党中央根据新形势、新任务和新挑战而提出来的战略思想,是马克思主义中国化的最新理论成果,也是当前学术界研究的热门话题之一。其与马克思主义中国化的关系问题自然也成为热门话题。在探究科学发展观基本蕴涵的基础上,目前研究主要聚焦在"中国化"的具体表征上,即"化"什么和怎么"化"。大多数学者主要从科学发展观所阐释的五个统筹层面,论述如何运用科学发展观来推进马克思主义中国化。由于科学发展观是最新理论成果,对其的研究尚需进一步深入。

此外,关于马克思主义中国化的国际化研究也比较热门,这是基于全球化的当下背景,马克思主义中国化实践必然对世界产生重大的影响,国际社会也普遍密切关注中国的经济和社会发展。因此,热门在情理之中。

4. 关于马克思主义中国化其他问题的研究

马克思主义中国化的研究对象是一个庞大的问题系统,除了上述的基本问题和热点问题以外,还有一系列其他问题,如:关于马克思主义中国化的文本研究,包括对马克思主义经典作家理论创作的历史背景、写作意图、真实思想、理论渊源等进行研究;关于马克思主义中国化的学科建设研究,包括对马克思主义中国化学科的内涵与特点、学科的价值蕴涵、学科定位、学科研究方向与领域等方面进行研究;关于马克思主义中国化代表人物的研究,包括对毛泽东、邓小平、江泽民、胡锦涛等领袖人物的思想、理论进行研究,近年来还增加了对包括周恩来、陈独秀、李大钊、瞿秋白、艾思奇、李达等人的研究。

因此说,马克思主义中国化的研究对象是一个开放的问题系统,甚至有点"圆形问题"性质,即随着马克思主义中国化的不断深入,已经研究的问题越多,就有可能发现更多的问题。不仅如此,随着马克思主义中国化进程的不断深入,随着时代的发展和马克思主义中国化主体成员的代际变化,我们还可能会重新回归到研究一些原本认为已经解决了的问题,如社会主义和共产主义信仰问题、马克思主义理论与传统文化的价值共通问题等。

当然,目前的研究还存在一些盲点,如马克思主义中国化的"神经末梢"研究,因为,马克思主义中国化不是也不可能仅局限于政治宣传和理论推演,而必须落实到具体的实践当中去。因此,马克思主义中国化必须走与基层最广大人民群众相结合的道路,让马克思主义中国化理论走向人民大众的思想和内心深处,使人民大众掌握马克思主义基本理论,这也是马克思主义时代化、民族化和大众化的基本要

① 齐卫平:《中国特色社会主义理论体系与马克思主义中国化历史实践》,载《中国井冈山干部学院学报》,2011 年第 3 期。

求和根本要求,这就是马克思主义中国化真正的“神经末梢”工程。在全党开展的党的群众路线教育实践活动,就是这个“神经末梢”工程的开端,对之进行深入研究,将有助于消除这个盲点。

(三)马克思主义俄国化研究现状

在学术界马克思主义俄国化不是个全新的概念,但是,国内关于“俄国化”的研究一直没能热起来,主要表现为研究成果有限、成果类别偏少和研究对象不广。

1. 研究成果有限

在中国国家图书馆键入篇名“马克思主义俄国化”,没有发现相关藏书。从2000年1月至2015年1月,在中国期刊全文数据库中键入“篇名”、“关键词”、“主题”为“马克思主义俄国化”,分别有论文7篇、4篇和21篇,这与马克思主义中国化研究的现状形成鲜明的对比。这种研究现状上巨大反差的主要原因是学术界对俄国化概念是否成立存在争议,导致以马克思主义俄国化的研究成果较少。

2. 成果类别偏少

已有的研究成果主要集中在三类:一是关于“十月革命”的研究,包括十月革命的时机、条件、方式、途径、必然性,以及关于列宁主义的研究;二是关于“苏联模式”的研究,主要是研究“苏联模式”的形成、特征、历史作用、局限性等,其中还包括对斯大林的研究,如王浩斌的《试论斯大林对马克思主义本土化的实践诠释》①;三是关于苏联解体原因的研究,主要是研究苏联的政治、经济、文化、政党和斯大林后领导人,以及以美国为首的西方资本主义国家如何实施对苏联的和平演变等,如王果夫、张文喜的《苏联解体原因新析》②,胡柏枝的《浅谈前苏联社会主义建设的若干经验和教训》③,杨谦、李萍的《苏联推进马克思主义大众化的经验与教训》④等。

3. 研究对象不广

由于俄罗斯与中国特殊的地理位置的关系,我国学术界对俄国的研究还是很多的,如历史学、文学、艺术学、建筑学等方面的研究。关于俄国问题、苏联问题和俄罗斯问题等的研究也不少。特别自20世纪90年代初苏联解体之后,学术界开始集中出现关于“苏联问题”的研究,也有学者呼吁要加强对马克思主义俄国化的

---

① 王浩斌:《试论斯大林对马克思主义本土化的实践诠释》,载《四川职业技术学院学报》,2009年第4期。

② 王果夫、张文喜:《苏联解体原因新析》,载《理论探讨》,2004年第3期。

③ 胡柏枝:《浅谈前苏联社会主义建设的若干经验和教训》,载《理论月刊》,2001年第6期。

④ 杨谦、李萍:《苏联推进马克思主义大众化的经验与教训》,载《河北学刊》,2010年第6期。

研究,如中央编译局的徐元宫就在《中国特色社会主义研究》2008年第6期上撰文《研究中国特色社会主义亟需加强对苏联历史的考察》等。

总之,关于马克思主义俄国化的研究已经开始,但目前仍然处于不受重视和停滞不前的状态,也正因为如此,马克思主义俄国化研究的未来空间很大、大有作为。

(四) 中俄马克思主义本土化比较研究现状

比较研究的方法是学术界普遍选用的研究方法,选用此法要具备一个基本前提,那就是进行比较的事物之间要存在可比性,中俄两国马克思主义本土化具有可比性。

1. 关于马克思主义本土化的比较研究

马克思主义本土化是马克思主义在传播过程中出现的客观现象,世界上很多国家,包括所有共产党执政的社会主义国家和主要资本主义国家,都存在马克思主义本土化的事实。对此,已经有学者做了一般性的比较研究,如崔桂田的《共产党执政国家的马克思主义民族化比较》①,对中国、越南、朝鲜、古巴、老挝等国对马克思主义的理论认识、标志性成果、社会主义的"民族特色"等进行了比较。也有学者对非社会主义国家中的马克思主义本土化现象进行了研究,甚至与社会主义国家的马克思主义本土化现象进行了比较,如姚宏志、苏海舟的《比较视域中的马克思主义本土化及其创新——马克思主义在美国的遭遇与在中国的勃兴》②,从总体上讲,这样的成果不多。

2. 关于中俄马克思主义本土化的比较研究

苏联曾是世界上第一个社会主义国家,是马克思主义本土化的第一个成功典范。中国是现存的最大的社会主义国家,依然进行着马克思主义本土化的进程。一个是先进行本土化的,但后来失败了;一个是后进行本土化的,但一直保持着平稳的势头。苏联马克思主义本土化为什么失败?中国马克思主义本土化如何才能保持不败?这是我们必须回答的问题。要圆满地回答这个问题,对两国马克思主义本土化进行比较研究是首要的选择,因为"中国社会主义建设的成功与失误,都同中国共产党对苏联模式的认识有关"③。

但是,目前关于中俄两国马克思主义本土化比较研究的成果实不多见,仅发现

① 崔桂田:《共产党执政国家的马克思主义民族化比较》,载《山东社会科学》,2005年第4期。

② 姚宏志、苏海舟:《比较视域中的马克思主义本土化及其创新——马克思主义在美国的遭遇与在中国的勃兴》,载《安徽师范大学学报(人文社会科学版)》,2010年第6期。

③ 邢和明:《中共眼里的苏联模式》,福建人民出版社,2006年版,引言第3页。

任晓伟的一篇文章:《比较视阈中的"马克思主义俄国化"与马克思主义中国化》①。该文从"把马克思主义与本国具体实际相结合的主体自觉性、马克思主义与本国具体实际相结合的内在核心命题的逻辑关联、'马克思主义俄国化'和马克思主义中国化差异背后的诱因"三个方面,对两国的马克思主义本土化情况进行了比较,可以说该文选取比较的内容比较抽象和笼统,更不成系统。另外,李述森曾有文《马克思主义·俄国马克思主义·中国马克思主义:一种比较分析》②,则侧重强调了比较的研究方法,而没有进行实质性的比较。除此之外,没有发现有其他的比较研究成果。

特别值得一提的是,李敬煊、张安在《关于马克思主义中国化基本规律研究的若干思考》中谈到比较与归纳相结合的研究方法时说:"比较与归纳相结合的方法为探索马克思主义中国化基本规律提供了最重要、最有效的认识手段。……对马克思主义中国化与其他国家马克思主义政党实现马克思主义民族化的共性和个性的比较研究还有待进一步深入,以期找到马克思主义民族化的共同规律。"③此文实际上是从理论的高度充分肯定了比较研究的方法在马克思主义本土化研究中的可行性,并发出了进行马克思主义本土化比较研究的倡议,这无疑给本人决定进行中俄马克思主义本土化比较研究增添了信心。

三、概念的界定

在中外哲学社会科学研究领域,马克思主义可能是使用"词频"最高的术语之一。这是因为:第一,马克思主义对现实世界影响巨大。马克思主义作为19世纪以来影响人类社会变革和发展最伟大的理论之一,已经家喻户晓和深入人心,人们已经无法无视她的存在,并自觉地对这个理论体系本身,以及理论体系与实践的关系进行着广泛而深入的研究。第二,马克思主义具有真理性。"马克思主义决不是什么先知先觉者布下的某种'福音',也不是什么千古不变的'教义',它是时代发展的产物,是世界文明世代演进的结果,是无产阶级认识世界和改造世界的思想武器,是人类思想史上伟大革命的结晶。"④第三,马克思主义揭

① 任晓伟:《比较视阈中的"马克思主义俄国化"与马克思主义中国化》,载《山东社会科学》,2009年第1期。

② 李述森:《马克思主义·俄国马克思主义·中国马克思主义:一种比较分析》,载《东岳论丛》,2010年第1期。

③ 李敬煊、张安:《关于马克思主义中国化基本规律研究的若干思考》,载《马克思主义与现实》,2009年第1期。

④ 顾海良:《马克思主义发展史》,中国人民大学出版社,2009年版,第2页。

示了人类的美好未来。虽然是否信仰马克思主义已经成为意识形态的重要标志，但丝毫不影响不同意识形态、不同社会制度下的人们优先思考和辩驳关于马克思主义的所有问题。

关于马克思主义理论与实践的研究已经成为当今世界重要的研究领域，在迄今为止的研究中，研究者们使用了一系列带有"××化"的概念，如本土化、世界化、民族化、时代化、大众化，以及带有国别性质的，如中国化、俄国化等，这些概念之间既有内容上的交叉，更有使用时背景和语境的区别，体现研究者选择的目的和强调的侧重点不同。为方便在研究中使用这些概念，现对有关概念做一基本界定。

（一）马克思主义本土化、民族化、世界化

所谓马克思主义本土化，是一个已经被人们所广泛认同的概念，一般的理解就是马克思主义被其所到之处当地化、本地化，即成为具有本地特征的东西或具有本地的文化形态。有研究者认为："马克思主义本土化，就是把马克思主义的基本原理或普遍真理同各国不同历史阶段所处的国际环境、时代背景之具体实践相结合，把马克思主义的基本原理或普遍真理同各国革命、建设、改革、发展的具体实践相结合，从而成为各具本国特色的马克思主义。"①中国当代著名的马克思主义哲学史家黄楠森先生认为："所谓马克思主义本土化，就是指马克思主义在不同国家运用而呈现出不同特色，或表现为不同形态。"②这两种观点大致代表了目前学界关于马克思主义本土化的两类概念界定。笔者认为，前一类概念忽略了马克思主义本土化的实践主体，后一类概念忽略了马克思主义本土化实践过程本身，只突出了马克思主义的变化。且这两种观点都忽略或默认了两个方面的内容，即为什么要本土化和本土化的动态情况。

众所周知，马克思主义是诞生于欧洲发达资本主义世界的关于哲学、政治经济学和科学社会主义的理论体系。无论是产生了她的社会背景、社会制度、文化传统，还是理论体系本身的叙述方式、思维逻辑、语言风格等，都带有明显的、欧洲特定的地域特征。运用她来解释欧洲国家所存在和发生的社会现象和社会问题，也许就如同套用公式那么简单，但在欧洲以外的国家，甚至是在欧洲其他非发达资本主义国家，要运用马克思主义，就存在一个"适用条件"的问题，要解决这个问题，就必须把马克思主义本土化。另外，马克思主义本土化是对马克思主义传播所到之

---

① 林建华：《马克思主义的时代化、本土化与中国化》，载《中共天津市委党校学报》，2008年第4期，第30页。

② 黄楠森：《热话题与冷思考（三十三）——关于时代发展与马克思主义本土化的对话》，载《当代世界与社会主义》，2004年第3期，第4页。

处的影响的反映,是一个动态的实践过程,包括信仰马克思主义的政党实现马克思主义本土化的过程(最大限度地实现着马克思主义的所有预期),以及取得社会主义革命胜利后,继续推进马克思主义本土化的过程。

因此,笔者认为马克思主义本土化,就是信仰马克思主义的政党和国家,为了实现共产主义,根据本国的具体情况,即本国的政治、经济、文化和社会等各种实际情况,灵活性、创造性地运用马克思主义的基本原理,进行本国的社会主义革命、建设和改革事业,并形成具有本国特色的马克思主义新的理论成果的过程。

所谓马克思主义民族化,可以理解为是马克思主义本土化的另一种表述,通常情况下可以互用。但在实际上,民族化概念比本土化概念要小,也更具体,更加突出民族的因素,也即人的因素和文化的因素。同时,需要指出的是,民族化中的"民族"并非指单个具体的民族,而是指一个国家层面上的全民族,如中华民族、俄罗斯民族。

关于马克思主义民族化概念,有研究者侧重强调马克思主义的运用,"说到底就是时代化了的马克思主义,必须和每一个国度和民族的具体革命实践相结合,使马克思主义在各国具体化,使之在其每一表现中带着必须有的各国的特性,就是说,按照各国的特点去理解它、应用它、实践它、发展它"①。有研究者强调运用马克思主义的民族空间性,"一个民族的共产党在应用马克思主义独立自主地解决本国的发展问题时,能够创造出成功经验,经过理论概括,便形成具有本民族特色的马克思主义"②。

综上所述,笔者认为,所谓马克思主义民族化就是把马克思主义的基本原理,运用本民族的思维方式,翻译成本民族的语言,与本民族的具体实际相结合,解决本民族的问题,形成具有本民族特色的新的理论成果的过程。

所谓马克思主义世界化,从字面上理解,就是马克思主义广泛地存在于世界范围之内。但是,在学术界,马克思主义世界化有其特定的指向。有研究者认为马克思主义世界化,"即在全世界实现共产主义作为自己的奋斗目标"③。也有研究者将世界化看作是发展马克思主义的一个维度,"马克思主义本质上是具有'世界化'形态的理论学说,它的全人类性价值诉求和宽广世界眼光决定了它的世界共享性,

---

① 王荣栓:《马克思主义的时代化和民族化新解读》,载《理论学刊》,2005年第12期总,第36页。

② 王锐生:《马克思主义民族化与当代化的几个问题》,载《中国特色社会主义研究》,2005年第6期,第17页。

③ 王四达:《从"马克思主义世界化"看"马克思主义中国化"——理论层面的考察与现实层面的追问》,载《理论学刊》,2009年第5期总第183期,第9页。

发展当代马克思主义离不开世界化纬度”①。还有研究者认为，全球化已经成为一种不可阻挡的趋势，全球化客观上需要“一种适应全球一体的世界性理论”，“马克思主义正是符合全球利益和全人类利益的意识形态，就马克思主义自身而言其精神实质和理论基点本身就具有世界性，其创始人思想深处本身就具有强烈的‘世界意识’”。马克思主义世界化，“是一种普世真理实现的过程，是能让马克思主义成为任何国家所接受的意识形态，但并非意识形态趋同，而是与各个国家、民族具体情况相结合，从而表现出大同之下的各具特色”②。

笔者认为，马克思主义世界化，首先是一个客观存在的历史现象，是不以马克思主义创始人及其他任何人的意志为转移的，与世界上曾经出现以及即将出现的所有理论一样，一经出现就会受到人们的广泛关注，并在世界范围内传播开来的现象。

其次，马克思主义世界化是一个马克思主义“化世界”的过程，即，马克思主义影响世界的过程，包括“被接受”和“不被接受”两种情况，接受了马克思主义的国家和政党，实现了社会主义的基本制度，并不断完善这个制度；不接受马克思主义的绝大多数国家实行资本主义的社会制度，但也存在自觉和不自觉地运用马克思主义改造资本主义制度的情况，马克思主义对这些国家的影响同样不可忽视。

再次，马克思主义世界化是一个漫长的历史进程。马克思主义世界化的逻辑目标是为所有国家、全人类所接受，即在全世界实现共产主义。马克思主义所揭示的人类社会发展的客观规律具有真理性，但其实现过程非常复杂，也非常漫长，这与世界的复杂性有关，也与社会主义相对于资本主义是个新生事物，其本身存在诸多不足有关。马克思主义在影响世界的过程中会遭遇到非马克思主义的质疑和非难，因此，世界社会主义运动会遭遇困难、挫折，乃至暂时的失败，但是马克思主义世界化的潮流不会停息。

综上所述，笔者认为马克思主义世界化是指马克思主义诞生以来，超越了其创立时期的狭隘地域，在世界范围内的广泛传播，被不同地域的人们所接受或不接受，影响不同地域人们的思想和生活，并改变着这些地域乃至整个世界的历史进程和过程。

（二）马克思主义中国化、时代化、大众化

所谓马克思主义中国化，是马克思主义民族化在中国特定地域的具体体现。

---

① 李少斐：《论发展马克思主义的世界化纬度》，载《社会工作》，2012年第3期，第92页。

② 张培：《“马克思主义世界化”实现过程之我见》，载《南昌教育学院学报》，2010年第3期，第15页。

毛泽东是马克思主义中国化的开拓者和奠基人。1938 年 10 月，毛泽东在党的六届六中全会上所做的题为《论新阶段》的报告中，首次明确提出并且详细分析了“马克思主义中国化”这一命题和概念。毛泽东认为：马克思主义中国化就是把马克思主义基本原理“更进一步地和中国实践、中国历史、中国文化相结合起来”①。毛泽东还进一步指出了马克思主义中国化是受马克思主义在俄国的运用和发展影响的产物，他说：“十月革命一声炮响，给我们送来了马克思列宁主义。”②有研究者特别强调了马克思主义与中国的关系问题，认为：“‘马克思主义中国化’是关于对待马克思主义与中国实际关系的总体性概念，它包含了马克思主义在中国‘具体化’和中国具体实际‘马克思主义化’的双向互动过程。”③

目前，关于马克思主义中国化研究的成果不计其数，关于马克思主义中国化概念的研究也很多，有研究概念的历史缘由的，有研究概念的实质的。笔者也曾对马克思主义中国化概念的内涵进行了深入的思考，认为马克思主义中国化概念的内涵应包括主体、形式、动力和目标四个基本要素。具体地说，马克思主义中国化就是中国共产党领导中国人民，把马克思主义基本原理与中国具体实际相结合，逐步解决中国社会基本矛盾，形成中国化的马克思主义，并推动中国社会不断进步的历史过程。④

所谓马克思主义时代化，有时也称马克思主义当代化。著名党史专家龚育之就认为，马克思主义当代化“就是把马克思主义同当前时代的发展、同当前时代的特征结合起来”⑤。我们可以具体理解为一个国家的马克思主义者或政党组织，根据当时的国际国内情况和当时肩负的历史使命，把当时理解的马克思主义基本原理运用于本阶级和政党的本阶段事业实践之中，使之成为事业实践的指导思想和理论武器。马克思主义经典作家在创立马克思主义时就指出：“每一个时代的理论思维，包括我们这个时代的理论思维，都是一种历史的产物，它在不同的时代具有完全不同的形式，同时具有完全不同的内容。”⑥也有研究者从马克思主义的实质和核心出发，提出了关于马克思主义时代化的概念，马克思主义时代化“就是根据人的解放的整个历史进程，与时俱进正确地实施整个革命主题和中心任务的时代

---

① 《毛泽东文集》(第 3 卷)，人民出版社，1996 年版，第 23 页。

② 《毛泽东选集》(第 4 卷)，人民出版社，1991 年版，第 1471。

③ 顾海良：《马克思主义发展史》，中国人民大学出版社，2009 年版，第 542 页。

④ 姚永明：《马克思主义中国化概念、实践及意义的内涵探析》，《扬州大学学报(人文社会科学版)》2013 年第 4 期，第 6 页。

⑤ 龚育之：《党史札记》(第 2 集第 32 篇)《毛泽东与八大党章的两个特点》，浙江人民出版社，2004 年版。

⑥ 《马克思恩格斯选集》(第 3 卷)，人民出版社，2012 年版，第 873 页。

转换，科学地系统地进行马克思主义理论形态的科学变换”①。还有研究者从发展马克思主义的角度，认为“所谓马克思主义的时代化，实际上是说，马克思主义是发展的或发展了的马克思主义”②。可见，马克思主义时代化体现了马克思主义的实践性和发展性。

由此，笔者认为，马克思主义时代化，就是马克思主义政党结合当前时代的历史条件，在完成本国当前时代的历史使命的同时，丰富和发展马克思主义的过程和结果。

所谓马克思主义大众化，是马克思主义本土化、民族化、时代化的前提和基础环节。理解马克思主义大众化可以从两个层面入手：一是马克思主义为什么要大众化？因为马克思主义基本原理具有真理性，对社会主义革命、建设、改革和发展都具有指导作用，而人民大众是这个实践的主体，因此，马克思主义必须为人民大众所认同和掌握。马克思在晚年还特别强调：“社会主义革命将由多数人来进行。任何一次革命都不可能由一个政党来进行，而只能由一个民族来进行。”③革命如此，建设和改革更是如此。二是如何实现马克思主义大众化？因为马克思主义基本原理产生于西方，又是比较深奥的理论，一般人不易理解和掌握，只有把基本原理转化为人民大众所喜闻乐见的、通俗的语言形式，才便于人民大众理解和掌握，这个转化的环节和过程就是大众化。也就是说，马克思主义只有为人民大众所掌握，才能发挥马克思主义指导实践的功能，而这个掌握的过程就是大众化。

因此，笔者认为，所谓马克思主义大众化，是指马克思主义在传播和运用的过程中，其理念、观点等基本原理通过民族化的形式由抽象到具体、由深奥到通俗、由被少数人理解掌握逐渐发展为被广大人民群众所认同、信仰、掌握和运用的过程。

（三）马克思主义俄国化

所谓马克思主义俄国化，是马克思主义与俄国革命和苏联社会主义建设实际相结合的历史进程。虽然苏共自始至终都没有提出过这一概念，但是马克思主义俄国化是一个不以任何人的意志为转移的客观历史。④ 使用“马克思主义俄国化”

---

① 王荣栓：《马克思主义的时代化和民族化新解读》，载《理论学刊》，2005 年第 12 期，第 34 页。

② 林建华：《马克思主义的时代化、本土化与中国化》，载《中共天津市委党校学报》，2008 年第 4 期，第 29 页。

③ 《马克思恩格斯全集》（第 25 卷），人民出版社，2001 年版，第 650 页。

④ 任晓伟：《比较视阈中的“马克思主义俄国化”与马克思主义中国化》，载《科学社会主义》，2009 年第 1 期，第 122 页。

这个概念，是出于我们语言和思维习惯的原因。因为，在中国人们已经使用并习惯了马克思主义中国化这个概念，而对照马克思主义中国化的概念，我们发现，俄国马克思主义者早在我们之前，就把马克思主义的基本原理与俄国的具体实际相结合，创造性地运用马克思主义，形成了“俄国化”的马克思主义——列宁主义，并推动俄国经济社会不断向前发展，这个过程不仅包含了俄国马克思主义者的本土化主观愿望和自觉，而且已经形成了客观的历史事实。也就是说，实际上“俄国化”已经客观存在，只是人们还没有，或还不习惯使用“俄国化”这个概念。至于今天人们为什么较少使用这个概念，大概是为了避免泛化这个“化”字。也有人认为可能是出于苏联解体的缘故，因为马克思主义与中国具体实际相结合成功了，而苏联解体了，就不应该称“俄国化”了。

在学术界，使用马克思主义俄国化这个概念，笔者并非始作俑者，如《理论学刊》2006 年第 6 期，山东社会科学院政治学研究所李述森研究员就发表了《论马克思主义俄国化过程中含义的改变》的文章，尽管他在文中并没有专门界定“马克思主义俄国化”这个概念。又如在《历史教学》2008 年第 2 期和第 4 期，中国社会科学院马龙闪研究员分别发表了《马克思主义的俄国化与十月革命》(一)(二)，等等。可见，使用“马克思主义俄国化”这个概念是可以的。

笔者认为，所谓马克思主义俄国化，就是俄国(苏联)马克思主义者把马克思主义基本原理与俄国革命和苏联社会主义建设实际相结合，取得社会主义革命胜利和探索社会主义建设实践，并形成俄国化马克思主义的历史过程。

四、创新之处

本课题研究以马克思主义中国化实践的历史进程为背景，以马克思主义中国化研究的已有成果为基础，以马克思主义俄国化实践的历史事实为比较研究对象，以服务推进马克思主义中国化事业不断走向胜利为目的。在这样一个前提下进行中俄马克思主义本土化比较研究，力争体现如下创新设想。

(一) 马克思主义俄国(苏联)化不同阶段特点的初步凝练

马克思主义俄国化是客观存在的、不可争辩的历史事实，不仅是马克思主义真正世界化实践的起点，而且是马克思主义中国化的桥梁和纽带。

从第一个社会主义国家苏联存续 74 年的历史来看，从十月革命到向社会主义过渡，从社会主义基本制度建立到社会主义“苏联模式”的形成，从苏共二十大到社会主义在苏联的曲折发展，从戈尔巴乔夫推行新思维到苏联解体，社会主义在苏联的实践存在明显的时间结点，也就是说可以分为几个重要的历史阶段。当然，历史阶段的划分是相对的，也是一个见仁见智的事情。在已经可以检索到的关于马克思主义俄国（苏联）化的研究成果中，还没有见到关于历史阶段划分的研究成果，也没有对不同历史阶段马克思主义本土化特点的归纳和凝练。笔者将马克思主义俄国（苏联）化分成革命时期、建设探索时期和改革时期，通过对俄国（苏联）化实践基本历程的梳理，初步凝练出了各个阶段的主要特点，基本反映了俄国化的历史事实，尽管历史阶段的划分并不一定非常精确，各阶段本土化特点的凝练也许都还不很成熟，但作为一种尝试，有一定的创新意义。

（二）马克思主义中国化不同阶段特点的新归纳

关于马克思主义中国化的研究已经成为当前及今后一个重要的研究领域，关于马克思主义中国化研究所涉及的问题，不少已经得到很好的解决，成果也已经相当丰硕，一些基本问题已经有了确定性的答案，但还有一些属于见仁见智的问题，目前还没有形成共识，还可以继续对之进行研究，并发表不同的、新的见解。

其中，关于马克思主义中国化历史进程阶段的划分，以及不同阶段中国化的特点的凝练就是具有代表性的见仁见智的问题，不少学者提出了阶段划分的不同标准并发表了各自不同的看法，这些观点虽不尽相同，但为我们今后的研究奠定了基础，打开了视野，拓展了思路。对不同历史时期中国化的研究所倾注的精力也不尽相同，有些时期的研究还比较薄弱，或没有引起足够的重视，或缺乏足够的资料线索，这是马克思主义中国化研究仍大有作为的一个重要方面。因此，笔者决意在归纳马克思主义中国化不同阶段的特点方面做出努力，这是一种综合创新。当然，笔者的研究离不开前人研究的基础，甚至很难跳出前人研究的条框，不敢断言能得出多少令人耳目一新的结论，但笔者意愿为此做出努力。

（三）中俄（苏）马克思主义本土化比较研究价值的新认识

关于对中俄（苏）马克思主义本土化比较研究价值的新认识至少体现在如下三个方面：

第一，拓展了马克思主义中国化研究的新视野。马克思主义中国化是马克思主义本土化在中国的具体表现，是马克思主义世界化的重要组成部分，关于这一点笔者将在后文中详述，笔者在此强调的是，既然马克思主义中国化是马克思主义世界化的一部分，就势必存在马克思主义在世界其他国家的本土化，而马克思主义俄国（苏联）化就是其中的代表，特别是鉴于马克思主义中国化与马克思主义俄国（苏联）化特定的历史渊源和现实结果，决定了比较研究两国马克思主义本土化是有意义的。

笔者曾尝试跳出马克思主义中国化的具体环节和细节，按照整体性原则对马克思主义中国化的实现机制进行研究,认为马克思主义中国化是一个系统工程,马克思主义中国化的实现机制至少可以归纳为"译介传播、理论论争、编纂教材、课程学科建设、理论灌输、政党政权推动、理论创新、社会进步"等八个子工程。然而,笔者在此后的进一步研究中感到,如果仅满足于这八个子工程,而不重视马克思主义本土化在其他国家实践的经验或教训,也即不进行马克思主义本土化的比较研究,特别是不和马克思主义俄国化进行比较研究,就不足以保证马克思主义本土化在中国的事业不断推进并走向成功。由此,笔者认为,中俄(苏)马克思主义本土化进行比较研究不仅是马克思主义中国化理论研究的一部分,而且是马克思主义中国化实践的重要组成部分,这是一个应该达到的、可以达到的、新的认识高度。

此外,从马克思主义中国化这个命题提出的时间和背景来看,马克思主义中国化是一个经验性和结论性概念,而非探索性概念,是对"十月革命"以来,特别是中国共产党成立以来,中国马克思主义者运用马克思主义理论情况的回顾与总结,这个回顾与总结就是对马克思主义中国化的研究。也就是说,自从提出马克思主义中国化这个命题,就开启了马克思主义中国化研究的历史进程,目的为了使马克思主义中国化实践不断推进和深化,不偏离方向,不发生错误,并不断走向成功。然而,马克思主义中国化研究刚开始时不可能涉及方方面面,到目前为止,也基本上仅仅围绕在"中国"这个范围,也容易就局限在"中国"这个范围。而事实上,是先有马克思主义俄国化,后有马克思主义中国化,而且是因为有了马克思主义俄国化,才有了马克思主义中国化。从这个意义上说,马克思主义中国化研究的视野可以而且应当涉及"俄国化"的内容,这就是马克思主义中国化研究视野的新拓展。

实际情况是,在当代中国哲学社会科学的研究中,特别是自 20 世纪 90 年代以来,并不缺乏对苏联解体等内容的研究,成果也相当丰硕,但笔者以为,这些研究从总体上看,都是围绕如苏联为什么解体、社会主义在苏联为什么会失败等某一个方面的问题来展开,也许研究者主观上是为了给马克思主义中国化提供启示,而且客观上这些研究成果也发挥了一定的作用,但至少在研究成果的呈现上,研究的动机与实际的效果并没有很好地统一。由此,笔者认为,"比较研究"是马克思主义中国化研究视野的新拓展,至少是马克思主义中国化研究视野的应有"回归"。

第二,弥补了中俄(苏)马克思主义本土化系统比较研究的不足。众所周知,在东欧剧变和苏联解体以后,关于东欧和苏联的许多问题已经引起国内外学者的高度关注,世界范围内的政治学家、经济学家、哲学家和人文社会科学家进行了大量卓有成效的研究。从研究的总体情况来看,无论是关于苏联社会主义的历史、"苏联模式"的研究,还是关于苏联成为超级大国的经验和苏联解体的教训研究,都可谓研究深入、成果丰硕。“仅关于苏联解体的历史类专题书籍就二十多万种，数百亿字，各学科的研究论文更是不计其数。”①关于中国革命的历史、中国社会主义革命和建设探索的教训和中国特色社会主义建设改革发展经验等的研究就更多了。

比较研究是科学研究中常用的研究手段，是对两个或多个独立的、具有可比性的个体所包含的一个或多个因素，按照某一特定要求进行对比或比较，从而得出相同性或相异性，进而得出一个或多个具有规律性的结论，如经验或教训。中俄马克思主义本土化，从空间上讲是在两个独立的国家；从时间上讲既有前后之别，又有重叠之处；从本土化实践的内容上讲，满足“特定要求”的条件；从本土化的结果上讲既有共同的经验，更存在明显的差异，因此，具有确定的可比性。“中国关注苏联兴亡史，最主要的原因在于苏联是第一个社会主义国家，在道路和制度上曾经是中国的‘老大哥’和学习样板。”②因此，运用比较研究的方法，或从比较的角度，来全面系统地研究两国马克思主义本土化的异同历程、特点和经验教训，为马克思主义中国化全面推向21世纪提供资鉴是很有意义的。

在马克思主义中国化研究中，从对目前已有的研究成果的检索来看，运用比较研究方法的成果少之又少，仅在《科学社会主义》2009年第1期上发表过任晓伟的《比较视阈中的“马克思主义俄国化”与马克思主义中国化》一篇文章，从研究成果的内容来看，主要是对中俄两国在马克思主义本土化过程中，在主体自觉性和核心理论命题的内在逻辑关联方面存在差异进行了一般性的比较，并未对两国马克思主义本土化进行全面的比较研究，也没有明确的启示或结论。而且，此后也没有再见到其他比较研究的成果。因此，从这个意义上讲，本课题所进行的研究，既有重视和使用比较研究方法的目的，而且在比较研究的内容上是“全面比较研究”，包含“新尝试”的目的。当然，由于笔者的水平有限，对全面比较研究的结果不能有太高的预期，本人的努力确实只能是一次尝试。

第三，为马克思主义中国化发展前景赋予了新期待。因为，马克思主义基本原理包含了人类社会发展的一般规律，指明了人类社会发展的趋势和方向，这是不以人的意志为转移的事实，也是马克思主义理论的魅力所在。事实上，从20世纪90年代以来，马克思在西方的影响正日益扩大，众所周知，西方进行了两次有重大影响的民意测验，一次是英国广播公司在1999年进行的“千年最伟大的思想家”网络评选活动，马克思得票率高居榜首。2005年7月，该公司又进行了一次“谁是现今英国人心目中最伟大的哲学家”的调查，马克思又以28%的得票率再次荣登榜

① 蔡文鹏：《信仰危机与苏联的命运》，社会科学文献出版社，2012年版，第7页。

② 刘建飞：《我们可从苏联解体中发掘哪些“财富”?》，载《北京日报》，2012年3月12日。

首。[①] 这种意味深长而又令人震惊的结果,无不证明了马克思本人的伟大以及马克思主义理论本身的科学性。

但是,由于出现了苏联解体,国际共产主义运动遭受了挫折,转入了低潮,马克思主义发展再次面临新的质疑,在这样的背景之下,人们尽管没有忘记马克思主义理论中的“两个必然”,但愿意理直气壮地坚持共产主义一定会实现的人开始减少了,在马克思主义中国化研究的成果里已经少有了对马克思主义中国化发展前景的描述,“特别是马克思主义中国化的‘未来走向’之研究在不同程度上存在迷茫”[②],对马克思主义中国化的世界意义也少有人涉及。本课题进行中俄(苏)马克思主义本土化比较研究,如果说就是从马克思主义俄国化由胜利到失败的过程汲取到教训,更好地进行马克思主义中国化,正在进行的马克思主义中国化的直接受益者是中国的话,那么,马克思主义中国化发展的前景是什么呢?马克思主义中国化不断走向成功后的未来受益者、更多受益者是谁呢?本课题研究拟解决的问题,就是从比较研究中,不仅揭示了马克思主义中国化本身的愿景,而且还揭示了马克思主义中国化的世界意义,揭示了马克思主义中国化发展前景的示范效应和激励效应。也许有人会认为这种揭示过于乐观,或者为时过早,甚至有人会认为是幼稚之谈,但笔者认为这种揭示很有意义。

---

① 顾海良:《马克思主义发展史》,中国人民大学出版社,2009年版,第538页。

② 洪建设、赵麟斌:《马克思主义中国化研究述评》,载《学术界》,2010年第4期,第201页。

第一章 革命时期中俄马克思主义本土化比较

革命时期在俄国是指从1898年俄国社会民主工党成立到1917年十月革命胜利。在中国则是指从马克思主义传入中国到1949年新中国成立。如果说马克思主义的传播是本土化的理论准备阶段的话，那么，革命时期是马克思主义本土化的实践起始阶段，也是推进并深化马克思主义本土化的基础阶段，因此，比较分析革命时期中俄两国马克思主义本土化的具体情况十分重要。

第一节 革命时期马克思主义俄国化的基本历程和主要特点

马克思主义诞生于发达的资本主义西欧国家，曾持续地得到人们热烈的讨论，并试图直接运用于现实的社会改造，但结果并未达到马克思主义创始人的预期。相反，当马克思主义传播到地处欧亚且资本主义发展并不发达的俄国，却结出了马克思主义创始人所未曾意料到的硕果，取得了十月革命的伟大胜利。对于这一过程和结果，用我们习惯的语汇来表达，那就是马克思主义俄国化。

一、马克思主义与俄国革命实际相结合取得首胜

革命时期马克思主义俄国化的基本历程包括：马克思主义在俄国广泛传播、俄国革命者运用马克思主义政党学说创立无产阶级政党、无产阶级政党运用马克思主义阶级斗争理论取得十月革命胜利。

（一）马克思主义在俄国广泛传播开启俄国化历程

马克思主义自诞生到传入俄国之前一直“游荡”在欧洲，从其对社会现实影响的结果来看，并未实现真正意义上的本土化。马克思主义于19世纪80年代传入俄国，从而真正开启了马克思主义俄国化的序幕。那么，为什么马克思主义会如此“顺利”地传入俄国呢？

1. 马克思、恩格斯对俄国问题的关注与思考是重要外因

1848年欧洲革命失败后，西方社会进入了一个相对稳定的时期。而东方社会

却发生了一系列事件，如1851年中国爆发的太平天国起义，1853年英国议会对东印度公司的宪章进行最后修改等，引起了马克思、恩格斯极大的兴趣。探讨东方社会的结构和性质，以及东方社会的历史命运成为马克思晚年研究的主要问题。

马克思认为，经济落后的国家，特别是尚处在前资本主义阶段且保存较完整的农村公社制度的国家，其发展前景存在三种不同的可能性：一是西方殖民化，导致公社瓦解，发展资本主义；二是公社内部的私有制战胜公有制，缓慢地演进；三是公有制战胜私有制，超越资本主义制度的卡夫丁峡谷，吸收资本主义所创造的一切肯定成果，利用这些人类文明的创造物，进化到社会主义。马克思晚年以俄国为对象进行了系统的研究和阐述，他认为，俄国是东方专制主义国家，在欧洲的政治风云中一直扮演着镇压革命、为虎作伥的反动角色，但到19世纪70年代前后，俄国社会发生了巨大变化，1861年实行农奴制改革。在经济上改变了原来野蛮落后的自然经济，建立起农业和手工业相结合的生产方式；在政治体制上开始向资本主义君主立宪制转变，这种转变大大加剧了社会矛盾。1877年4月爆发的俄土战争又进一步激化了这些矛盾，加剧了社会的冲突。这种内外夹攻的形势极有可能产生革命的机会。因此，“这次危机是欧洲历史上一个新的转折点，俄国——我曾经根据非官方的俄文原始材料研究过它的情况——早已站在变革的面前，为此所必要的一切因素都已成熟”，“俄国社会的一切阶层目前在经济、道德上和智力上都处于土崩瓦解的状态，这一次革命将从一向是反革命安然无恙的堡垒和后备军的东方开始”①。当时，恩格斯也指出：“要是俄国发生革命，它就会拯救欧洲免遭全面战争的灾难，并成为全世界社会革命的开端。”②在此后的短短几年里，马克思先后写了《给“祖国纪事”杂志编辑部的信》、《给维·伊·查书利奇的信》、《关于俄国一八六一年改革和改革后的发展的札记》等著名文章，再加上恩格斯写的《论俄国社会问题》、《“论俄国社会问题”跋》等文献，构成了马克思、恩格斯对俄国社会的全面思考，形成了关于俄国社会发展道路的系统理论，成为俄国革命者关注马克思主义，进而传播马克思主义的重要因素。

2. 俄国国内社会结构的变化和阶级斗争需要是根本内因

俄国于19世纪30年代开始工业革命。资本主义工厂逐渐代替手工工场，机器生产开始代替手工劳动，但是到19世纪中叶的俄国还顽固保存着野蛮落后的的农奴制。农民的人格和自尊心被无情的摧残，他们整天无偿地为地主劳动，甚至被作为物品抵押债务。1861年俄国沙皇亚历山大二世推行改革，废除了农奴制。农奴成为自由人，为资本主义的发展提供了大量的自由劳动力，推动了俄国资本主义

---

① 《马克思恩格斯全集》(第34卷)，人民出版社，1984年版，第275页。

② 《马克思恩格斯全集》(第37卷)，人民出版社，1984年版，第6页。

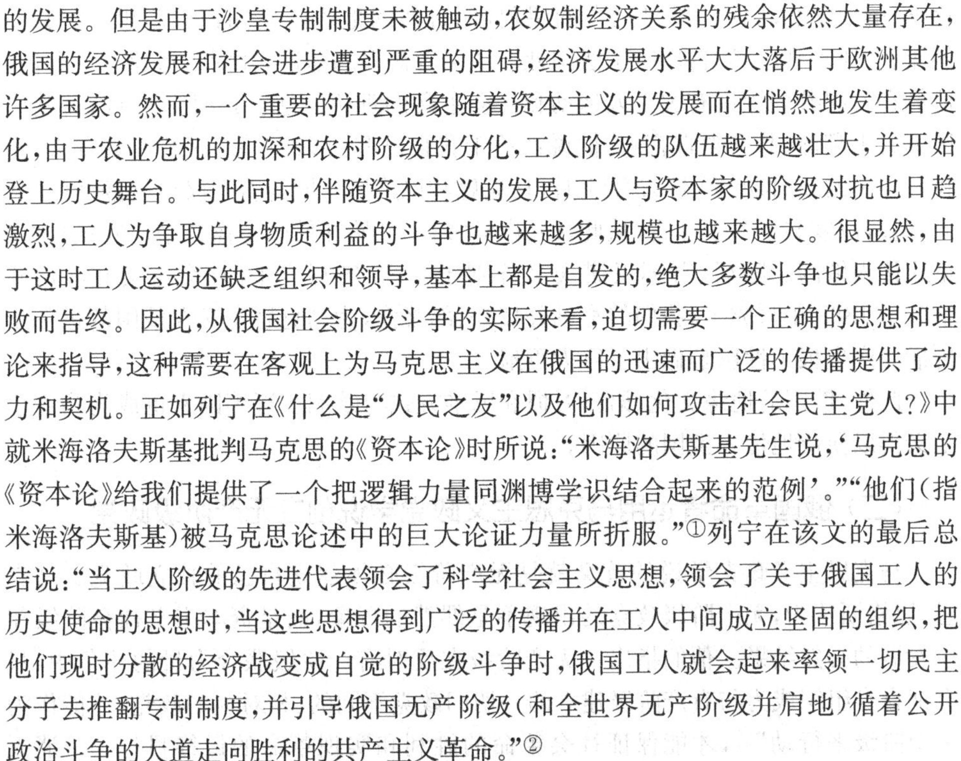

的发展。但是由于沙皇专制制度未被触动，农奴制经济关系的残余依然大量存在，俄国的经济发展和社会进步遭到严重的阻碍，经济发展水平大大落后于欧洲其他许多国家。然而，一个重要的社会现象随着资本主义的发展而在悄然地发生着变化，由于农业危机的加深和农村阶级的分化，工人阶级的队伍越来越壮大，并开始登上历史舞台。与此同时，伴随资本主义的发展，工人与资本家的阶级对抗也日趋激烈，工人为争取自身物质利益的斗争也越来越多，规模也越来越大。很显然，由于这时工人运动还缺乏组织和领导，基本上都是自发的，绝大多数斗争也只能以失败而告终。因此，从俄国社会阶级斗争的实际来看，迫切需要一个正确的思想和理论来指导，这种需要在客观上为马克思主义在俄国的迅速而广泛的传播提供了动力和契机。正如列宁在《什么是"人民之友"以及他们如何攻击社会民主党人?》中就米海洛夫斯基批判马克思的《资本论》时所说："米海洛夫斯基先生说，'马克思的《资本论》给我们提供了一个把逻辑力量同渊博学识结合起来的范例'。""他们（指米海洛夫斯基）被马克思论述中的巨大论证力量所折服。"①列宁在该文的最后总结说："当工人阶级的先进代表领会了科学社会主义思想，领会了关于俄国工人的历史使命的思想时，当这些思想得到广泛的传播并在工人中间成立坚固的组织，把他们现时分散的经济战变成自觉的阶级斗争时，俄国工人就会起来率领一切民主分子去推翻专制制度，并引导俄国无产阶级（和全世界无产阶级并肩地）循着公开政治斗争的大道走向胜利的共产主义革命。"②

3. 普列汉诺夫为马克思主义在俄国的传播做出了重要贡献

普列汉诺夫是马克思主义在俄国的首播人。1877 年夏普列汉诺夫结束了在荷兰短暂的流亡生活秘密回到俄国，开始从事工人运动。这个时期的普列汉诺夫还是一名正统的自由主义民粹者，然而，随着他参加工人运动实践的不断深入，他开始发现自发的工人运动不可能取得最后的成功，对民粹主义的"直接长入"的观点开始产生怀疑，进入 19 世纪 80 年代，普列汉诺夫觉得有必要对自己的思想进行一番清理，他觉得"自己当时的思想和理想状况远远不能适应革命发展的要求，有必要好好地清理一下，从而能够找出解决俄国问题的明确答案"③。于是，他用少有的买面包的钱买了马克思的《路易波拿巴的雾月十八日》、《法兰西内战》和《行动中的巴枯宁主义者》等著作，开始全面地研究马克思主义。他像学生一样，在瑞士的一些大学里大量地听历史学和经济学等人文科学方面的课程，以及地质学、有机

---

① 《列宁选集》（第 1 卷），人民出版社，2012 年版，第 3、2 页。

② 《列宁选集》（第 1 卷），人民出版社，2012 年版，第 81 页。

③ 中国人民大学马列主义发展史研究所：《马克思主义史》（第 1 卷），人民出版社，1996 年版，第 807—808 页。

化学、解剖学和动物学等自然类的课程,如饥似渴地吸收新知识和新思想。1880年年底,他来到巴黎,首次听了法国社会主义者盖得的演讲,并同盖得建立了友谊,他们在一起共同探讨有关工人运动和社会主义的理论问题。1881年年底,普列汉诺夫着手翻译《共产党宣言》。他说:“关于我自己我可以说,阅读《共产党宣言》是我一生中的新时期。”①1882年1月,马克思和恩格斯共同为普列汉诺夫翻译的《共产党宣言》俄文本写了序言,从此,《共产党宣言》开始在俄国传播开来,马克思主义正式传入俄国。随后,普列汉诺夫又分别于1883年写成了《社会主义和政治斗争》、于1885年写成了《我们的意见分歧》两部著作,为马克思主义在俄国的进一步传播并产生根本性影响做出了巨大贡献。

此外,俄国的地缘文化、语言习惯和思维方式与欧洲相近等因素也成为马克思主义得以便捷地传入俄国的原因。

(二)俄国革命者运用马克思主义政党学说创立无产阶级政党

马克思主义政党学说的首义就是无产阶级必须建立自己的独立政党。马克思、恩格斯认为,无产阶级政党的出现不是偶然的现象,而是资本主义社会阶级斗争发展的必然结果。他们指出:“无产阶级在反对有产阶级联合力量的斗争中,只有把自身组织成为与有产阶级建立的一切旧政党不同的、相对立的政党,才能作为一个阶级来行动”②,才能保证社会革命的胜利和实现革命的最终目标——消灭阶级。

列宁自19世纪80年代末开始从事革命活动起,首先最关注的问题就是马克思主义关于建立无产阶级政党重要性的问题。他从欧洲革命斗争失败的实践中,特别是俄国国内自发的、分散的、以经济斗争为主要内容的斗争实际中得出了一个结论,那就是无组织的斗争是革命不能从自发走向自觉的关键。因此,列宁就首先致力于将马克思主义政党理论灵活地运用于工人运动实践,在1895年通过大量的思想工作和组织工作,他把彼得堡所有的马克思主义小组统一起来,创立了作为俄国无产阶级政党前身的工人阶级解放斗争协会,第一次在俄国实现了社会主义和工人运动的结合。1898年,列宁在流放地西伯利亚写成了《俄国资本主义的发展》,全面分析了俄国国内工人运动的现状和存在的主要问题,批判了自由主义民粹派的主观社会学方法和超阶级的国家观。1899年,列宁和社会民主党人联名发出“抗议书”,批判“经济派”的《信条》,阐明了自觉性和自发性的辩证关系。1900

① 中国人民大学马列主义发展史研究所:《马克思主义史》(第1卷),人民出版社,1996年版,第808页。

② 《马克思恩格斯选集》(第3卷),人民出版社,2012年版,第173页。

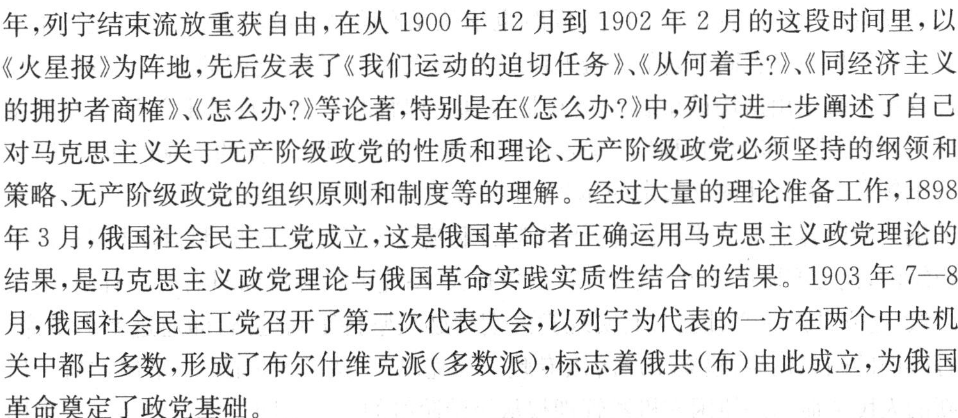
年，列宁结束流放重获自由，在从1900年12月到1902年2月的这段时间里，以《火星报》为阵地，先后发表了《我们运动的迫切任务》、《从何着手?》、《同经济主义的拥护者商榷》、《怎么办?》等论著，特别是在《怎么办?》中，列宁进一步阐述了自己对马克思主义关于无产阶级政党的性质和理论、无产阶级政党必须坚持的纲领和策略、无产阶级政党的组织原则和制度等的理解。经过大量的理论准备工作，1898年3月，俄国社会民主工党成立，这是俄国革命者正确运用马克思主义政党理论的结果，是马克思主义政党理论与俄国革命实践实质性结合的结果。1903年7—8月，俄国社会民主工党召开了第二次代表大会，以列宁为代表的一方在两个中央机关中都占多数，形成了布尔什维克派(多数派)，标志着俄共(布)由此成立，为俄国革命奠定了政党基础。

(三) 无产阶级政党运用马克思主义阶级斗争学说取得了十月革命胜利

无产阶级斗争学说是马克思主义的基石。列宁在《马克思主义的三个来源和三个组成部分》中指出："马克思的天才就在于他最先从这里得出了全世界历史所提示的结论，并且彻底地贯彻了这个结论。这个结论就是阶级斗争学说。"①十月革命能够取得胜利的关键就是俄共(布)坚持运用了马克思主义阶级斗争学说。

列宁非常重视马克思主义阶级斗争学说的学习和研究。早在第一次世界大战爆发之时就非常前瞻性地研究了战争，对第一次世界大战的发展进行了大胆的预测，并寄希望于利用战争实现建立社会主义国家的目的。他说："我们对战争的态度，同资产阶级和平主义者(和平的拥护者和鼓吹者)和无政府主义者有原则的区别。我们和资产阶级和平主义者不同的是，我们懂得战争和国内阶级斗争有必然的联系，懂得不消灭阶级，不建立社会主义，就不可能消灭战争，再就是我们完全承认国内战争即被压迫阶级反对压迫阶级——奴隶反对奴隶主、农奴反对地主、雇用工人反对资产阶级——的战争是合理的、进步的和必要的。"尽管"历史上多次发生过这样的战争，它们虽然像任何战争一样不可避免地带来种种惨祸、暴行、灾难和痛苦，但是它们却是进步的战争，也就是说，它们由于帮助破坏了特别有害的和反动的制度(如专制制度或农奴制)，破坏了欧洲最野蛮的专制政体(土耳其的和俄国的)而有利于人类的发展"②。

列宁对马克思的阶级斗争学说做了深刻的解读，从而揭示了马克思阶级斗争学说的精髓。列宁认为把马克思学说中的主要之点理解为阶级斗争是不正确的，至少是不准确的，或不完整的。因此，"谁要是仅仅承认阶级斗争，那他还不是马克

① 《列宁全集》(第23卷)，人民出版社，1990年版，第48页。

② 《列宁选集》(第2卷)，人民出版社，2012年版，第510页。

思主义者”,“只有承认阶级斗争,同时也承认无产阶级专政的人,才是马克思主义者。马克思主义者同平庸的小资产阶级者(以及大资产者)之间的最深刻的区别就在这里。必须用这块试金石来检验是否真正理解和承认马克思主义”①。在此基础上,列宁进一步深刻理解了马克思、恩格斯一贯强调关于党的纲领的重要性,认为纲领是一面公开树立起来的旗帜,而外界就是根据它来判断这个党的。其中党的纲领的内容最为重要,无产阶级政党的纲领规定了党的最近目标即推翻资产阶级统治,使无产阶级上升为统治阶级,争得民主;党的最终目标即消灭私有制,消灭阶级,建立共产主义社会。而实现党的纲领必须坚持正确道路,即通过暴力革命,打碎旧的国家机器,建立无产阶级专政。马克思在《法兰西内战》中指出:“每一次新的人民革命总是使国家机器管理权从统治阶级的一个集团手中转到另一个集团手中,在每次这样的革命之后,国家政权的压迫性质就更充分地表现出来,并且更无情地被运用,因为大革命所允许的、在形式上已经作出保证的那些诺言只有使用暴力才能打破。”②马克思、恩格斯也一直认为革命道路的选择是一种策略,而暴力革命就是这种策略。因为从广义的角度来说,人类社会的每一次形态更替几乎都伴随着战争,因为任何一个没落阶级都不会自觉地退出历史的舞台,资产阶级也不例外。因此,暴力革命的选择是遵循历史传统,也可谓是历史的必然。“战争是政治通过另一种手段(暴力手段)的继续。”马克思主义者一向公正地把这一论点看作考察任何一场战争意义的理论基础。③

列宁非常注重把马克思主义的阶级斗争学说运用于俄国的革命实践。列宁通过对俄国当时的社会现实进行分析后认为,在俄国,战争也是别无选择的选择。因为,无产阶级国家代替资产阶级国家非通过暴力革命不可。从国家的性质来看,“十月革命”前的俄国“还是军事封建帝国主义”,虽然资本主义有了很大的发展,但沙皇专制统治还很盛行,人民生活在水深火热之中,“世界上没有一个地方像在俄国那样对国内的多数居民进行这样的压迫”。④ 而且,在无产阶级不断壮大的同时,“武装资产阶级以反对无产阶级,这是现代资本主义社会的一个最重大、最基本和最重要的事实”。“面对这样的事实,……我们说:武装无产阶级,以便战胜、剥夺资产阶级,并且解除其武装——这是革命阶级唯一可行的策略,这种策略是由资本主义军国主义的整个客观发展所准备、奠定和教给的。”⑤列宁已经深刻地认识到

① 《列宁全集》(第 31 卷),人民出版社,1985 年版,第 48 页。
② 《马克思恩格斯选集》(第 3 卷),人民出版社,2012 年版,第 165 页。
③ 《列宁选集》(第 2 卷),人民出版社,2012 年版,第 515 页。
④ 《列宁选集》(第 2 卷),人民出版社,2012 年版,第 517 页。
⑤ 《列宁选集》(第 2 卷),人民出版社,2012 年版,第 724 页。

武装斗争、暴力革命的重要性和必然性，并分析估计到，当革命形势发展到一定程度，发展到正如恩格斯在《德国的社会主义》中所说的“资产者老爷们，你们先开枪吧”①的时候，一场急风暴雨般的革命即将到来。

1917 年，俄国爆发了二月革命，推翻了沙皇专制政府，完成了俄国资产阶级民主革命的首要任务。革命胜利后，俄国出现了两个政权并存的局面，即资产阶级临时政府和工农代表苏维埃。当时，由于临时政府还没有用暴力镇压群众，布尔什维克还有较多的政治自由，还能够公开活动，因此，此时进行由民主革命向社会主义革命的转变，时机还不成熟。同年 6 月，全俄布尔什维克军队党组织代表会议在彼得格勒举行，列宁做了关于目前形势和土地问题的报告，号召积极准备无产阶级和革命军队的力量，以使政权转归苏维埃。七月事变发生后，布尔什维克党被迫转入地下，列宁和季诺维也夫因受临时政府通缉，秘密转移到离彼得格勒 32 公里外的拉兹里夫。布尔什维克党分析认为，革命的和平发展和政权和平地转归苏维埃已经不可能，而且，列宁等布尔什维克党的领导人随时都有遭逮捕的危险，临时政府已经开始使用暴力镇压革命运动。八九月间，列宁在隐居地写了《国家与革命》一书，系统阐述了马克思主义关于国家的学说。他指出：“工人阶级不能简单地掌握现成的国家机器，并运用它来达到自己的目的。”②9 月 10 日至 14 日，列宁从芬兰给布尔什维克党中央写了《布尔什维克必须夺取政权》和《马克思主义和起义》两封信，号召党组织起义夺取政权，并为武装起义制订了总计划。列宁强调，武装起义不仅要选择决定性的关头，还必须选择决定性的地点。列宁的意见遭到了党内包括季诺维也夫和加米涅夫等在内的领导人的反对，列宁再次写信给党中央，要求制止反对立即起义的倾向和意见，并正式提出退出中央委员会的请求，以敦促中央早下起义的决心。10 月 7 日，列宁再次从流放地回到国内，党中央召开会议讨论起义问题，并以 10 票对 2 票的结果通过了列宁的准备武装起义的决议，至此，革命的时机终于成熟。10 月 24 日清晨，临时政府派士兵和警察突然袭击了布尔什维克党中央机关报《工人之路报》。当晚，列宁写信给中央，指出，起义必须在当天晚上，不能再等待了。深夜，列宁到达斯莫尔尼宫领导武装起义。十月革命取得了伟大的胜利，这是无产阶级掌握和运用马克思主义政党学说的第一次成功实践。正如张光明教授所说：“归根结底，俄国革命者取得政权并获得随后的国内战争胜利，实际上靠的是列宁所缔造的那一套政党理论体系，正是它使布尔什维克建立起了严密有力的组织和强大的国家权力，这是苏俄革命的真

---

① 《列宁选集》(第 2 卷)，人民出版社，2012 年版，第 526 页。

② 《列宁选集》(第 3 卷)，人民出版社，2012 年版，第 207 页。

正决定性因素。”①

二、革命时期马克思主义俄国化的主要特点

革命时期是马克思主义俄国化具有:马克思主义在俄国传播中理论论争激烈、革命者由民粹主义向马克思主义转化重要、指导革命取得胜利的理论准备充分、俄国化马克思主义理论创新成果丰硕等特点。

(一)马克思主义在俄国传播中理论论争激烈

任何一种理论的传播都不是一帆风顺的,特别是当一种新的理论出现,并与旧有理论产生较大分歧,甚至产生激烈冲突时,理论论争是必不可少的,马克思主义在俄国的传播就是如此。在马克思主义刚传入俄国的时候,俄国社会存在各种社会思潮,其中还包括反马克思主义思潮,伯恩斯坦主义就是当时最具影响的反马克思主义。1895 年 8 月,恩格斯逝世。1896 年 10 月,伯恩斯坦以《社会主义问题》为总标题在《新时代》上发表了一组文章,向马克思主义提出了公开的挑战,在德国社会民主党内引发了一场大论战,很快论战越过国界来到俄国,在俄国发生了马克思主义者同“自由主义”民粹派、“合法马克思主义”及“经济派”的斗争。在争论中一大批俄国革命者非常活跃,其中以普列汉诺夫和列宁最具代表性。

1. 普列汉诺夫对伯恩斯坦修正主义的批判

伯恩斯坦是修正主义思潮的重要代表人物,也是 19 世纪和 20 世纪之交马克思主义历史命运大论争的始作俑者,他早期的思想中就已潜伏着右倾机会主义和改良主义理论观点。他在《社会主义问题》的系列论文中,首先,以反对社会主义运动中的“空想主义”为借口对马克思《资本论》中关于资本主义积累的历史趋势的论断进行“修正”,他认为在现代资本主义内部已经产生了社会主义的因素,因此,资本主义社会可以和平过渡到社会主义社会。其次,他认为在现代社会中,农民不会成为社会主义革命的力量或同盟军。第三,他认为现代资产阶级国家对社会的组织和管理与马克思、恩格斯设想的未来社会的管理机构对社会的管理没有本质区别。“最近未来的社会的管理机构与当前的国家只不过在程度上有所差别。”②第四,他否认资本主义崩溃的必然性。第五,他把落后民族纳入文明化制度范围,为资本主义殖民政策辩护。第六,他企图用新康德主义来指导社会主义运动,改造马克思主义。总之,伯恩斯坦的中心论点就是抛弃马克思主义关于资本主义必然灭

---

① 张光明:《社会主义由西方到东方的演进》,云南人民出版社,2004 年版,第 140 页。

② [德]伯恩斯坦:《社会主义的历史和理论》,东方出版社,1989 年版,第 177 页。

亡、无产阶级必须通过社会革命夺取社会主义胜利的基本原理。

普列汉诺夫是俄国马克思主义的先驱，当伯恩斯坦修正主义理论盛行时，他清楚地认识到，反对伯恩斯坦的斗争是马克思主义与机会主义之间的不可调和的斗争，属于水火不相容的性质，是关系到无产阶级政党生死存亡的问题。从 1898 年夏初开始，普列汉诺夫先后在日内瓦和罗马发表了《论所谓马克思主义的危机》的讲演，第一次公开向伯恩斯坦主义进行宣战。从此开始，普列汉诺夫先后在《新时代》、《萨克森工人报》、《曙光》等报刊上发表了《康拉德·施米特反对卡尔·马克思和弗里德里希·恩格斯》、《唯物主义还是康德主义?》、《我们为什么应该感谢他?》、《Cant 反对康德，或伯恩斯坦的精神遗嘱》、《对我们的批判者的批判》等文章，在哲学方面尖锐地批判了伯恩斯坦对马克思主义辩证唯物主义和历史唯物主义的攻击，对马克思主义哲学理论做了深刻的思考。在政治经济学方面尖锐地批判了伯恩斯坦的经济学理论，对马克思主义政治经济学基本原理做了深入的探讨。在社会主义理论方面尖锐地批判了伯恩斯坦修正主义者攻击马克思主义关于社会主义革命的学说，对马克思主义科学社会主义理论做了进一步思考。如普列汉诺夫在《Cant 反对康德，或伯恩斯坦的精神遗嘱》指出："一切马克思主义者都确信，在资本主义社会中，社会财富的增长必然伴随着社会不平等的增长和有产人数的减少。假如伯恩斯坦先生能够得出相反的证明，那么就应当承认他给了马克思主义以致命的打击。但是倒霉的是，伯恩斯坦先生除了证明自己的不懂外，没有证明任何东西。"①普列汉诺夫最后认为伯恩斯坦是"一个给了社会民主党理论以沉重打击并力图(不管是自觉地或不自觉地)埋葬这一理论以博得勾结在一起的'反动帮伙'的欢心的人"②。可以说，普列汉诺成功地打响了反对伯恩斯坦修正主义的第一枪，为俄国马克思主义者在理论论争中争取主动开了好头，为马克思主义在俄国的广泛传播奠定了良好基础。

2. 列宁对"自由主义民粹派"和"经济派"的批判

民粹主义是伯恩斯坦主义在俄国的一个独特的变种，其核心内容和理论特征是:不承认社会发展是一个自然历史过程，把资本主义在俄国的出现和发展看成是纯粹"偶然的"或"人为的"现象;不承认工人阶级是俄国社会最先进、最有前途的阶级，是实现社会主义的领导力量，而把农民、小生产者看作实现社会主义的主要依靠力量;旧的农村村社和生产形式是比资本主义制度和生产形式更高更好的经济

---

① [俄]格·瓦·普列汉诺夫:《Cant 反对康德，或伯恩斯坦的精神遗嘱》，见《普列汉诺夫哲学著作选集》(第 2 卷)，三联书店，1961 年版，第 444 页。

② [俄]格·瓦·普列汉诺夫:《我们为什么应该感谢他?》，见《普列汉诺夫哲学著作选集》(第 2 卷)，三联书店，1961 年版，第 418 页。

制度和形式,可以在这个基础上避开资本主义的发展而直接完成向社会主义的过渡;否认人民群众是历史的创造者,少数英雄和杰出人物才能推动历史发展,人民群众离开了这些英雄和杰出人物就会一事无成等。

对民粹派的批判最早起于普列汉诺夫,完成于列宁。1894 年,列宁发表了重要论著《什么是“人民之友”以及他们如何攻击社会民主党人?》,列宁严厉地批驳了自由主义民粹派的理论观点和政治纲领,科学地阐述了马克思主义的哲学、政治经济学和科学社会主义的基本理论,实际地证明了俄国工人阶级是最先进和最进步的阶级,明确地提出了马克思主义的工农联盟思想和建立工人阶级政党的任务。列宁的批判不仅给了自由主义民粹以当头一棒,更给了正在与民粹派进行论战的马克思主义者以鼓舞,使进步而富于幻想的青年知识分子尽快清楚地认识到,要想使自己的工作获得有益的成就,“社会主义的知识分子只有抛弃幻想”①。列宁进一步指出:“社会民主党人的政治活动是要协助俄国工人运动发展和组织起来,把工人运动从目前这种分散的、缺乏指导思想的抗议、‘骚动’和罢工的状态,改造成整个俄国工人阶级的有组织的斗争,其目的在于推翻资产阶级,剥夺剥夺者,消灭以压迫劳动者为基础的社会制度。”②此后,列宁在流放西伯利亚东部的情况下,用3 年多时间,于 1889 年 1 月写成了批判民粹主义的又一力作《俄国资本主义的发展》,全面地分析和研究了俄国改革后的社会经济制度和阶级结构,用大量的事实材料无可辩驳地证明了资本主义在俄国存在和发展的现实,深刻地揭示了俄国资本主义发展的特点、矛盾和规律,科学地论证了俄国社会革命的不可避免性和工人阶级在这一革命中的领导作用,再一次强调了工农联盟的重要性,从而在思想理论上彻底地完成了批判民粹主义的任务。

“经济派”是由于俄国社会民主工党成立之初并没有制定出相应的党纲和党章,还处在一种分散的状态,党内出现的一个新的机会主义派别,因为这个派别盲目崇拜自发的工人运动,片面强调经济斗争的意义和作用,否认政治斗争、思想理论和政党在社会发展中的作用,醉心于细小的改良运动,故称之为“经济派”。“经济派”也是伯恩斯坦主义在俄国的变种,其核心主张是鼓吹自发论,否定建立无产阶级政党的必要性。列宁于 1902 年 2 月写成了《怎么办?》一书,指出:“社会民主党的理论学说也是完全不依赖于工人运动的自发增长而产生的,它的产生是革命的社会主义知识分子的思想发展的自然和必然的结果。”③不仅从思想上粉碎了经济主义,还阐明了俄国革命运动的迫切问题,阐明了建立新型政党的必要性。

---

① 《列宁选集》(第 1 卷),人民出版社,2012 年版,第 77 页。

② 《列宁选集》(第 1 卷),人民出版社,2012 年版,第 79 页。

③ 《列宁选集》(第 1 卷),人民出版社,2012 年版,第 318 页。

总之，这场理论斗争表面上是在少数政治人物之间进行，但在客观上使得“真理越辩越明”，论争不仅推动了俄国马克思主义者对马克思主义理论和资本主义发展新情况的研究，更促进了马克思主义与俄国无产阶级革命实践的结合。

（二）革命者由民粹主义向马克思主义的转化非常重要

19 世纪后半期，马克思主义传入时的俄国，虽然从总体上讲仍然是一个前资本主义的封建专制国家，但资本主义已经有了长足的发展，在主要的大城市，资本主义已经拥有了较高的发展水平，资产阶级与无产阶级的矛盾和对立已经开始显现出来，工人与资本家的斗争开始出现。俄国革命者也开始关注资本主义社会的基本矛盾，并思考如何回答俄国社会现实问题，但此时的主要革命者持民粹主义的思想，其主要表现是主张通过合法的议会斗争，使资本主义“和平地”改良为社会主义，这一主张与马克思主义是格格不入的。因此，在俄国就存在革命者由民粹主义向马克思主义转变的问题，这个转变非常重要，它决定马克思主义能否在俄国真正广泛传播的基础，甚至是俄国十月革命能否爆发的前提。

普列汉诺夫是这个转变的第一人。1876 年时的普列汉诺夫还是一个民粹主义者，1877 年年初，普列汉诺夫为了躲避政府的迫害，根据“土地与自由”社领导的决定暂时流亡国外。1877 年夏，普列汉诺夫结束流亡生活秘密回到俄国开始参与工人运动，成为当时宣传民粹主义思想最有经验和最有才干的一员。在他受托参与“土地与自由”社纲领草案的定稿，以及他后来写的第一篇理论性文章《争论什么？》等文章中，普列汉诺夫都维护了民粹主义的基本观点。但是，随着他参与工人运动的进一步深入，特别是他在经过对马克思主义理论的进一步学习和研究之后发现，俄国的工人运动就如马克思在《共产党宣言》中所说的那样，正在取代农村的阶级冲突，而成为俄国社会的主要阶级斗争，工人阶级将成为俄国革命的主要力量。但是，目前的工人运动仍处于自发的、分散的状态，还没有形成巨大的声势，还不能经常取得胜利。于是，普列汉诺夫开始对民粹主义思想有所动摇了，他的第一篇正式论文《俄国社会经济发展的规律和社会主义的任务》发表，开始公开在报刊上承认马克思的关于社会发展是按照其自然历史阶段发展的理论，并反省了民粹派把全部精力放在农村，低估城市工人在未来革命中的作用的错误，这是俄国革命者开始由民粹主义向马克思主义转向的重要证明和标志。

俄国革命者由民粹主义向马克思主义转变其实就是革命者马克思主义化的过程。所谓马克思主义化，简单地说就是非马克思主义的革命者经过“受传了解”到“学习研究”，再到“信仰运用”马克思主义，从而成为马克思主义者的过程。由于民粹派在当时俄国存在的复杂社会思潮中具有较高地位，而普列汉诺夫又是宣传民粹主义思想最有经验和最有才干的代表性人物，因此，可以说普列汉诺夫的思想转变具有举足轻重的影响,它将使民粹派失去市场,使马克思主义走上主流。此外,列宁于1894年写成《什么是"人民之友"以及他们如何攻击社会民主党人?》,使他获得马克思主义理论家称号并从此踏上了职业革命家的道路,标志着以列宁为代表的进步革命者完成了马克思主义化的过程。

至此,民粹派革命者和其他非马克思主义的革命者都完成了马克思主义化过程,为俄国革命的发展和最后胜利提供了重要的理论、方向和人才保证。

(三) 指导革命取得胜利的理论准备充分

没有革命的理论,就没有革命的行动,这是理论与实践的关系问题。事实上,任何一场革命都不是突如其来的,都有一个舆论造势和理论准备的过程。俄国革命能够取得胜利离不开充分的理论准备。普列汉诺夫和列宁是理论准备的杰出代表。

1. 普列汉诺夫在俄国革命的理论准备中贡献突出

早在1879年,普列汉诺夫撰写《社会经济发展的规律和俄国社会主义的任务》时就论证了理论对于革命的重要性,他说:"马克思向我们指出,……是生产方式本身促使群众的意识接受社会主义学说;而这一学说:在缺乏必要的准备以前,不仅无法实现变革,而且也不能创立多少有作为的政党。"[①]不仅如此,他还进一步说明,马克思是如何强调"在什么时候,以什么方式,在什么范围内进行的社会主义宣传方能奏效"[②]。当理论宣传准备到一定程度的时候,"我们活动的中心将从宣传最理想的社会制度转到创建一个战斗的人民革命组织,以便在不久的将来实现人民革命的变革"[③]。

普列汉诺夫还论述了为什么在经济文化落后的国家首先觉醒并起领导作用的是知识分子。他说:"社会主义的知识分子不得不主持当代的解放运动,这一运动的直接任务应当是在我们祖国建立自由的政治制度,同时社会主义者还应当力求给工人阶级以可能来积极而有成果地参加俄国的未来政治生活。"为达到此目的,"首要的手段应当是为了民主的宪法进行鼓动"。因此,"社会主义的知识分子有责任使工人组织起来"[④]。这其实是普列汉诺夫强调了成立无产阶级政党的重要性。他接着进一步指出,在把工人阶级组织起来后,还要发动农民,"在首先取得这一阶层(工人)的有利支持以后,社会主义的知识分子才能有大得多的希望把自己的影

① 《普列汉诺夫文选》,人民出版社,2010年版,第2—3页。

② 《普列汉诺夫文选》,人民出版社,2010年版,第3页。

③ 《普列汉诺夫文选》,人民出版社,2010年版,第10页。

④ 《普列汉诺夫文选》,人民出版社,2010年版,第15页。

响扩展到农民中间”①。

普列汉诺夫在《社会主义与政治斗争》中强调了社会革命的重要性。他认为人民所需要的不仅仅是政治革命，拥有政治权利，而是要改变社会组织形态，即社会制度。实现政治要求只是革命的目的之一，而且不是直接目的和最终目的，如果社会革命成功，政治目的自然实现，如果社会革命不成功，政治目的是不可能单独实现的。他认为：“社会主义和在资产阶级国家中参与政治生活是不相容的。”②

普列汉诺夫在《社会主义与政治斗争》中详细论证了暴力革命的不可避免性。他认为，使用暴力是统治阶级自我保护的本能。“当统治阶级还是最进步的社会理想的担当者的时候，它所创立的制度会满足社会发展的一切要求。但是一旦某社会的经济史带来进步运动的因素的时候”，“该统治阶级的进步作用也就完结。统治阶级从进步的代表变成了进步的不共戴天的敌人时，不消说，它利用国家机器作自我保卫目的之用”。③ 他实际上叙说了这样一个逻辑，即资产阶级统治诞生了无产阶级，无产阶级为了争取经济利益而斗争，而经济利益的获得在没有社会革命发生的情况下无法实现，于是必然要夺取政权，而旧的统治阶级为了维护统治而自我保卫必然要使用暴力，于是无产阶级必然采取暴力的手段来对待暴力的抵抗和镇压。

普列汉诺夫还进一步分析了促成革命爆发的长期性。他认为工人阶级在争取经济利益的斗争中生活条件确实得到了改善，这不利于工人阶级决意进行革命，即工人阶级的革命不坚决性。于是，必须寻求新的、更为强大、更为坚决的力量——农民，由于农民在短时间内并不能很快明白革命的道理，所以，需要耐心的宣传、教育和说服，一旦把农民说服了，革命的时机就成熟了。在俄国这个特殊的国家，由于村社制度的存在，工人阶级人口只占少数，农民人口占多数，成为资本主义发展中的特例，也就是资本主义发展的薄弱环节。这个说服过程就是革命的酝酿和准备过程，是个长期的过程。

普列汉诺夫最后还强调了革命的领导者、参与者、同情者和外部条件。他认为革命的领导者必然是社会主义的知识分子，因为他们是最早觉醒者。工人阶级和军官阶层是参与者，“行将到来的革命将不是名副其实的工人革命，但是工人们必须参加在其中，因为他们‘对它有特别重要的意义’”。“在现在的条件下，在士兵中间的宣传是困难到这步田地，以致我们不能对它寄予很多希望。便利得多的是对军官阶层的影响：他们是更有教养的，更自由的，更容易受到影响的！”“除了工人们和‘军官’之

① 《普列汉诺夫文选》，人民出版社，2010年版，第17页。

② 《普列汉诺夫文选》，人民出版社，2010年版，第31页。

③ 《普列汉诺夫文选》，人民出版社，2010年版，第49页。

外，民意党心目中还有自由主义者们和‘欧洲’”，对于欧洲“党的政策应当是力求使俄国革命得到各国人民的同情，唤起欧洲公众意见对这一革命的同情”。①

由此可见，普列汉诺夫不仅翻译和传播了马克思主义，还为俄国革命做了大量的理论准备工作，为后来列宁进一步宣传马克思主义，推进马克思主义与俄国革命实践相结合奠定了坚实的基础，成为俄国革命爆发、发展、成功的重要因素。

2. 列宁是俄国革命理论准备的集大成者

由于普列汉诺夫在理论准备方面的突出贡献，进入20世纪，马克思主义在俄国已经广泛地传播开了，俄国的工人运动开始接受马克思主义的指导。1905年1月，俄国爆发了革命，这是帝国主义时代第一次人民革命，然而革命还是失败了，列宁在总结革命失败的经验教训时认为，伯恩斯坦主义对党内那些革命的“暂时同路人”的侵蚀和影响是导致革命失败非常值得怀疑的因素，这就说明马克思主义还没有真正处于指导地位，革命的理论准备还不充分。

为此，列宁于1908年写了《马克思主义和修正主义》，高度赞扬了普列汉诺夫在为革命做理论准备方面的贡献，对伯恩斯坦理论进行了系统的、彻底的批判，阐述了马克思主义的辩证法、价值理论和无产阶级斗争学说。列宁在文中说：“普列汉诺夫是从彻底的辩证唯物主义观点批判过修正主义者在这方面大肆散播的庸俗不堪的滥调的唯一马克思主义者。”②列宁认为：“马克思主义的发展、马克思主义思想在工人阶级中的传播和扎根，必然使资产阶级对马克思主义的这种攻击更加频繁，更加剧烈，而马克思主义每次被官方的科学‘消灭’之后，却愈加巩固，愈加坚强，愈加生气勃勃了。”“就是在那些同工人阶级的斗争有联系而且主要在无产阶级中间流传的学说中，马克思主义也远远不是一下子就巩固了自己的地位的。”③列宁强调：修正主义指望的议会制度“不会消除危机和政治革命，只会在这种革命发生时使国内战争达到最激烈的程度”、“这种激烈的情况是必然要到来的”。④ 由此来批判修正主义的运动目的论——“运动就是一切，最终目的算不了什么”。⑤

随后，列宁对马克思主义发展的历史过程进行了深入的思考，于1910年写了《论马克思主义历史发展中的几个特点》，强调了无产阶级政党必须对马克思主义理论的性质和作用有一个准确而坚定的认识，“马克思主义不是死的教条，不是什么一成不变的学说，而是活的行动指南，所以它就不能不反映社会生活条件的异常

① 《普列汉诺夫文选》，人民出版社，2010年版，第67页。
② 《列宁选集》(第2卷)，人民出版社，2012年版，第3页。
③ 《列宁选集》(第2卷)，人民出版社，2012年版，第1页。
④ 《列宁选集》(第2卷)，人民出版社，2012年版，第6页。
⑤ 《列宁选集》(第2卷)，人民出版社，2012年版，第7页。

剧烈的变化”①。列宁于1913年写了《马克思学说的历史命运》，系统地阐明了马克思学说的贡献，“就是阐明了无产阶级作为社会主义创造者的世界历史作用”②。客观地分析了马克思学说发展的三个阶段，马克思学说在理论上取得胜利的过程，以及将成为社会主义革命的指导思想的必然。列宁指出：一开始“马克思学说决不是占统治地位的。它不过是无数社会主义派别或思潮中的一个而已”③。“1848年革命给了马克思以前的所有这些喧嚣一时、五花八门的社会主义形式以致命的打击”、“最终证明只有无产阶级具有社会主义本性”。④“马克思学说获得了完全的胜利，并且广泛传播开来。”⑤“即将来临的历史时期，定会使马克思主义这个无产阶级的学说获得更大的胜利。”⑥

此后，列宁又写了《马克思主义的三个来源和三个组成部分》，指出马克思主义是科学的思想体系。写了《论自由主义的和马克思主义的阶级斗争概念》，指出马克思主义是无产阶级的世界观，是无产阶级争取解放斗争的精神武器，是在同资产阶级敌对思想和形形色色的机会主义的斗争中发展起来的，同工人革命实践和具体的社会形势有着紧密的、不可分割的联系的理论。以及列宁论述了如何对待马克思主义的态度问题，他强调指出，马克思主义不崇拜任何东西，反对任何一成不变的、僵死的教条，也不把自己看作最终完成的真理，“马克思的理论并不是科学的极限。历史不断提供新的事实和新的研究方法，这就要求进一步发展理论”⑦。

总之，马克思主义在俄国传播、与俄国革命实践相结合的过程中，列宁通过对马克思主义的解读、研究和发展，使俄国马克思主义者真正认识到“什么是马克思主义”和“如何对待马克思主义”，为俄国革命做了极其重要的理论准备工作，是理论准备的集大成者。

（四）俄国化马克思主义理论创新成果丰硕

马克思主义本土化的根本任务，不仅仅是运用马克思主义基本原理，指导本国的革命实践，直至革命取得胜利，还包括在革命实践过程中，理论与实践结合互动，丰富和发展理论，必然地产生新的理论成果。马克思主义在俄国传播，与俄国革命所处的具体社会实际相结合的过程中，马克思主义得到了发展和创新，形成了俄国

---

① 《列宁选集》(第2卷)，人民出版社，2012年版，第281页。

②③ 《列宁选集》(第2卷)，人民出版社，2012年版，第305页。

④ 《列宁选集》(第2卷)，人民出版社，2012年版，第306页。

⑤ 《列宁选集》(第2卷)，人民出版社，2012年版，第307页。

⑥ 《列宁选集》(第2卷)，人民出版社，2012年版，第308页。

⑦ 《列宁全集》(第4卷)，人民出版社，1984年版，第161页。

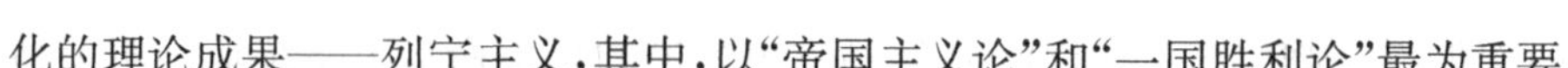

化的理论成果——列宁主义,其中,以“帝国主义论”和“一国胜利论”最为重要。

1. “帝国主义论”是列宁对马克思主义理论的丰富和发展

列宁的《帝国主义是资本主义的最高阶段》(简称《帝国主义论》),在马克思《资本论》对资本主义所做的科学研究的基础上,准确地研判了资本主义发展的新阶段,深刻地分析了帝国主义的本质、特征和基本矛盾,揭示了帝国主义产生、发展和必然灭亡的客观规律,批判了考茨基的“超帝国主义论”等谬论,是对马克思主义理论的丰富和发展。

列宁为该书写了两篇《序言》。1917 年 4 月,列宁在彼得格勒写了俄文版《序言》,主要说明写本书的目的。列宁指出:“我希望我这本小册子能有助于理解帝国主义的经济实质这个基本经济问题,不研究这个问题,就根本不会懂得如何去认识现在的战争和现在的政治。”①但考虑到沙皇政府的书报检查,列宁“不得不极其谨慎,不得不用暗示的方法”来叙述。因此,列宁建议关心社会问题的读者去看他在“1914—1917 年间在国外写的论文”。这些论文包括:《第二国际的破产》(1915 年 5 月)、《社会主义与战争》(1915 年 8 月)、《论欧洲联邦口号》(1915 年 8 月)、《无产阶级革命的军事纲领》(1916 年 10 月)、《帝国主义和社会主义运动的分裂》(1916 年 10 月)等。列宁在十月革命胜利后的 1920 年 7 月又为法文版和德文版写了第二篇《序言》,《序言》共分五节,第一节指出:本书的任务是运用资产阶级统计的综合材料和资产阶级学者的自白,“来说明 20 世纪初期,即第一次世界帝国主义大战前夜,全世界资本主义经济在其国际相互关系上的总的情况。”以下内容是“对这本经过检查的书做一些最必要的补充。② 第二节分析了世界大战的性质和根源,阐明了垄断与战争的关系,表明“只要生产资料私有制还存在,在上述这样的经济基础上,帝国主义战争是绝对不可避免的”。③ 第三节指出战争与革命的关系,帝国主义战争“最后必将以无产阶级革命和这一革命的胜利告终”④。第四节指出“本书特别注意批判‘考茨基本义’这一国际思潮”。⑤ 第五节指出了资本主义的寄生性和腐朽是帝国主义所固有的,并由此做出极其重要的政治结论:“帝国主义是无产阶级社会革命的前夜。”⑥列宁的两篇《序言》其实就是对《帝国主义论》主要理论观点的高度概括,这个概括揭示出了一个逻辑:资本主义发展到了帝国主义阶段必

---

① 《列宁选集》(第 2 卷),人民出版社,2012 年版,第 576 页。
② 《列宁选集》(第 2 卷),人民出版社,2012 年版,第 577 页。
③ 《列宁选集》(第 2 卷),人民出版社,2012 年版,第 578 页。
④ 《列宁选集》(第 2 卷),人民出版社,2012 年版,第 579 页。
⑤ 《列宁选集》(第 2 卷),人民出版社,2012 年版,第 580 页。
⑥ 《列宁选集》(第 2 卷),人民出版社,2012 年版,第 582 页。

然要瓜分世界，瓜分世界必然导致战争，战争必然使民众遭受苦难，苦难必然使民众觉醒和反抗，这个“觉醒和反抗”将是无产阶级革命之所以发生的必要因素，而这种“觉醒和反抗”的程度将成为无产阶级革命爆发的“时机”，使帝国主义成为无产阶级社会革命的前夜。

《帝国主义论》是列宁自觉地将马克思主义的基本原理运用于俄国革命的实际之中，全面地分析俄国革命的现状，准确地预测革命发展的形势和趋势，恰当地把握推动革命取得胜利的时机的理论表达，十月革命的胜利是列宁践行这个理论的最好和最生动的证明。因此，如果说马克思的《资本论》是研究自由竞争阶段资本主义的重要经典著作，那么，列宁的《帝国主义论》则是研究垄断阶段资本主义的重要经典著作。列宁的帝国主义论是以马克思主义关于资本主义发展理论为基础，对资本主义发展新阶段的现实研判，是对马克思主义理论的发展和创新。

除此之外，布哈林也是帝国主义论的重要贡献者。布哈林的主要贡献，或者说被列宁吸收和借鉴的主要观点和理论有，布哈林提出资本主义经济关系的国际化观点，他认为：“世界经济是全世界范围的生产关系和与之相适应的交换关系的体系。”①布哈林提出资产阶级利益的民族化观点，他认为资本主义经济的过节化和各资本主义国家经济联系的日益密切，加剧了各民族资产阶级集团之间的利害冲突，“资本家垄断组织的形成过程，是资本积聚和集中过程的逻辑的和历史的延续”。② 他还深刻地分析了帝国主义世界经济发展的历史趋势，“金融资本主义是工业资本主义时期的历史继续，就像工业资本主义是商业资本主义阶段的继续一样”，“帝国主义兼并不过是资本主义普遍的资本集中趋向的一种特殊情况罢了”。③ 最后，布哈林认为，绝不能把工业的组织化和国家经济活动的扩大，认为是国家社会主义的发展，“摆在我们面前的，是国家资本主义托拉斯结构内加速集中的过程，这个国家资本主义已经发展到最高形式，它不是国家社会主义，而是国家资本主义”，“未来是属于国家资本主义的经济形态”。④

事实上，布哈林研究帝国主义问题基本与列宁同期，发表成果还早于列宁，他的著作《世界经济和帝国主义》写于 1915 年，未出版前就请列宁为此写过一篇序

① ［俄］布哈林：《世界经济和帝国主义》，蒯兆德译，中国社会科学院出版社，1983 年版，第 8 页。

② ［俄］布哈林：《世界经济和帝国主义》，蒯兆德译，中国社会科学院出版社，1983 年版，第 38 页。

③ ［俄］布哈林：《世界经济和帝国主义》，蒯兆德译，中国社会科学院出版社，1983 年版，第 89、93 页。

④ ［俄］布哈林：《世界经济和帝国主义》，蒯兆德译，中国社会科学院出版社，1983 年版，第 126 页。

言。而列宁的《帝国主义是资本主义的最高阶段》则写于1916年,是由于历史的原因,20世纪30年代的因人废言,布哈林的帝国主义论被掩盖在了列宁的巨大身影之下,列宁的帝国主义论成为20世纪尽人皆知的经典理论。长期致力于布哈林研究的郑异凡教授曾著书说:“布哈林是布尔什维克党内最早着手帝国主义研究的经济学家……列宁在帝国主义和国家问题的研究中汲取了布哈林的某些研究成果,并且在此基础上把研究深化。”①

然而,所有这一切并没有影响帝国主义论的历史价值,也丝毫不影响我们为列宁当时提出帝国主义论而由衷钦佩。

2. “一国胜利论”是列宁对马克思主义理论的超越和创新

十月革命的胜利已经载入了20世纪人类社会发展的史册之中,然而,对十月革命的研究却一直没有停止过,研究的起点仍然是为什么会有十月革命?或者十月革命为什么会胜利?要回答这个问题,了解列宁为什么会提出“一国胜利论”这个前提是绕不开的。那么,列宁为什么会提出“一国胜利论”呢?

列宁是一位忠实的马克思主义者,在对待革命如何能够取得胜利这个问题上也不例外。也就是说,列宁在组织和发动十月革命时是不会忘记马克思、恩格斯关于社会主义革命的条件的论述的,因为,马克思、恩格斯在《共产党宣言》中指出:“联合的行动,至少是各文明国家的联合的行动,是无产阶级获得解放的首要条件之一。”②这就是人们常说的“同时胜利论”,即社会主义革命只有在一切或大多数文明国家里同时进行的条件下才能获得胜利。换言之,一国不可能单独取得社会主义革命的胜利。那么,列宁是不是否定了马克思主义理论而提出“一国胜利论”了呢?结论显然不是这样。

列宁提出“一国胜利论”的现实依据是俄国革命的国内条件和国际形势。从国内条件来看,列宁对沙皇统治下的俄国特点把握得非常清楚,国内资产阶级与无产阶级的矛盾不断激化,而且国内资产阶级也出于谋取世界利益而忙于世界战争,根本无暇顾及国内事务,正疏于或可能会疏于对无产阶级的镇压。最为重要的是已经成立了用马克思主义理论武装起来的政党,而且这个政党正随着无产阶级队伍的不断壮大而日益成熟和壮大,等等。鉴于这样的国内条件,列宁在《社会主义与战争》中说道:“革命的阶级在反动的战争中不能不希望自己的政府失败,不能不看到自己的政府在军事上的失利会使它更易于被推翻。”“谁希望得到持久的和民主的和平,谁就应该拥护反对政府和资产阶级的国内战争。”③因此,

① 郑异凡:《布哈林论稿》,中央编译出版社,1997年版,第18页。

② 《马克思恩格斯选集》(第1卷),人民出版社,2012年版,第419页。

③ 《列宁选集》(第2卷),人民出版社,2012年版,第526、527页。

列宁认为适时“变帝国主义战争为国内战争”①，社会主义革命可能首先在俄国取得胜利。

从国际形势来看，当时正值第一次世界大战期间，欧洲各主要资本主义国家已经卷入了战争，而且战争的性质也并非社会主义性质，是赤裸裸的利益战争，是瓜分世界范围殖民地的战争，资产阶级不仅通过战争获得了巨大的海外利益，而且还转移了国内的阶级矛盾和无产阶级的注意力。在这种情况下，怎能寄希望于英、法、德等欧洲各国的无产阶级，能够利用这场战争并先后取得社会主义革命的胜利，再继而结成社会主义的欧洲联邦呢？列宁对这场战争的性质和形势看得很透彻，“几乎所有的人都承认，目前这场战争是帝国主义战争”②。列宁在1915年8月写的《论欧洲联邦口号》中指出：“经济和政治发展的不平衡是资本主义的绝对规律。由此就应得出结论：社会主义可能首先在少数甚至在单独一个资本主义国家内获得胜利。”③列宁在1916年9月写的《无产阶级革命的军事纲领》中进一步分析到当时资本主义的发展在各个国家极不平衡的实际情况，并认为这个情况是社会主义革命有可能首先在一个或者几个国家内获得胜利的条件。鉴于这样的国际形势，列宁认为俄国很有可能成为帝国主义链条中的“薄弱环节”，而这一现实将成为无产阶级政党组织暴力革命，夺取政权，从而取得社会主义革命的胜利的有利条件。

因此，“一国胜利论”既是列宁在俄国中运用马克思主义的结果，又是列宁不拘泥于马克思主义已有的学说，对马克思关于无产阶级革命设想的大胆创新和超越。发展和超越主要体现在列宁对国内阶级斗争形势这个内因的深刻分析和把握上，而世界资本主义发展极其不平衡的外因，是马克思、恩格斯在世时所不能预料的，外因是重要的条件，内因和外因缺一不可。他在1915年8月写成的《论欧洲联邦口号》中就说道：“社会主义可能首先在少数甚至在单独一个资本主义国家内获得胜利。这个国家的获得胜利的无产阶级既然剥夺了资本家并在本国组织了社会主义生产，就会奋起同其余的资本主义世界抗衡，把其他国家的被压迫阶级吸引到自己方面来，在这些国家中发动反对资本家的起义，必要时甚至用武力去反对各剥削阶级及其国家。”④可见，“一国胜利论”不是“社会主义革命完全可能在单独一个国家里获得胜利”的全新理论，只不过列宁通过发动十月革命，让落后的俄国取代先进的西欧担当起了世界革命的发起者而已。所以，我们可以说，列宁的“一国胜利论”是“一国首先胜利论”、“一国革命胜利论”、“一国政治胜利论”，而不是“一国社

① 《列宁选集》(第2卷)，人民出版社，2012年版，第524页。

② 《列宁选集》(第2卷)，人民出版社，2012年版，第512页。

③④ 《列宁选集》(第2卷)，人民出版社，2012年版，第554页。

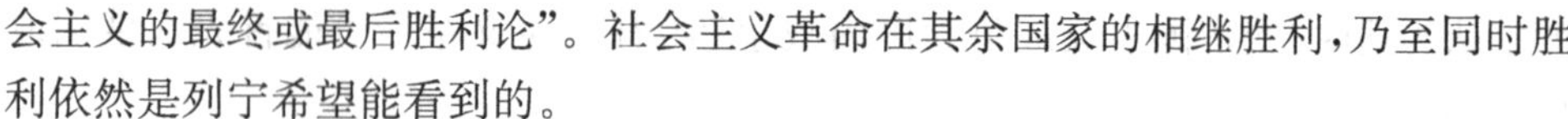

会主义的最终或最后胜利论”。社会主义革命在其余国家的相继胜利，乃至同时胜利依然是列宁希望能看到的。

此外，在革命时期，俄国马克思主义者还从无产阶级国际主义的立场出发，主动指导殖民地半殖民地国家的共产党，其中，主要是指导了中国共产党，将马克思主义基本原理与本国革命的实际相结合，推动各个国家的马克思主义本土化，这也是马克思主义俄国化的过程中的一个重要特点，将在后文中做进一步介绍。

第二节　革命时期马克思列宁主义中国化的基本历程和主要特点

革命时期的马克思列宁主义中国化是马克思主义传播的必然结果，是中国革命发展的客观需要，凝聚了中国共产党人的智慧，体现和验证了中国共产党对马克思列宁主义的忠实信仰，以及对寻求民族独立和人民解放的执着信念，经历了一段极其艰难曲折的历史过程，呈现出明显的民族特点。

一、马列主义“东播”与中国革命实际相结合再结硕果

革命时期的马克思列宁主义中国化经历了：马克思列宁主义传入中国、先进知识分子在马克思列宁主义指导下创立中国共产党、中国共产党灵活运用马克思列宁主义取得新民主主义革命的胜利，建立了新中国。

（一）十月革命前后马克思列宁主义传入中国

马克思列宁主义不是也不可能是为中国人民和中华民族量身定制的一套理论。马克思列宁主义作为一个完整而复杂的理论体系，没有也完全不可能一下子被同时移植到中国。马克思列宁主义在中国的传播过程反映了中国人为什么会接受马克思列宁主义。

1. 十月革命前马克思主义在中国自发、零星的传播

译介是传播的前提，译介传播马克思主义理论是马克思主义中国化的首要前提。十月革命前马克思主义在中国的传播是自发的和零星的。

中国作为东方文明古国，数千年以来形成了以血缘宗族为纽带，农业与手工业紧密结合的自给自足的经济模式，一直以中央大国自居，缺少与世界的交流，虽然这种封闭的结构有极强的内聚力和再生产能力，但当西方已经进入资本主义时代的时候，中国还在清朝闭关锁国的政策下，对世界完全蒙昧无知。鸦片战争以血的事实惊醒了中国这头沉睡了千年的雄狮，于是，出现了西学东渐，欧风美雨。但是，

一开始"西方的马克思主义是不会成为中国人认真注意的对象的"①。道理很简单，那时中国知识分子西学首选的是西方先进的技术，为的是"师夷长技以制夷"。至于西方合理的学说有没有用，会不会成为改造中国社会的思想武器，对之感兴趣的人不多。因此，愿意接触马克思主义的人是不多的，希望有机会接触到马克思主义是困难的，能够接触到的马克思主义的文本也是非常有限的，再加上由于空间距离的阻隔和语言的障碍等因素，使得这个时期的译介是自发的、零星的、片断的、不系统的，介绍和传播的内容还不够准确、不够全面，甚至存在曲解。

最早将马克思主义思潮介绍到中国的是外国传教士。中国留学日本的有识之士翻译的一批日本人士研究的社会主义著作，使中国人最早知道了马克思及其学说的一些内容。中国人最早在自己的著述中提到马克思这个名字的是资产阶级改良派代表梁启超。1902 年，他在《新民丛报》上发表文章，宣称社会主义必将磅礴于 20 世纪。② 然而，最初传入中国的马克思主义仍然没有引起中国人太多的注意，因为马克思的学说是解决资本主义工业化高度发展带来的社会弊病的，而中国眼下的任务是尽快走进资本主义工业化。中国人开始认真关注马克思主义是在辛亥革命时期，受马克思主义在日本形成热潮的影响，一大批先进知识分子对马克思主义产生了极大的兴趣，并选择作为翻译和传播的对象。因此，到了这个时期的译介传播马克思主义开始呈现某种自觉性。

2. 十月革命后马列主义在中国自觉、广泛的传播

马克思主义预言未来的世界将是社会主义的天下，但在十月革命前，这个预言始终只停留在思潮和学术的层面，一直没有成为中国社会政治运动的主题。十月革命的胜利以铁的事实验证了马克思主义的真理性、实践性和可操作性，在中国先进知识分子中产生了强烈的反响，这个胜利的事实使中国知识分子把原本决意向西方学习的目光转向了社会主义苏俄，向苏俄学习，"马克思主义这一活的学说的各个不同方面也就不能不分别提到首要地位"③。马克思列宁主义中国化成为当时中国先进知识分子的自觉行为和实践内容。

中国民主革命的先驱孙中山先生是较早在国内传播马克思主义的代表之一。他早年留学欧洲，回国后多次谈到马克思主义，并在《三民主义》讲演中称马克思是"社会主义中之圣人，马克思是科学派社会主义"。④ 但是，1911 年轰轰烈烈的辛亥

---

① 张光明:《社会主义由西方到东方的演进》，云南人民出版社，2004 年版，第 189 页。

② 林志友:《马克思主义中国化的进程及其规律研究》中国社会科学出版社，2010 年版，第 25—27 页。

③ 《列宁全集》(第 20 卷)，人民出版社，1989 年版，第 85 页。

④ 唐宝林，《马克思主义在中国 100 年》，安徽人民出版社，1997 年版，第 9 页。

革命,虽然推翻了帝制,但随之而来不是民主政治、大众自由,却是军阀混战、豺狼当道,人民仍生活在水深火热之中,把西方的议会政治搬到中国来,结果似乎只带来更严重的虚伪、腐败和混乱。1914年第一次世界大战的爆发更使中国人的心理发生了重大变化,战争让中国人心向往之的锦绣欧洲成了炮火连天的战场,血火交织,废墟遍地。面对这一切,中国人开始了自问:我们西学的道路是不是走错了呢?李大钊在第一次世界大战即将结束时说:“此次战争,使欧洲文明之权威大生疑念。欧人自己亦对于其文明之真价不得不加以反省。”“代议政治虽今犹在试验之中,其良其否,难以确知,其存其易,亦未可测。”①毛泽东在1917年8月时也说:“东方思想固然不切于实际生活,西方思想亦未必尽是,几多之部分,亦应与东方思想同时改造。”②

十月革命一声炮响给中国人民送来了马克思列宁主义。毛泽东说:“十月革命帮助了全世界的也帮助了中国的先进知识分子,用无产阶级的宇宙观作为观察国家命运的工具,重新考虑自己的问题。走俄国人的路——这就是结论。”③那么,中国人民为什么如此关注苏俄的十月革命呢?从外部背景来看,中国作为第一次世界大战的战胜国参加巴黎和会,却被强加了战败国的待遇,这种外交的失败,使中国人看清了西方列强的真实嘴脸。相反,俄国苏维埃政府在十月革命后就发表了第一次对华宣言,称“苏维埃已放弃了接受沙皇政府从中国攫取的满洲和其他地区,这些地区的人民愿意隶属哪一个国家,愿意在自己的国家里建立哪种形式的政体,全由他们自己决定”④。明确表示了对包括中国在内的被压迫民族的友好和支持,让中国人民看到了俄国苏维埃政府行为背后马克思主义的正义。从中国的现实状况来看,谋求民族独立是当务之急,而十月革命向全世界,也向中国人民展示了一种既美好,却又很现实的社会理想和变革范式。而且中俄两国在地理位置上紧密相邻,在很多方面有相似之处,因此,马克思社会主义学说在俄国通过十月革命而取得胜利,其可操作性得到了实实在在的证明。那么,中国为什么不可以放弃学习西方的方案,直接仿效俄国搞一场社会主义革命,使中国通过这一条新的道路得到民族独立和社会进步呢?回答是肯定的。1919年4月6日,陈独秀在《每周评论》第16号的一条随感录《纲常名教》中指出:“欧洲各国社会主义的学说,已经大大地流行了。俄、德和匈牙利,并且成了共产党的世界。这种风气,恐怕马上就要

① 《李大钊文集》(上卷),人民出版社,1987年版,第565页。

② 《毛泽东早期文稿》(1912.6—1920.11),湖南人民出版社,1990年版,第6页。

③ 《毛泽东选集》(第4卷),人民出版社,1991年版,第1471页。

④ 《共产国际、联共(布)与中国革命文献资料选辑》,北京图书馆出版社,1997年版,第79页。

来到东方。”[①]毛泽东当时也说，由于“中国有许多事情和十月革命以前的俄国相同，或者近似”[②]。正因为此，在十月革命胜利后到五四运动爆发的几年里，社会主义在中国一下字成为了“显学”，社会各阶层都谈论社会主义，从学界到政界，甚至连军阀政客，都能以谈论社会主义为荣，争相使用社会主义的名词，如“革命”、“阶级斗争”、“劳农”之类。

当然，由于“五四”新文化运动所具有的强烈的反传统意识和强烈的民族主义精神，决定了当时中国社会必须“只有一种既来自西方，又是完整的、各方面问题都涉及能够指导中国独立自强的意识形态，才可能适合中国的需要”[③]。于是，在那个时期，许多西方社会思潮蜂拥传入中国，如达尔文社会主义、基尔特社会主义、无政府主义、杜威的实验主义等，并在中国发生了理论论战。然而，论战的结果是其他形形色色的西方思潮几乎都是昙花一现，只有蕴含强大理论张力的、已经被俄国化了的马克思主义被智慧的中国人所最终选择，而且，这是一种主动的选择。1919年6月，李达在上海《民国日报》副刊《觉悟》上接连发表《什么叫社会主义》、《社会主义的目的》两篇文章，简要地说明了社会主义的内涵和目的，阐述了社会主义与共产主义、无政府主义的区别和界限，指出，社会主义是克服资本主义弊端的“一帖对症的良药”[④]，为中国人民了解马克思主义及社会主义，从而准确地把握社会主义运动的目的提供了正确的指导。

总之，十月革命让中国人民在黑暗中看到了光明，看到方向，看到了希望。科学社会主义让中国人民拥有了理论，拥有了方法，拥有了武器。正如普列汉诺夫所言：“如果拒绝理解和掌握‘全世界无产者’的伟大导师的学说，就等于使自己失去一个多么有力的武器。”[⑤]从此，中国先进知识分子开始了对马克思列宁主义的自觉选择，而且，这种选择越来越坚定。

（二）先进知识分子在马克思列宁主义指导下创立中国共产党

十月革命给中国人民送来了马克思列宁主义，解决了当时中国先进知识分子向十月革命学什么的问题，很显然，怎么学将是一个更为重要的问题，因此，创立无产阶级政党成为当时中国先进知识分子的首要任务。

---

① 《独秀文存》，安徽人民出版社，1987年版，第486页。

② 《毛泽东选集》(第4卷)，人民出版社，1991年版，第1 469页。

③ 杜维明：《儒学第三期发展的前景问题》，台北联经出版事业公司，1989年版，第43页。

④ 《李达文集》(第1卷)，人民出版社，1980年版，第4页。

⑤ 《普列汉诺夫文选》，人民出版社，2010年版，第64页。

1. 中国先进知识分子认识到建立无产阶级政党的重要性

1911年10月，孙中山领导了“辛亥革命”，虽然取得了推翻两千多年的封建制度统治的胜利，但是，由于资产阶级的软弱性和革命的不彻底性，革命的胜利成果很快被封建军阀窃取，中国社会的面貌没有得到实质性的改变，人民仍然生活在水深火热之中。中国的出路在哪里，成为先进知识分子关注和思考的问题。事实上，十月革命胜利后，关于十月革命，在中国介绍的版本杂多，评价不一。关于俄共(布)党的性质，在西方舆论的诱导和北洋政府的压制下，中国国内的报刊普遍以“暴烈党”、“激进党”、“过激党”等字眼形容列宁领导的布尔什维克党，以至于布尔什维克究竟是什么样的主义，“十个人之中恐没有一个能够明白”①。为了能让中国人能够了解真实的十月革命，从1918年7月到1919年1月，李大钊连续撰写了《法俄革命之比较观》、《庶民的胜利》、《布尔什维主义的胜利》、《新纪元》等文章，刊登在《晨报》、《每周评论》等进步刊物上，不仅论证了列宁主义的客观规律性、真理性和对中国革命的指导作用，从另一个侧面说明了建立无产阶级政党，对指导中国革命的重要性和紧迫性。同时，李大钊还预见：“由今以后，到处所见的，都是Bolshevism战胜的旗。到处所闻的，都是Bolshevism的凯歌的声。”“试看将来的环球，必是赤旗的世界！”②中国先进知识分子通过对比法国大革命、辛亥革命与十月革命，从中得出了一个结论，那就是争取民族独立和人民解放的斗争必须有一个无产阶级政党来领导。

2. 中国先进知识分子逐步掌握列宁主义建党学说

从1919年2月7日至5月1日，李大钊在《晨报》又连续发表了一组8篇文章，聚焦了“劳工”、“分配”、“解放”等社会问题，宣传了列宁主义的建党学说，也指出了解决中国社会问题的具体路径。文章从实践上与社会主义理论产生了强烈共鸣，使列宁主义在中国的传播有了适宜的理论氛围，也搭建了列宁主义知识传播与实际运用之间的桥梁，正面地、积极地宣传列宁主义，为中国共产党的建立奠定了理论和实践基础。由于李大钊抓住了中国社会问题的本质并提出了解决问题的路径，“使他的思想境界高于同时期传播马克思主义的先进分子，从而缩短了马克思主义从知识传播到实践运用的时间距离，这也正是中国共产党成立的重要条件”③。在马克思主义广泛传播的基础上，在共产国际及其代表的指导和帮助下，

---

① 王素莉：《“五四”前后马克思主义在中国传播的若干问题探讨——也评石川祯浩〈中国共产党成立史〉的有关论述》，载《中共党史研究》，2010年第5期，第72页。

② 《李大钊全集》(第2卷)，人民出版社，2006年版，第260—263页。

③ 王素莉：《“五四”前后马克思主义在中国传播的若干问题探讨——也评石川祯浩〈中国共产党成立史〉的有关论述》，载《中共党史研究》，2010年第5期，第74页。

中国共产党“发起组”于1920年8月在上海成立，同年11月将《新青年》改组为自身的机关刊物，编辑出版秘密性的《共产党》月刊，系统地介绍列宁的建党学说。列宁的建党学说是列宁积极参加革命实践的产物，更是列宁把马克思主义党建原理同俄国革命的具体实际相结合的产物。列宁的建党学说形成和发展于十月革命前后两个不同的时期，中国知识分子此时所掌握的建党学说主要包括：党必须有自己的纲领和章程，党是以马克思主义理论武装起来的先进部队，党是工人阶级有组织的部队，党是工人阶级组织的最高形式，党要正确开展同来自“左”的和右的思想做斗争等。陈独秀在其创刊号的《短言》中明确主张，“要想把我们的同胞从奴隶境遇中完全救出，非由生产劳动者全体结合起来，用革命的手段打倒本国外国一切资本阶级，跟着俄国共产党一同试验新的生产方式不可”，并宣布“用阶级战争的手段，打倒一切资本阶级，从他们手中抢夺来政权，并且用劳动专政的制度，拥护劳动者政权，建设劳动者的国家”。“我们的信条”是：“一切生产工具都归生产劳动者所有，一切权都归劳动者执掌。”①此外，中国知识分子还运用列宁主义同形形色色非马克思主义思想理论做斗争，有力地促进了中国知识分子的马克思主义化过程。在这个过程中，《共产党》月刊发挥了很大的作用，该刊所刊登的文章和资料为正在筹建的中国共产党的各地共产主义小组成员提供了重要的思想武器，使他们对共产党的纲领、性质、特点、组织原则、组织机构等问题有了进一步的了解，提高了大家对共产党的认识，对于建立一个全国性的、在思想上组织上完全统一的无产阶级政党，起了很好的宣传和组织作用。毛泽东在给蔡和森的信中谈到国内建党情况时说：“出版物一层，上海出的《共产党》，你处谅可得到，颇不愧‘旗帜鲜明’四字。”②由此可见，《共产党》月刊的创办是建党的第一个有重大意义的实际步骤，是中国共产党诞生的重要前提之一。

3. 中国先进知识分子成立了共产主义小组，创立中国共产党

在李大钊等人进行列宁主义宣传之下，一批共产主义小组相继成立，一些具有初步共产主义思想的知识分子也开始到工人中去开展宣传组织活动。共产主义小组的成员认识到：“我们都是知识分子出身，与工人阶级的距离很大，因此，首先应当同他们加强内部联系。”③但是，到工人中去做工作却不是一件容易的事。例如，据萧三回忆：“毛泽东同志最初接触工人的办法是煞费苦心的。他曾做工人打扮，到工人聚集的地方去和他们接近，到茶馆去和工人们一块喝茶，谈心，交朋友。”④

---

① 陈独秀：《短言》，载《共产党》月刊，1920年11月7日创刊号。

② 《毛泽东文集》(第1卷)，人民出版社，1993年版，第4页。

③ 中央档案馆，《中共中央文件选编》(第1册)，中共中央党校出版社，1989年版，第15页。

④ 萧三等：《青年运动回忆录》(第2集)，中国青年出版社，1979年版，第26页。

此外,共产主义小组成员还通过创办工人刊物和工人学校,组织工会,发动工人斗争等形式,有效地促进了列宁主义在中国的进一步传播以及同中国工人运动的不断结合。

1921 年 7 月,来自全国各地共产主义小组的代表在上海召开中国共产党第一次全国代表大会,标志着中国共产党正式成立。列宁非常关心中国革命,在 1920 年七八月间召开的共产国际第二次代表大会上,他强调指出,各国共产党必须帮助落后国家的资产阶级民族解放运动、农民运动,竭力使运动具有最大的革命性。不仅如此,他还通过共产国际派代表到中国指导创立共产党。因此说,中国共产党“一开始在主观上就是按照列宁的原则和道路进行的”①。

(三) 马克思列宁主义与中国新民主主义革命的实际相结合

马克思列宁主义是无产阶级的革命理论,它公开宣布代表无产阶级的根本利益,号召全世界无产者联合起来,组织起来,用暴力推翻资产阶级,建立无产阶级政权。中国人民接受马克思列宁主义绝不仅仅是为了进行思想斗争,更重要的是为了解决中国革命所面临的现实问题。自从有了中国共产党,中国革命的面貌从此焕然一新,标志着中国民主革命从资产阶级民主革命转变为新民主主义革命。在中国共产党的领导下,中国新民主主义革命从胜利不断走向胜利,最终建立了新中国,这是中国共产党学习和运用马克思列宁主义的结果,是民主革命时期马克思列宁主义中国化不断深入的结果。

1. 马列主义在中国革命中的初步运用,毛泽东思想的萌芽

马克思主义关于社会主义革命的理论是根据西方资本主义高度发展的国家的情况提出来的,经过列宁通过俄国十月革命的运用和发展,被证明是正确的理论。但是,中国是一个经济十分落后,资本主义很不发展,又正在遭受严重外来侵略的国家,马克思列宁主义的一般理论如果在中国革命的实际中运用,必须结合中国革命的实际情况,对于这一点,刚刚成立的中国共产党还没有明确的认识。

1922 年 1 月,共产国际召开了远东各国共产党及民族革命团体第一次代表大会。大会根据列宁关于民族和殖民地问题的理论,指出中国革命当前的第一件事情就是要推翻军阀,把中国从帝国主义的羁轭下解放出来,这一思想给年幼的中国共产党以极大的启发。正是在这样的背景下,中国共产党决定与中国国民党合作进行一场反帝反封建的政治大革命,这场大革命是中国共产党正式以独立的力量推进马克思主义中国化的实践开端。

---

① 《刘少奇论党的建设》,人民出版社,1991 年版,第 235 页。

1923年6月，党的三大在广州召开，大会的主要议题就是讨论共产党员加入国民党，以实现国共合作的革命统一战线问题。共产国际代表马林出席了会议，他不仅带来了共产国际对中国革命形势和现状的分析，更带来了列宁关于殖民地半殖民地国家的无产阶级可以和资产阶级暂时妥协与合作的策略思想。[①] 列宁早在1920年写的《共产主义运动中的"左派"幼稚病》中论述"革命家应当不应当在反动工会里做工作"，以及革命家"参加不参加资产阶级议会"等问题时，指出："决不能只根据革命情绪来制定革命策略。制定策略，必须清醒而极为客观地估计到本国的（和邻国的以及一切国家的，即世界范围内）的一切阶级力量，并且要估计到历次革命运动的经验。仅仅靠咒骂议会机会主义，仅仅靠否认参加议会的必要，来显示自己的'革命性'，这是非常容易的，但是正因为太容易了，所以不是完成困难的、极其困难的任务的办法。"[②]他在《民族和殖民地问题提纲初稿》中进一步指出：共产国际"应当同殖民地和落后国家的资产阶级民主派结成临时联盟，但是不要同他们融合，要绝对保持无产阶级运动的独立性，即使这一运动还处在最初的萌芽状态也应如此"[③]。可见，第一次国共合作既是一次策略选择，因为中国共产党还处于幼弱阶段，不仅力量弱小，更处于不合法的境地。党的三大决定中国共产党党员以个人身份加入国民党是一次决定中国共产党生死存亡的重大策略选择，这个选择是在列宁关于民族和殖民地问题理论的指导下进行的，是马克思列宁主义中国化的生动实践。第一次国共合作还是一个重大理论和实践创新，从表面来看，共产党员加入国民党在当时就是一个不可思议的问题，因为国共两党是政治性质截然不同的两个政党，如何"加入"是一个非常讲究原则性的实践操作，即不能整体加入，整体加入就是合并，要确保中国共产党的独立性，在处理具体问题时接受两党的统一领导的基础上，中国共产党寻求自身的发展。因此，国共合作是中国共产党对马克思列宁主义党建理论的创新和发展，也是马克思列宁主义中国化的重大实践成果。

事实也证明，第一次国共合作至少形成了三大积极成果：一是保存了中国共产党的力量，为共产党以后走上更广阔的政治舞台，争取了生存和发展的空间。二是通过北伐战争，起到了发动农民起来参加革命，扩大革命的同盟者的目的。这是马克思主义中国化得以不断推进，必须寻找新的依靠力量初步的、成功的尝试。三是通过合作，在一定程度上影响和改造了国民党，中国共产党的革命主张在北伐军官兵的思想中埋下了进步的革命的种子，为10多年后抗日战争时期的第二次国共合作奠定了基础。

---

① 《中国共产党历史》（第1卷）（上册），中共党史出版社，2002年版，第135页。

② 《列宁选集》（第4卷），人民出版社，2012年版，第173页。

③ 《列宁选集》（第4卷），人民出版社，2012年版，第221页。

毛泽东是中国共产党的创始人之一，是毛泽东思想的主要代表。“五四”运动之后，毛泽东逐步完成了在政治思想上由革命民主主义向共产主义的转变，在世界观上由唯心史观向唯物史观的转变，迅速成长为坚定的马克思主义者，他被当时的革命氛围所感召，决定全身心地投入到改造社会的伟大斗争之中，把马克思列宁主义理论运用到中国革命的实践中去。

由于毛泽东出生在农村，成长至少年后又从事学生运动、工人运动、农民运动，丰富的实际生活和革命斗争经历使他对中国社会和普通群众有了全面深入的了解，使得他在运用马克思列宁主义一般原理分析中国革命的现实问题时，能够得出更全面、更准确的结论。1925 年 12 月发表的《中国社会各阶级的分析》和 1927 年 3 月发表的《湖南农民运动考察报告》就是毛泽东把马克思列宁主义普遍原理与中国革命的具体实践相结合取得的最初成果，这些成果集中了党内各种正确意见，并融入进了毛泽东的思想之中，代表了毛泽东思想的萌芽。《中国社会各阶级的分析》自始至终贯穿着唯物史观的基本原理，完全是从中国社会的实际出发，而不是从马克思列宁主义既有的结论出发，明确阐述了中国民主革命的对象、领导者、同盟军，以及如何对待资产阶级等一系列政策和策略，为中国的新民主主义革命奠定了理论基础。《湖南农民运动考察报告》明确地指出了农民运动的重要性，总结了农民运动的基本经验，阐述了党对农民运动应有的态度以及相应的方针政策等，虽然上述思想主张在当时并没有被中共中央所接受，但历史证明，这份报告不愧为运用马克思列宁主义立场、观点和方法分析解决中国农民问题的光辉典范，成为毛泽东此后进一步思考中国共产党的发展和中国革命的方向的重要理论基础。

2. 马列主义中国化在与“左”倾错误的斗争中推进，毛泽东思想逐步展开

1927 年大革命失败后的严峻形势，对中国共产党不仅提出了要不要继续革命的问题，更提出了如何继续革命、如何处理城市斗争与农村斗争的关系问题，即中国革命走一条什么样道路的问题。以毛泽东为代表的中国共产党人清醒地认识到必须把马克思列宁主义进一步与中国具体实际相结合，重新寻找一条继续革命的新路径。鉴于中国第一次大革命走的是以城市中心的道路，大革命的失败首先从城市开始，并主要表现在城市中的失败，那么，从理论逻辑和实践上看，中国革命也应当尝试转向农村，客观地讲，10 年土地革命战争是中国革命历史中最曲折最困难的。

在轰轰烈烈的 10 年土地革命战争实践期间，中国理论界开展了关于中国社会性质，包括中国农村社会性质问题的大论战。关于中国社会性质的论战，从 1927 年开始，到 1937 年结束，历时 10 年，分三个阶段：1927 年至 1930 年，为论战的初步展开阶段，论战的主题是中国近代社会的性质问题；1931 年至 1934 年，为论战的全面展开并形成高潮阶段，论战的中心是中国社会史问题；1935年至1937年，为论战的继续深入和结束阶段，论战主要围绕中国农村社会性质问题而展开。关于中国社会性质的论战，是马克思主义与反马克思主义的一场激烈交锋，为中国革命走上正确的道路奠定了理论基础。参加这场论战的主要有三大派别，分别是陈独秀为代表的托洛茨基派、国民党的新生命派和中国共产党的马克思主义理论派（简称"马派"）。在政治上，"马派"以马克思主义作为观察国家命运和认识事物的理论武器，对中国国情做了深入的考察，明确论证了中国近代社会虽然经过了一场大革命的冲击，但是半殖民地半封建的社会性质没有改变，中国仍处在帝国主义和封建势力的压迫之下，引发中国革命的基本矛盾一个也没有解决，中国共产党必须继续举起革命的旗帜。在经济上，"马派"阐明了中国社会各阶级的关系、中国革命的规律与特点，从而提出了"新的民主革命"的观点。同时，对托派和新生命派进行了直接的、无情的批判。关于中国社会性质的论战，既推动了马克思主义在中国的进一步传播和发展，"马派"提出的一系列新观点，为日后形成完整的新民主主义革命理论体系起到了有益的探索作用，使中国的马克思主义者经受了严峻的考验，使马克思主义理论队伍得到了锻炼和加强。

寻找革命新道路，首先不是一个理论问题，而是一个实践问题。这10年间中国共产党从挽救中国革命的一系列武装起义的实践中进一步认清了形势、认清了国情，为开辟中国革命新道路积累了经验。在这10年间，中国共产党内连续发生了三次"左"倾错误，分别是以瞿秋白为代表的"左"倾盲动主义、以李立三为代表的"左"倾冒险主义和以王明为代表的"左"倾教条主义错误，给党的事业和中国革命造成了严重的损失。在艰难曲折的农村土地革命战争中，毛泽东进一步阐述了农村问题在中国革命中的重要性和农民运动在中国革命中的重要地位，他认为，"目前农民运动的兴起是一个极大的问题"，是"革命完成的重要因素"。[①] 毛泽东在总结大革命失败的经验教训的基础上，提出了关于农民战争的重要性问题，在"八七会议"上，毛泽东指出，政权是由枪杆子中取得的。他还多次谈到"上山"坚持武装斗争，"要在湘南形成一师的武装，占据五六县，形成一政治基础，发展全省的土地革命，纵然失败也不用去广东而应上山"[②]。秋收起义攻打中心城市受挫后，毛泽东开始了创建井冈山农村根据地斗争，最先走上农村割据的道路。尽管在当时，党中央也认识到农村割据似"星星之火"，已成燎原之势，在给有关省份的指示中，也开始提出要普遍发动游击战和土地革命，但是，这并不意味着党中央已经放弃了"城市中心论"的教条。毛泽东把马克思主义暴力革命的基本原理，创造性地运用

① 《毛泽东选集》（第1卷），人民出版社，1991年版，第12、16页。

② 《毛泽东军事文集》（第1卷），军事科学出版社、中央文献出版社，1993年版，第6页。

于中国革命实践,分别于1928年10月和11月写了《中国的红色政权为什么能够存在?》和《井冈山的斗争》等文章,提出和论述了"工农武装割据"的基本思想和完整内涵。1930年1月,毛泽东又写了《星星之火,可以燎原》一文,提出了完整的"工农武装割据"概念,论述了小块红色政权区域能够长期存在并日益发展的主客观条件,回答了创造割据局面的可能性和必然性,说明了红色政权的存在和发展对推进中国革命的重要意义,制订了巩固和发展"割据局面"的正确路线、方针和政策,从理论上初步论证了"城市中心论"不适合中国国情,中国革命必须走农村包围城市,最后武装夺取全国政权的道路的思想。在此前后,毛泽东主持召开了古田会议,解决了建党建军的理论与实践问题,写了《反对本本主义》,提出了实事求是的党的思想路线。但是,毛泽东的正确思想和主张,不仅没有一下子为党中央所理解和接受,还受到以李立三为代表的"左"倾冒险主义者的批评。在1930年6月9日的中央政治局会议上,李立三点名批评毛泽东,说他"最明显的"表现了"苏维埃区域的保守观念"和"红军狭隘的游击战略","完全与中央路线不同","妨害红军发展"。① 1933年,临时中央被迫离开城市迁入中央苏区,"城市中心论"才完全破产。直到由于王明"左"倾教条主义路线使第五次反"围剿"归于失败,红军被迫开始长征,1935年,在长征途中召开了遵义会议后才实际上确立了毛泽东在党中央和红军中的领导地位,农村包围城市,武装夺取政权的思想才逐渐被全党所接受。党中央到达陕北以后,毛泽东进一步总结中国革命的经验,先后写了《实践论》、《矛盾论》、《中国革命战争的战略问题》、《中国革命和中国共产党》等著作,使这一理论趋于成熟。

10年土地革命的历史表明,以毛泽东为代表的中国共产党人,在新的土地革命实践中,既虚心接受共产国际和苏联的支持与帮助,更善于同理论脱离实际、照搬照抄外国经验的教条主义做斗争,以实践证明由一个远离中国的国际指挥中心来指导中国革命的做法是错误的。既珍视革命和斗争经验的总结,又能实事求是地汲取失败的教训,根据中国国情和中国革命的特点,开创了有中国特色的、以农村包围城市武装夺取政权的新民主主义革命道路,探索和揭示了中国革命的规律,这是对马列主义的革命道路理论的重大创新和发展。这一理论的提出,标志着马列主义理论与中国革命实践相结合的毛泽东思想的产生和展开。

3. 马列主义与中国革命具体实际"第一次结合"完成,新民主主义理论体系形成

从党的创立和大革命时期起,以毛泽东为代表的中国共产党人,就初步提出了新民主主义革命的基本思想,经过土地革命时期,以中国革命道路理论的形成为标

---

① 《马克思主义中国化研究——历史进程和基本经验》(上),北京出版集团公司、北京人民出版社,2009年版,第114页。

志，新民主主义革命理论得到了进一步发展。到抗日战争时期，由于有了长期革命斗争经验的积累，党的思想理论建设的加强，现实思想路线斗争的需要，党中央集体智慧的发挥，加上个人理论创新的才能和毅力，毛泽东在延安从事了大量的理论研究工作的基础上，对中国革命的经验进行了系统的总结，先后于1939年10月发表了《〈共产党人〉发刊词》，于1939年12月发表了《中国革命和中国共产党》，于1940年1月发表了《新民主主义论》，构建了一个完整的新民主主义革命理论体系。该理论体系：第一，论证了中国需要进行一个"新式的特殊的资产阶级民主主义革命"，即"新民主主义革命"，规定了新民主主义革命的总路线；第二，阐明了中国共产党如何领导新民主主义革命并最终取得胜利的问题；第三，提出了新民主主义的政治、经济、文化等纲领，并对新民主主义革命的性质、动力、对象、任务、道路、前途等问题进行了系统而深刻的阐述。

新民主主义革命理论的不少观点，在列宁、斯大林的著作中有过论述，如殖民地半殖民地革命的第一步应是资产阶级性质的民族民主革命的观点；无产阶级不仅要参加，而且要担负起领导这一革命的责任的观点；建立工农联盟的观点；同资产阶级民主派结成民族民主统一战线的观点；争取革命的非资本主义前途的观点等。这些观点是中国共产党人探寻中国革命问题的理论基点。尤其是关于建立广泛爱国统一战线理论，列宁有关统一战线的思想和列宁领导下的共产国际关于建立反帝统一战线对中国革命的指示，是毛泽东统一战线理论的直接理论渊源。面对日本帝国主义的侵略，尽管中国共产党的抗战决心明确，但是，其他阶层存在观望和摇摆，尤其是在国民党内部意见很不统一。中国共产党以民族大局为重，不计前嫌，积极倡导建立最广泛的爱国统一战线，动员了包括国民党军队在内的各阶层力量投身抗日，不仅逐步改变了战争中敌我力量对比，还有效地激发了全国人民的爱国热情和抗日斗志。抗日民族统一战线为贯彻中国共产党提出的全面抗战的路线和持久战的方针，使战争经过从防御到相持，再到反攻的阶段，从而扭转战争局势，直到最后胜利做出了突出贡献。

中国共产党在探索中国革命道路的实践中既运用马克思列宁主义理论，又超越这些理论，具体表现在：第一，把马列著作中已经提出的基本原理完全中国化、具体化，使之成为具有中国特色的、符合中国革命实际的、可操作的理论、纲领、路线和方针政策，不仅大大丰富了原有的理论形态，更使原有的理论具有了实践性和可操作性。第二，新民主主义理论还提出了一系列马列著作中从来没有讲过，但完全符合马列主义原理原则的观点、概念、论断，如新民主主义革命、新民主主义共和国、新民主主义社会、农村包围城市、无产阶级领导下的农民战争、带买办性质的大资产阶级和民族资产阶级等，是对马列主义理论的创新性发展。

具有中国特色的、丰富的革命实践是新民主主义创新理论的重要来源，如加强敌后抗日根据地建设。随着日本全面侵略中国军事方针的不断推行,中国大部分大中城市先后沦陷,如何以空间换取时间,用持久战消耗敌人的有生力量,成为中国共产党思考的重要策略问题。以毛泽东为代表的中国共产党人,既坚持马克思列宁主义军事理论的基本原理,又不拘泥于关于战争的固有框架模式,在防御阶段配合国民党军队正面战场作战受挫后,逐步把抗战重点放到加强敌后抗日根据地的建设上,领导人民武装开展独立自主的抗日游击战。通过加强敌后抗日根据地建设和敌后游击战争,不仅减轻了国民党军队正面战场的压力,而且中国共产党极大地发挥了放手发动群众的优势,使党的力量得到充分的发展和壮大,不仅达到了改变敌我力量对比,还有效地改变了中国社会政治力量的结构,为抗日战争的胜利,为推动中国社会的历史进程,为新民主主义革命的彻底胜利奠定了基础。

抗日战争的胜利是百余年来中国人民争取民族独立与解放所获得的第一次完全的武装斗争的胜利,不仅创造了一个以弱胜强的军事战争奇迹,同时还标志着马克思列宁主义与中国革命具体实践"第一次结合"的完成,形成了马克思主义中国化的理论成果——新民主主义革命理论体系。新民主主义理论,是以毛泽东为代表的中国共产党人,卓越地把马克思列宁主义基本原理同中国人民抗日战争和整个民主革命的实际相结合的第一次历史性飞跃的光辉典范,它回答并解决了在中国现实条件下进行什么样的革命和如何进行这一革命的问题。

4. 在中国化马列主义——毛泽东思想指导下,中国革命取得胜利

中国共产党在成立伊始,就确立了马列主义的指导地位。马列主义与中国革命的实践不断结合,产生了中国化的马列主义。由于在此过程中,毛泽东是马列主义中国化的主要开拓者和中国化马列主义理论的主要创立者,所以,中国共产党人把这一带有中国特色的理论创新成果命名为"毛泽东思想"。毛泽东思想这个概念从酝酿提出到成为全党共识,经历了一个相当长的时间。

自1935年遵义会议实际确立毛泽东在全党的领导地位后,党独立处理中国革命问题的能力逐渐增强,经过抗日战争,不仅毛泽东在全党的领导地位得到巩固,而且逐渐得到共产国际的承认。1938年9月召开的中央政治局会议和党的六届六中全会上,从莫斯科回国的王稼祥传达了共产国际肯定中共路线正确和毛泽东领导地位的意见。"中共的政治路线是正确的,中共在复杂的环境及困难条件下真正运用了马列主义。"①另外还特别指出:领导机关中发生的问题,"要在毛泽东为首的领导下解决,领导机关中要有亲密团结的空气"②。共产国际的这些意见,必

① 《王稼祥选集》,人民出版社,1989年版,第138页。

② 《王稼祥选集》,人民出版社,1989年版,第141页。

然推动全党对毛泽东理论贡献的关注和研究。在《新民主主义论》发表后不久，党内便出现“毛泽东同志的理论”、“毛泽东同志的思想”、“毛泽东主义”、“毛泽东同志的学说”等提法，一批党的理论工作者对推动研究毛泽东的理论贡献起了重要作用，如艾思奇在1940年2月发表专论指出：在时间的基础上，中国“已经产生了一些发展马克思主义的理论，因此也就有了自己的马克思主义”。随着延安整风运动的开展，全党对毛泽东在马克思主义中国化事业中的贡献的认识又前进了一步，许多高层领导人纷纷发表文章，表达自己的看法，如1943年7月6日，刘少奇在《清算党内的孟什维主义思想》一文中，使用了“毛泽东同志的思想”和“毛泽东同志的思想体系”两个概念。① 同年11月10日，邓小平在北方局党校整风动员大会上发表讲话指出：遵义会议后，党的事业完全放在了“中国化的马列主义，即毛泽东思想的指导之下”。② 在党的七大召开前夕，党中央经过探寻和选择，最终确定了“毛泽东思想”的提法，并在1945年4月23日至6月11日召开的党的七大中得到正式确认。

抗日战争胜利后，中国人民迫切需要一个和平安定的国内环境，休养生息，重建家园。中国共产党从这一根本愿望出发，主张团结一切爱国民主进步力量，组建一个独立、自由、民主、统一的民主联合政府。但是，国民党反动集团违背人民的意愿，企图依靠美国政府的支持，继续维持其一党专政的独裁统治。为了使中国走向光明，实现中国共产党的“最低纲领”，夺取新民主主义革命的最后胜利，建立工人阶级领导的新民主主义的国家制度，中国共产党决定领导中国人民坚决同国民党统治集团展开两个命运、两个前途的决战——人民解放战争。

解放战争中，中国共产党一方面继续坚持马列主义关于无产阶级革命的理论，不断发展和巩固人民民主统一战线，团结中间派，最大限度地孤立蒋介石国民党反动集团，进一步优化政治格局和政治环境；另一方以毛泽东思想为指导，继续加强党的建设，走密切联系群众、发动群众、依靠群众的群众路线，进一步壮大党的队伍和人民武装力量，改变国共的军事力量对比。继续坚持“农村包围城市，武装夺取政权”的战略和策略，从1946年6月的自卫战争算起，仅仅用了3年多的时间，中国共产党领导中国人民就以雷霆万钧、摧枯拉朽之势，彻底推翻了国民党的反动统治。

人民解放战争的胜利是中国共产党坚持马列主义、毛泽东思想，并与中国革命的实际相结合，选择性地吸收苏联党和斯大林意见的结果。新中国的成立，标志马克思主义中国化在革命时期的阶段性目标胜利实现，为马克思主义中国化的进一步推进奠定了坚实的政权基础。

---

① 《解放日报》，1943年7月6日。

② 《邓小平文选》(第1卷)，人民出版社，1994年版，第88页。

二、革命时期马克思列宁主义中国化的主要特点

革命时期马克思列宁主义中国化的主要特点有:善于将俄国化了的马克思主义中国化、在同把俄国经验神圣化的斗争中创新马克思列宁主义、在党员队伍以农民为主体情况下创新党的建设理论、马克思主义中国化理论创新成果丰硕。

(一) 善于将俄国化了的马克思主义中国化

任何一种理论都来源于实践,并在持续的、新的实践中接受检验。这个检验的过程本身就是运用理论的过程,这个运用同样必须结合本国的、当时的、具体的实际。马克思列宁主义是马克思主义俄国化的产物,是十月革命及其胜利的产物,它是否适合于中国,是否可以直接"拿来"运用于中国革命的实践,这对当时的中国革命是个十分重要的问题。毛泽东说:"十月革命一声炮响,给我们送来了马克思列宁主义。"①革命时期,特别是从建党开始到大革命失败前,中国共产党进行革命所运用的马克思主义有很明显的俄国印记,即"俄国化了"的马克思主义,主要是列宁主义。无论是《共产党》月刊上宣传的马克思列宁主义理论,还是党的二大所制定的民主纲领的内容,无论是指导中国共产党参加北伐的理论,还是指导中国共产党与国民党合作的策略,都来自于列宁主义,或主要来自于列宁主义。如在谈到中国革命的动力问题时,毛泽东对农民问题的认识除了他对中国社会各阶级的深刻分析外,更重要的是他深受列宁对农民问题独到见解的启发。列宁强调:"认为无产阶级政党(如果它一般地说能够在这类国家里产生的话)不同农民运动发生一定的关系,不在实际打夯支持农民运动,就能在这些落后国家里实行共产主义的策略和共产主义的政策,那就是空想。"②可见,中国共产党的工农联盟的思想实际上是从列宁这里开始的。此外,中国共产党的其他许多思想的形成都可以从列宁主义那儿找到源头。因此,刘少奇认为,中国共产党"从一开始在主观上就是按照列宁的原则和道路进行的"③。毛泽东也承认:"中国社会主义自有党以来就是布尔什维克,我们自己的只是枝节、细节,就是灵活性。"④

历史事实表明,中国新民主主义革命理论以俄国化了的马克思主义,即列宁主义为基础,充分注重结合中国国情,特别是结合中国革命的具体实际,是在灵活运用列宁主义实践中有所创新。换言之,在中国革命初期,俄国化了的马克思主义,

① 《毛泽东选集》(第 4 卷),人民出版社,1991 年版,第 1471 页。

② 《列宁选集》(第 4 卷),人民出版社,2012 年版,第 276 页。

③ 《刘少奇论党的建设》,人民出版社,1991 年版,第 235 页。

④ 《杨尚昆回忆》,载《文汇读书周报》,2001 年 8 月 25 日。

主要是列宁主义，是马克思主义中国化的理论基础。

（二）在同把俄国经验神圣化的斗争中创新马克思列宁主义

中国共产党在推进列宁主义中国化的过程中，经历了多次生死存亡的考验，而每一次考验都是中国共产党坚持马克思主义中国化的原则，同教条化的马克思主义做斗争，并最终取得了胜利，长征就是一个证明。

长征不是中国共产党缘于中国革命需要的战略设计，而是中国共产党结合中国革命的实际而做出的战略安排。1927 年，国民党右派集团的背叛和“七一五”汪精卫分共，标志着由国共两党合作发动的大革命宣告失败。南京国民政府用法律、行政、特务和军事等手段残酷地镇压革命活动，中国共产党被宣布为“非法”，加入共产党成为最大的“犯罪”。1928 年 2 月，中国国民党二届四中全会通过《制止共党阴谋案》；2 月 29 日，国民党中央政治会议第 130 次会议通过《暂行反革命治罪法》，并将有关规定写进同年 3 月公布的《中华民国刑法》。在国民党的恐吓宣传、威逼利诱、屠杀迫害等手段破坏之下，共产党组织遭到了严重挫伤。面对革命遭受严重失败的形势，共产党领导人民进行了更为艰苦卓绝的斗争，分别领导了南昌起义、秋收起义等一系列起义，但是由于敌我力量悬殊，起义都没有取得根本性的胜利，没有能够在起义地站稳脚跟，被迫走上了一条到农村建立革命根据地的道路。国民党反动集团继续实施消灭共产党的图谋，先后对中央革命根据地发动了“进剿”、“会剿”。中央红军在毛泽东和朱德等的带领下，与“立三路线”和王明“左”倾教条主义等错误思想做坚决斗争，认真研究根据地有利条件，分别确定并实施“中间突破”、“诱敌深入”等战略战术，先后取得了三次反“围剿”的胜利，初步解决了红军以劣势兵力和落后装备战胜强大敌人的问题。九一八事变后，蒋介石集团对日本帝国主义的侵略行为百般妥协退让，继续对中央根据地实行疯狂“围剿”。虽然，周恩来、朱德运用和发展以往反“围剿”的成功经验，取得了粉碎第四次“围剿”的胜利，但是，由于共产国际的过度干涉，临时中央政府的“左”倾错误进一步得到发展，红军在第五次反“围剿”斗争中只能继续执行错误的战略战术，结果是敌人步步推进，红军节节抵御，最终陷入了被动的危险局面，为了保留革命的火种，红军只能撤离中央根据地，被迫开始长征。

遵义会议是又一个证明。长征初期，“左”倾教条主义者从进攻中的冒险主义变成退却中的逃跑主义，并且把战略转移变成坛坛罐罐大搬家，致使部队行动速度非常缓慢，在突围过程中损失惨重。为了摆脱尾追和堵击的敌军，毛泽东同志建议中央红军放弃去湘西同红二、六军团会合的设想，改向敌军力量薄弱的贵州挺进。1935 年 1 月 7 日，红军攻克黔北重镇遵义。1935 年 1 月 15 日至 17 日，中共中央在遵义召开了政治局扩大会议。会议的主要议题是总结第五次反“围剿”的经验教训。毛泽东同志在会上做了重要发言,着重批判了第五次反“围剿”和长征以来博古、李德在军事指挥上的错误,以及博古在总结报告中为第五次反“围剿”失败辩护的错误观点。张闻天、周恩来、王稼祥、朱德、刘少奇等多数同志在会上发言,支持毛泽东同志的正确意见。会议经过激烈的争论,在统一思想的基础上,委托张闻天起草了《中共中央关于反对敌人五次“围剿”的总结决议》,并由常委审查通过。决议肯定了毛泽东关于红军作战的基本原则,否定了博古关于第五次反“围剿”的总结报告,提出了中国共产党的中心任务是战胜川、滇、黔的敌军,在那里建立新的革命根据地。会议决定改组中央领导机构,增选毛泽东为政治局常委,取消博古、李德的最高军事指挥权,仍由中央军委主要负责人周恩来、朱德指挥军事。会后,常委进行分工:由张闻天代替博古负总责,毛泽东、周恩来负责军事。在行军途中,又成立了由毛泽东、周恩来、王稼祥组成的三人军事指挥小组,负责长征中的军事指挥工作。至此,遵义会议以后的中央领导机构的整顿重建工作大体完成。

遵义会议是中国共产党历史上的一次重要会议。它结束了王明“左”倾冒险主义在党中央的统治,实际上确立了以毛泽东同志为核心的党中央的正确领导,挽救了党,挽救了红军,挽救了中国革命,是中国共产党生死攸关的转折点。它证明中国共产党完全具有独立自主解决自己内部复杂问题的能力,是中国共产党从幼年开始走向成熟的标志。长征虽然是一次被动的策略选择,却是一次灵活运用列宁主义的光辉典范,是又一次列宁主义中国化的生动实践。

(三)在党员队伍以农民为主体情况下创新党的建设理论

党的建设对于中国革命来说,具有决定性的意义。党成立以后如何生存、如何发展,即党如何将马克思列宁主义党建学说运用于实践,却没有现成的模式,也没有平坦的道路,一切必须依靠党自己去摸索。新民主主义革命阶段,在党员队伍以农民为主体情况下,中国共产党为了把自身建设成为一个既具有广泛群众性,又具有无产阶级先进性的政党,与“唯成分论”做坚决的斗争,成功地、创造性地发展了马列主义的建党学说。

1. 党注重思想建设和政治建设,体现了党的先进性

所谓党的先进性建设,就是自觉运用马列主义党建理论教育党员和党的组织,使党始终保持工人阶级先锋队性质,以增强党对先进分子的吸引力,以实现党的思想高度统一和党的队伍不断壮大为目的。中国共产党在成立之初,其党员的主体是知识分子和部分背叛资产阶级家庭的进步人士,这些人都有较高的文化知识水平和理论水平,能较快地接受马列主义理论,从而在政治上和思想上自觉地体现出先进性。随着革命形势的发展和党的队伍的壮大,特别是随着党的工作重心转入农村,党员队伍的组成结构发生了很大的变化,农民的比例不断增大,逐渐成为党

员的主体。如何提高以农民为主体的党员政治思想水平，成为党的建设的最为紧迫的任务。列宁指出："没有革命理论，就不会有坚强的社会党，因为革命理论能使一切社会党人团结起来，他们从革命理论中能取得一切信念，他们能运用革命理论来确定斗争方法和活动方式。"①"只有以先进理论为指南的党，才能实现先进战士的作用。"②列宁这里说的"革命理论"和"先进理论"，就是指马克思主义理论。毛泽东也提出了"依照无产阶级先锋队的面貌改造党"③的要求。中国共产党在新民主主义革命时期，准确把握"以农民为主体"的党情，高度重视加强党的思想建设和政治建设，从而使党的队伍在整体上体现了党的先进性。

思想建党是马克思主义基本原理的必然要求。马克思主义经典作家认为，工人运动不可能自发地产生先进的无产阶级政党，只有将马克思主义从外部进行灌输，使之与工人运动相结合，这个灌输和结合的过程就是思想建设。实际上，思想建党是中国共产党党建理论的基本内容和党建实践的最主要特点。毛泽东非常重视党的思想建设，特别重视结合中国的基本国情，由于中国共产党长期处于不合法的斗争环境，大革命失败后的重要活动区域也转移到农村，党的使命和任务是进行民主革命，这就决定了党的主要成分不可能是城市中的产业工人，党的大门必须向农民和进步的民族资产阶级敞开。党员的出生不可以选择，但是党员的思想可以改造。1928年11月，毛泽东在给中央的报告(《井冈山的斗争》)中就提出了"无产阶级思想领导的问题，是一个非常重要的问题"④的观点，初步提出了着重从思想上建党的重要原理。思想建设的首要任务是树立辩证唯物主义的思想路线，提高党员的马列主义水平，清算主观主义，特别是教条主义的错误影响。思想建设的重点是解决党员在思想上入党的问题。"有许多党员，在组织上入了党，思想上并没有完全入党，甚至完全没有入党。这种思想上没有入党的人，头脑里还装着许多剥削阶级的脏东西，根本不知道什么是无产阶级思想，什么是共产主义，什么是党。"⑤思想上建党的基础是学习。要解决党内最基本、最主要的矛盾，最有效的方法和措施就是学习。毛泽东强调要学习马克思主义的基本理论，学习历史，特别是中国共产党自身的历史，研究现状和国情。思想上建党的最佳形式是整风运动。整风就是通过在全党开展批评与自我批评，来学习马克思主义，其目的是既达到弄清思想又团结同志。1942年，中共中央在延安发动和领导了整风运动，反对主观

① 《列宁选集》(第1卷)，人民出版社，2012年版，第274页。
② 《列宁选集》(第1卷)，人民出版社，2012年版，第312页。
③ 《毛泽东选集》(第3卷)，人民出版社，1991年版，第876页。
④ 《毛泽东选集》(第1卷)，人民出版社，1991年版，第77页。
⑤ 《毛泽东选集》(第3卷)，人民出版社，1991年版，第875页。

主义以整顿学风,反对宗派主义以整顿党风,反对“党八股”以整顿文风,基本解决了长期以来党内存在的非无产阶级思想同无产阶级思想的矛盾,破除了党内把马克思主义教条化、把共产国际决议和苏联经验神圣化的迷信倾向,特别是使广大党员从王明教条主义的精神枷锁中解放出来,使全党的思想达到了空前的统一。整风运动还进一步密切了党同人民群众的联系,融洽了党同人民群众的关系,中国共产党以实际行动有力地回击了共产国际在当时对“山沟里能否出马克思主义”的怀疑。总之,对以农民为主体的党加强思想建设既坚持了马克思主义基本原理,更是对马克思主义党建学说的发展,凸显了中国特色和中国经验,是一个创举。

加强党的政治建设是无产阶级政党建设的另一项根本任务。党的政治建设关系到党的先进性,直接决定着党在政治领导上的核心地位和作用。党的政治建设的首要任务是正确制定党的政治路线,党的政治路线决定着党的建设的方向。在新民主主义革命时期,党的政治路线就是要正确处理革命武装斗争的问题,毛泽东指出:“离开了武装斗争,离开了游击战争,就不能了解我们的政治路线,也就不能了解我们的党的建设。我们的政治路线的重要一部分就是武装斗争。”①党的政治建设必须正确开展党内斗争,在政治上巩固和发展党的团结,这是制定和执行党的政治路线的保证。民主革命时期进行的反自由主义和主观主义以纠正“左”倾和右倾错误,就是为了保证党始终沿着一条正确的政治路线前进。党的政治建设还必须解决党在中国革命中的政治领导问题,这是对马列主义党建学说的重大发展,也是毛泽东在政治上建党的最终目的。

党的先进性是无产阶级政党的本质属性,开展先进性教育也是马克思列宁主义党建理论的基本要求,但是如何教育、如何保证教育的效果,马克思主义理论并没有给予明确的要求,结合已经公开的苏共党建历史档案来看,中国共产党关于先进性教育的理论,包括对于先进性教育重要性的认识、先进性教育的途径、先进性教育的具体措施等,非常切合中国的党情,具有中国特色,是对马列主义党建理论的丰富和发展。

2. 党注重组织建设和作风建设,保持了党的纯洁性

所谓党的纯洁性建设,就是自觉地运用马列宁主义党建理论,加强党的组织建设和作风建设,使党的组织化程度更高,党员的思想意识更加纯洁,作风更加端正,以增强党的战斗力。列宁指出:“党应当是组织的总和(并且不是什么简单的算术式的总和,而是一个整体)。”②中国共产党遵循马列主义实事求是的基本原则,直面“以农民为主体”的党情实际,充分发挥全党的智慧,正确地处理党的发展问题上

① 《毛泽东选集》(第2卷),人民出版社,1991年版,第609—610页。

② 《列宁全集》(第8卷),人民出版社,1986年版,第252页。

的数量与质量的关系，高度重视党的组织建设和作风建设，从而保持了党的纯洁性，党的战斗力不断增强。

中国共产党在成立伊始，就十分重视用马列主义建党理论武装自己，通过制定、修改和完善党章等途径，积极探索党的组织建设。1922年，党的二大通过了《中国共产党章程》，明确规定了关于党员、组织、会议和纪律等规章制度。1927年，党的五大通过《组织问题决议案》，进一步提出了集体领导制度。同年6月，通过了《中国共产党第三次修正章程决议案》，明确提出和肯定了列宁提出的民主集中制原则，即“党的一切组织是按民主集中制原则建立起来的”①。经过1938年党的六届六中全会和1945年党的七大，进一步明确和丰富了民主集中制的内涵。1949年3月，党的七届二中全会通过了关于加强党委会的工作方法，标志着党的组织建设形成了初步的制度框架。

1927年9月，毛泽东率秋收起义余部转移井冈山途中，深刻总结南昌、秋收起义相继失败的教训，他指出，失败“是缺乏革命中心力量招致革命失败的血的教训”②。鉴于此，江西永新三湾村改编部队时，毛泽东创造性地提出“支部建在连上”的思想，不仅为党的思想政治教育工作提供了有效载体，而且为党的全面建设和掌握军队提供了可靠的具体措施。“支部建在连上”的思想经过实践的检验逐步完善，并于1929年年底纳入古田会议的决议案而形成定制。在党的军队快速发展的基础上，不仅党的队伍不断壮大，而且党的组织化水平不断提高。

党的作风好坏是党是否具有战斗力的试金石。加强党的作风建设是党的政治建设、思想建设和组织建设的深化，是党的先进性和纯洁性的根本要求。加强党的作风建设的基本措施主要包括对党员加强纪律教育和对违反纪律行为的惩处。

加强党的纪律是列宁主义党建理论的重要内容。中国共产党一贯重视党的纪律。我们熟知的“三大纪律，八项注意”就是最为典型的纪律建设例子。“三大纪律八项注意”是中国人民解放军的法规，最初是毛泽东在秋收起义后为中国工农红军制定的军纪，1928年年初在湖南省桂东县沙田镇正式宣布，当时称为“三大纪律六项注意”（三项纪律：行动听指挥；不拿群众一个红薯；打土豪要归公。六项注意：上门板；捆铺草；说话和气；买卖公平；借东西要还；损坏东西要赔）。1929年后，又增加了两条（洗澡避女人；不搜俘虏腰包），形成“八项注意”，此后其具体内容在不同时期不同地区不同部队略有出入。1947年10月，中国人民解放军总部发布训令，重新颁布“三大纪律八项注意”。纪律教育是党的作风建设的基础性措施，正是通过加强纪律教育，使纪律严明的军队和“以农民为主体”的党赢得了人民群众的拥

① 《苏共决议汇编》（第1分册），人民出版社，1964年版，第165页。

② 《毛泽东选集》（第1卷），人民出版社，1991年版，第157页。

护和支持。

惩治腐败是党的作风建设的另一项有效措施。中国共产党在艰难困苦的斗争环境中非常重视反腐败斗争。1926年8月4日,中共中央颁布了《关于坚决清洗贪污腐化分子的通告》,这是党的历史上第一个关于反腐的文件。这个通告不仅深刻分析了贪污腐化给党的事业和党的肌体带来的严重危害,而且表明了党对贪污腐化分子坚定不移的斗争的立场和方针。通告指出,在革命处于高潮的情况下,许多投机腐败的坏分子跑到革命的队伍中来,如果革命的队伍容留了这些坏分子,党必定会陷于腐化,不仅不能执行革命的工作,而且还会为群众所厌弃。所以党应该坚决地清洗这些坏分子,并和贪污腐化的不良倾向做斗争,只有这样,党才能巩固营垒,在群众中树立起威信。1927年5月,在党的五大上成立了中央一级的纪检机构。1931年11月,中华苏维埃共和国临时中央政府在瑞金成立的同时,就在中央政府之下,成立了中央工农检察部,下设控告局和突击队,专门负责查处腐败问题。1932年2月,中华苏维埃共和国临时中央政府发布通令,号召中央苏区反腐败斗争。瑞金县九区叶坪乡人谢步升,是一名1930年入党的党员,因犯偷盖苏维埃政府管理科大印,伪造通行证等证件,私自贩运水牛到白区出售而获利等一系列错误,被举报到瑞金县苏维埃裁判部。1932年5月5日,苏维埃裁判部对其进行公审判决,谢步升被判处死刑,成为我党反腐败历史上被枪毙的第一人。1933年12月15日,中华苏维埃共和国中央执行委员会下发了由毛泽东、项英签发的《关于惩治贪污浪费行为》的第26号训令,训令规定凡苏维埃机关、企业及公共团体工作人员,贪污公款在500元以上者处以死刑;贪污公款300元以上500元以下者处以2年以上5年以下监禁,从此,中国共产党与腐败做斗争进入了制度化阶段。

可见,在民主革命时期,在"以农民为主体"的党情下,以毛泽东为代表的中国共产党人,不畏质疑,与"唯成分论"的错误思想做斗争,成功地探索出了一条正确的建党路线,刘少奇曾把毛泽东的这些建党思想和原则称之为"毛泽东建党路线",他指出:"我们采取了毛泽东同志的建党路线,即使工人成分还不占大多数,也能够建成并已经建成一个工人阶级的马克思列宁主义政党。"①

(四)马克思列宁主义中国化理论创新成果丰硕

中国新民主主义革命的胜利,不仅是马克思列宁主义中国化实践的胜利,更是列宁主义中国化理论创新的胜利,其中,以新民主主义理论的形成为标志性成果。《〈共产党人〉发刊词》、《中国革命和中国共产党》和《新民主主义论》等著作构成了

① 《刘少奇选集》(上卷),人民出版社,1981年版,第330—331页。

毛泽东新民主主义革命的理论体系，除了前文已述的党的建设理论以外，还包括中国基本国情和中国革命的基本特征、统一战线理论、武装斗争理论等。

1. 关于中国基本国情和中国革命的基本特征

马克思、恩格斯不止一次地指出，共产主义基本原理的实际运用，随时随地都要以当时的历史条件为转移。毛泽东一贯重视了解和掌握中国国情。他在1930年就明确指出："中国革命斗争的胜利要靠中国同志了解中国国情。""我们需要时时了解社会情况，时时进行实际调查。"①在1939年写的《〈共产党人〉发刊词》中再次阐明了认识和掌握国情的重要意义。"只有认清中国社会的性质，才能认清中国革命的对象、中国革命的任务、中国革命的动力、中国革命的性质、中国革命的前途和转变。所以，认清中国社会的性质，就是说，认清中国的国情，仍是认清一切革命问题的基本根据。"②

关于中国的基本国情，毛泽东从中国革命的性质、对象、领导权、动力和同盟军等方面进行了具体阐述。他基于对现时中国社会性质的认识，对第一次世界大战和俄国十月革命后世界局势变化的认识，对中国社会各阶级，特别是资产阶级和无产阶级的阶级特性的认识。他认为，既然现时中国社会是半殖民地半封建的性质，那么，革命的敌人就是帝国主义和封建主义，而以帝国主义为第一敌人，革命的任务就是要推翻帝国主义和封建主义的压迫，而以推翻帝国主义压迫为最主要任务。以毛泽东为代表的中国共产党人从中国革命所处的时代特点出发，首次突破了马克思主义经典作家关于世界上只有两种革命，即资产阶级民主主义革命和社会主义革命的传统论断，提出了第三种革命类型即新民主主义革命的新概念、新学说。毛泽东在《中国革命和中国共产党》一文中明确指出，中国革命既不是一般的旧式的资产阶级民主革命，也不是无产阶级领导的社会主义革命，而是"新式的特殊的资产阶级民主主义的革命"，即新民主主义革命。"所谓新民主主义革命，就是在无产阶级领导之下的人民大众的反帝反封建的革命。"③关于革命的对象，毛泽东认为，中国革命的直接目标就是打倒帝国主义、打击封建地主阶级、推翻官僚资产阶级。

关于革命的领导权，毛泽东认为，中国共产党在当时，无论是在政治上、经济上，还是在军事上，都比较弱小，但是无产阶级自身有许多特殊的优点，由于受压迫最深，因此是中国社会最有觉悟的阶级。而资产阶级与帝国主义和封建主义都有着千丝万缕的联系，因而在革命问题上具有软弱性和不彻底性。毛泽东在

① 《毛泽东选集》(第1卷)，人民出版社，1991年版，第115页。

② 《毛泽东选集》(第2卷)，人民出版社，1991年版，第633页。

③ 《毛泽东选集》(第2卷)，人民出版社，1991年版，第647页。

1926年的《中国社会各阶级的分析》中就指出:“工业无产阶级人数不多,却是中国新的生产力的代表者,是近代中国最进步的阶级,做了革命运动的领导力量。”[①]他还分析了中国工人阶级的特殊优点,指出,中国革命如果没有无产阶级的领导,就必然不能胜利。

关于革命的动力和同盟军,毛泽东深刻地分析了中国的基本国情,认为中国人口中的80%是农民,他们是中国社会的基本群众,是农村生产力的主力军,他们的政治和经济地位低下,受剥削和压迫最深,有改变社会现状的强烈要求和参加革命的迫切性和积极性,将成为中国革命的主力军,是中国共产党可以依靠的主要力量。这个论断,突破了马克思主义对农民问题的古典式结论,因为,马克思、恩格斯在《共产党宣言》中是把农民划入“中间等级”的,认为农民“他们不是革命的,而是保守的。不仅如此,他们甚至是反动的,因为他们力图使历史的车轮倒转”[②]。尽管后来马克思、恩格斯对农民的认识也有发展和变化,但从总体上看,远没有达到中国共产党对农民的认识,因此中国共产党对农民的重视是对马克思主义的重大发展,成为中国无产阶级和农民结成巩固联盟的独创性理论。同时,中国的民族资产阶级既具有资产阶级的形式,又由于他们受帝国主义的压迫和封建主义的束缚,因而他们具有“两面性”,有参加革命的可能性,通过教育争取和改造,可能成为革命的同盟军。

关于中国革命的基本特征,毛泽东在《中国革命和中国共产党》和《新民主主义论》中认为,鉴于中国当时的社会性质,是半殖民地半封建的性质,那么中国革命就必须分两步进行,即第一步改变半殖民地半封建的性质,使中国成为独立的民主主义国家。第二步使革命继续向前发展,建立一个社会主义的社会,这就是中国革命最主要的特点和基本特征。毛泽东从国际条件的变化,从中国革命与世界革命的关联中,考察了中国革命历史进程的变化,指出新民主主义革命是“无产阶级社会主义世界革命的一部分”[③]。毛泽东从中国内部条件的变化,指出中国革命的领导权由资产阶级让位给无产阶级,是中国革命发生的深刻变化,也是新民主主义革命的最主要特征。

在此基础上,毛泽东阐明了正确制定和牢牢掌握革命总路线对革命成败所具有的决定性意义。他在《中国革命和中国共产党》一文中第一次对党的新民主主义革命总路线做了理论概括:“新民主主义的革命,就是无产阶级领导下的人民大众

① 《毛泽东选集》(第1卷),人民出版社,1991年版,第8页。

② 《马克思恩格斯选集》(第1卷),人民出版社,2012年版,第411页。

③ 《毛泽东选集》(第2卷),人民出版社,1991年版,第667页。

的反帝反封建的革命。”①1948 年 4 月毛泽东《在晋绥干部会议上的讲话》一文中，进一步把新民主主义革命总路线完整地表述为“无产阶级领导的，人民大众的，反对帝国主义、封建主义和官僚资本主义的革命”。②

2. 关于革命统一战线理论

统一战线是中国民主革命的主要手段和方法之一，与武装斗争和党的建设一起被毛泽东称为是中国革命战胜敌人的“三大法宝”。统一战线问题，是无产阶级的同盟军问题，是无产阶级组织和调动政治军队的问题。能否正确地解决这个问题，关系到无产阶级领导权和革命的成败。以毛泽东为代表的中国共产党人，在领导中国新民主主义革命的斗争中，把马克思、列宁关于统一战线的科学理论同中国革命的具体实践相结合，创造性地制定了中国新民主主义革命的统一战线，丰富和发展了马克思列宁主义的战略策略思想。

关于统一战线的领导权问题，毛泽东认为，统一战线中领导权的归属，是统一战线的一个根本问题。统一战线必须在中国共产党的坚强领导之下。没有共产党的领导，任何统一战线都是不可能胜利的。在统一战线中，中国共产党的任务就是要吸引和领导其他阶级、阶层和派别，去实现其纲领，而不是适应其他阶级、阶层和派别，更不是放弃自身的纲领。同时，毛泽东还强调，无产阶级的领导权不是天然的，必须依靠统一战线理论的正确，战略与策略的运用，以及努力争取农民、小资产阶级和民族资产阶级，才能牢牢掌握。

关于统一战线必须以工农联盟为基础理论，毛泽东认为农民问题是中国革命的根本问题，中国革命实质上是无产阶级领导下的农民革命，农民是中国革命的主力军。他说：“所谓人民大众，主要的就是农民。”毛泽东进一步认为：“农民问题乃国民革命的中心问题，农民不起来参加并拥护国民革命，国民革命不会成功。”③“忘记了农民，就没有中国的民主革命；没有中国的民主革命，也就没有中国的社会主义革命，也就没有一切革命。”④因此，为了教育、引导、动员和组织广大农民参加革命，中国共产党在革命根据地开展打土豪、分田地、废除封建剥削和债务的土地革命，满足了农民的土地要求，极大地调动了农民参加革命的积极性。统一战线中无产阶级还要组织第二个同盟，那主要就是与民族资产阶级的联盟。毛泽东强调指出：“当我们党的政治路线是正确地处理同资产阶级建立统一战线或被迫着分裂统一战线的问题时，我们党的发展、巩固和布尔什维克化就前进一步；而如果是不

① 《毛泽东选集》(第 2 卷)，人民出版社，1991 年版，第 647 页。

② 《毛泽东选集》(第 4 卷)，人民出版社，1991 年版，第 1313 页。

③ 《毛泽东文集》(第 1 卷)，人民出版社，1993 年版，第 37 页。

④ 《毛泽东文集》(第 3 卷)，人民出版社 1996 年版，第 23、305 页。

正确地处理同资产阶级的关系时,我们党的发展、巩固和布尔什维克化就后退一步。”①毛泽东还指出,统一战线的两个联盟是相互影响、相互促进的。既要同农民建立紧密的联盟,又要尽可能地扩大第二个联盟,联合一切可能联合的力量,才能进一步巩固工农联盟,扩展革命统一战线。

关于统一战线中的政策和策略理论,毛泽东认为,在同资产阶级结成统一战线时,要保持无产阶级的独立性,始终坚持独立自主的原则,既统一又独立,既不破坏统一战线,又坚持党派和阶级的一定限度的权利,严格保持自己思想上、政治上、组织上的独立性。针对民族资产阶级的特点,必须坚持政治上又联合又斗争的策略。毛泽东指出,“中国共产党的政治路线的重要一部分,就是同资产阶级联合又同它斗争的政治路线。”②要汲取历史上的教训,避免党内曾经犯过的“左”右倾两种错误。在正确的阶级分析基础上,党还制定了在统一战线条件下处理同国内各阶级相互关系的策略方针,那就是发展进步势力,争取中间势力,孤立顽固势力。

3. 关于武装斗争理论

武装斗争是中国革命的主要形式,是武装的革命反对武装的反革命。毛泽东系统地阐述了新民主主义革命为什么必须以武装斗争为主要形式,以及怎样进行武装斗争的问题。

中国是一个半殖民地半封建的国家,因为没有资本主义民主制度,没有议会民主和利用合法斗争的权利。中国的反动统治者异常残暴,同外国帝国主义相勾结,凭借帝国主义的援助,对人民进行残暴的恐怖统治。而且,帝国主义和封建势力的力量也异常强大。所以,中国民主革命必须进行武装斗争。

“农村包围城市,武装夺取政权”是新民主主义革命的具体路径。实践表明,毛泽东首创的农村包围城市、武装夺取政权的道路和理论,是把列宁关于帝国主义国家政治经济发展不平衡理论原理,灵活地运用于中国实际。在中国城市和农村的经济发展极不平衡,国民党在城市和农村的统治也存在不平衡,农村就有可能成为国民党统治的“薄弱环节”。因此,中国革命的实践就完全可以超越十月革命的道路,走一条与“中心城市武装夺取政权”完全不同的具体路径。

工农武装割据思想是农村包围城市、武装夺取政权革命道路的核心内容。事实上,在中国民主革命早期,也想仿效西欧以工人运动为主,但是,中国资本主义的发展程度远落后于西欧,与俄国十月革命前的情况也不可同日而语,产业工人阶级规模很小,革命的自觉性也不高,因此,想要在城市领导一场工人革命并取得胜利,

① 《毛泽东选集》(第2卷),人民出版社,1991年版,第605页。

② 《毛泽东选集》(第2卷),人民出版社,1991年版,第608页。

根本不可能。于是，代表中国工人阶级先进分子的中国共产党开始了发动农民、组织农民、改造农民的实践。要在农村站稳脚跟，就必须建立巩固的农村革命根据地，如果不建立根据地，就会成为“流寇式”的革命，革命最终也很难取得胜利。对于“工农武装割据”思想，以及根据地建设和武装斗争三者之间的关系，毛泽东做出了深刻的结论，那就是“以农业为主要经济的中国的革命，以军事发展暴动，是一种特征”，“边界的斗争，完全是军事的斗争，党和群众不得不一齐军事化。怎样对付敌人，怎样作战，成了日常生活的中心问题。所谓割据，必须是武装的”。① 斯大林也曾称赞，用革命的武装反对反革命的武装是中国革命的特点和优点。工农武装割据不仅在革命遭受挫折时保存了革命实力，而且从实践上解决了中国革命向何处发展的重大问题。

白区斗争理论是党的武装斗争理论的重要组成部分。白区斗争是中国共产党领导下的白区人民反帝反封建的革命斗争。它是在中国半殖民地半封建社会的特殊的历史条件下进行的，是中国共产党整个革命事业的重要组成部分。② 如前文所及，1927 年轰轰烈烈的大革命遭到失败，中国共产党受到残酷镇压，并被宣布为非法，全国一片白色恐怖，中国革命暂时转入低潮。中国共产党如何发展、中国革命将向何处去等问题被历史地摆在中国共产党人面前。白区斗争理论就是在这样险恶的环境中提出、形成和发展的。

白区斗争理论经历了实践探索、总结形成和成熟发展三个阶段。在实践探索阶段，白区斗争是以回击国民党叛变镇压为主要内容，逐步完成了由公开工作到秘密工作的过渡，但是这种过渡是仓促的，在斗争对象、斗争方式和斗争规模等问题上还没有具体的主张。在总结形成阶段，白区斗争经过 1935 年 12 月的瓦窑堡会议，批评了党内长期存在的“左”倾关门主义倾向，规定了党在新形势下的策略路线，实现了白区斗争的重大转变。毛泽东、张闻天等对白区斗争非常关心，在理论上进行了有效的探索。周恩来、陈云等亲自领导白区斗争，积累了非常丰富的实际斗争经验。刘少奇是坚持白区斗争正确路线的代表，撰写了大量的理论文章③，提出了关于党在白区斗争的任务、关于建立党的秘密工作机关，组织全国秘密交通网络、关于公开斗争与秘密斗争的关系、关于领导群众斗争的策略、关于利用敌人内部矛盾，争取同盟者的问题等，为白区斗争理论的形成奠定了基础。1940 年 5 月，毛泽东在为中共中央起草的给东南局的指示《放手发动抗日力量，抵抗反动顽固派的进攻》中提出：“在国民党统治区域的方针，则和战争区域、敌后区域不同。在那

---

① 《毛泽东选集》(第 1 卷)，人民出版社，1991 年版，第 79、48 页。

② 郭德宏：《中国马克思主义发展史》，中共中央党校出版社，2010 年版，第 73 页。

③ 注：刘少奇在 1936 年春到抗日战争爆发的一年多时间里就写了 30 余篇文章。

里，是隐蔽精干，长期埋伏，积蓄力量，以待时机，反对急性和暴露。”①同年年底，毛泽东在为中央起草的《论政策》指示中进一步论述了白区斗争的方针思想。1945年4月，中共扩大的六届七中全会通过了《关于若干历史问题的决议》，系统地总结了白区斗争的历史经验。《关于若干历史问题的决议》归纳为：“以防御为主（不是以进攻为主），尽量利用合法的机会去工作（而不是拒绝利用合法），以便使党的组织深入群众，长期荫蔽，积蓄力量，并随时输送自己的力量到乡村去发展乡村武装斗争力量，借此以配合乡村斗争，推进革命形势，为其主要方针。”②在成熟发展阶段，随着中国革命形势的发展，国统区的工作在隐蔽精干、积蓄力量的基础上，加强了对群众的发动，并且开始在策略上采取进攻的姿态，把白区斗争与解放区的斗争更加有机地结合起来，从而开辟了解放战争的第二条战线。白区斗争理论是党把马克思列宁主义的普遍原理同中国白区革命实际相结合的产物，是中国新民主主义革命理论——武装斗争理论——的重要组成部分。

总之，武装斗争理论是对马克思列宁主义关于社会主义革命理论的重大发展和超越。正如邓小平所指出的：“马克思、列宁从来没有说过农村包围城市，这个原理在当时世界上是没有的。但是毛泽东同志根据中国的具体条件指明了中国革命的具体道路，在军阀割据的时候，在敌人控制的薄弱的地区，领导人民建立革命根据地，用农村包围城市，最后夺取了政权。”③

第三节　革命时期中俄马克思主义本土化比较

通过分析中俄两国革命时期马克思主义本土化的基本历程和主要特点，本研究认为两国在革命性质、内容和结果上有诸多显而易见的相同或相近之处以外，还有一些不同之处，比较这些异同，我们可以从中得出一些结论和启示。

一、革命时期中俄两国马克思主义本土化的主要相同之处

革命时期中俄两国马克思主义本土化，在重视无产阶级政党的创立和建设，在本土化过程中重视理论创新等方面有异曲同工之处。

（一）两国都重视无产阶级政党的创立和建设

中俄两国分别在20世纪的两个不同时期取得了革命的胜利，这个胜利来之不

① 《毛泽东选集》(第2卷)，人民出版社，1991年版，第756页。

② 《毛泽东选集》(第3卷)，人民出版社，1991年版，第975页。

③ 《邓小平文选》(第2卷)，人民出版社，1994年版，第126页。

易，从理论与实践的关系角度看，是马克思主义基本原理具有真理性的实践证明。从实践的具体操作角度看，是中俄两国革命者坚持把马克思主义基本原理与本国的具体实际相结合的结果，而这个结合是从创立无产阶级政党开始的。中俄两国的革命者既然信仰了马克思主义，那么就要按马克思主义的理论去实践。马克思、恩格斯认为，建立与发展无产阶级政党的出发点和目的，就是为了领导无产阶级及其各种组织进行革命斗争，他们早在阐述共产主义者同盟的地位和作用时就明确指出：同盟“应该使自己的每一个支部都成为工人协会的中心和核心”[①]。他们在《国际工人协会共同章程》中强调指出：成立国际工人协会的目的，是为使它成为“追求共同目标即工人阶级得到保护、发展和彻底解放的各国工人团体进行联络和合作的中心”[②]。实际上，马克思、恩格斯这些理论阐述就是强调：无产阶级政党是无产阶级革命事业的领导核心。

列宁在《怎么办？》中指出：“工人本来也不可能有社会民主主义意识。”[③]也就是说工人阶级是不会自发地产生政党意识的，因此，在《全俄政治报“计划”》的第三部分“我们需要什么样式的组织”中列宁特别强调了“组织性”对军队的重要性，他说：“所以我们一定要把‘极有条理的组织性灌输’到常备军中去，使自己的工作能‘来得及’赶上自发的高潮，因为我们愈能‘来得及’灌输这种组织性，就愈能使常备军不被群众所扰乱，而走在群众前面，领导群众。”而且，这是“一种使群众的自发的破坏力量同革命家组织的自觉的破坏力量接近起来并融为一体的工作”[④]。正因为列宁对马克思主义政党思想的准确领会，才有了在俄国社会民主工党第二次代表大会上俄共(布)的诞生。

中国先进知识分子能够认识到成立无产阶级政党的重要性，有来自俄国十月革命的启发，更有来自对中国革命实践历史教训的总结。1948 年 11 月，毛泽东在总结中国革命经验时说：“既要革命，就要有一个革命党。没有一个革命党，没有一个按照马克思列宁主义的革命理论和革命风格建立起来的革命党，就不可能领导工人阶级和广大人民群众战胜帝国主义及其走狗。”[⑤]理论是行动的先导，有了正确的思想，成立无产阶级政党就只是时间的问题了。

---

① 《马克思恩格斯选集》(第 1 卷)，人民出版社，2012 年版，第 558 页。

② 《马克思恩格斯选集》(第 3 卷)，人民出版社，2012 年版，第 172 页。

③ 《列宁选集》(第 1 卷)，人民出版社，2012 年版，第 317 页。

④ 《列宁选集》(第 1 卷)，人民出版社，2012 年版，第 450—451 页。

⑤ 《毛泽东选集》(第 4 卷)，人民出版社，1991 年版，第 1357 页。

(二)两党在马克思主义本土化中都重视理论创新

马克思、恩格斯在《共产党宣言》1872年德文版序言中就强调:“这些原理的实际运用,正如《宣言》中所说的,随时随地都要以当时的历史条件为转移。”[①]事实上,他们还在其他场合也都明确指出,他们的理论不是教条,不是一成不变的说教。这些都不是谦虚的说词,而是如何运用马克思主义的方法论原则。

在前文中笔者分别介绍了中俄两国两党在本土化过程中的理论创新成果,从成果的最终呈现来看,两国两党都遵循了马克思、恩格斯的教诲,灵活地运用了马克思主义,在此自不必复述。笔者在此强调两国两党“重视理论创新”,特指主观上重视。这不是文字游戏,其中蕴含一个逻辑的问题。不只存在一个时间的逻辑问题,即先有理论创新,后有成功的本土化,而且更是一个实践逻辑,即没有理论创新,就没有本土化的成功。因为,在我们的本土化概念中是这样表述的:所谓本土化,就是把马克思主义基本原理与本国具体实际相结合,并形成本土化的马克思主义的过程。这容易让人认为,本土化的马克思主义是本土化的经验总结,是本土化的副产品。如果是这样的理解,不仅不符合历史事实,也有违“没有革命的理论,就没有革命的行动”的原则。

可见,重视理论创新是理论创新的前提,不是无心插柳柳成荫。理论创新是革命取得胜利的前提,革命胜利的必然性不仅源自马克思主义基本原理的真理性,还源自无产阶级政党运用马克思主义基本原理的过程中重视理论创新的自觉性。

二、革命时期中俄两国马克思主义本土化的主要不同之处

革命时期中俄两国马克思主义本土化,在两国革命的理论来源,在进行革命的具体路径等方面有明显的区别。这里讲的革命在俄国仅指十月革命,在中国就是指新民主主义革命。

(一)两国用于指导革命的理论构成不同

所谓革命的理论构成,是指在革命的不同历史阶段,用于指导实践的不同具体理论,及理论的不同形态。革命的不同阶段需要不同的理论,不同的理论构成影响革命的时机、性质、进程和结果。

1. 指导俄国革命的理论有两大组成部分

第一部分是马克思主义理论,主要是马克思、恩格斯的学说。19世纪和20世

① 《马克思恩格斯选集》(第1卷),人民出版社,2012年版,第376页。

纪之交，俄国开始步入帝国主义国家的行列，这个时期也是马克思主义在俄国广泛传播的时期，这个时期的俄国社会活动家和理论家在对待马克思主义的问题上，基本上只限于学习、研究和重复马克思、恩格斯的理论，只限于简单地阐述和宣传马克思主义的基本原理，承认马克思主义基本原理的合理性和正确性，还谈不上信仰、坚持和发展马克思主义。更谈不上已经掌握了马克思主义的立场、观点和方法，并对新的历史时代的经济和政治状况做出新的判断和概括。

普列汉诺夫和列宁是这个时期脱颖而出的马克思主义理论家，尤其是列宁，他写了一系列的理论著作，科学地阐述了马克思主义哲学、政治经济学和科学社会主义的基本理论，明确地提出了马克思主义的工农联盟思想和建立工人阶级政党的任务。鼓励俄国进步青年知识分子抛弃幻想，“在俄国现实的而不是合乎心愿的发展中，在现实的而不是臆想的社会经济关系中去寻找立脚点，才能指望工作获得成效”①。因为“资本主义必然割断工人同旧社会、同一定地点、同一定剥削者的任何联系，使他们联合起来，使他们不得不思考，使他们处在有可能开始进行有组织的斗争的地位。所以，社会民主党人把自己的全部注意力和自己的全部活动都集中在工人阶级身上”②。由此可见，列宁对马克思主义基本原理的深刻阐述，既促进了马克思主义在俄国的广泛传播与普及，更推动了俄国革命者完成马克思主义化的进程。

第二部分是俄国化的马克思主义理论，主要是列宁主义。随着马克思主义在俄国的广泛传播，俄国的社会结构和阶级斗争形势也在发生急剧的变化，也就是运用马克思主义基本原理的条件在发生着变化，如果固守马克思主义已有的结论，对俄国革命就根本起不到指导作用。以列宁为代表的俄国马克思主义者，开始将马克思主义基本原理同俄国革命的具体实践相结合，同研究历史发展新现象相结合，并用于指导俄国的社会主义革命。列宁认为，马克思主义者不能为陈规旧套所束缚，不能从俄国革命基本性质的一般真理中推导出具体问题的答案，而要善于把马克思主义运用于新的历史条件和俄国的实际。“只有不可救药的书呆子，才会单靠引证马克思关于另一历史时代的某一论述，来解决当前发生的独特而复杂的问题。”③列宁进一步指出，在俄国的民主革命中，“无产阶级应当掌握革命的领导权，工农联盟是革命的动力，要通过武装起义彻底推翻专制制度，建立无产阶级和农民的革命民主专政，把民主革命进行到底，并不失时机地转变为社会主义革命”④。

---

① 《列宁选集》(第1卷)，人民出版社，2012年版，第77页。

② 《列宁选集》(第1卷)，人民出版社，2012年版，第81页。

③ 《列宁选集》(第1卷)，人民出版社，2012年版，第162页。

④ 中国人民大学马列主义发展史研究所：《马克思主义史》(第2卷)，人民出版社，1995年版，第174页。

列宁根据对世界资本主义发展形势的分析提出了“帝国主义论”,根据对俄国社会结构变化和国内阶级斗争形势的分析,提出“一国胜利论”,得出了在俄国能够进行革命的结论。俄国化的马克思主义,即列宁主义,不仅指明了俄国革命的方向,而且还指明了革命的时机。这才迎来1917年的十月社会主义革命的伟大胜利,开辟了人类历史的新纪元,实现了社会主义从理论到现实的飞跃,并对世界社会主义革命运动产生了深远的影响。

2. 指导中国革命的理论有三大组成部分

第一部分是十月革命前传入中国的不系统的、零星的马克思主义理论。在从19世纪末到十月革命之前的近20年里,由于中国当时的近代工业还处于初步发展阶段,工人阶级尚未形成独立的政治力量,中国还不具备马克思主义传播的社会条件和物质基础。因此,这个时期的马克思的学说仅仅被作为“养民新学之一派”,在中国改良主义、资产阶级民主主义、无政府主义和社会民主主义的代表人物的著作中有一些零星介绍,这些介绍是不完整的,有些甚至是曲解和非议的,就其深度和广度而言,甚至不能称作传播。① 但这些即便是零星的介绍,却对中国革命的兴起和发展产生了很大的影响。一批留学日本的中国学生,受日本风行社会主义学说的影响,在与国内的交往过程中,将日本学者首创的一些马克思主义的概念,如“社会主义”、“生产力与生产关系”、“唯物史观”、“阶级斗争”、“剩余价值”等介绍到中国来。② 打破了长期以来禁锢人们头脑的封建思想枷锁,从而极大地震动了中国思想界,在中国掀起了富于革命性和进步性的、生气勃勃的思想解放的狂飙巨浪,“为中国的社会思想放出有史以来绝未曾有的奇彩”③。在“五四”运动以后,特别是共产主义小组在各地建立后,马克思主义开始在中国得到了广泛的传播。马克思主义在中国从零星介绍到广泛传播,犹如为中国思想理论界打开了一扇新的窗户,吹进了新鲜的空气,在中国人民思想中播下革命的种子。所谓“不系统的、零星的马克思主义理论”,并不是指马克思主义不系统,是零星的,而是指马克思主义传入中国时还不完整,但事实上,这些不系统和零星的理论已经对中国思想界产生了深刻的影响,促进了中国先进知识分子革命意识的觉醒,并成为此后接受系统革命理论的基础,因此,是指导中国革命理论的组成部分。

第二部分是俄国化了的马克思主义,主要是列宁主义。“五四”新文化运动解放了人们的思想,为马克思主义在中国的进一步传播培育了合适的思想土壤。十

---

① 中国人民大学马列主义发展史研究所:《马克思主义史》(第2卷),人民出版社,1995年版,第694页。

② 郭德宏:《中国马克思主义发展史》,中共中央党校出版社,2010年版,第6页。

③ 瞿秋白:《新青年之新宣言》,载《新青年》(季刊),1923年6月15日第1期。

月革命的胜利，给苦难中的中国人民带来革命的希望。正如毛泽东所说："十月革命帮助了全世界的也帮助了中国的先进分子，用无产阶级的宇宙观作为观察国家命运的工具，重新考虑自己的问题。走俄国人的路——这就是结论。"①十月革命胜利之时正值第一次世界大战期间，中国先进的知识分子既有对西方文明的怀疑，又有面对多种思潮时的困惑与苦恼，即便从实用主义的角度讲，十月革命的胜利也能够顺理成章地帮助他们做出选择。选择列宁主义更是一种必然，因为"中国有许多事情和十月革命前的俄国相同，或者近似"②，更加坚定中国先进知识分子选择列宁主义的。还有就是1922年1月，共产国际在莫斯科召开了远东各国共产党及民族革命团体第一次代表大会。列宁提出了关于民族和殖民地问题的革命理论，指出远东劳动阶级的首要任务是谋求国家的解放，无产阶级要在革命运动中做领袖，要发动农民群众参加到民族解放斗争中来等。中国共产党派代表出席了此会，并有几名代表得到了列宁的亲自接见，列宁甚至具体地鼓励中国的国共双方要建立统一战线，密切合作，以推动中国革命的不断发展。所以，列宁主义不仅指导中国共产党如何进行革命，而且还启发中国共产党在运用马克思列宁主义时要紧密结合国情，要本土化。

第三部分是中国化了的马克思列宁主义理论，主要是毛泽东思想。十月革命送来了马克思列宁主义，这是事实。但是，无论马克思列宁主义多么具有真理性，对革命实践多么具有指导意义，都必定带有俄国的特点。对中国革命而言，不可能是包打天下的灵丹妙药，不可能直接拿来全搬照用。党的二大运用马克思列宁主义研究中国的国情，对当时中国革命的性质、对象、动力、形式、直接目标、前途等做了正确的分析，制定了党的最高纲领和最低纲领，通过了党的章程，决定了党在现阶段的任务。然而，随着中国革命的不断发展，一方面反帝反封建的国民革命运动高潮不断，另一方面诸多对列宁主义的曲解、误解、非难以及攻击和指责亦接踵而至。特别是蒋介石、汪精卫分裂国共合作以后，中国革命的形势转入了低谷。在极其严峻的斗争环境下，中国共产党也想寄希望于苏联和共产国际的指导，然而，由于共产国际对中国的具体情况缺乏全面的了解，导致曾长期在共产国际工作的同志回国后教条地执行列宁主义和共产国际的指示，使革命遭受重大损失。在第五次反"围剿"失败后的长征途中，不断地发生或"左"倾冒险主义，或右倾投降主义等形形色色的错误，这一切促使中国共产党不得不思考如何将马克思列宁主义与中国革命进一步结合的问题。1935年遵义会议后，以毛泽东为代表的中国共产党人，一方面系统总结中国革命的经验教训，另一方面创造性地运用马克思列宁主

① 《毛泽东选集》(第4卷)，人民出版社，1991年版，第1471页。
② 《毛泽东选集》(第4卷)，人民出版社，1991年版，第1469页。

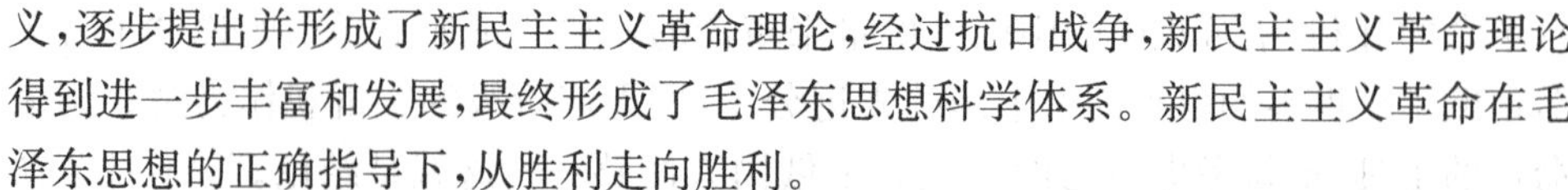

义，逐步提出并形成了新民主主义革命理论，经过抗日战争，新民主主义革命理论得到进一步丰富和发展，最终形成了毛泽东思想科学体系。新民主主义革命在毛泽东思想的正确指导下，从胜利走向胜利。

（二）两国进行革命的具体路径不同

所谓革命的具体路径，是指实施革命的组织形式，以及推动革命向前发展并最终取得胜利的具体方法、步骤和策略措施。革命的具体路径不同直接决定革命的进程和结果。

1. 俄国革命“城市中心论”的路径

俄国十月革命所走的是俄共(布)领导的以城市为中心的暴力革命道路，是以列宁为代表的俄国马克思主义者，在与民粹派和“合法马克思主义”的论战中提出，在不断发展的革命实践中总结探索出来的。

19世纪90年代的民粹派已经逐渐发生蜕化而失去革命性，在理论上，他们认为马克思主义不适合俄国。在政治上，他们完全放弃革命的斗争精神，谦卑地祈求政府采取改良措施，通过发展“人民生产”绕过资本主义，直接过渡到社会主义。“合法马克思主义”是19世纪俄国政治舞台上出现的一个资产阶级思想派别，他们利用马克思主义认为的资本主义比封建主义更为进步的有理有据的论证，为资产阶级的阶级利益服务。列宁运用马克思主义的基本原理，深刻阐明了工人阶级是最先进、最革命的阶级的原理，第一次提出了“工农联盟是推翻沙皇制度、推翻资产阶级统治的主要手段”这一著名论断，明确规定了俄国马克思主义者的基本任务和斗争策略，给了民粹派理论体系和“合法马克思主义”以毁灭性打击。

1905年1月资产阶级民主革命爆发后，俄国社会民主工党内部出现了孟什维克机会主义的策略路线，主张革命由资产阶级来领导，只能用和平的方式来改良沙皇制度，让资本主义得到充分发展。以列宁为首的布尔什维克于1905年4月召开了俄国社会民主工党第三次代表大会，会议决定由无产阶级来领导资产阶级民主革命，通过武装起义推翻沙皇专制政权，建立工农民主专政，把民主革命进行到底，并不失时机地转变为社会主义革命。

第一次世界大战爆发后，列宁开始全面研究帝国主义问题，他在1914年9月写成的《战争和俄国社会民主党》中，深刻地揭露了帝国主义战争的真实内容和意义，列宁明确指出战争是暴力的具体体现，战争已经成为一种经常性的，甚至是常态性的实现利益诉求的手段，既然如此，无产阶级为什么不能使用战争的手段呢？况且，战争已经对无产阶级造成了巨大的伤害。他在1915年七八月间写成的《社会主义与战争》中，则进一步指出无产阶级不仅将来要使用战争的手段，当前更要充分地利用战争。“社会党人就应当利用战争造成的‘经济和政治危机’来‘加速资本主义的崩溃'，也就是利用战争给各国政府造成的困难和群众的愤慨来进行社会主义革命。"[①]1916 年，列宁在《无产阶级革命的军事纲领》中具体表述了"一国胜利论"的著名原理，"资本主义的发展在各个国家是极不平衡的。而且在商品生产下也只能是这样。由此得出一个必然的结论：社会主义不能在所有国家内同时取得胜利。它将首先在一个或者几个国家内获得胜利，而其余的国家在一段时间内将仍然是资产阶级的或资产阶级以前的国家"[②]。同时，列宁还具体指明了革命的突破口只能是帝国主义链条上的薄弱环节，而不一定是最发达的帝国主义国家，而且沙皇俄国就是当时帝国主义链条上最薄弱的环节，这实际上就为俄国社会主义革命指明了具体的道路，剩下的只是时机问题。

1917 年 10 月 25 日，"阿芙乐尔"巡洋舰炮击冬宫，揭开了十月革命的序幕。[③]当晚，在莫斯科，全俄苏维埃宣布建立苏维埃政府，随后，革命迅速向全国发展，一批大中城市相继解放，到 1918 年二三月间，很快就在全国范围内建立了苏维埃政权。十月革命所采取的在中心城市发动武装起义的革命道路，决定了俄国革命的过程相对简单。

2. 中国革命"农村包围城市，武装夺取政权"的路径

中国新民主主义革命选择的是中国共产党领导的"农村包围城市，武装夺取政权"的革命道路，是中国共产党在漫长的革命斗争中，紧密结合中国半殖民地半封建的基本国情，逐步探索出来的适合中国革命的正确道路。

"农村包围城市，武装夺取政权"道路的选择不是一帆风顺的。大革命期间，中国共产党也曾在学习运用列宁主义的前提下，努力效仿十月革命的基本做法，不仅参与领导了北伐战争，还领导和组织了一系列城市起义，如泸顺起义、上海工人三次武装起义等，这些战争和起义要么只取得了暂时性的胜利，要么直接以失败而告终。以毛泽东等为代表的中国共产党人，从失败中不断总结经验教训，逐渐懂得了只有根据中国的基本国情，走一条具有中国特色的革命道路，才能把中国革命引向胜利。面对大革命失败，国民党反动派已经在城市建立起了稳固的统治，对共产党人和革命群众进行疯狂的屠杀，到处是一片白色恐怖的现实，如果再按照马克思、列宁的论述和俄国的做法，去发动城市武装起义和攻打中心城市，实际上是根本行不通的。从 1927 年至 1930 年，毛泽东在总结井冈山根据地建设经验的基础上，先后写下了《中国的红色政权为什么能够存在?》、《井冈山的斗争》、《关于纠正党内的错误思想》、《星星之火，可以燎原》、《反对本本主义》等一系列文章，阐述了以农村

---

① 《列宁选集》(第 2 卷)，人民出版社，2012 年版，第 518 页。

② 《列宁选集》(第 2 卷)，人民出版社，2012 年版，第 722 页。

③ 沈志华、于沛等：《苏联共产党九十三年》，当代中国出版社，1993 年版，第 165—168 页。

小块红色政权的发展去促进全国革命高潮的观点,初步提出了具有中国特色的以农村包围城市、在农村先建立和发展红色政权,待条件成熟时再夺取全国政权的革命思路。毛泽东指出:“一国之内,在四周白色政权的包围中,有一小块或若干小块红色政权的区域长期地存在,这是世界各国从来没有的事,这种奇迹的发生,有其独特的原因。而其存在和发展,亦必有相当的条件。”①

遵义会议后,毛泽东坚决同“左”倾冒险主义错误思想和路线做斗争,先后发表了《中国革命战争的战略问题》、《论新阶段》、《战争和战略问题》、《中国革命和中国共产党》、《〈共产党人〉发刊词》等文章,不仅明确提出了“农村包围城市,武装夺取政权”的科学概念,而且进一步从理论上论证了此路径的可行性和必然性。在这一探索过程中,党内的其他同志也提出了不少有价值的思想。如周恩来就强调指出:“先有农村红军,后有城市政权,这是中国革命的特征,这是中国经济基础的产物。如有人怀疑红军的存在,他就是不懂得中国革命的实际。”②1939 年加入中国共产党的新加坡华裔商人周子敬在写给《红旗》的信中明确指出:“现在就全国看来,农民运动发展比较城市的工人运动要快得多”,“在这一种情势之下,若我们依然是将大部分的力(量)都用在城市,实不如用在农村中好,在农村中一定得的效果很大。若是革命势力占领了广大农村之后,他还可以联合起来包围城市,封锁城市,用广大的农村革命势力以向城市进攻,必然可以得着胜利”③。“农村包围城市,武装夺取政权”的革命路径经过土地革命战争和抗日战争的实践检验,逐步清晰和完善起来。

“农村包围城市,武装夺取政权”革命路径的理论不仅指明了中国革命的方式,更指出了革命的具体步骤。在此理论指导之下,中国革命历经了 28 年的风风雨雨,从星星之火走出了燎原之势,并不断走向胜利。

三、比较得出的启示

通过比较中俄两国马克思主义本土化实践中的主要相同和不同之处,笔者认为有如下的结论和启示值得记取。

(一)建立无产阶级政党是革命能够胜利的前提

政党是人类社会发展到一定历史阶段出现的社会组织化现象。以马克思主义

---

① 《毛泽东选集》(第 1 卷),人民出版社,1991 年版,第 48—49 页。

② 《周恩来选集》(上卷),人民出版社,1980 年版,第 31 页。

③ 周子敬:《关于无产阶级领导的问题》,载《红旗》,1930 年 5 月 24 日。

为指导的无产阶级政党与生俱来地具有先进性和正义性，在特定的历史条件下，又赋予了革命性，以及革命的彻底性。中俄两国的民主革命是在各自国家面临社会矛盾的变化发展中酝酿和发生的，这种民主革命顺应了历史潮流，不同于一般的“社会斗争”，具有历史性、神圣性和整体性，唯有坚持以正确理论为指导、有明确目标使命、有严明纪律的无产阶级政党才能领导这场革命，是任何随意性、临时性、松散型的团体所不能胜任的。这就表明无产阶级在斗争中决定成立马克思主义政党，不是斗争中的实用主义，而是有效斗争前的政治策略。不是偶然的自发现象，而是自觉的策略斗争，是马克思主义本土化的题中应有之义，如果忽视政党策略，革命将无望成功。

（二）革命实践离不开正确理论的指导

早在1897年，列宁就首次提出“没有革命的理论，就不会有革命的运动”①，强调革命理论对于无产阶级解放斗争的重要意义。这句名言不是经验的总结，而是一则精辟的预言，在此后的中俄马克思主义本土化的革命实践中反复得到验证。

国家层面上的革命不同于一般的个体与个体、团体与团体之间的争斗，它是不同阶级之间的斗争，因而具有全局性和整体性。这样的革命在客观上要求理论与实践的一致性，即有革命的实践行动，就必须有用于指导革命实践的理论，没有理论的指导，革命将失去方向，也将最终失去意义。

用于指导革命实践的理论必须是正确的理论，没有正确的革命理论，就没有革命的最后胜利。革命的年代是社会相对动荡的年代，也是社会思潮纷繁复杂和相对活跃的年代。选择一个正确的、具有真理性的理论作为指导革命实践的理论是很困难的，要经过一个认识、了解和论争，乃至实践检验的寻找过程。不同的国家所要经历的这个过程也不尽相同，决定这个过程长短的因素很多，有地理位置的因素，有语言的因素，有不同民族之间交往程度不同的因素，等等。在选择过程中还会受到多方面因素的干扰，包括认识思维上的先入为主。中俄两国在革命前和革命的过程中都经历了理论论争，都经历了同错误理论、思想和路线的斗争，最终才统一了思想，重新回到正确的理论路线上来。

（三）用于指导革命实践的理论必须不断丰富、发展和创新

任何一种理论的产生都有其特定的社会环境和民族因素，其表现形式也必定具有民族特点，包括语言习惯。选择一个具有普遍真理性的理论，同时又具有民族

① 《列宁选集》(第1卷)，人民出版社，2012年版，第153页。

特点的理论来指导本国的革命实践,必须要经过一个本土化的过程。因为,所谓理论,不仅包含技术和方法,还包含战略战术的阐述和分析,最为精华的是其思维方式,其语言文字的表达方式也很重要,只有符合了使用者的语言习惯,才能符合使用者的思维习惯,也才能发挥其对实践的指导作用。马克思主义基本原理具有真理性,必须经过本土化的解读才具有实践性和可操作性。中俄两国的共产党都十分注重将马克思主义的基本原理同本国的具体实践相结合,发扬实事求是的作风,同教条主义做斗争,坚持主动性,把握主动权,敢于革命,善于胜利。

用于指导革命实践的理论还需要进一步丰富、发展和创新。事物是普遍联系和变化发展的。因此,任何一个革命实践也是变化和发展的,因为革命的环境和条件一直处于变化之中,一成不变的环境和条件是不存在的,这就决定了用于指导革命实践的理论也必须是发展的。这种发展不外乎三种基本形式:一是已有理论经过实践的检验,被认为是正确的,通过对实践经验进行总结,理论得到不断丰富;二是已有理论经过实践的检验,可能有部分被认为是不正确的,但因为受实践的启发,错误的得到纠正,不足的得到完善,从而理论得到不断发展;三是已有理论所适用的环境和条件发生了变化,根据变化的环境和条件对原来的理论进行创新,形成新的理论。马克思主义在指导两国本土化实践的过程中与各国的具体国情相结合,分别产生了列宁主义和毛泽东思想,就是这三种情况的综合反映,这两个理论在指导本国革命实践的过程中,经过实践的检验得到了进一步的丰富和发展,最终形成了比较完整的、科学的理论体系。

(四) 进行革命的路径选择要因国而异

夺取政权是马克思主义斗争学说的基本主张之一。马克思、恩格斯把夺取政权看作是资本主义高度发展、工人阶级占尽优势之后的水到渠成之举。在实践中,俄中两国武装夺取政权的具体路径是不同的,具体表现在革命的过程不同和发动革命的区域顺序的不同。俄国的资产阶级革命有一个长期的合法斗争、组织发动的过程,走的是在中心城市发动起义,再发展到全国的道路。虽然经历了武装起义,为十月革命奠定了武装力量基础,但列宁在"设计"十月革命起义的时候,是想利用资本主义发展的"薄弱环节",由城市里的工人阶级"先锋队"去策反旧军队中的军官,并率领支持者"一击而中",并不曾设想建立一支专门的以俄共(布)为核心的人民军队,再经过艰苦的战争而夺取政权。中国民主革命的情况与俄国完全不同,中国共产党在成立后的大多数时间里,只能在不公开、不合法的环境中发展自己;同时,由于中国是半殖民地半封建的国家,政治经济发展不平衡,外受帝国主义的压迫,内受封建制度的迫害,根本没有议会可以利用,组织城市工人罢工斗争也是非法的,经常受到镇压,资产阶级军队控制在国民党人的手中。只有广大的农村是国民党统治的薄弱环节。所

以，中国革命紧密结合国情，一开始就是武装起义，建立起了属于中国共产党自己领导的武装军队，首先在农村建立革命根据地，并不断发展壮大武装力量，最终以农村包围城市，武装夺取了政权。因此，毛泽东总结说："经验告诉我们，中国的问题离开武装就不能解决。""每个共产党员都应懂得这个真理：'枪杆子里面出政权'。""有军则有权，战争解决一切。"①俄中两国的革命实践证明，马克思主义本土化的具体路径没有标准答案，必须结合各国国情，因国而异。

① 《毛泽东选集》(第2卷)，人民出版社，1991年版，第544、547、546页。

第二章 建设时期[①]中俄(苏)马克思主义本土化比较

建设时期在苏联是指从1917年十月革命胜利到1985年契尔年科逝世的68年。在中国是指从1949年新中国成立到1978年年底党的十一届三中全会召开的近30年。建设时期是中俄(苏)两国马克思主义本土化继续推进的重要时期,分为向社会主义过渡和社会主义建设探索两个阶段。

第一节 建设时期马克思主义俄国(苏联)化的基本历程和主要特点

建设时期是俄国(苏联)以社会主义形态存在的重要年代。苏联人民在苏共的领导下,把马克思列宁主义基本原理与苏联具体国情相结合,克服了国际风云的恶劣变幻,建成了世界上第一个社会主义国家,形成了社会主义建设的"苏联模式",对世界社会主义运动产生了重大而深远的影响。

一、"苏联模式"的建成及其发展

建设时期的马克思主义俄国(苏联)化分为三个阶段:1917—1936年,向社会主义过渡;1936—1953年,建立了第一个社会主义国家,形成了"苏联模式";1953—1985年,马克思主义苏联化在曲折中发展。

(一)马克思主义在向社会主义过渡阶段中的运用

十月革命后,新生的苏维埃政权面临来自国际和国内的双重战争威胁,列宁巧妙地利用帝国主义之间的矛盾,与德国签订了《布列斯特和约》,使苏维埃政权获得了一个短暂的喘息时机,为俄国向社会主义过渡创造了条件。

---

① "建设时期"对应于"革命时期",严格来讲也包括"改革时期",即改革也是建设。本研究用"建设时期"是采用了学界对社会发展阶段划分的习惯说法,实际上是指"传统体制时期"。

1. 军事共产主义[①]政策是对马克思“过渡”思想的教条主义理解

经济文化落后国家取得社会主义革命后如何建设社会主义，是历史发展的特殊性给社会主义者提出的全新课题。列宁在十月革命胜利后，决定把党和国家的工作重心转移到经济建设上来，在此后的三年多时间里，他对俄国建设社会主义这一历史性课题进行了初步的探索。列宁认为十月革命后的俄国面临两大主要问题，一是如何巩固苏维埃政权，二是如何开始社会主义建设。要解决这两个问题，在当时的俄国都是十分困难的。其主要原因是俄国苏维埃政权刚刚确立，还没有任何可以得到帮助和与之合作的对象。而马克思在《哥达纲领批判》中有过这样的描述，马克思认为：“在资本主义社会和共产主义社会之间，有一个从前者变为后者的革命转变时期。同这个时期相适应的也有一个政治上的过渡时期，这个时期的国家只能是无产阶级的革命专政。”[②]列宁十分重视马克思关于过渡时期的理论，并根据俄国革命的实际经验，决定采用这一过渡理论。他根据俄国当时的经济结构，即存在社会主义经济、国家资本主义经济、宗法经济、小商品经济和资本主义经济五种经济成分，提出将资本主义和小商品经济纳入国家资本主义轨道，把国家资本主义作为向社会主义过渡的中间环节等一系列设想。1918年春，列宁写了《苏维埃政权的当前任务》和《论“左派”幼稚性和小资产阶级性》等一系列文章，对俄国向社会主义过渡做了初步的规划。第一，“管理俄国”是建设社会主义的工作中心；第二，统计和监督是建设社会主义的中心环节；第三，提高劳动生产率是建设社会主义的根本任务。在政治上，列宁提出“社会主义就是消灭阶级”[③]的论断，并对无产阶级专政进行了充分的阐述。他认为：“无产阶级专政的实质不仅在于暴力，而且主要不在于暴力。它的主要实质在于劳动者的先进部队、先锋队、唯一领导者即无产阶级的组织性和纪律性。”[④]关于无产阶级专政的形式问题，列宁十分重视马克思所总结的巴黎公社的经验，认为要建立工农代表苏维埃组成的共和国。关于党在无产阶级专政体系中的领导作用问题，列宁认为共产党是领导核心。列宁还进一步设想了建设社会主义新型民主，即俄国在无产阶级取得政权后如何才能保证劳动人民真正享有民主权利，并防止国家变质的问题。

---

① “战时共产主义”与“军事共产主义”是对同一个俄文词汇的不同翻译，通常可以换用，在绝大多数情况下，人们习惯使用前者。笔者认为，列宁当时所采取的一系列政策，并不完全出于战争的目的，而是既出于战争的目的，又是推行政策时所采取的强制的、军事的手段。故本研究采用“军事共产主义”这一概念。

② 《马克思恩格斯选集》(第3卷)，人民出版社，2012年版，第373页。

③ 《列宁选集》(第4卷)，人民出版社，2012年版，第64页。

④ 《列宁选集》(第3卷)，人民出版社，2012年版，第835页。

但是,形势的发展并未给设想以机会,1918 年夏到 1920 年年底,外国武装干涉和国内反革命联合起来,对苏维埃共和国发动了进攻,苏维埃俄国进入了国内战争时期。战争使苏维埃共和国几度处于极其危急的状态中,一度 3/4 的国土被帝国主义和叛乱者占领,重要的产粮区和原料产地被切断,粮食供应极其困难,国家陷入了饥饿的困境,帝国主义和国内反动势力企图用“饥饿的枯瘦之手”将苏维埃政权扼死,粮食问题已成为苏维埃政权生死攸关的问题。正是在这种情况下,列宁提出用大规模“十字军讨伐”的办法征集粮食和工业原料,以挽救革命,挽救苏维埃政权,这就是军事共产主义政策,这一系列政策主要包括:第一,实行余粮收集制;第二,加速对资本家剥夺的步伐,实行工业国有化;第三,禁止自由贸易,力图取消商品和货币;第四,实行平均主义的分配,扩大供给制;第五,实行普遍的义务劳动制度。

列宁在此后多次论及这段历史,他有时强调它的被迫性,他说:“苏维埃政权试行了一种经济政策,起初打算实行一系列渐进的改变,打算比较慎重地向新制度过渡。”但是“从敌人的阵营得到的回答却是:决心进行残酷的斗争,以确定苏维埃政权作为一个国家能否在世界经济关系体系中站住脚。”“我们不能不这样做。采取任何其他的行动方式,从我们方面说,都等于完全交出我们的阵地。”“回想一下我们斗争的发展条件你们就会懂得,这种看来似乎不正确和偶然的改变意味着什么”以及“为什么在这同时我们却必须试用一系列的措施来逐渐地珍重地实行经济改造,最后,为什么斗争的逻辑和资产阶级的反抗迫使我们改用内战这样一种最极端的、拼命的、不顾一切的斗争方式”①。他有时又讲这些政策本身是社会主义的或向社会主义过渡的政策,他不认为这是一种临时性的、越出常规的政策,而认为这是社会主义的,或是向社会主义过渡所应采取的政策。

那么,如何看待列宁对军事共产主义的论述存在两种不同角度的、交织的情况呢?

在相当长的时间里,学术界对军事共产主义政策有很多的研究成果,对其有褒贬不一的评价:持质疑态度的人认为,军事共产主义政策的实行并不完全是由于战争环境所迫,列宁及其他布尔什维克领导人在主观指导思想上的“直接过渡”思想是一个重要的原因,与列宁总体上持否定的资本主义观有很大的关系。持理解和谅解的学者认为,没有军事共产主义政策,就无法保住十月革命的胜利成果,就有可能没有世界上第一个社会主义国家——苏联的出现及存在,等等。

笔者的理解是,一方面列宁之所以推行军事共产主义政策,是因为他有想正确

① 《列宁全集》(第 42 卷),人民出版社,1987 年版,第 225 页。

处理理论与实践、经济与政治关系问题的成分。也就是说，从理论上讲，或按照马克思的理论，十月革命后新生的苏维埃政权应该有一个逐渐向社会主义过渡的阶段。同时在实践中，或说政治上确实有其特殊性，迫使苏维埃政权在实践上不得不推行“军事共产主义”政策，是不得已而为之。另一方面也不排除，军事共产主义政策是列宁在马克思过渡理论基础上早就准备好的一套措施，是列宁过于夸大俄国资本主义发展水平，没有全面了解真实国情，而对马克思主义的教条式理解和运用。当然，对军事共产主义政策的评价还可以进行更深入的研究，但研究必须尊重历史事实，必须运用马克思主义的实事求是的、辨证的立场观点和方法。

2. 转向新经济政策，将马克思主义理论与俄国国情相结合的现实回归

军事共产主义政策的推行虽然在保证击退国内外武装干涉，争取战争胜利方面起到了巨大的历史作用，但确实存在许多弊端。在经济上，战争使原本落后的经济更加混乱，工业产值急剧下降。政治上，工人不满，农民的利益受损最大，农民暴动不断。列宁对此情况非常清楚，他分析指出：“向纯社会主义形式和纯社会主义分配直接过渡，是我们力所不及的，如果我们不能实行退却，即把任务限制在较容易完成的范围内，那我们就有灭亡的危险。”[①]在这种情况下，列宁认为，依靠书本讨论社会主义建设的时代可以结束了，而且应该一去不复返了，苏维埃政权不能依靠书本，而是依靠自己的经验，也就是依靠本国的国情来思考进行社会主义建设的问题。在此基础上，列宁分析和论证了由军事共产主义政策向新经济政策过渡的必要性。

1921年3月俄共(布)十大召开，标志着苏维埃俄国由军事共产主义政策转向了新经济政策，这是列宁领导的探索社会主义建设道路进程中的一个重大转折点，真正体现了马克思主义俄国化的根本要求。

新经济政策的核心内容是以粮食税取代余粮征集制。在粮食税颁布后的很短时间里，就很快缓解了“无粮不稳”的局面，可谓立竿见影。从实行新经济政策的全过程来看，新经济政策在刚开始实施时并不是一项经过深思熟虑的战略构想，而是对付因“军事共产主义”政策带来的危机的应急之策，有着明显的被迫性。随着政策的实施推行，列宁才逐渐理清了政策的轮廓，并将它确认为一个可以实行的较长期的政策。具体说，在新经济政策的第一个时期，列宁认为建设社会主义唯一的基础是大工业，因此无产阶级政党的主要任务是恢复发展大工业，但列宁很快就认识到，这个思路和做法行不通，必须依靠恢复和发展小农经济和小工业来恢复和发展大工业。必须让农民在交纳粮食后有自由处理剩余粮食的自由。[②] 同时，列宁也

---

① 《列宁选集》(第4卷)，人民出版社，2012年版，第720页。

② 《列宁全集》(第41卷)，人民出版社，1986年版，第22页。

有所担心,因为贸易自由就意味着资本主义的发展,列宁自问道:能不能既这样做而又不破坏无产阶级政权的根基呢? 列宁的结论是:“能够,因为问题在于掌握分寸。”①由此表明,列宁已基本改变了过去建设社会主义的思路。在新经济政策的第二个时期,列宁面对小农经济迅速发展,党内出现的惊慌和沮丧情绪,列宁坚持科学的实事求是的态度,坚决地提出必须再向后退,退到国家调节商品和货币流通上。“我们应当认识到,我们还退得不够,必须再退,再后退,从国家资本主义转到由国家调节买卖和货币流通。”②进入新经济政策的第二个时期,列宁在分析和总结军事共产主义政策时,他从政治方面肯定了军事共产主义,因为军事共产主义,苏联战胜了国内外敌人,保住了政权,这是一种“功劳”;同时,他从经济方面批判了军事共产主义,他也承认军事共产主义存在脱离国情、脱离实际、脱离广大人民群众的因素,从经济发展的角度看是一个“严重的错误”。

那么,我们又如何理解从军事共产主义向新经济政策的转变呢?

笔者认为,可以从马克思主义俄国化的角度来理解,这种转变就是马克思主义俄国化。因为,列宁认识到,由于近 2 年的军事共产主义政策,新生苏维埃政权保住了,战争的威胁消退了,经济建设的环境和条件发生了根本的改变,必须从根本上改变过去那种脱离国情、脱离实际的政策和做法,必须转向新经济政策。事实上,随着新经济政策的推行,带来了苏维埃俄国经济政治形势的迅速好转,由此,列宁逐步确立了通过新经济政策建立社会主义经济基础的思想。1923 年 1 月,列宁在《论合作社》一文中写道:“对于我们来说,合作社的发展也就等于(只有上述一点小小的例外)社会主义的发展,与此同时我们不得不承认我们对社会主义的整个看法根本改变了。”③

不仅如此,转向新经济政策还在客观上为马克思主义的发展提供了新鲜经验,特别是列宁后来关于新经济政策的探讨,是以资本主义向社会主义过渡的普遍规律性和苏维埃俄国具体的历史条件为依据的,它解决了经济落后的俄国从资本主义向社会主义过渡的道路、方式、步骤和政策等一系列重大问题,初步揭示了经济落后国家建设社会主义的规律,是对马克思“过渡”思想的丰富和发展。不仅如此,列宁自己也反复强调,新经济政策的经验还具有世界历史意义,“将来至少对某些国家的工人大概也是适用的”④。同时,他还预言,“在东方那些人口无比众多、社

---

① 《列宁全集》(第 41 卷),人民出版社,1986 年版,第 55 页。

② 《列宁全集》(第 42 卷),人民出版社,1987 年版,第 228 页。

③ 《列宁选集》(第 4 卷),人民出版社,2012 年版,第 773 页。

④ 《列宁全集》(第 43 卷),人民出版社,1987 年版,第 133 页。

会情况无比复杂的国家里，今后的革命无疑会比俄国革命带有更多的特殊性”①。

3. 斯大林结束新经济政策，马克思主义俄国(苏联)化进入新阶段

1924年列宁逝世，留下许多珍贵的理论遗产，对于年轻的苏维埃政权来说，正确理解并坚持列宁主义成为马克思主义苏联化最重要的内容，从理论层面讲，就是如何理解什么是列宁主义，从实践层面讲，就是是否继续贯彻执行新经济政策，完成向社会主义过渡。

在理论层面，关于什么是列宁主义的阐释在当时成为激烈理论论争的焦点。托洛茨基是这个焦点的代表。他在列宁逝世后的最初几个月里，发表了一些回忆列宁的文章，并于1924年4月汇集成《论列宁》一书出版。从总的方面来说，托洛茨基在此书中对列宁还是比较尊敬的，对列宁的革命活动及思想也给予了较高的评价。他说：“只有把十月革命与布列斯特和约、伟大的魄力与胆大心细的作风、果断精神与洞察力自然地和有机地结合起来，才能衡量列宁的方法和列宁的力量。”②在该书的附录《列宁的逝世》一文中，托洛茨基对列宁表达了尊敬的心情，他写道：“全世界劳动人民的意识不愿意承认这个事实，因为敌人还很强大，道路还很漫长，伟大的事业，历史上最伟大的事业还没有结束；因为世界工人阶级需要列宁，也许在人类的历史上从来没有一个人像他那样为人们所需要。”③但是，托洛茨基在该书中并未将列宁在十月革命中的作用提到应有的高度，在对一系列重大事件的评述中，他都极力美化和吹捧自己，而对自己的错误百般辩解。这在实际上扭曲地描绘了列宁的形象，贬低了列宁在十月革命中的作用，歪曲了列宁主义的实质，贬低了列宁主义的国际意义。此外，他竭力鼓吹“不断革命”论，明确表示苏维埃俄国单靠自身的力量不可能建成社会主义。他说：“在农民占人口绝大多数的落后国家内，工人政府所处地位的矛盾，只有在国际范围内即在无产阶级世界革命舞台上，才能求得解决。”④1924年，斯大林先后发表了《论列宁主义基础》、《托洛茨基主义还是列宁主义?》和《十月革命和俄国共产党人的策略》等著作，对列宁主义的基本原理进行了全面系统的阐述，着重批判了托洛茨基的“不断革命”论，捍卫了列宁主义。斯大林深刻揭示了列宁主义的历史根源，他指出：“列宁主义是帝国主义和无产阶级革命时代的马克思主义。确切些说，列宁主义是无产阶级革命的理论和策略，特别是无产阶级专政的理论和策略。”⑤在关于列宁对马克思主义伟大理论

① 《列宁选集》(第4卷)，人民出版社，2012年版，第778页。

② [苏]托洛茨基：《论列宁》，三联书店，1980年版，第81页。

③ [苏]托洛茨基：《论列宁》，三联书店，1980年版，第149、150页。

④ [苏]托洛茨基：《托洛茨基言论》(上)，三联书店，1979年版，第177页。

⑤ 《斯大林选集》(上卷)，人民出版社，1979年版，第185页。

贡献问题的阐述中,斯大林指出,列宁确实复活了被第二国际机会主义者所埋没的马克思主义的革命内容,但列宁进一步在资本主义和无产阶级斗争的新条件下发展了马克思主义。斯大林阐明了列宁主义的基本问题,从无产阶级专政、争取无产阶级专政的条件、巩固无产阶级专政的条件、农民问题、民族问题、战略和策略、政党、工作作风等几个方面论述了列宁的思想,揭示了列宁在哲学、经济学和科学社会主义理论方面所做出的巨大贡献,这些论述反映了斯大林对列宁主义的独特而正确的理解,在实际上捍卫了列宁主义。

斯大林还继承和发展了列宁的“一国胜利论”,并在此基础上形成了他的一国建设社会主义的理论。其基本要点包括,列宁关于帝国主义时代资本主义经济政治不平衡规律是社会主义首先在一国胜利的依据的思想;苏联在无产阶级领导下,在和农民结成巩固联盟的基础上,可能通过自身力量建成社会主义的思想;社会主义要在一国取得最终胜利,需要几个主要资本主义国家无产阶级革命的胜利,以免除武装干涉和资本主义复辟危险的思想;社会主义在一国建成的思想,并不排除在社会主义建设的过程中需要同国际无产阶级相互支援,也不排除同世界资本主义经济相互联系的思想。斯大林的这一理论,给当时苏联共产党和苏联人民指明了前进的方向,增强了为社会主义而奋斗的信心和决心,对国际无产阶级革命运动具有重大的推动作用。应该说,这个理论直到今天仍然有其重大的现实意义。

在实践层面,就如何在一国建成社会主义,苏联主要领导人之间也存在较大分歧,其实质就是,继续实行新经济政策,容许私人资本存在,是否会影响苏联建成社会主义?当时提出了两种具体建设方案,一种方案是以托洛茨基等人为代表提出的,主张“工业专政”,即在社会主义建设中必须一切以工业为中心,一切严格服从国营工业的利益。他们认为新经济政策是缓解军事共产主义时期实施的权宜之计,要想真正进行社会主义建设,还是要回到军事共产主义时期实施的计划经济上去。如果继续实行新经济政策,国家将会发展到资本主义道路上去。应该与私人资本进行斗争,消灭私人资本,实行计划经济。另一种方案以布哈林等人为代表,他们提出了著名的“落后型社会主义理论”,即“我们正在建设的社会主义不可避免地是一种社会主义建设的落后的形式”①。这两种建设方案对苏联建设社会主义都产生过重要影响。但是,随着苏联社会主义建设实践的发展,各种社会矛盾不断凸现,斯大林与布哈林发生了分歧,在建设方案上逐渐远离了布哈林的方案,而与原来的反对派似有接近,但在出发点、形成的时代背景和历史条件上又有本质的不同。从实践中斯大林提出的农业“贡税论”、高速工业化理论和全盘集体化运动等

① 《布哈林文选》(上册),人民出版社,1981年版,第476页。

一系列措施上来看,斯大林和联共(布)最终在1929年完全终止了新经济政策,开始了苏联建设社会主义模式的探索。

(二)马克思列宁主义在"苏联模式"形成阶段的运用和发展

在无所前鉴的情况下,斯大林领导苏联人民克服了第二次世界大战的干扰,根据马克思、恩格斯和列宁提出的关于科学社会主义的理论设想,充分结合苏联的具体实际,对社会主义建设理论与实践做了长期的可贵的探索,提出并实施了建设社会主义的方针、政策,建立了社会主义基本制度和运行体制,形成了社会主义的苏联模式。

1. 斯大林的社会主义建设思想

列宁逝世后围绕关于一国能否建成社会主义和如何建设社会主义这两个基本问题有过激烈的争论。争论起源于1923年3月,列宁在《宁肯少些,但要好些》一文中关于俄国社会主义前途问题的发问,列宁说:"在我国这种小农和极小农的生产条件下,在我国这种经济破坏的情况下,我们能不能支持到西欧资本主义国家发展到社会主义的那一天呢?"①托洛茨基分子断言,如果没有胜利的西方无产阶级技术和建设方面的直接援助,俄国一国是不可能建成社会主义的。斯大林和布哈林一起通过深入挖掘列宁主义理论中有关"一国胜利论"的内涵,坚决驳斥了托洛茨基分子的观点,认为,"在当时的历史条件下,只要共产党人将本国人民群众,尤其是农民的社会主义积极性调动起来,同时努力争取国际革命力量的支持,就可以建成社会主义"②。后来,在关于社会主义建设的方案上,布哈林流露出了对建成社会主义的信心不足,遭到斯大林的否定,斯大林提出了一系列关于如何建设社会主义的思想,为马克思主义俄国化奠定了思想基础。

一是斯大林关于社会基本矛盾和发展动力思想。斯大林通过他的《辩证唯物主义和历史唯物主义》和《马克思主义和语言学问题》两部著作,指出"辩证唯物主义是马克思列宁主义党的世界观",指明了理解并坚持辩证唯物主义,与在思想和行动上做真正马克思列宁主义政党成员的高度一致性。斯大林揭示了"社会物质生活条件"对社会发展进程的作用,指出"物质资料的生产方式"是决定社会发展的主要力量和具有决定性影响的条件。斯大林强调了新社会思想、新理论观点、新政治设施、新政权在新生产力同旧生产关系冲突的条件下,在社会新的经济需要的基础上一经产生,便反过来对社会生活和社会历史产生巨大的作用。斯大林阐述了生产方式是社会存在和发展的决定力量,指出生产方式决定社会性质,推动一种社

① 《列宁选集》(第4卷),人民出版社,1995年版,第795页。

② 顾海良:《马克思主义发展史》,中国人民大学出版社,2009年版,第315页。

会形态向另一种社会形态的发展，它的改变必然引起整个社会结构特别是政治结构的改变。斯大林论述了经济基础和上层建筑及其两者的相互关系，论述了关于社会基本矛盾的思想，论述了质变的两种形式等。

二是斯大林关于政治经济学的思想。斯大林关于社会主义经济建设的理论贡献主要集中在他的《苏联社会主义经济问题》一书中。第一，斯大林阐述了经济规律的性质。他指出经济规律和自然规律一样都具有客观性，它是“反映不以人们的意志为转移的经济发展过程的客观规律”①；经济规律也具有不同于自然规律的特点，它不是长久存在的，其中大多数经济规律在一定的历史时期发挥作用后，就让位于其他新的规律；经济规律除了具有客观性外，还具有可知性，人们可以发现经济规律，并利用它们来为社会谋利益；经济规律是不能被创造和消灭的，也是不能被改造的。第二，斯大林阐述了社会主义基本经济规律。他认为基本经济规律是在每一个社会形态中发生作用的许多经济规律中起主导作用的规律。他提出并论证了社会主义国民经济有计划按比例发展规律，并指出社会主义基本经济规律决定国民经济有计划按比例发展规律，国民经济有计划按比例发展规律的作用只有在它以社会主义基本经济规律为依据时才得到充分发挥。第三，斯大林阐述了社会主义制度下商品生产问题。斯大林从理论上确认了社会主义商品生产存在的原因、社会主义商品生产的性质和价值规律在社会主义经济中的作用等问题。特别指出，商品生产并非在任何时候、任何条件下都会导向资本主义，不能“把商品生产和资本主义生产混为一谈”②。第四，斯大林阐述了价值规律。他指出，在生产领域，价值规律起着影响作用，国家在发展国民经济时，仍然要利用价值规律来进行经济核算，计算成本，获得盈利。在流通领域，价值规律在一定范围内同样保持不同程度的调节作用，但是在社会主义制度下，价值规律的作用范围是受到限制的。因此，价值规律“是很好的学校，它促使我们的经济工作干部迅速成长，迅速变成现今发展阶段上社会主义生产的真正领导者”③。

三是斯大林关于科学社会主义的思想。斯大林在《论列宁主义基础》、《托洛茨基主义还是列宁主义?》、《论列宁主义几个问题》、《论联共(布)党内的右倾》和《关于苏联宪法草案》等文献中，一是系统论述了列宁的党建学说。他把列宁主义关于党的特点概括为六个方面，即党是工人阶级的先进部队、是工人阶级有组织的部队、是工人阶级组织的最高形式、是无产阶级专政的工具、是意志的统一，党是和派别组织的存在不相容的、党是靠清洗自己队伍中的机会主义分子而巩固起来的。

① 《斯大林文选》(下册)，人民出版社，1962年版，第573页。

② 《斯大林文选》(下册)，人民出版社，1962年版，第583页。

③ 《斯大林文选》(下册)，人民出版社，1962年版，第586页。

其中,片面强调“清洗”的方式而忽视党内民主是明显不正确的。二是发展了无产阶级专政学说。斯大林指出,“无产阶级专政是无产阶级革命的工具”,“是无产阶级对资产阶级的统治”,“苏维埃政权是无产阶级专政的国家形式”。① 他把无产阶级专政的职能明确地划分为暴力和非暴力两个相辅相成的方面,并在不同历史时期发挥作用。战争时期暴力作用明显一些,建设时期则依靠非暴力方式。他还强调要加强军队和其他暴力机关的建设。三是提出并系统论述了一国建成社会主义的理论。斯大林分析了国际国内形势,认为在国内党的领导和工农联盟不断巩固,无产阶级专政日益强大,国民经济迅速得到恢复,具备了必要的物质基础和稳固的政治基础。认为在国际上,可以利用帝国主义国家之间的矛盾,争取一个比较长时间的和平局面,确保从事社会主义建设有一个相对稳定的国际环境。此外,他还论述了社会主义工业化的方针、社会主义建设的资金、建设人才的培养、农业集体化等问题,强调了劳动纪律和厉行节约。四是总结了苏联社会主义建设的经验,提出了向共产主义过渡的基本条件。斯大林论述了社会主义社会的生产关系和生产力既相互适合又相互矛盾的原理、从社会主义向共产主义的过渡需要具备的基本条件的原理等。

应该说斯大林关于一国建设社会主义的设想在不少方面比马克思、恩格斯和列宁的思想更加具体化,对科学社会主义理论的发展做出了贡献。但是这些理论基本都从苏联模式出发,因而存在一些明显的局限性,并未给随着形势的不断变化而进行适当调整留下太多空间,特别是把共产主义社会生产力水平和人民生活水平的标准定得太低,对此后的苏联社会主义建设产生了重要影响。

2. 斯大林探索苏联社会主义工业化道路

众所周知,苏联是在落后的农业国基础上建立起来的,那么,走上社会主义道路以后是先发展农业,还是先发展工业,斯大林与党内其他领导人之间发生了分歧。布哈林认为,应当首先加速发展农民经济,迅速扩大国内农民市场的容量,为工业的持续、高速和健康发展创造前提条件。斯大林则提出了高速工业化的思路,主张在工农联盟的基础上,从农业中抽调资金支援工业化发展,但要把握好分寸。在工业化发展的具体策略上,强调优先发展重工业和军事工业。尽管,这样的争论在当时是异常激烈的,甚至在执行过程中遇到抵制,但实事求是地说,斯大林的高速发展工业思想是同战胜国外资本主义列强相联系的,是出于苏联处在资本主义的重重包围中并遭受战争威胁的考虑,以必须在短时间内赶上并超过资本主义国家,以求得经济独立,使苏维埃政权处于不败之地为目的。在处理政治与经济的关

① 《斯大林选集》(上卷),人民出版社,1979年版,第214页。

系上,斯大林坚持列宁的观点,认为经济问题与政治问题从来都不是截然分开的,而是相互制约和影响的。政治是经济的集中体现,政治与经济相比不能不占首要地位,“一个阶级如果不从政治上正确地看问题,就不能维持它的统治,因而也就不能完成它的生产任务”①。事实上,20 世纪 20 年代末 30 年代初,帝国主义疯狂扩军备战和歇斯底里地叫嚣战争,历史并没有给斯大林和苏联留下多少和平的时间,在这样的历史条件下,苏联实行优先发展重工业的战略也是完全必要的,是完全符合马克思主义俄国化的根本要求的。

3. 形成社会主义建设的“苏联模式”

社会主义苏联模式是指苏联人民在斯大林的领导下,进行社会主义建设形成的社会主义建设方式和道路,是社会主义在苏联的具体实现形式。其大致的历史过程包括两个重要的阶段:第一个阶段从 1928 年 10 月到 1936 年年底,苏联通过顺利完成第一、第二个五年计划,消灭了城乡资本主义经济,建立了社会主义公有制,社会制度的性质发生了根本的变化;消灭了所有的剥削阶级,剩下的只有工人阶级、农民阶级和知识分子,社会的阶级结构发生了根本的变化;苏联的生产力得到了迅速发展,社会经济状况发生了重大的变化,已经由一个落后的农业国变成了一个工业-农业国家。第二个阶段从 1936 年年底到 1953 年 3 月。1936 年 12 月,苏联制定和颁布了新宪法,把社会主义社会的基本原则用法律的形式规定了下来,包括前文提到的政治、经济、文化制度和运行机制、国家发展战略和建设社会主义的方针政策等。至此,苏联社会主义模式宣告形成,马克思主义苏联化取得标志性和实质性的进展,并在此后的实践中不断强化,直至斯大林逝世。

如何正确地评价苏联模式呢?列宁曾指出:“在分析任何一个社会问题时,马克思主义的绝对要求,就是要把问题提到一定的历史范围之内;此外,如果谈到某一国家(例如,谈到这个国家的民族纲领),那就要估计到在同一历史时代这个国家不同于其他各国的具体特点。”②因此,对苏联模式的历史评价,不是一个纯学术问题,而是一个重大的政治问题。早在 1956 年,中国共产党就在《再论无产阶级专政的历史经验》中,对苏联模式进行了科学的分析。既充分肯定了它在实践中所体现出来的具有基本性质的、带有普遍意义的成功经验,同时又阐明了一个重要原理,即各个民族在走向共产主义的道路上,应努力探寻具有本民族特色的具体形式。

评价苏联模式还要具体地从基本的社会制度和政治经济体制及运行机制两方面来分析。苏联模式所反映的社会制度,是其主要的、基本的方面,也是值得肯定

---

① 《列宁选集》(第 4 卷),人民出版社,2012 年版,第 408 页。

② 《列宁选集》(第 2 卷),人民出版社,2012 年版,第 375 页。

的方面。这个模式在它的适宜条件下取得很大的成绩，它适应了建立在经济文化相对落后基础上社会主义国家求生存、求发展的迫切需要，作为社会主义建设的初始模式，体现了不同于资本主义制度的新型社会制度的特点，显示了社会主义在发展初期的优越性，它使得苏联形成了强大的力量，打败了德国法西斯，体现了社会主义的强大的生命力，它也为世界社会主义国家的发展提供了一个可资借鉴的发展模式。但是，当这个模式所需要的条件不再存在时，其弊端就通过政治经济体制和运行机制表现出来，如在经济上，实行单一的所有制形式，过分集中的、几乎完全排斥市场经济的计划经济，造成了经济运行机制的日趋僵化。过分强调优先发展重工业，忽视农业和轻工业的发展，造成了国民经济各部门比例失调，市场供应紧张，日用消费品匮乏，人民生活水平提高不快。在政治上，党和国家的政治生活不正常，对斯大林的个人崇拜严重，破坏民主集中制，少数人专权，官僚主义严重，法制不健全。以党代政，党政不分。党的领导干部和国家工作人员脱离群众。在思想文化上，对意识形态缺乏全面和正确的认识，采用了过激的行政手段，甚至用残酷的政治斗争处理思想和学术问题等。

（三）马克思主义苏联化在斯大林后时期的曲折发展

斯大林逝世后，马克思主义苏联化进入了一个重要的转折阶段，苏共二十大的召开对此后的社会主义建设实践产生了极其深刻的影响。赫鲁晓夫时期，在批判斯大林个人崇拜背景下的社会主义建设颇受争议。勃列日涅夫时期，以纠正赫鲁晓夫所犯错误为前提的社会主义建设喜忧参半。但从总的方向来看，马克思主义苏联化继续向前推进，即坚持将马克思列宁主义理论与苏联社会主义建设实际相结合，坚持苏联共产党的领导，苏联社会发生了很大的变化，马克思主义苏联化在曲折中发展。

1. 苏共二十大对斯大林的否定，以及对马克思主义苏联化的重大影响

1956 年 2 月召开的苏共第二十次全国代表大会，是一件重大的历史事件，对马克思主义苏联化的历史进程和国际共产主义运动产生了深远的影响，对苏共二十大的客观评价是我们分析和研究斯大林后时期马克思主义苏联化的重要理论依据。

那么，赫鲁晓夫为什么要在苏共二十大结束后做“秘密报告”呢？是否如有的学者提出的那样，认为是赫鲁晓夫蓄意安排的阴谋呢？从苏共召开党的全国代表大会的历史传统来看，苏共二十大是苏共中央召开的一次正常性的会议，换句话说，召开苏共二十大并不是为了要在大会上，或在大会后做“秘密报告”。只不过从具体时间上来看，似乎是提前了。“从党的第十九次代表大会到现在这个时期，就

时间来说,并不算长,只有3年零4个月。”[①]但是从已经公布的历史档案来看,“秘密报告”似乎是召开会议过程中的产物。1956年7月,赫鲁晓夫在与意大利共产党代表巴叶塔会谈时说:“我们曾经认为报告是不会发表的,否则我们对报告的写法就不同了。此外,提出这个问题的决定不是在筹备代表大会上做出的,而是在大会进行过程中做出的,因此我们就没有机会与兄弟党协商,并在对待斯大林的态度上肯定和否定的两个方面保持足够的平衡。”关于是否提出这个问题,“在二十大进行期间中央委员会主席团开过几次激烈的会议,主席团一些成员认为,不应当提出个人迷信问题,因为这会在国内和工人运动中造成困难。……我们考虑了这一点,但我们必须回答这样一个问题:谁对许多优秀共产党员的死负有罪责”。当初提出这个问题的目的是“我们决定沿着民主化的路线,沿着加强与群众联系的路线前进”。至于如何提出这个问题也是有考虑的,“批判对斯大林的迷信也可以从小事开始,把时间拖长并使批判的分量不要太重。但这可能给党带来危害,直至造成它的分裂,因为一部分共产党员承认批评意见的正确性,会仍旧支持我们;而另一部分不掌握足够的事实,会仍旧坚信斯大林的一贯正确。我们一下子说出了全部真相,虽使人们有些震惊,但我们同时又提出了一个庞大的积极的纲领,所以我们不但没有失去一个人,而且得到了党和人民的完全支持”[②]。可见,“秘密报告”的出台,赫鲁晓夫在思想上是有“预案”的。

苏共二十大召开后,不仅在苏联国内,而且在世界社会主义阵营内都产生了极大的反响。中共中央于3月17日召开了书记处会议,在3月19日和24日又两次召开中央政治局扩大会议,认真研究了苏共二十大会议,重点讨论了赫鲁晓夫的秘密报告,毛泽东在两次中央政治局会议上都说了这样的话:“赫鲁晓夫这次揭了盖子,又捅了娄子。他破除了那种认为苏联、苏共和斯大林一切都是正确的迷信,有利于反对教条主义。不要再硬搬苏联的一切了,应该用自己的头脑思索了。”[③]这就是中国共产党对苏共二十大的基本评价,具体来说:

一方面,苏共二十大批判了斯大林的个人崇拜,具有解放思想的重大意义。苏联模式是斯大林亲手建立起来的,这一模式在创建过程中,无可争议地、深深地印上了斯大林个人的思想和品质的烙印。正因为如此,在苏联模式创建的同时,就伴随着斯大林个人威信的形成、巩固与强化,以及苏联模式的权威的形成、巩固和强化,进而在现实生活中逐渐形成了苏联模式是完全正确的和绝对科学的思想和认识,逐渐形成了斯大林的思想和言论就是正确的理论和绝对真理的认识,这种思想

---

① 《赫鲁晓夫言论》(第5集),世界知识出版社,1965年版,第10页。

② 《苏联历史档案选编》(第26卷),社会科学文献出版社,2002年版,第501、502页。

③ 吴冷西:《忆毛主席》,新华出版社,1995年版,第6页。

认识深刻地影响了苏联党和政府的政治生活，斯大林成了国际共产主义运动的旗帜与象征，甚至是马克思列宁主义的代言人。在客观上促成了斯大林的个人专断，就使得人们的思想变得越来越僵化，全苏联就只要斯大林一个人的脑袋就可以建设社会主义了。实际的情况应该是，十月革命以来，苏联搞社会主义建设的时间并不长，实现共产主义是空前艰巨的事业，在发展这样艰巨的事业过程中，不犯错误也是不可能的。建设社会主义的苏联模式是在探索中形成的，模式的具体内容不可能是完美的，需要在今后的实践中继续探索并加以完善。因此，从这个意义上说，批判斯大林的个人崇拜是好的，值得肯定，它打破了神化主义，揭盖子，是一场“解放战争”，大家今后就敢讲真话了，能够想问题了。这里的“敢讲真话”，是指敢于批评苏联模式的弊端，“想问题”是指对苏联模式进行反思。

另一方面，苏共二十大批判斯大林的错误也存在片面性，因而在人们思想中造成了混乱。苏共二十大批判斯大林的个人崇拜是通过秘密报告的形式进行的，这个报告的出现很突然，毛泽东说：“捅了娄子，使各个党没有准备，出现混乱。”①英共总书记高兰说：“斯大林问题发生了，这当然是一个很大的震动。我们认为，苏联同志把斯大林问题处理得很坏很坏。”②毛泽东在赫鲁晓夫访问中国时与之的谈话中说：我们相信斯大林，“相信他的学说和经验。而现在，这一切全部一笔勾销了。我们有丧失几十年英勇斗争的成果的危险，有丧失共产党人的威信的危险，有丧失信仰的危险”③。关于批判斯大林所犯的错误，邓小平在1956年3月的政治局会议上指出，不能说错误都是斯大林的，没大家的份；功劳是大家的，没斯大林的份。这两种片面性都是不对的。1956年4月5日，根据毛泽东的意见发表的《关于无产阶级专政的历史经验》一文，在肯定苏共二十大批判斯大林错误的同时，也对斯大林做了实事求是的评价。毛泽东后来总结说：“中央认为斯大林是三分错误，七分成绩，总起来还是一个伟大的马克思主义者。”“斯大林讲得对的那些方面，我们一定要继续努力学习。”④

2. 赫鲁晓夫10年马克思主义苏联化的是非得失

苏共二十大以后，赫鲁晓夫从批判斯大林搞“个人崇拜”入手，在整体上，尤其是在政治上全面否定斯大林，并力图对作为马克思主义苏联化直接产物的“苏联模式”进行修正。中国共产党对苏共二十大及时做出了反应，认为：“苏共第二十次代表大会，是赫鲁晓夫修正主义产生的重要标志。作为一条反马克思列宁主义的赫

① 吴冷西：《十年论战》上册，中央文献出版社，1999年版，第6页。
② 逄先知、金冲及：《毛泽东传(1949—1976)》上，中央文献出版社，2004年版，第494页。
③ 《毛泽东与斯大林赫鲁晓夫交往录》，东方出版社，2004年版，第288页。
④ 《毛泽东文集》(第7卷)，人民出版社，1999年版，第42页。

鲁晓夫修正主义路线,就是由赫鲁晓夫在这个大会上第一次提出来的。""赫鲁晓夫修正主义者所干的一切坏事,它的老根子,就是苏共第二十次代表大会。"①这样的反应无论是否准确,是当时特定历史条件下的产物,但是,从客观的历史事实来看,赫鲁晓夫在执政的10年里,在马克思主义苏联化的实践中,在发展国民经济方面对调整农轻重关系做出了努力,在加强党的集体领导、扩大党内民主等方面采取了不少正确的措施,对马克思主义苏联化的推进和发展有一定的贡献。

在发展国民经济方面,赫鲁晓夫认为,马克思列宁主义对共产主义的理解应当同人民群众在社会革命和建设中的活生生的实践活动是一致的,更完善的社会主义生产组织、工人和农民的劳动条件、提高人民福利所必需的产品产量的增加、人们在劳动过程和日常生活中的关系,就是体现了社会主义制度的优越性,就是要使生活在社会主义制度下的人民物质生活得到不断改善,感到幸福。他说:"在社会主义社会里,每一个人,不论他处于何种地位和从事何种劳动,都是贡献出自己的力量和知识为整个社会的利益服务,因而也就是为作为这个社会成员的自己的个人利益服务。""现阶段的任务是为争取人的幸福、改善人们的物质生活和精神条件,发展人的一切能力和才能而斗争。"②要"在最短的历史时期内在按人口计算的产品生产方面赶上并超过最发达的资本主义国家"③。赫鲁晓夫在经济建设过程中,力图调整两大部类之间的关系,通过调整国民经济的结构,纠正过去农、轻、重不协调的比例关系,重视改善人民生活。他提出苏联除了需要强大的工业以外,还必须拥有能够生产足够数量的粮食和农业原料的全面发展的农业,以便充分满足人民的需要和国家的其他一切需要。他提出加快工业的技术进步,改进运输业和邮电业的技术装备,合理配置生产力等问题。赫鲁晓夫尤其重视农业生产,为了扩大谷物生产,赫鲁晓夫提出开垦荒地的想法。1954年2月,苏共中央全会通过决议,决定在哈萨克斯坦和西伯利亚大规模开垦荒地。1958年,苏联农业丰收,垦荒区共收获谷物5 850万吨,占当年全苏粮食总产量的40%以上。1958年6月,苏联政府取消集体农庄对国家的义务交售制,把它改为农产品采购制,并提高农产品的收购价格。1955年起,国家放宽对农牧业的生产管理,只下达国家收购各类农畜产品的数量指标,农庄有权自行安排生产,同时还鼓励庄员发展副业经济,允许庄员拥有自留地和饲养一定数量的牲畜。1958年2月,苏共中央接受了赫鲁晓夫的报告,决定将拖拉机等农业机器卖给集体农庄,并将机器拖拉机站改组为机器修配站。客观地讲,这段时期赫鲁晓夫的农业改革取得了一定的成果,农庄庄员的生活

---

① 《赫鲁晓夫言论》(第5集),世界知识出版社,1965年版,出版说明第2页。

② 沈志华、于沛等:《苏联共产党九十三年》,当代中国出版社,1993年版,第549页。

③ 《赫鲁晓夫言论》(第7集),世界知识出版社,1965年版,第213页。

得到了一定的改善。

在政治建设方面，赫鲁晓夫认为，在苏联进入全面展开共产主义建设时期，苏联阶级间的相应关系已进入了一个新的发展阶段。无产阶级民主正变成全民的社会主义民主。要毫无例外地吸收全体人民参加行使国家职能，每个苏联人都应当成为管理社会事务的积极参加者。苏联要把发展国家机构、将劳动人民代表苏维埃改造为社会自治机构的任务放在首要地位，要继续执行把越来越多的国家职能交给社会团体的方针。不是从形式上更换牌子，而是从实质上进行改造。把已经不再重要的国家职能移交社会组织，逐渐把说服和教育的力量作为调节社会的主要方法。要进一步巩固和发展苏维埃社会和国家制度，他强调："工人阶级同农民的牢不可破的联盟是整个苏维埃社会在精神上和政治上一致的坚如磐石的基础。"①赫鲁晓夫提出发展社会主义民主，完善国家机关，加强苏维埃法制。他指出："只有在社会主义制度下，吸引人民参加解决国家大事的最好的形式，例如党中央委员会在中央和各地召开的工人阶级、集体农民和知识分子的先进人物的会议，才能产生并被广泛采用。"②赫鲁晓夫以怀柔政策取代高压政策，指出了苏维埃活动中存在的严重缺点，重视正确的组织监督工作，他认为"监督首先是一种制度"③。国家安全机关成员的审判特权被废除，对政治犯的起诉只得通过地方党委。赫鲁晓夫在任期间基本没有大的政治案件发生，对政治犯罪的起诉至多数百起。对异议人士的惩罚手段也换成了使之失业、解除大学职位、开除出党等方式，或以"社会威胁"为由强制入院治疗，笼罩着人们政治思想的恐怖阴影逐渐消退。

在党的建设特别是发展党内民主方面，赫鲁晓夫也有自己的理解和具体举措。首先，他强调党的领导的重要性，"没有马克思列宁主义政党，社会主义国家就不可能存在。工人阶级就不可能组织成为社会的领导力量，工人阶级和农民的牢不可破的联盟就没有保证，建设社会主义社会的任务就不能胜利完成"④。其次，赫鲁晓夫没有停留在对斯大林"个人崇拜"的批判上，而是强调以马克思列宁主义的党建理论为指导，纠正斯大林的个人专断，提出党的集体领导原则，"我们的党一贯遵循列宁的党内生活准则，不断地改善形式和方法，改进工作作风，在从上到下的各个环节中一贯执行集体领导和党内民主的原则"，"没有一个忠于马克思列宁主义伟大原则的党，工人阶级、劳动农民以及我国全体人民就不可能取得政权，粉碎自

① 《赫鲁晓夫言论》(第5集)，世界知识出版社，1965年版，第91页。

② 《赫鲁晓夫言论》(第5集)，世界知识出版社，1965年版，第96—97页。

③ 《赫鲁晓夫言论》(第5集)，世界知识出版社，1965年版，第99页。

④ 《赫鲁晓夫言论》(第7集)，世界知识出版社，1965年版，第231页。

己的敌人,建成社会主义社会和顺利地实现向共产主义的逐步过渡”。[①] 最后,赫鲁晓夫还提出了改组党的领导机制,将省级党组织改为两个平行的农业党组织和工业党组织,尽管这是一个不成熟的改革设想,但毕竟开始了党的自身建设的改革尝试。

在文化教育方面,赫鲁晓夫重视争取文化和教育事业的新的繁荣,提出学校教育要与生活相联系,与生产实践相联系,他认为:“社会主义国家可以而且应该把儿童教育办得极好、极完善,因为我们要培养的不是极端敌视人民的贵族阶级,而是新社会的建设者,气魄雄伟和理想崇高的人,忘我地为走在全体进步人类最前列的我国人民服务的人。”[②]赫鲁晓夫发动文化革命,推动苏联科学技术迅速发展,到十月革命40周年时,苏联的科学技术已在世界居于前列,成功发射世界上第一颗人造地球卫星就是一个标志。

在意识形态方面,赫鲁晓夫重视思想政治工作,他提出:“对共产党员和全体劳动人民进行马克思列宁主义教育,创造性地发展革命理论,这是我们胜利前进的决定性的条件”,“我们要同不注意学习和进一步发展马克思主义理论的现象作斗争,同时也不能像教条主义者和脱离实际生活的人那样来看待理论。革命的理论不是僵硬的教条和公式的大杂烩,而是改造世界和建设共产主义的实际活动的战斗性的指南”。[③] 赫鲁晓夫还与西方反苏反共势力做了针锋相对的斗争。他在与西方媒体记者的多次会见中,旗帜鲜明地坚持马克思列宁主义,阐明社会主义制度必将代替资本主义制度。他说:“世界上同时存在着两种制度。你们也许认为这是神的意志。我们却认为,这是历史发展的结果,你们认为资本主义是不可动摇的,未来属于资本主义制度,而我们却认为,共产主义是不可动摇的,未来属于共产主义制度。这是两种完全对立的看法”。[④] 根据《赫鲁晓夫言论》第9集统计,在1958年5月至7月,赫鲁晓夫与美国总统艾森豪威尔就有16次的书信来往,围绕禁止核武器试验、禁止以战争为目的利用宇宙空间、解决局部地区武装冲突等一系列问题,极力阐述苏共的立场,维护苏联以及社会主义阵营在世界局势和联合国事务中应有的地位。在1958年8月5日给美国总统艾森豪威尔的信中,赫鲁晓夫指出:“联合国和它的安理会是必要的国际组织,它们应该体现各国人民的爱好和平的愿望。然而美国政府却通过美国在其中占统治地位的那些军事集团的参加国的代表利用安理会为它的自私自利的利益服务。美国实际上力图使安理会沦为美国国务院的

① 《赫鲁晓夫言论》(第7集),世界知识出版社,1965年版,第209、211页。
② 《赫鲁晓夫言论》(第5集),世界知识出版社,1965年版,第87页。
③ 《赫鲁晓夫言论》(第5集),世界知识出版社,1965年版,第118、119页。
④ 《赫鲁晓夫言论》(第4集),世界知识出版社,1965年版,第84页。

附属机构。”①

可见,赫鲁晓夫执政的10年并非一无是处,从综合国力的角度来看,苏联取得了较大的发展,为苏联后来成为可以与美国抗衡的超级大国奠定了较好的经济和军事基础。但是,赫鲁晓夫在判断社会发展所处阶段、党的建设、培植自己的个人崇拜、意识形态管理等方面犯了严重的错误,使得赫鲁晓夫的10年从总体上看走上了与“斯大林不同的道路”。

在判断社会发展所处阶段上,赫鲁晓夫先在苏共二十大上,宣布苏联已经“建成了社会主义社会”,又在1959年1—2月间苏共第二十一次非常代表大会上,宣布苏联已进入“全面展开共产主义社会建设的时期”,并指出:“这个时期的主要任务,是建立共产主义的物质技术基础,进一步增强苏联的经济力量和国防力量,同时日益充分地满足人民不断增长的物质需要和精神需要。”②1962年4月,赫鲁晓夫在第六届苏联最高苏维埃第一次会议上做关于制定苏联新宪法的报告,认为:“苏联社会发生了实质性的变化,即社会主义在苏联取得了完全的和最终的胜利。苏联进入了全面展开共产主义建设时期,在国家发展的新阶段上,无产阶级专政的国家变成了全民的社会主义国家,无产阶级民主变成了全民的民主。”③赫鲁晓夫对社会主义发展阶段的判断具有盲目自信和主观主义的色彩,在社会生活中引起了不满。1962年6月,由于“赶超美国”计划的失败,苏联人的不满情绪开始蔓延,“哪怕不说我们已经赶上美国也好。最讨厌听我们的广播,整天说我们怎么样,我们如何如何,全是瞎吹牛”,“我在讨论中经常给大家介绍我国赶超美国的宏伟计划,说劳动人民的福利不断提高。现在我该说些什么呢?我再也不相信了”。④ 可见,赫鲁晓夫对社会发展阶段的宣传,换来的是人民的大失所望,对共产主义的怀疑和对现实的冷淡无情。

在党的建设问题上,赫鲁晓夫犯了严重的主观主义错误,完全不顾党的建设实际,于1962年将省的党委划分为两个平行的机制,它们分别负责农业和工业,这种做法主观上是为了避免党委权力的过度集中,但在实践中却带来了管理上的混乱。更为致命的是,赫鲁晓夫完全违背了马克思列宁主义的党建原则,提出了“全民党”的思想。他宣布,苏联共产党的政策贯穿着共产主义思想,即“一切为了人,一切为了人的幸福”。1957年11月6日,赫鲁晓夫在庆祝十月革命胜利40周年大会上的报告中指出,鼓吹十月革命牺牲了很多人是错误的,事实上1917年10月推翻资产

① 《赫鲁晓夫言论》(第10集),世界知识出版社,1965年版,第6页。

② 沈志华、于沛等:《苏联共产党九十三年》,当代中国出版社,1993年版,第524页。

③ 沈志华、于沛等:《苏联共产党九十三年》,当代中国出版社,1993年版,第576页。

④ [苏]鲁·格·皮霍亚:《苏联政权史》,徐锦栋等译,东方出版社,2006年版,第218页。

阶级政权“虽然是通过工人和士兵的武装起义来实现的,但是并没有流很多的鲜血”,“双方的阵亡人数是微不足道的”。“工人在革命胜利后表现了非常宽大和人道的精神,甚至某些参加过反革命暴乱的将领”,也“获得了假释”。① 赫鲁晓夫故意轻描淡写十月革命的历史真相,想以此来否定暴力革命,为宣扬他的人道主义做准备。1959 年 5 月赫鲁晓夫又发表文章说:“在我们社会主义社会里,没有敌对阶级和敌对集团,整个生活都是建筑在同志友爱基础之上。”因为社会主义制度是“高度人道主义的,是以关心人为最高原则的正义制度”②。赫鲁晓夫为了给这一思想寻找合理的依据,甚至借助于基督教“十诫”的观点,强调要相信人类的善良愿望,人生下来不是为了相互残杀,而是为了过和平友好的生活。他认为,当代苏联已经“很难区分党员和非党员”。在 1961 年 10 月召开的苏共二十二大通过的党章中将“一切为了人,一切为了人的幸福”确立为党的纲领性思想。所谓“一切为了人,一切为了人的幸福”,其实质就是将共产主义信仰人道主义化,或者说,就是用人道主义代替共产主义。

在对待个人崇拜问题上,赫鲁晓夫玩弄出尔反尔的手法,通过批判斯大林的个人崇拜,来建立对自己的个人崇拜。苏共二十大后不久,赫鲁晓夫由于自己在苏共党内的地位还不够稳固,在批判斯大林的问题上有所收敛,一方面他不允许公开批判斯大林,另一方面在一些场合继续肯定斯大林的功绩。1957 年 11 月 6 日,赫鲁晓夫在苏联最高苏维埃庆祝会议上的报告中指出:“作为忠心耿耿的马克思列宁主义者和坚强的革命家,斯大林在历史上将占有应有的地位。我们党和苏联人民将记得斯大林并且给予他应有的评价。”③但是,随着 1958 年 3 月,赫鲁晓夫兼任部长会议主席的职务,特别是苏共二十一大以后,赫鲁晓夫感觉已牢牢掌握了党政军大权,他又重新开始了公开的、几乎全盘否定斯大林的批判,到 1961 年 10 月苏共二十二大,批判再次达到高潮,当时几乎所有的苏联人都不同程度地卷入了“非斯大林化”的潮流之中。正是在揭露斯大林所犯错误的同时,赫鲁晓夫借此提高自己的威信,捞取政治资本,最终在现实中培植了对自己的个人崇拜,在赫鲁晓夫的默许和鼓励下,各种无原则吹捧赫鲁晓夫的现象甚嚣尘上,有人甚至称赫鲁晓夫“宇宙之父”。到 1961 年苏共二十二大时对赫鲁晓夫的个人崇拜达到了高潮,而到 1964 年 4 月赫鲁晓夫 70 岁生日时升至顶峰。生日之前在列宁格勒等大城市都竖立起了赫鲁晓夫挥手致意的全身肖像。生日当天,在克里姆林宫举办了隆重的宴会,中

① 《赫鲁晓夫言论》(第 7 集),世界知识出版社,1965 年版,第 195 页。

② 《赫鲁晓夫言论》(第 12 集),世界知识出版社,1966 年版,第 125 页。

③ [苏]赫鲁晓夫:《伟大的十月社会主义革命四十年》,新华社据塔斯社 1957 年 11 月 6 日电讯稿翻译,人民出版社,1957 年版,第 24 页。

央书记处宣读了有全体苏共中央主席团委员签名的贺信,信中充满了歌功颂德之词,并说赫鲁晓夫"才只度过了自己一生的一半岁月,希望他起码再活70年"。

在国内的意识形态控制上,赫鲁晓夫表里不一、言行不一。在绝大多数的公开场合,赫鲁晓夫一直强调要加强意识形态工作,但在具体的工作中,却将之弃之脑后。在赫鲁晓夫上台后不久,苏联的文学艺术领域就逐渐解冻,一些具有改革思想和批评苏联现状的作品获准发表,他本人也致力于平衡自由主义和保守主义的关系,如作家弗拉基米尔·杜金采夫的长篇小说《不单单是为了面包》于1956年发表,小说讲述的是理想主义工程师被冷酷的官僚毒害的故事。1962年12月,赫鲁晓夫参观了在莫斯科马奈日展览厅举行的先锋派美术展,他在看完展览后大发雷霆,将艺术家的作品形容为"狗屎"。尽管如此,艺术家中没有人因此而被逮捕或被放逐,马奈日艺术展依然保持开放。正是在赫鲁晓夫的纵容之下,国内对意识形态的控制出现了形同虚设的情况,各种思潮不断涌现,持不同政见者开始了公开的活动。到1964年1月,苏共中央意识形态委员会召开会议提出,要"以更大的毅力和热情在创作中确立社会主义现实主义原则,确立我们的意识形态——伟大人道主义的意识形态"。[①] 在此基础上,赫鲁晓夫进一步提出了所谓"全民党"和"全民国家"的理论。赫鲁晓夫认为苏联社会只有一个阶级,即劳动人民阶级,它由工人、农民、知识分子三个阶层组成,这种虚化"阶级性"的做法,掩饰了社会矛盾和社会分化,它的直接结果就是导致苏共高层失去了对社会结构变迁的有效把握。

总之,赫鲁晓夫时期,马克思主义苏联化确有其值得肯定的地方,也确实存在严重的错误,我们必须实事求是地、历史地、辩证地看待这个时期。而1964年3月,《人民日报》、《红旗》杂志编辑部发表评论员文章,指出:"赫鲁晓夫的修正主义,绝不会给苏联人民带来什么共产主义,而是连社会主义的成果也受到严重威胁,它正在为资本主义的复辟大开方便之门。这也是美帝国主义所追求的'和平演变'的道路。"[②]如今看来,当年的评论员文章多少有些时代的局限性,我们也必须历史地和客观地看待这个评论。

3. 勃列日涅夫时期[③]马克思主义苏联化停滞僵化

所谓停滞僵化,是指勃列日涅夫延续了对前任领导人的思想路线进行批判和否定的思维方法和工作做派,虽在社会主义建设的某些方面取得了比前任大得多

---

① 沈志华、于沛等:《苏联共产党九十三年》,当代中国出版社,1993年版,第598页。

② 《无产阶级革命和赫鲁晓夫修正主义——八评苏共中央的公开信》,载《人民日报》,1964年3月31日,第1版。

③ 由于安德罗波夫和契尔年科在任时间较短,故并入勃列日涅夫时期。

的成绩,但对斯大林时期形成的高度集权的体制基本没有多大触动,而且还犯了一些更为严重的错误,使得马克思主义苏联化始终没有能回到应有的正确轨道上来,反而在党的建设指导思想上越来越偏离正确方向,马克思主义苏联化在总体上呈现停滞僵化状态。

第一,经济改革取得一定成效,但对"发达社会主义"社会发展阶段的判断存在错误。马克思、恩格斯一再强调,社会主义和其他社会制度一样,是"经常变化和改革的社会"①,恩格斯还专门批判了那种认为"社会主义社会并不是不断变化、不断进步的东西,而是稳定的、一成不变的东西"②的极端错误的观点。然而,从斯大林开始,实际上并未遵循这一重要理论的指导,使"苏联模式"固化和神化,而赫鲁晓夫则继续强化了这种做法。勃列日涅夫上台后试图改革,在经济上努力扭转赫鲁晓夫时期造成的一些混乱局面,同时慎重地着手全面的经济改革。在农业上注意用经济方法管理农业,国营农场开始分期分批地实行完全经济核算制,由生产单位用自有资金支付一切费用,集体农庄实行有保障的报酬制度,按月向员工发放货币工资。大量增加农业投入,提高农业生产的机械化水平,增加单位面积的产量,提高农产品的收购价格,改善农庄的经济状况,增加庄员的收入。鼓励个人副业生产的发展,向庄员和员工发放贷款,用来购买牲畜,扩大庄员的宅旁园地,并把国家和集体应协助员工经营个人副业的内容写进 1977 年苏联的新宪法。逐步推行集体包工制、家庭承包制和实行合同代养制。在农业管理体制上发展农工综合体,进一步扩大农业企业经营的自主权。在工业上减少国家下达给企业的指令性计划指标,加强计划工作的科学性。实行经济方法和行政方法相结合的原则管理经济,发挥价格、利润、工资、信贷、经济刺激基金等经济杠杆的作用。扩大企业的自主权,实行完全的经济核算制等。③ 勃列日涅夫通过一系列措施,在一定程度上调动了企业的积极性,对提高劳动生产率起到了一定的作用,给世人最为直接的印象是,勃列日涅夫时期的国民经济总量达到了鼎盛。

但是,勃列日涅夫对苏联社会改革和发展已经进入"发达社会主义"的判断是不正确的。苏联已经建成了"发达社会主义"社会的观点,是 1971 年 3 月勃列日涅夫在苏共第二十四次代表大会上再次明确提出的,他说:"苏联人以忘我劳动建成了发达的社会主义社会。"他认为"发达社会主义"国民经济发展的最重要的特点就是"多部门的工业和大规模的社会主义农业,先进的科学,以及技术熟练的工人、专

① 《马克思恩格斯文集》(第 10 卷),人民出版社,2009 年版,第 588 页。

② 《马克思恩格斯文集》(第 10 卷),人民出版社,2009 年版,第 586 页。

③ 中国人民大学马列主义发展史研究所:《马克思主义史》(第 4 卷),人民出版社,1996 年版,第 65—66 页。

家和经济领导人的队伍。这种经济每日几乎生产价值20亿卢布的社会产品，即比30年代末的日产值多9倍”，“国民经济实力的巨大增长”，“以前只能想望的那些任务，今天我们可以提出来并加以完成了”，“迅速开展的科学技术革命也是现阶段我国经济发展的重要特点”。① 勃列日涅夫还分析了“发达社会主义”历史阶段的国外条件特点，那就是“社会主义国家的经济一体化过程不断发展”，“社会主义和资本主义之间在两个世界体系的经济竞赛和科学技术竞赛这一领域内的阶级斗争的作用大大提高了”。② 勃列日涅夫在改变国民经济比例的同时，依然奉行优先发展社会主义工业，首先是优先发展作为其基础的重工业这一方针，他认为：“社会主义扩大再生产、未来的经济增长的可能和速度以及共产主义物质技术基础的建立，在相当大程度上取决于重工业的顺利发展。国民经济各个部门的技术装备程度以及提供更高的劳动生产率所必需的物质技术手段，都取决于重工业的工作。”③为此，勃列日涅夫采取了一系列举措，包括：完善经济管理体制，调整发展农业的规划，扩大工业消费品的生产；在科学技术进步和更加充分利用各种潜力的基础上提高合乎生产率；提出要发展商业，进一步提高对居民的生活服务等。1974年1月，苏共中央马列主义研究院院长、苏共中央委员费多谢耶夫在《共产党人》杂志上发表的《苏联建成发达的社会主义社会是列宁主义思想的胜利》中说：“社会主义不是一个短暂的阶段，而是走向共产主义的道路上经济、社会、政治发展的一个相当长的阶段，它由两个时期构成。第一个时期随着社会主义的基本建成而到来，一直持续到建立了发达的社会主义社会，即‘建设发达的或成熟的社会主义社会’。”“随着发达社会主义的建成，社会进入社会主义阶段的第二个时期，即直接建设共产主义社会的物质技术基础和从‘彻底胜利和巩固了的社会主义’逐步‘过渡到完全的共产主义’时期。这次过渡是一个长时期的过程，是在发达社会主义的范围内实现的。”④1977年10月，“发达社会主义”被载入了苏联新宪法。此后的安德罗波夫和契尔年科在短暂的执政中，对“发达的社会主义”目标进行了一定的调整。安德罗波夫用“发达社会主义”的“起点论(开端论)”代替了“建成论”，契尔年科则继续延续了安德罗波夫的观点，他在谈到苏联社会发展阶段的特点时说：“发达社会主义是一个漫长的历史阶段，我国正处在这个阶段的开端。正是解决完善发达社会主义的任务的过程中，我们逐步走向共产主义。”⑤

---

① 《勃列日涅夫言论》(第7集)，上海人民出版社，1975年版，第48、49页。

② 《勃列日涅夫言论》(第7集)，上海人民出版社，1975年版，第49页。

③ 《勃列日涅夫言论》(第7集)，上海人民出版社，1975年版，第57页。

④ 沈志华、于沛等编著：《苏联共产党九十三年》，当代中国出版社，1993年版，第733页。

⑤ 沈志华、于沛等编著：《苏联共产党九十三年》，当代中国出版社，1993年版，第861页。

第二，政治建设调整方针，进一步强化专政机关，但却犯了对外推行霸权政治的错误。在政治上，勃列日涅夫既继承赫鲁晓夫的政治路线，又逐步调整政治建设的基本方针。一是强化专政机关。坚决纠正赫鲁晓夫“按生产原则对于州和边疆区党委和苏维埃机关进行的所谓改组。该项措施被说成是创造性地发展了列宁关于党和苏维埃机关的建设原则，而实际上则是背离了列宁的指示和苏共纲领关于这个问题的要求。”改组的实际结果是“大大降低了苏维埃的作用”①。另外，还重建内务部和司法部，扩大了克格勃的权力，加强法制建设和同犯罪行为做斗争，对有些政治犯、重犯、重大刑事犯判以重刑。二是加强对外扩张，争夺世界霸权。勃列日涅夫加快了对外扩张的步伐，通过大力发展重工业和军事工业，迅速取得了对美国在战略上的大体均势，同美国展开全球性的争夺，以谋求世界霸权，特别是通过“经援”、“军援”、签订军事条约、培植亲苏势力、直接派遣军队进行占据和控制，抛出所谓“非资本主义道路”和“以社会主义为方向”等理论，大力向第三世界进行扩张。② 1968年苏联入侵捷克斯洛伐克镇压布拉格之春，不久勃列日涅夫就推出了其有限主权论，为其侵略捷克斯洛伐克的暴行做辩护。此外，苏联还进行了一系列侵略扩张活动，包括1969年3月和8月侵犯中国领土珍宝岛和铁列克提地区，1978年12月支持越南侵略柬埔寨，1979年12月出兵入侵阿富汗，等等。勃列日涅夫努力地要让国内的人们感觉到国力的增强和政治上的优越。但是，勃列日涅夫的改革仍然没有跳出旧体制的框架，在政治上仍然是一种高度中央集权的体制。

第三，改革苏联党政领导体制，但党的自身建设仍不够重视，党内出现的特权阶层在这个时期逐步形成并固化。在党的建设上，勃列日涅夫决定纠正赫鲁晓夫的错误，对党的组织结构根据苏共党章进行了调整。苏共二十三大坚持集体领导的原则，规定党的总书记不得兼任政府首脑，以限制中央书记处和总书记的权力。取消了赫鲁晓夫时期设立的工业党和农业党，以加强党的统一领导。取消了苏共二十二大通过的关于干部定期按比例更换的制度，以基本稳定干部队伍。勃列日涅夫在苏共二十三大上的总结报告中指出：“在列宁主义原则基础上恢复统一的党的机关提高了党组织的作用，结束了由于臆想出来的、生活证明是行不通的改组而造成的党组织的人为的分离现象。”③勃列日涅夫认为：“次数很多的、有时是臆想出来的改组造成了神经过敏和无谓瞎忙的状况，使领导者看不到前途，破坏了他们

① 《苏联历史档案选编》(第28卷)，社会科学文献出版社，2002年版，第584、585页。

② 中国人民大学马列主义发展史研究所：《马克思主义史》(第4卷)，人民出版社，1996年版，第70页。

③ 《勃列日涅夫言论》(第1集)，上海人民出版社，1974年版，第84页。

对自己力量的信心。"①

对党的组织结构进行改革确实给党的组织工作带来了新的起色，但是，在党的自身建设，特别是对党员的思想教育、信仰教育等方面并没有什么有效的措施，这就使得从党的高级领导干部到一部分当权的高级知识分子，十分看重、积极争取履行公务所必需的、合理的"特权"，进而由此又延伸出对个人生活等方面的许多优待，最后发展到官员的亲属和子女也获得各种各样的特殊地位和特殊待遇，在党的高级干部中出现了在生活条件方面的相互攀比、交叉感染，腐败风气愈演愈烈，在勃列日涅夫时期，高级干部形成了特权阶层。就连勃列日涅夫也曾在多个场合讲"靠工资谁也活不了"，也许言者无心，但听者有意。由于上行下效的作用，使得腐败像癌细胞一样在苏联共产党内逐渐扩散开来，腐败成为日后苏联共产党瓦解的重要因素之一。

第四，意识形态呈现"外紧内松"怪象，自由化思潮泛滥。勃列日涅夫上台后，开始认识到苏联的意识形态工作存在很大不足，他在苏共中央政治局会议上指出："在我们党和国家的工作中，有一个领域我们做得还很少，这就是我们党和我们国家的意识形态工作。"②"意识形态工作中的缺点和错误可能给我们带来无法克服的危害。"③但是，勃列日涅夫在加强意识形态工作的措施上却不得要领，具体表现为"外紧内松"。即一方面，勃列日涅夫在苏联的外交活动中，经常从意识形态的角度来阐述苏联党和政府的立场，表现出在意识形态方面的原则性和坚定性。在公开的报告中强调："同资产阶级意识形态、修正主义、教条主义以及改良主义的斗争有着重要的意义。我们应该永远记住，我们的阶级敌人是帝国主义。它正在进行反对社会主义制度、社会主义原则、意识形态和道德的颠覆活动。帝国主义庞大的宣传机构腐蚀人，企图使群众脱离政治。反对资产阶级意识形态的斗争在任何情况下都应该是不可调和的。"④另一方面，勃列日涅夫在处理国内意识形态问题上，又常常表现出轻视、软弱和无所作为，主要表现为不仅长期疏于对共产党员进行理想信念教育，继续坚持赫鲁晓夫提出的"全民党"和"全民国家"理论，来歪曲党的宗旨，他提出："在我们党的列宁主义旗帜上写着：'一切为了人，为了人的幸福！'"⑤在谈到阶级性问题时，他经常采用"和稀泥"的手段，含糊其辞。有时使用模糊概

---

① 《勃列日涅夫言论》(第1集)，上海人民出版社，1974年版，第86页。

② 《苏联历史档案选编》(第31卷)，社会科学文献出版社，2002年版，第114页。

③ 《苏联历史档案选编》(第31卷)，社会科学文献出版社，2002年版，第115页。

④ 《勃列日涅夫言论》(第2集)，上海人民出版社，1974年版，第135页。

⑤ 《勃列日涅夫言论》(第7集)，上海人民出版社，1975年版，第93页。

念，如“工人阶级的政党——共产党，成了全体人民的党”①。有时又自相矛盾，“在发达社会主义的条件下，在共产党已经成为全民党的时候，它决没有失去自己的阶级性”②。还不时讲出一些新鲜词汇，如“新苏联人”、“所有成员”等，使得苏联人民普遍在意识形态上感到“迷茫”和“困惑”。而且，勃列日涅夫在思想上根本不重视复杂而尖锐的国际环境，无视国外敌对势力对国内意识形态的影响，对媒体也缺乏监督，使得国内自由化思潮影响不断扩大。事实上，自 20 世纪 60 年代以来，美国一直利用美苏高层领导会晤的机会，将“人权、民主和自由”等问题列入会谈的议程，对苏联领导人施加强大的政治压力。同时，西方国家先后成立了各种形式的民主基金会，并与外交、情报等部门配合，在苏联、东欧阵营里寻找政治代理人，支持苏联持不同政见者或民族分裂势力。美国“全国争取民主基金会”旗下的刊物——《民主杂志》——的主编之一、政治学家拉里·戴蒙德曾毫不掩饰地说，美国和西方国家在苏联等社会主义国家推行“人权”和“民主化”，就是要改变这些国家的政治制度。勃列日涅夫对之熟视无睹，视而不见，听之任之。可以说，勃列日涅夫时期的意识形态工作实质是“外紧内松”，形似有，实则无。

第五，社会建设有所加强，但人民生活水平的提高相对不快，社会稳定的基础显得脆弱。勃列日涅夫时期，从总体上讲，加强社会建设被提到一个从未有过的高度，并在制定经济建设政策时考虑改善民生。勃列日涅夫在苏共二十四大的总结报告中称：提高人民福利是党的经济政策的最高目的，“中央委员会把大大提高劳动人民的福利作为第九个五年计划的主要任务，是考虑到这一方针不仅将规定我们在最近五年内的活动，而且将规定我国长远的经济发展的总方向。党在制定这一方针时，首先是从最充分地满足人们的物质需求和文化需求出发的，这是社会主义制度下社会生产的最高目的”③。这既是勃列日涅夫对苏共今后进一步加强社会建设的一个总体要求，更是他对自己执政以来重视社会建设的一个总结，因为在勃列日涅夫执政的第八个“五年计划”期间，国家用于消费和积累的国民收入平均每年增长了 7.1%，而前一个“五年计划”期间平均每年只增长了 5.7%。在涉及民生的各类纺织品、缝纫制品、皮鞋、收音机和电视机，以及家用电冰箱等指标上，1970 年比 1965 年平均增长了 69%。④ “全国职工的平均工资增加了百分之二十六，集体农庄庄员从公有经济所得到的收入增加了百分之四十二。”⑤此外，苏联的

① 《勃列日涅夫言论》(第 7 集)，上海人民出版社，1975 年版，第 77 页。

② 《勃列日涅夫言论》(第 12 集)，上海人民出版社，1979 年版，第 94 页。

③ 《勃列日涅夫言论》(第 7 集)，上海人民出版社，1975 年版，第 51 页。

④ 《勃列日涅夫言论》(第 7 集)，上海人民出版社，1975 年版，第 41、42 页。

⑤ 《勃列日涅夫言论》(第 7 集)，上海人民出版社，1975 年版，第 44 页。

国民教育和保健系统得到了顺利发展，但是，勃列日涅夫时期的社会建设从总体上讲还是宣传多、设想多，措施少、落实少。在国家经济总量不断增加的同时，人民群众的生活水平并没有相应提高，在某些方面还有下降的现象，一些城市和农村甚至出现骚乱。

第六，在对待个人崇拜问题上，言行不一，心口不一。勃列日涅夫千方百计利用一切可能和机会提高自己的威望，逐步重视对自己的歌功颂德，对照个人崇拜的概念，较之前两任是有过之而无不及。只不过他的手法比较高明而已，他经常在做报告时，用“在报告所总结的时期里”的说法，替代“勃列日涅夫时期”，来强调和炫耀自己的功劳。他经常用不点名地、间接地批判和纠正赫鲁晓夫所犯错误的方法来提高自己的威望。在1977年11月左右，苏联理论界提出了“两个伊里奇”和“从伊里奇到伊里奇”①的观点，以此来吹捧勃列日涅夫。1981年苏共二十六大期间的报纸这样写道：勃列日涅夫在大会所做的报告被“78次掌声、40次长时间的掌声和8次暴风雨般的掌声”所打断。②

综上所述，勃列日涅夫时期，苏联虽然在综合国力方面达到了所谓的顶峰状态，但是如果从马克思主义本土化的要求出发，审视勃列日涅夫时期苏联的社会主义实践，笔者认为，马克思主义基本原理与苏联实际相结合不是加强了，而是越来越僵化了。马克思主义苏联化几乎只剩下概念和空头口号了，而实际上，到后期勃列日涅夫甚至连马克思主义的口号都不愿多提。

二、建设时期马克思主义俄国(苏联)化的主要特点

建设时期，由于俄国(苏联)所面临的国际国内环境不断发生变化，俄(苏)共领导人对马克思主义俄国(苏联)化的理解也不尽相同，再加上其间经历了两次世界大战和长期的冷战对立，使得马克思主义俄国(苏联)化历程复杂曲折，其实践也逐渐偏离本土化。综合三个阶段的实践，笔者认为有如下特点：受军事化战略的惯性影响，国民经济畸形发展、曲解无产阶级专政理论，一度阶级斗争扩大化情况严重、在社会发展所处历史方位判断上犯了主观主义错误、意识形态“外紧内松”，在“输出革命”问题上自相矛盾、社会建设理论与实践严重脱节，民生改善整体滞后、党的建设指导思想偏离马克思列宁主义党建原则。

(一) 受军事化战略的惯性影响，国民经济畸形发展

马克思主义本土化的基本点就是把马克思主义基本原理与本国的具体实际相

---

① 列宁和勃列日涅夫的父名都是伊里奇。

② 陈之骅：《勃列日涅夫时期的苏联》，中国社会科学出版社，1998年版，第13页。

结合，即运用马克思主义基本原理于本国的社会主义建设实践时，充分尊重国情，根据国情来制定任务和目标。建设时期的苏联对面临的国际形势估计得过分复杂严峻，把战争的危险夸大了、放大了，误将备战当作当时最大国情，最终导致了军事化战略左右经济发展，这个特点几乎贯穿了社会主义建设探索时期的全过程。

在向社会主义过渡阶段，第一次世界大战还没有结束，外国武装势力也企图推翻新生苏维埃政权，这一特殊的战争形势直接影响了列宁制定向社会主义过渡的政策措施。十月革命胜利后，列宁原本通过认真研究马克思关于过渡时期的理论，认为俄国也要经过一个由社会主义政治革命，转向经济战线上的社会主义革命的过程。不仅如此，列宁还认为俄国社会是经过社会主义工业化和农业社会主义改造而建立起来的社会，同马克思所设想的社会既有相同之处，又不完全相同，社会主义社会也有一个从不成熟到成熟的发展过程。此外，列宁还着重思考经济落后的俄国究竟如何向社会主义过渡的问题，并将发展经济看作首要的任务。他在1917年10月底起草的《工人监督条例草案》中规定："一切工业、商业、银行、农业等企业中，对一切产品和原材料的生产、储藏和买卖事宜应实行工人监督。"[①]1918年4月写的《苏维埃政权的当前任务》中讲的："我们必须竭尽全力利用客观条件的凑合给我们造成的喘息时机，医治战争带给俄国整个社会机体的极其严重的创伤，发展国家的经济。"[②]表明这时的苏维埃政权还是想尽可能逐步地过渡到社会主义的经济建设上来。但是很快，列宁的这个想法就被证明行不通了，因为，从1918年夏到1920年年底，俄国进入了国内战争时期。正是在这场战争爆发以后，新生的苏维埃政权才不得不采取"军事共产主义"政策，战争让列宁的一系列设想只能暂时搁在一边。由于实行军事共产主义政策，引起了工人和农民的普遍不满，发生了农民暴动和水兵起义，列宁曾一度认为农民暴动是农民的政治觉悟不高，水兵起义是反动派从中组织破坏，因此，随时应对战争成为这个阶段对国际形势和国情的基本判断，并在列宁的思想中占据了重要的地位。

在建立社会主义制度阶段，因为苏联是世界上唯一的社会主义国家，一直处在资本主义国家包围和国际反共战争逼近的状态中。尽管苏联与西方资本主义的关系出现了"均势"状态，帝国主义消灭不了苏联，不得不与苏联和平共处，但他们并不放弃反苏的宗旨，总在寻找机会进行干涉和颠覆。20世纪30年代初，由于资本主义世界爆发了经济危机，各帝国主义国家为了缓和国内矛盾，转嫁危机，公开叫嚣战争。德、意、日三国结成《反共产国际协定》，实行孤立苏联、包围苏联、准备条件来对苏联发动战争，直接把进攻的矛头指向苏联。斯大林必然会思考在这样的

---

① 《列宁选集》(第3卷)，人民出版社，2012年版，第353页。

② 《列宁选集》(第3卷)，人民出版社，2012年版，第475页。

国际形势下,如何建设社会主义苏联的问题。既然战争迫在眉睫,要备战和进行战争,那就必然要求全党和全国人民在政治上、思想上和行动上高度地一致起来,必须高度集中地统一使用国家有限的人力、物力和财力,重点发展工业,尤其是发展重工业和军事工业。这样的决策既符合当时的国情,也与列宁的思想相一致,“战争是铁面无情的,它严酷地尖锐地提出问题:要么是灭亡,要么是在经济方面也赶上并且超过先进国家”①。因此,斯大林明确指出:“我们不能知道帝国主义者究竟会在哪一天进攻苏联,打断我们的建设”,“党不得不鞭策国家前进,以免错过时机,而能尽量利用喘息时机,赶快在苏联建立工业化的基础,即苏联富强的基础。党不可能等待和应付,它应当实行最高速度的政策”。② 可见,斯大林建设社会主义的思想,特别是苏联工业化的总体布局中,强调以重工业和军事工业带动整个国民经济,这种安排在当时确实有一定道理。1936年,苏联颁布新宪法,宣告社会主义苏联模式的形成。“苏联模式”的基本内容包括两个方面。一是国家战略和社会主义方针政策,二是社会主义制度及其具体的政治经济体制、运行机制。其中,优先发展重工业和军事工业是核心战略。这样的战略安排,在苏联的卫国战争和第二次世界大战中发挥了积极的、决定性的作用。正是因为卫国战争和反法西斯战争的胜利坚定了苏联对这种战略安排的信心和决心。苏联把美国的核垄断视为心头大患,于是不遗余力地发展核武器成为斯大林生命中最后8年的主要理想,也成为苏联工业的根本目标。

赫鲁晓夫比斯大林更重视军事工业的发展,尽管在20世纪50年代后半期,由于国际局势稍有缓和,赫鲁晓夫提出了“一切为了人,为了人的幸福”的口号,象征性地进行了裁军,减少了一定的军事开支。1953年至1960年国防部的开支在国家预算中所占的比例由原来的31.2%下降到11.1%。③ 但到了1959年至1960年又开始大量生产导弹和导弹核武器,军备竞赛进入了新阶段。勃列日涅夫上台后依然认为发展重工业,过去和现在都是苏联经济政策的不变原则,是完成一切国民经济任务的前提。为此,他把85%以上的工业投资用于发展重工业。他尤其重视发展军事工业,强调发展战略核武器和远洋海军。这使苏联军费开支在原基数上有了更大的增加,从1965年的326亿美元增至到1981年的1 550亿美元,即增长了3.75倍,占苏联财政支出的1/3。在勃列日涅夫当政的18年间,庞大的军费开支和同样巨大的重工业投资,使得苏联的军事力量迅速膨胀,逐步改变了苏美之间的力量对比。勃列日涅夫承认:“我们并不掩饰,我们国家预算中相当大的一部分

---

① 《列宁选集》(第3卷),人民出版社,2012年版,第271页。

② [苏]斯大林:《列宁主义问题》,人民出版社,1964年版,第454页。

③ [俄]《军事历史杂志》,1995年第1期,第54—55页。

用于加强武装力量的战斗威力。苏联人民很了解这些费用的必要性，并且完全支持党和政府在加强我们祖国防御威力方面的措施。”①“一些主要帝国主义国家战争工具生产的增长，迫使其他国家也把大量资金用于巩固自己的国防。”②

因此，从整体上看，苏联整个社会主义建设阶段，特别是进入冷战阶段后，由于冷战的思维主导了苏联几任领导人的思想，对战争形势的分析和研判出现了过头的情况，忽视了建设时期的基本国情，与美国开展了疯狂的军备竞赛③，使得军事化战略不仅没有改变，反而在某种程度上得到了加强，不仅是重工业和军事工业优先发展，而且重点发展的地位不断巩固，导致国民经济在军事化战略导向下呈畸形发展，这种状况一直持续到20世纪80年代中期。

（二）曲解无产阶级专政理论，一度阶级斗争扩大化情况严重

无产阶级专政理论是马克思列宁主义理论体系中最重要的理论之一。无产阶级专政作为重要的政治概念，具有很明确的阶级性，经常被用来作为区分敌我矛盾与人民内部矛盾的标准和工具。在苏联社会主义建设时期，主要是斯大林时期，由于斯大林片面地理解列宁主义关于无产阶级专政理论，个人崇拜盛行，民主集中制受到冲击和破坏，使得党和国家政治生活出现阶级斗争扩大化的情况，严重地破坏了党内民主和社会主义政治民主。

首先，斯大林片面地理解列宁主义关于无产阶级专政的理论。他片面理解的第一点就是，无产阶级建立了政权以后还有没有阶级斗争。列宁认为：“无产阶级取得了政权，并没有结束无产阶级同资产阶级的阶级斗争，相反会使这种斗争变得特别广泛、尖锐和残酷。”④斯大林完全不顾苏联进入社会主义建设阶段的实际，认定在社会主义建设时期就是存在和需要阶级斗争。他片面理解的第二点就是，谁是阶级斗争的对象。因为列宁认为：“凡是完全或部分持有改良主义、‘中派’等等观点的集团、政党和工人运动活动家，由于斗争极端尖锐化，都不可避免地或者站到资产阶级一边，或者置身动摇者之列，或者成为胜利的无产阶级的不可靠的朋友（这是最危险的）。”⑤这就使得斯大林不能正确地区分敌我矛盾和人民内部矛盾，他错误地把一部分持不同意见的人划入了阶级敌人的行列，成为了斗争的对象。他片面理解的第三点就是，采取何种斗争形式。列宁认为：“无产阶级专政是无产

① 《勃列日涅夫言论》(第1集)，上海人民出版社，1974年版，第195页。

② 《勃列日涅夫言论》(第2集)，上海人民出版社，1974年版，第44页。

③ 苏联与美国也开展了经济竞赛，但是与军备竞赛相比，经济竞赛成效不大。

④ 《列宁选集》(第4卷)，人民出版社，2012年版，第239页。

⑤ 《列宁选集》(第4卷)，人民出版社，2012年版，第239页。

阶级同资产阶级进行阶级斗争的最坚决最革命的形式。”①斯大林有他自己对无产阶级专政理论的认识和逻辑,他认为:“无产阶级专政有其各个时期、各种特别形式和各种不同的工作方法。在国内战争时期最明显的是专政的暴力方面。可是决不能由此得出结论,说在国内战争时期不进行任何建设工作。不进行建设工作就无法进行国内战争。反之,在社会主义建设时期最明显的是专政的和平工作、组织工作、文化工作、革命法制等等。可是同样决不能由此得出结论,说在建设时期专政的暴力方面已经消失或可以消失。现在,在建设时期中,也像在国内战争时期一样,镇压机关、军队和其他组织都是必要的。没有这些机关,专政就不可能稍微有保证地进行建设工作。”②正是由于这样的片面理解,尽管在1936年,苏联实现了工农业的社会主义改造,建立了社会主义的基本制度,消灭了私有制和人剥削人的现象。斯大林在全苏苏维埃第八次非常代表大会上做《关于苏联宪法草案》的报告,虽然明确地指出剥削阶级已经消灭,但是他对社会上还存在剥削阶级残余还缺乏正确而客观的认识,因而对社会上还存在阶级矛盾和阶级斗争现象就有了错误的判断。他认为如果说还存在阶级敌人的话,那么,这个阶级敌人不是来自外部,而是存在于党的内部,是帝国主义派遣的代理人、特务、破坏分子,因此,必须对现存的阶级敌人进行坚决打击。同时,斯大林对社会主义社会阶级斗争的规模及其发展趋势的判断出现了错误。

其次,斯大林扩大了阶级斗争的领域,导致肃反扩大化。由于斯大林对意识形态也缺乏全面的和正确的认识,这就导致他想到用行政手段来处理思想和学术领域的问题,甚至用泛化的意识形态思维方式来褒贬学术流派和思潮,对自然科学划分阶级属性,甚至提出了无产阶级生物学和资产阶级生物学的概念,把一些在世界上具有相当影响的生物学派划入了资产阶级生物学行列,对之进行批判和斗争。但有时又放弃意识形态领域的斗争,任凭各种社会思潮冲击社会主义文化,使苏联人民在思想上造成混乱,导致马克思主义最终丧失在党和国家政治生活中的指导地位。

最后,错误地采用清洗的方式排除异己。在斯大林执政后期,对斯大林的个人崇拜不断被强化,斯大林的吹捧者概括出了“斯大林主义”。但是,斯大林本人从来不承认自己创立了任何同马克思列宁主义并列的所谓“斯大林主义”,他一直都以自己是列宁的学生自称,内心很不认同这样的提法。托洛茨基认为“斯大林主义”的核心是中央集权体系,其本质是独裁政策,这个解释被反对“斯大林主义”的评论家们广泛运用。“斯大林主义”还经常被他们称为“红色法西斯主义”,斯大林对此

① 《列宁选集》(第4卷),人民出版社,2012年版,第240页。

② 《斯大林选集》(上卷),人民出版社,1979年版,第410页。

非常恼火却又无能为力。后来愈演愈烈的“大清洗”也打着“斯大林主义”的旗号。1934 年 12 月,苏联政治风头正盛的列宁格勒州委书记谢尔盖·基洛夫在斯莫尔尼宫三层被暗杀身亡是个导火索。斯大林对此案高度重视,他亲自前往列宁格勒参与调查和审讯,并且宣称此次暗杀是由托洛茨基及其反对派所策划,斯大林的吹捧者们开始了针对老布尔什维克的清洗。截至 1938 年 7 月,在大肃反运动中被清洗和镇压的党、政、军、中央、地方干部达数十万人以上。列宁时代的政治局成员“老布尔什维克”只剩下斯大林、加里宁和莫洛托夫三人,苏联元帅中的五人只剩下伏罗希洛夫和布琼尼两人。大清洗活动后期还涉及社会中的知识分子、农民(尤其是所谓的“富农”)、神职人员、技术专业人员和少数族裔。很多人遭到逮捕,被关押在古拉格集中营里,遭受身体和精神上的虐待,部分人在饥饿、疾病等恶劣的生存环境中死亡。

总之,由于斯大林对社会主义社会阶级和阶级斗争问题没有从理论上搞清楚,混淆两类不同性质的矛盾,导致在政治上的高压和肃反运动的扩大化,在苏联人民心中留下惨痛的和难以磨灭的记忆。在后斯大林时期,虽然大规模的镇压和肃反扩大化并没有再出现,但是在政治生活中,仍然出现了不少混淆两类不同性质矛盾的问题,制造了不少冤假错案,这种对无产阶级专政理论的曲解,实际上是对社会主义民主的无情践踏,不仅严重地影响了苏联经济、政治和文化的健康发展,其在本质上与列宁开创的马克思主义苏联化正确方向是背道而驰的。

(三)在社会发展所处历史方位判断上犯了主观主义错误

马克思、恩格斯曾对未来社会做过初步构想,认为未来社会将经历过渡阶段、共产主义社会第一阶段和共产主义第二阶段,并指出了第一阶段的主要特征,即经济上的生产资料公有制和按劳分配,政治上的无产阶级专政。随着社会物质产品的不断丰富,第一阶段逐渐向第二阶段转变,即经济上的按劳分配向“按需分配”过渡,政治上阶级和国家逐渐消亡。但是,这是马克思、恩格斯建立在发达资本主义国家取得社会主义革命胜利后的原则性设想和理论上的推理,对这个理论设想的理解将直接影响对社会主义社会发展所处历史方位的判断,而这个判断又直接决定马克思主义本土化实践中路线方针政策的制定,并最终决定马克思主义本土化的成败。

十月革命胜利后,如何在一个小农经济占优势的国家里实现向社会主义的过渡,这在马克思、恩格斯的理论论述中找不到现成的答案,因而成为列宁当时苦心思考的一个重大理论问题和实践课题。这就意味着,列宁对当时俄国社会处于什么样的历史方位和将要进入什么样的历史方位并不十分清楚。列宁在 1918 年 3 月俄共(布)第七次代表大会上曾实事求是地指出:“要论述一下社会主义,我们还

办不到;达到完备形式的社会主义会是个什么样子——这我们也不知道,也无法说。"①"我们不敢说我们准确地知道道路怎样走。"②"我们不知道,而且也不可能知道,过渡到社会主义还要经过多少阶段。"③正是在这种情况下,列宁对马克思过渡理论出现了教条主义理解,曾设想通过军事共产主义而直接过渡到社会主义,这种愿望和所表现出来的实际行动,多少都带有主观主义色彩。在经过军事共产主义直接向社会主义过渡政策失败后,列宁也承认,"现实生活说明我们错了"④,转而认识到落后国家向社会主义过渡只能采取"间接过渡"的办法。

斯大林对马克思列宁主义的社会主义理论的理解总的来说大的方向是对的,但是,在具体操作中还是存在一些问题。第一,斯大林在形式上照搬照抄了马克思和列宁的发展阶段思想,造成了实践中的急于向共产主义过渡的失误;第二,斯大林对马克思公有制的理解存在机械化的成分,认为在社会主义社会只存在单一的全民所有制,把只有在社会主义高级阶段才能实现的、纯而又纯的公有制当作整个社会主义时期的本质特征;第三,斯大林把向社会主义过渡的形势和趋势,与想建成社会主义的主观愿望掺杂在一起,把建立社会主义基本制度误当作建成了社会主义,即把在向社会主义过渡和建立社会主义基本制度过程中出现的一些具有社会主义性质的现象,主观地理解为社会主义的本应该具有的特征,这种把"现象"向"理论"靠的做法是错误的,这既与斯大林对马克思列宁主义理论理解存在深度和广度上的不足有关,也与他对本国国情的把握缺乏全面性和深刻性有关,造成他对苏联经济社会发展所处历史方位的认识和判断上的失误。

赫鲁晓夫执政以后,着手改变"苏联模式"极端和僵化的思维定势,对斯大林时期遗留下来的一系列问题进行了审视和清理,提出了一些在当时历史条件下令人耳目一新、精神为之一振的思想,尤其在经济上,赫鲁晓夫实施了新的农业政策,掀起大规模的垦荒运动,改组工业,苏联经济一度取得了较快的发展。这导致赫鲁晓夫对经济发展的形势过于乐观,先在苏共二十大上,宣布苏联已经"建成了社会主义社会",又在1959年一二月间苏共第二十一次非常代表大会上,宣布苏联已进入"全面展开共产主义社会建设的时期",显然,赫鲁晓夫在对苏联经济社会发展所处历史方位的判断上所犯的主观主义错误已经相当严重。

勃列日涅夫上台后,从列宁提出过的"发达社会主义"这一提法中得到了灵感,用"发达社会主义"对赫鲁晓夫的"建成了社会主义社会"和"全面展开共产主义社

① 《列宁专题文集·论社会主义》,人民出版社,2009年版,第77页。

② 《列宁专题文集·论社会主义》,人民出版社,2009年版,第400页。

③ 《列宁专题文集·论社会主义》,人民出版社,2009年版,第68页。

④ 《列宁专题文集·论社会主义》,人民出版社,2009年版,第247页。

会建设的时期”进行了一定的调整与修正,增加了“人道主义”的社会主义内容。但从实际的经济发展情况来看,苏联的社会离“发达的”社会主义还很遥远,离共产主义就更远了,况且,由于经济发展并未从根本上触动传统的经济体制,从收益上看是短期效益,仅是保持了国民经济的有所增长,而增幅仍表现出下滑的趋势。老人政治的盛行、地方诸侯的强大、超高的军费开支和无力指导的计划经济,使苏联经济已经开始出现倒退和衰败的迹象。

此后的安德罗波夫和契尔年科在短暂的执政中,对“发达的社会主义”目标进行了一定的调整。安德罗波夫用“发达社会主义”的“起点论”代替了“建成论”,契尔年科则继续延续了安德罗波夫的观点。

可见,在苏联社会主义建设时期的各个阶段,对社会发展所处历史方位的判断上都存在程度不同的失误和错误,一方面表明苏共对马克思列宁主义关于社会主义理论的认识理解不深刻和不全面,反映了苏共在把马克思列宁主义与苏联社会主义建设的具体实际的结合上,忽视国情,犯了教条主义和主观主义的错误。另一方面,对社会主义建设所处历史方位的不准确判断,客观上降低了共产主义社会的标准,导致苏联人民对马克思列宁主义所描绘的共产主义社会认识上的误解,严重影响了苏联人民对共产主义的向往和对马克思列宁主义的信仰。

(四) 意识形态“外紧内松”,在“输出革命”问题上自相矛盾

马克思主义具有鲜明的意识形态规定性,国际主义是马克思主义的题中应有之义,也是马克思主义本土化的必然要求。苏联作为第一个社会主义国家,在社会主义建设中取得了不少成功的经验,并主动地担负起指导和帮助其他落后国家进行社会主义革命和建设的任务和义务。但是,苏联在执行国际主义,推进世界社会主义运动的过程中,出现意识形态泛化倾向,表现出了“老子党”和“大国沙文主义”的一面,违背了马克思主义本土化的根本要求。

苏联在促成社会主义阵营方面做出了突出的贡献。第二次世界大战中,苏联在斯大林的领导下,积极支持东欧德国占领区国家共产党领导的反法西斯斗争,先后建立了民主德国、捷克斯洛伐克社会主义共和国、波兰人民共和国、匈牙利人民共和国、罗马尼亚社会主义共和国、保加利亚人民共和国等卫星国,组成了以苏联为首的社会主义国家阵营。随着温斯顿·丘吉尔发表著名的“铁幕”演说,由于东西方意识形态的尖锐对立,世界逐步形成了资本主义宪政民主国家和社会主义人民民主国家两大阵营长期对峙的冷战格局。这不仅在客观上丰富了社会主义制度形态的具体内容,而且平衡了意识形态的力量对比,生成了有利于世界和平的积极力量,为马克思主义在世界范围内本土化营造了有利环境。

赫鲁晓夫也认同国际主义和强调世界社会主义阵营的作用。在 1960 年 7 月

的苏共中央全会上通过的《关于苏共第二十一次代表大会决议执行情况，关于发展工业、运输业和生产中采用最新科学技术成就的决议》中指出："现在，当存在强大的社会主义阵营的时候，就有防止战争的可能性。"①全会的另一个决议《关于布加勒斯特共产党和工人党代表会议结果的决议》认为："共产党和工人党对现代局势的一些最重要问题上的一致立场，再一次证明国际共产主义运动忠于马克思列宁主义，所有的兄弟党准备继续加强世界社会主义阵营的团结。共产党和工人党表示要坚决反击对马克思列宁主义学说的修正主义、教条主义和'左'倾宗派主义的背离，反击狭隘民族主义倾向的表现，创造性地发展马克思列宁主义和善于在实践中运用它。"②勃列日涅夫同样对社会主义阵营也非常重视。在 1971 年 11 月的苏共中央全会上通过的《关于苏共中央自苏共第二十四次代表大会以来的国际活动的决议》指出："社会主义国家大家庭过去是、现在仍然是对抗世界资本主义的主要力量，是当代解放运动的强大支柱。苏共把大力加强世界社会主义阵地、努力争取社会主义国家进一步团结起来、进一步发展同这些国家的友谊和合作，看成是自己的国际主义义务，看成是自己国际政策的主要任务之一。"③

可见，苏联在社会主义建设中，历届领导人都有明确的思路和具体的行动，把对国际主义和世界社会主义阵营的重视放在一个很重要的位置，对世界社会主义运动产生了积极的作用。但是，在推行国际主义的具体过程中，不仅不时暴露出"老子党"的自觉意识，还有大量的行为举动，向其他社会主义国家搞革命输出。

苏共一向宣扬自己推行的国际主义，主张世界和平，反对革命输出。苏共中央主席团委员波利扬斯基在 1965 年庆祝十月革命胜利 48 周年集会上讲话指出："世界上任何一个地方的革命斗争都不需要外来的推动。我们党一向反对输出革命的主张，正如它反对反革命的输出一样。"④而事实上，苏联说的是一套，做的是另一套。1956 年 6 月，波兰重工业城市波兹南发生了大规模骚乱，主要反映了波兰群众对政府政治和经济问题的不满，以及对苏联大国主义的抗议，史称"波兹南事件"。赫鲁晓夫借机强行访问波兰，向波兰施加武力威胁，后因考虑冲突的严重后果而放弃了进一步的行动。同年 10 月，匈牙利布达佩斯发生游行示威并演变成流血冲突，苏联不顾其他社会主义国家的强烈反对，武装干涉了匈牙利。由此赫鲁晓夫提出了他的社会主义国家"主权有限"的理论，以论证自己控制东欧的合理性，在不平等、非自愿的基础上维护"社会主义大家庭"的团结。1975 年 10 月，勃列日涅

① 沈志华、于沛等:《苏联共产党九十三年》，当代中国出版社，1993 年版，第 547 页。

② 沈志华、于沛等:《苏联共产党九十三年》，当代中国出版社，1993 年版，第 548 页。

③ 沈志华、于沛等:《苏联共产党九十三年》，当代中国出版社，1993 年版，第 707 页。

④ 沈志华、于沛等:《苏联共产党九十三年》，当代中国出版社，1993 年版，第 621 页。

夫在苏联科学院成立 25 周年庆祝大会上说:“经济力量和防御力量的加强,使苏联胜利地在国际舞台上展开以加强普遍和平为目标的积极的‘攻势’。”①他还提出苏联还广泛地插手第三世界国家的事务,以削弱和排斥美国在第三世界的影响。这就有了后来的在中东支持阿拉伯国家与以色列进行战争,指挥古巴军队介入安哥拉内战,指挥古巴军队介入埃塞俄比亚同索马里的边界冲突,策动加丹加雇佣军进攻扎伊尔,支持越南侵略柬埔寨,进军阿富汗。② 勃列日涅夫在搞革命输出的同时,总是打着意识形态的旗号,他要求苏军对当前国际形势有正确理解,提高政治嗅觉和警惕性,明确国家间的和平共处并不意味着“思想上的和平共处”。③

可见,苏联在社会主义建设探索时期,表面上坚持马克思列宁主义,执行国际主义的路线,实际上为了苏联自己的利益,大行“老大哥”作派,将“苏联模式”强加于其他社会主义国家,推行自己的意识形态,输出革命的结果是严重影响了自身国内的马克思主义本土化。

(五)社会建设理论与实践严重脱节,民生改善整体滞后

社会进步是马克思主义本土化的直接目标和具体体现。苏联在社会主义建设探索时期,虽然从整体上讲,经济总量和综合国力有了很大的提高,成为可以与美国抗衡的超级大国,但是,社会建设成效并不明显,人民的生活水平提高相对不快,社会稳定的基础比较脆弱。

在向社会主义过渡阶段,由于社会主义革命和战争的原因,苏联人民的生活水平起点不高,经过社会主义基本制度确立阶段,苏联人民的生活水平有了较大改善,社会主义制度的优越性初步得到体现。但是,从斯大林后期到赫鲁晓夫上台时,苏联已经与美国展开了多年的军事竞赛,整个国民经济严重地受制于军事战略,极大地限制了苏联的社会建设。在生活资料方面,食品价格不断上涨,并由于商品不足引起了通货膨胀,居民的工资增长低于生活费用的增长。就连赫鲁晓夫也曾直言不讳地说:“我在 1914 年结婚时才 20 岁,因为我做的是高度技术性的工作,我立即得到一套房子。这套房子有会客室、厨房、卧室和餐室。革命后好多年,回想起我作为资本主义制度下的工人,有比现在生活在苏维埃政权下我的工人同胞更好的居住条件,使我感到心痛。”④这就说明,在赫鲁晓夫时期,无论其在报告

① 《勃列日涅夫言论》(第 1 集),上海人民出版社,1974 年版,第 320 页。

② 左凤荣:《致命的错误》,世界知识出版社,2001 年版,第 220 页。

③ 沈志华等:《苏联共产党九十三年》,当代中国出版社,1993 年版,第 713 页。

④ [苏]赫鲁晓夫:《最后的遗言——赫鲁晓夫回忆录续集》,东方出版社,1988 年版,第 149 页。

中,或在主观上对提高人民的生活水平,不否认其在执政期间做出了不少努力,但实际上人民生活水平还是不高。

勃列日涅夫上台后,虽然“缓和”、“和平共处”的调门很高,也取得了一些成果,特别是1975年《赫尔辛基协定》的签署,苏联达到了使西方承认战后边界现状的目的。但是,苏联继续推行“重军抑民”的经济发展战略,不惜以压缩民用经济和抑制人民生活为代价,以惊人的速度扩充其军事力量。在社会建设问题上,并没有正确认识所处的社会发展阶段,大肆宣传苏联处于“发达社会主义”阶段,掩盖了大量社会矛盾,积累了很多社会问题。尽管勃列日涅夫在社会建设方面做出过不少努力,他在1965年9月苏共中央全会上宣布:“我们尽力使我国的外交成为积极的和进攻性的外交,同时,我们也在表现出灵活性和审慎态度。”①并在19世纪70年代初尼克松任美国总统后,根据美国从追求对苏联的力量优势转向满足于均势的政策调整,积极发展同西方的贸易往来,从西方获得了大量贷款,引进了许多先进技术和设备,改善了与西方的经济关系,使苏联的国防实力空前增强,国家的安全系数达到了十月革命以来的最高点,苏联的经济总体实力也达到了世界第二的水平。但是,在社会建设方面,人民生活水平提高的愿望与现实之间仍然存在巨大的反差,其实际水平与其国力极不相称,尤其在现代消费品生产和消费方面,则进一步拉大了与发达国家的差距。

总之,在社会主义建设时期,不能说苏联在理论上不重视社会建设,几乎历次党的代表大会和重大节庆纪念日,都在报告中高喊要不断满足人民群众日益增长的物质需要,但是从实际措施来看,可谓是雷声大、雨点小,党和政府在政治上的高调宣传与实际生活形成的巨大反差,人民群众没有从社会主义制度的优越性中持续得到实惠,人们对苏维埃政府的社会建设表示了强烈的不满,有些地方甚至出现了大规模的骚乱,严重动摇了苏联社会稳定的基础。

此外,苏联在社会主义建设探索时期还有一个重要的特点,那就是在后斯大林时期,党的建设指导思想出现了偏离马克思列宁主义党建原则的情况。赫鲁晓夫以抽象的“人道主义”来歪曲十月革命的历史事实为起点,鼓吹苏共的政策一直贯穿着共产主义思想,即“一切为了人,为了人的幸福”,他在苏共二十二大会议上宣布,在当代苏联已经“很难区分党员和非党员”,苏共的政策是“最富于人性的政策”②。继而提出了“全民党”的理论,抛弃了“共产党是工人阶级的先锋队”这个马克思列宁主义的建党原则,从指导思想上放弃了党在本土化实践中的“阶级性”、“先进性”和“科学性”,在全体党员和广大人民群众的思想中造成了极大的混乱,这

① 《真理报》,1965年9月30日。

② 《苏联共产党第二十二次代表大会主要文件》,人民出版社,1961年版,第212页。

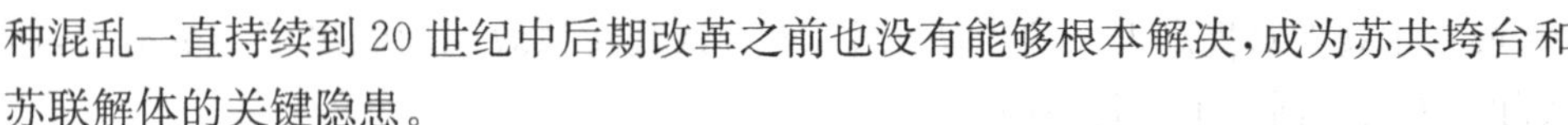

种混乱一直持续到20世纪中后期改革之前也没有能够根本解决,成为苏共垮台和苏联解体的关键隐患。

第二节　建设时期中国马克思主义本土化的基本历程和主要特点

建设时期在中国是指从新中国成立到改革开放前,是中国共产党继续运用马克思列宁主义,结合国情实际,完成社会主义改造,开始社会主义建设探索的时期。由于这个时期特殊的国内国际因素,使得这个时期的马克思主义中国化实践充满艰难和曲折。

一、建设时期中国特色社会主义的初步探索

建设时期的马克思主义中国化分为从1949年到1956年的向社会主义过渡和从1956年到1978年的社会主义建设探索两个阶段,从总体上讲是喜忧参半,既有成功的经验,更有值得总结和记取的教训。

(一) 提出"第二次结合"命题,向社会主义过渡

1949年10月新中国的成立,标志着中国共产党领导中国人民取得了新民主主义革命的伟大胜利,也标志着马克思列宁主义与中国革命具体实际"第一次结合"的胜利。这个胜利导致了两个最直接的结果,即中国共产党在理论上更坚定了对马克思列宁主义的信仰,在实践上更坚定了对社会主义制度的美好向往。因此,新中国成立后,摆在中国共产党面前的迫切问题就是,如何实现由新民主主义革命向社会主义革命的转变?如何建立社会主义制度,以及如何建设社会主义?毛泽东提出了"第二次结合"的命题,试图系统而全面地回答上述两大问题。

1. 提出将马克思列宁主义与中国具体实际"第二次结合"的命题

根据时任新华社社长吴冷西的回忆,在1956年三、四月间,毛泽东多次支持召开中共中央政治局会议和中共中央书记处会议,一是认真研究苏共二十大关于对斯大林所犯错误的批判问题,二是全面总结无产阶级专政的历史经验。在1956年4月4日最后一次讨论《关于无产阶级专政的历史经验》修改稿会议上,毛泽东在会议即将结束时说:"最重要的是独立思考,把马列主义基本原理同中国革命和建设的具体实际相结合。民主革命时期我们在吃了大亏之后才成功地实现了这种结合。现在是社会主义革命和建设时期,我们要进行第二次结合,找出在中国怎样建设社会主义的道路。这个问题我几年前就开始考虑,先在农业合作化问题考虑把

合作社办得又多又快又好,后来又在建设上考虑能否不用或少用苏联的'拐杖',不像第一个五年计划那样照搬苏联一套,自己根据中国的国情,建设得又多又快又好又省。现在感谢赫鲁晓夫揭开了盖子,我们应从各方面考虑如何按照中国的情况办事,不要再像过去那样迷信。其实,过去我们也不是完全迷信,有自己的独创。现在更要努力找到中国建设社会主义的具体道路。"①这就是毛泽东"第二次结合"命题的由来,从正式提出的时间来看,"第二次结合"是毛泽东对1949年至1956年社会主义革命实践的总结,但是从具体的历史事实来看,实践就是按照毛泽东"几年前"考虑的思路进行的,"第二次结合"实际上从1949年就已经开始。"第二次结合"的提出,揭示了马克思主义中国化不是一次可以完成的任务,而是一个不断发展的过程,不是一次成功就可以一劳永逸,而是一个充满曲折和艰辛的探索过程。这也再次证明,马克思主义具有与时俱进的理论品质,是引导社会前进、推动社会变革的强大力量。对"苏联模式"进行反思,是我们党确立走中国特色社会主义建设道路和推进马克思主义中国化进程的重要切入点。

2. 创造性地运用马克思列宁主义,向社会主义过渡

向社会主义过渡,即实现由新民主主义革命向社会主义革命转变。在新中国成立后头三年里,主要是恢复国民经济,完成民主革命的遗留任务,为向社会主义过渡创造条件。其时,全国人民建设国家的热情高涨,一方面迅速完成了肃清国民党反动派在大陆的残余武装力量,剿匪反霸,镇压反革命,召开地方各级人民代表会议,建立各级人民政权,完成新解放区的土地制度改革。另一方面顺利接受了帝国主义的在华资产,没收官僚资本企业归国家所有,从而为恢复和发展新民主主义经济,进行社会主义改造准备了条件。以毛泽东为代表的中国共产党人,创造性地运用马克思列宁主义关于社会主义革命理论,结合中国具体实际,系统地回答了中国为什么选择和怎样过渡到社会主义这一根本问题,形成了关于过渡时期的理论和关于社会主义改造的理论。

关于过渡时期的理论,毛泽东在继承马克思、恩格斯和列宁关于过渡时期的理论的基础上,结合中国特殊的国情,进行了创造性的运用和发展,形成了新民主主义社会向社会主义社会过渡的理论。具体包括:第一,对过渡时期社会主要矛盾的认识。毛泽东认为,在新民主主义革命胜利并且完成了土地改革以后,中国社会还存在两种基本矛盾。第一种是国内的,即工人阶级和资产阶级的矛盾。第二种是与国外的,即中国和帝国主义国家之间的矛盾。为此,毛泽东在党的七届三中全会上提出了"不要四面出击"的策略原则。1952年6月,毛泽东再次强调:"在打倒地

① 吴冷西:《忆毛主席》,新华出版社,1995年版,第9—10页。

主阶级和官僚资产阶级以后,中国内部的主要矛盾即是工人阶级与资产阶级的矛盾,故不应该再将民族资产阶级称为中间阶级。”①这表明,随着国民经济的恢复和发展以及全国土地改革的基本完成,毛泽东认为工人阶级与资产阶级的矛盾已经上升为社会的主要矛盾。第二,关于新民主主义社会向社会主义社会过渡的初步设想。毛泽东和党的其他领导人原来的设想是,新中国成立后的一段时间里,首要任务还不是立即向社会主义转变,而是要迅速地恢复和发展国民经济,开展大规模的工业化建设,稳步地由农业国转变为工业国,为新民主主义国家向社会主义国家过渡奠定基础。后来,由于中国经济社会发展的一系列深刻变化,如恢复国民经济的任务提前完成、国营工商业与私营工商业的比重发生根本性变化、农村中的互助合作普遍发展起来等,毛泽东准确地把握这些新变化,重新思考向社会主义过渡的问题,提出了完整的关于转变的时间、条件、步骤和方式的新设想。第三,1953年党中央经过多次讨论提出了过渡时期总路线,要在10到15年或更多一些时间内,“逐步实现国家的社会主义工业化,并逐步实现国家对农业、对手工业和对资本主义工商业的社会主义改造”②。

关于社会主义改造的理论。

首先,对个体农业的社会主义改造。马克思、恩格斯提出过对农民的生产和占有,不能采取剥夺的方法,只能采取典型示范、国家帮助等方法,逐步把小农经济改造成为集体经济的思想。列宁提出过合作制是改造小农经济的唯一道路的观点。我国在列宁的农业合作化思想的指导下,在合作化的路径与形式上有所创新,具有中国特色。苏联从一开始就采取集体农庄的形式,推行大型农业机械化,实行整个生产资料的国家所有。中国根据经济落后、工业化程度不高的实际情况,实行先合作化、后机械化的道路,党中央和毛泽东提出,在农业合作化过程中要坚持说服教育、典型示范、国家援助等原则,采取互助组、初级社、高级社等形式逐步过渡,形成新的生产力,弥补生产工具,特别是生产机械的不足,然后再通过国家工业化建设的发展,推广农业机械,逐步实现农业的机械化、现代化,这是适合中国国情的农业现代化道路。对个体手工业的社会主义改造与对个体农业的社会主义改造基本相同。

其次,对资本主义工商业的社会主义改造。对资本主义工商业,马克思主义的一般原则是“剥夺剥夺者”,列宁曾提出实行国家资本主义赎买政策。中国共产党和毛泽东从中国的实际出发,提出中国社会主义革命要走和平改造之路,并根据马克思列宁主义关于过渡时期阶级斗争和无产阶级专政的理论,以具有鲜明中国特

① 《建国以来毛泽东文稿》(第3册),中央文献出版社,1989年版,第458页。
② 《建国以来毛泽东文稿》(第4册),中央文献出版社,1989年版,第405页。

色的方式，在世界社会主义历史上第一次胜利实现了马克思、恩格斯和列宁提出的对资产阶级“和平赎买”的设想。

关于社会主义改造理论的伟大实践，邓小平曾评价说：“我们的社会主义改造是搞得成功的，很了不起。这是毛泽东同志对马克思列宁主义的一个重大贡献。”①

3. 发展马克思列宁主义，建立有中国特色的政治制度

在向社会主义过渡阶段，在推进三大改造的过程中，中国共产党根据中国的特殊国情，逐步建立起了一整套有中国特色的政治制度。

关于新中国的政权组织形式，毛泽东提出，我们的政权制度，过去叫苏维埃，那是死搬外国的名词，我们用“人民代表会议”。人民代表大会制度是中国人民民主专政的政权组织形式。《中国人民政治协商会议共同纲领》规定：“中华人民共和国的国家政权属于人民。人民行使国家政权的机关为各级人民代表大会和各级人民政府。各级人民代表大会由人民用普选方法产生之。”②这就从法律上确认了人民当家做主。人民代表大会制度实行议行合一原则，集中统一行使国家权力，这是巴黎公社的一条重要经验。马克思在总结巴黎公社的经验时指出：“公社是一个实干的而不是议会式的机构，它既是行政机关，同时也是立法机关。”③人民代表大会制度还实行列宁提出的民主集中制的组织原则。1945 年，毛泽东在《论联合政府》中指出：“应该采取民主集中制，由各级人民代表大会决定大政方针，选举政府。它是民主的，又是集中的，就是说，在民主基础上的集中，在集中指导下的民主。只有这个制度，才既能表现广泛的民主，使各级人民代表大会有高度的权力；又能集中处理国事，使各级政府能集中地处理各级人民代表大会所委托的一切事务，并保障人民的一切必要的民主活动。”④人民代表大会制度，体现的是真正的民主，人民的民主，社会主义的民主。毛泽东后来强调说：“我们的这个社会主义的民主是任何资产阶级国家所不可能有的最广大的民主。”⑤

关于中国的政党制度，早在 1941 年 11 月 6 日，毛泽东在陕甘宁边区参议会的演说中就提出了多党合作的思想，他说：“国事是国家的公事，不是一党一派的私事。”“共产党的这个同党外人士实行民主合作的原则，是固定不移的，是永远不变

① 《邓小平文选》(第 2 卷)，人民出版社，1983 年版，第 302 页。

② 中央档案馆编：《中共中央文件选集》(第 18 册)，中共中央党校出版社，1992 年版，第 586—587 页。

③ 《马克思恩格斯选集》(第 3 卷)，人民出版社，2012 年版，第 98 页。

④ 《毛泽东选集》(第 3 卷)，人民出版社，1991 年版，第 1057 页。

⑤ 《毛泽东文集》(第 7 卷)，人民出版社，1999 年版，第 207 页。

的。”[①]毛泽东1950年6月在全国政协一届二次会议上说:“我们有伟大而正确的《共同纲领》以为检查工作、讨论问题的准则。《共同纲领》必须充分地付之实行。”[②]中国共产党领导的多党合作和政治协商制度,是马克思主义政党理论和统一战线学说与我国实际相结合的产物,是符合中国国情的社会主义政党制度,是我国的一项基本政治制度。它是在我国长期革命和建设中形成和发展起来的,也是中国共产党和各民主党派的共同创造。中国是一个多党派的国家。除了执政的中国共产党外,还有8个民主党派。这些民主党派在中华人民共和国成立之前就已存在,它们在政治上拥护共产党的领导,这是它们在与共产党长期合作、共同奋斗过程中做出的历史选择。对此,毛泽东是这样评价的,他说:“人民政治协商会议及其选出的全国委员会,是团结全国各族人民、各民主阶级、各民主党派、各人民团体及各界民主人士的伟大的统一战线的政治组织,在全国人民中有很高的威信。我们必须巩固这种团结,巩固我们的统一战线,领导全国人民稳步地达到自己的目的。”[③]

关于民族区域自治制度,这是列宁主义民族理论与中国具体实际相结合的产物,是一个“史无前例的创举”。[④] 中国共产党解决民族问题经历了一个从联邦制的构想,到联邦制和民族区域自治制度相结合,再到民族区域自治制度的最后确立的过程。如1923年党的三大通过的《党纲草案》规定:“西藏蒙古,新疆青海等地和中国本部的关系由各该地民族自决。”[⑤]1928年党的六大提出的民族纲领就是“统一中国,承认民族自决权”[⑥]。这两个时间段关于民族问题的解决方案,与列宁解释民族问题的理论,存在时间上的前后联系和内容上的相似。这一方面说明在中国共产党幼年时期,“对于中国的历史状况和社会状况、中国革命的特点、中国革命的规律都懂得不多”,“对于马克思列宁主义的理论和中国革命的实践还没有完整的、统一的了解”[⑦]有关,另一方面也说明,中国共产党对解决民族问题的思考“与党受苏联经验的影响有关”[⑧]。但中国共产党最后确认了民族区域自治的制度,是

---

① 《毛泽东选集》(第3卷),人民出版社,1991年版,第809页。

② 《毛泽东文集》(第6卷),人民出版社,1999年版,第77页。

③ 《毛泽东文集》(第7卷),人民出版社,1999年版,第78页。

④ 《周恩来选集》(下卷),人民出版社,1984年版,第258页。

⑤ 中央档案馆编:《中共中央文件选集》(第1册),中共中央党校出版社,1989年版,第62—63页。

⑥ 中央档案馆编:《中共中央文件选集》(第1册),中共中央党校出版社,1989年版,第141—142页。

⑦ 《毛泽东选集》(第2卷),人民出版社,1991年版,第610页。

⑧ 林志友:《马克思主义中国化的进程及其规律研究》,中国社会科学出版社,2010年版,第97页。

对列宁民族理论的创造性地运用和发展。所谓民族区域自治制度，是指在国家统一领导下，各少数民族聚居的地方实行区域自治，设立自治机关，行使自治权的制度。在确定实行民族区域自治制度的同时，中国共产党和毛泽东还提出了一系列正确处理民族关系的正确原则，包括：一坚持民族平等，实现民族团结，既要反对大汉族主义，又要反对地方民族主义；二是按民族聚居程度实行不同级别的区域自治；三是国家帮助少数民族地区发展，实现各民族的共同繁荣和进步；四是各少数民族均有发展其语言文字、保持或改革其风俗习惯及宗教信仰的自由。

（二）推进"第二次结合"，探索中国特色社会主义建设道路

顺利实现对农业、手工业和资本主义工商业的社会主义改造，建立起了社会主义基本制度，既为"第二次结合"奠定了基础，又为实践"第二次结合"更重要的主题，实现"第二次结合"的最终目标，即为如何找到适合中国国情的社会主义建设道路，建设社会主义开了好头。以毛泽东的《论十大关系》和党的八大召开为标志，中国共产党人开始了适合中国国情的社会主义建设道路的探索，在经济政治文化等诸多方面提出了许多新方针和新构想，富有强烈的创造精神，为后来提出中国特色社会主义理论体系及其伟大实践开辟了最初的航道。

1. 探索初期对社会主义建设的新构想

1956年前后，国际形势的特点和总趋势是以美苏为首的两大阵营逐步走向缓和，为中国进行社会主义建设提供了一个良好的外部环境。同时，在这一时期，社会主义阵营也发生了一系列大事，为中国共产党领导社会主义建设提供了有益的借鉴，促使中国共产党人更加重视认真研究和汲取苏联及东欧国家的经验教训，独立地探索适合中国国情的社会主义建设道路。1956年9月，毛泽东在党的八大开幕词中提出："我们这次大会的任务是：总结从七次大会以来的经验，团结全党，团结国内外一切可以团结的力量，为了建设一个伟大的社会主义的中国而奋斗。"① 为此党的八大制定了一系列正确的决策。可以说，党的八大探索中国社会主义建设道路所取得的成果是丰硕的，在许多问题上都体现了不同于苏联的独创性，对今天我们正在进行的中国特色社会主义建设事业仍有重要的借鉴意义。

关于国情和社会主要矛盾的认识与经济发展战略。随着社会主义改造的提前完成，中国共产党人的主要关注点开始转移，在尊重国情的前提下来构想社会主义建设方略。对于国情，毛泽东在1956年年初中央知识分子问题会议上将其形象地概括为"一穷二白"。"一穷"主要是指经济总量很小；"二白"主要是指基本没有像

① 《中国共产党第八次全国代表大会文件》，人民出版社，1956年版，第3页。

样的工业。但是,中国共产党人承认落后,又不甘于落后,决心改变落后。讲“一穷二白”,就是要激励中国人民奋起改变落后面貌的革命精神,激发中国人民的赶超意识。党的八大指出,社会主义改造胜利完成,几千年来的阶级剥削制度基本消灭,国内的主要矛盾已经是人民对于建立先进的工业国的要求同落后的农业国的现实之间的矛盾,已经是人民日益增长的物质文化需求同落后的经济发展水平之间的矛盾。毛泽东在《关于正确处理人民内部矛盾的问题》中指出:“我们的根本任务,已经由解放生产力变为在新的生产关系下面保护和发展生产力”;我们要“团结全国各族人民进行一场新的战争——向自然界开战,发展我们的经济,发展我们的文化”;“巩固我们的新制度,建设我们的新国家”。① 为此,中国共产党逐步明确了我国经济发展的战略设想。即第一步,用3个“五年计划”,打下现代工业化的基础;第二步,再用10个至20个“五年计划”,也即50年至100年的时间,接近或赶上世界最发达的资本主义国家。党的八大在党章中规定:“中国共产党的任务,就是有计划地发展国民经济,尽可能迅速地实现国家工业化,有系统、有步骤地进行国民经济的技术改造,使中国具有强大的现代化的工业、现代化的农业、现代化的交通运输业和现代化的国防。”②

关于有别于苏联模式的中国工业化道路。中国共产党和毛泽东对苏联及东欧片面强调发展重工业和军事工业的错误做法已经有了清楚的认识,毛泽东在《论十大关系》中将正确处理农、轻、重的关系放在首要关系的位置加以强调。他指出,多发展农业和轻工业,“会使重工业发展得多些和快些,而且由于保障了人民生活的需要,会使它发展的基础更加稳固”③。毛泽东后来又提出把建立独立完整的工业体系作为实现工业化的重要标志。周恩来根据毛泽东的思想,对完整的工业化体系做了进一步的阐述,“我们的工业化,就是要使自己有一个独立的完整的工业体系”,“自己能够生产足够的重要的原材料;能够独立地制造机器,不仅能够制造一般的机器,还要能够制造重型机器和精密机器,能够制造新式的保卫自己的武器,像国防方面的原子弹、导弹、远程飞机;还要有相应的化学工业、动力工业、运输业、轻工业、农业等等”④。

关于经济建设方针的新思路。早在党的八大前夕,周恩来就指出,生产的发展和其他一切事业的发展必须放在稳妥可靠的基础上,反对保守主义的同时,必须反对急躁冒进的倾向,并把这一精神作为起草党的八大报告的指导思想之一。党的八届二中全会又通过了周恩来提出的1957年要实行“保证重点,适当收缩”的方

---

① 《毛泽东文集》(第7卷),人民出版社,1999年版,第216页。

② 《建国以来重要文献选编》(第9册),中央文献出版社,1994年版,第315—316页。

③ 《毛泽东文集》(第7卷),人民出版社,1999年版,第25页。

④ 《周恩来选集》(下),人民出版社,1984年版,第32页。

针。陈云在关于商业工作的讲话中进一步指出,要注意国家建设规模和人民生活需要的平衡问题,这虽然是“紧张的平衡”,“但是,绝不能紧张到使平衡破裂”。① 因此,当时的经济建设方针可以概括为,既反保守又反冒进,在综合平衡中稳步前进的方针。

关于经济管理体制的初步改革。我国按照“苏联模式”建立起来的高度集中的经济管理体制,曾在恢复国民经济、保障抗美援朝胜利、促进社会主义改造和保证重点建设等方面发挥了积极的作用,但是,随着社会主义建设的全面展开,其弊端也日渐暴露。《论十大关系》已经提出了经济管理体制改革的问题。党的八届三中全会通过了关于改进工业、商业和财政三个管理体制的决定,这是中国共产党关于经济体制改革的最初尝试。主要内容有:中央向地方分权、扩大企业权力、“三个主体、三个补充”②的管理体制、社会主义经济既要有计划性,又要有多样性、灵活性。

关于建设社会主义民主政治的思想。在大规模阶级斗争基本结束以后,扩大民主问题日益凸显。党的八大政治报告中指出:“在我国进入社会主义建设时期以后,进一步地扩大国家的民主生活,开展反对官僚主义的斗争,有迫切的、重要的意义。”③为此,中国共产党采取了一系列民主建设措施,有关于共产党与各民主党派“长期共存,相互监督”的方针,有关于加强社会主义法制建设的思想,有关于改革党和国家领导制度的想法等。

此外,还有关于科学文化建设的重要决策,如提出知识分子是工人阶级的一部分思想,提出“向科学进军”号召,提出“百花齐放、百家争鸣”的文化建设方针,提出要中西文化相结合,思想文化要对外开放的思想等。最后还有关于坚持和平共处五项原则基础上的外交政策,为扩大我国在国际事务中的影响,为我国的和平建设创造了较为有利的外部环境。

2. 社会主义建设探索中的迷误

历史的发展不时发生瞬间转换。1956 年前后,中国本来已经迎来经济建设走向繁荣、政治环境走向民主、文化发展走向活跃的最好时期,但是,党的八大召开后仅仅半年,在社会主义建设探索中就接连发生了一系列迷误,成为新中国历史中马克思列宁主义中国化第一个曲折时期。这些迷误主要指反右斗争扩大化、“大跃

---

① 《陈云文选》(第 3 卷),人民出版社,1995 年版,第 29 页。

② “三个主体、三个补充”即新的经济体制是国家经营和集体经营是工商业的主体,一定数量的个体经营是国家经营和集体经营的补充;计划生产是工农业生产的主体,按照市场变化而在国家计划许可范围内的自由生产是计划生产的补充;国家市场是主体,一定范围内国家领导的自由市场是国家市场的补充。见《陈云文选》(第 3 卷),人民出版社,1995 年版,第 13 页。

③ 《建国以来重要文献选编》(第 9 册),中央文献出版社,1994 年版,第 349 页。

进"和"人民公社化"运动,以及"文化大革命"。

首先是反右斗争扩大化。反右斗争扩大化是对反右斗争的结论性评价,包括两层含义,即反右斗争是需要的,但扩大化是错误的。那么,为什么需要反右斗争呢?又为什么会出现扩大化情况呢?实际情况是这样的,1956年下半年,由于社会主义改造的急促完成,国内经济政治生活出现了一些不正常情况,一些干部出现了严重的官僚主义,在一些地方出现了少数人闹事的事件。对于这些情况,毛泽东其实是早有察觉的,在党的八大开幕词中,毛泽东指出:"在我们的许多同志中间仍然存在违反马克思列宁主义的观点和作风,这就是:思想上的主观主义、工作上的官僚主义和组织上的宗派主义。这些观点和作风都是脱离实际的,是不利于党内和党外团结的,是阻碍我们事业进步、阻碍我们同志进步的。必须用加强党内的思想教育的方法大力克服我们队伍中的这些严重的缺点。"①为此,毛泽东在党的八届二中全会上宣布:要用整风的方法解决人民内部矛盾。经过长时间考虑和酝酿,1957年2月27日,毛泽东在扩大的最高国务会议上发表了《关于正确处理人民内部矛盾的问题》的重要讲话。在讲话中,毛泽东指出,"百花齐放,百家争鸣"是一个基本性的也是长期性的方针,领导这个国家的应该是"放"的方针,要放手让大家讲意见,使人们敢于说话、敢于批评、敢于争论。整风运动全面展开后,各方面人士在各种座谈会和各种报刊上广泛而集中地对党的工作提出批评意见,毛泽东对批评意见揭露出来的党政工作中的大量缺点错误非常重视,多次批示给其他领导人阅读。然而,随着整风运动的推进,各种批评意见急剧升温,情况也趋于复杂,除了正常的批评意见外,越来越多的意见涉及对党的领导、对社会主义制度、对新中国成立以来历次政治运动、对党的内外方针等重大问题的根本评价,少数右派开始利用"放"的方针,恶意地借批评党在建设探索中存在的问题和发生的错误,开始向党的路线方针和政策发起进攻,出现了怀疑和否定共产党的领导和社会主义制度的问题。这些情况引起了党中央和毛泽东的特别注意。1957年6月8日,《人民日报》发表社论《这是为什么?》,标志着反右派斗争正式开始。客观地讲,党中央和毛泽东当时的出发点是试图把反右派斗争在政治上打击的范围尽量缩小到极右派,加大争取中间派的力度。但由于"波匈事件"的影响,导致当时的毛泽东对社会主义主要矛盾的认识发生了根本的变化,由"国内阶级矛盾已基本解决"②转向"无产阶级和资产阶级的矛盾,社会主义道路和资本主义道路的矛盾,毫无疑问,这是当前我国社会的主要矛盾"③。毛泽东在1958年5月党的八大二次会议上断言:"整风

① 《中国共产党第八次全国代表大会文件》,人民出版社,1956年版,第5页。

② 《建国以来重要文献选编》(第6册),中央文献出版社,1992年版,第245页。

③ 《建国以来重要文献选编》(第10册),中央文献出版社,1995年版,第606—607页。

运动和反右派斗争的经验再一次表明,在整个过渡时期,也就是说,在社会主义社会建成以前,无产阶级和资产阶级的斗争,社会主义道路和资本主义道路的斗争,始终是我国内部的主要矛盾。”[①]还有一个深层次的原因,笔者认为是毛泽东出于对社会主义事业的无比忠诚,出于对社会主义事业“守成”的责任意识,导致了他对与自己不一致的意见十分敏感,容易使他认为不一致的意见就是对党的路线方针和政策的反对。同时由于,当时毛泽东的个人专断倾向有所发展,他可能还会把与他不一致的意见看成是对他个人的攻击,当然,这不是导致毛泽东错误地估计这种攻击的严重程度的主要原因。从总体上看,毛泽东对社会主义社会主要矛盾认识的逆转,是他后来频繁地开展政治运动,导致阶级斗争扩大化的理论根源。

不可否认,经过全党整风和反右派斗争,中国共产党认为社会主义革命在经济和政治思想战线上已经取得了胜利,全党思想统一,人民群众热情高涨,经济建设应该搞得快一些。为此,党中央和毛泽东酝酿并制定了社会主义建设总路线。历史地看,社会主义建设总路线的提出,反映了党和广大人民群众迫切要求改变中国经济文化落后状况的普遍愿望。如果在建设中,保持鼓足干劲、力争上游这样一种精神状态,正确处理好多、快与好、省之间的关系,是可以促进或加快社会主义建设事业的。反之,如果处理不好这些关系,就会犯急躁冒进和急于求成的错误。政治建设与经济建设是相辅相成、互为影响的。从实际情况来看,反右斗争扩大化确实给经济建设带来了极大的阻碍,加上从 1960 年起,中国又遭受了三年自然灾害,使得当时中国的经济和社会发展状况陷入了巨大的困难之中。为此,1961 年党的八届九中全会制定了“调整、巩固、充实、提高”八字方针,1962 年召开了中央扩大工作会议,在深入反思的基础上,毛泽东主动承担了中央工作所犯错误的责任,承认在经济建设上存在盲目性,会议上批准了《关于讨论 1962 年调整计划的报告》。经过 1962 年春到 1966 年 5 月的经济调整,中国经济虽然走出了低谷,但是,毛泽东在此调整的过程中依然认为中国社会的主要矛盾是两个阶级、两条道路的矛盾,这是关系到党和国家生死存亡的问题,要使中国共产党保持马克思主义的性质而不演变为修正主义的党,使中国保持社会主义国家的性质而不复辟资本主义,就必须抓紧思想和政治领域的阶级斗争。在 1962 年 9 月党的八届十中全会上,毛泽东把社会主义社会中一定范围内存在的阶级斗争扩大化和绝对化,发展了他在 1957 年反右派斗争以后提出的无产阶级同资产阶级的矛盾仍然是我国社会的主要矛盾的观点。[②] 致使中国的经济建设最终未能真正回到正确的轨道上来。反右派斗争扩

① 《建国以来重要文献选编》(第 11 册),中央文献出版社,1995 年版,第 288 页。

② 中国人民大学马列主义发展史研究所:《马克思主义史》(第 4 卷),人民出版社,1996 年版,第 179 页。

大化使党探索适合中国情况的建设社会主义道路的良好开端受到挫折,马克思主义中国化出现了指导思想向"左"的方向偏离的情况。关于反右派,邓小平同志曾讲:"一九五七年反右派是扩大化了,扩大化是错误的,但当时反右派的确有必要。"①

其次是"大跃进"和"人民公社化"运动。1957年10月下旬,党的八届三中全会颁布了《一九五六年到一九六七年全国农业发展纲要(修正草案)》,《人民日报》发表题为《建设社会主义农村的伟大纲领》社论,要求有关农业和农村的各方面的工作在20年内都按照必要和可能,实现一个巨大的跃进。这是最早提出"跃进"的口号。11月13日,《人民日报》又发表社论,肯定了"跃进"发展的正确性,由此,"大跃进"首先在农业方面发动起来。其间,毛泽东率团赴苏联参加了纪念十月革命40周年庆典,在赫鲁晓夫提出苏联要用15年赶上和超过美国的影响和刺激下,毛泽东也提出了中国要用15年左右的时间赶上和超过英国的想法,中共中央也赞同毛泽东提出的这个口号,并把这一口号作为目标向全国进行了公布。随着农业生产高潮的兴起,使毛泽东更加确信,开展批判右倾保守思想的政治斗争,发动大规模群众运动,完全可以加快经济建设速度。在这样的背景下,1958年5月,根据毛泽东的提议,党的八大二次会议通过了"鼓足干劲、力争上游、多快好省地建设社会主义"的总路线。随后,"大跃进"在工业方面也开展起来,1958年8月17日至30日,中央政治局扩大会议在北戴河召开,会议主要讨论1959年的国民经济计划,中心议题是当年的钢铁生产和建立人民公社问题,其标志性的要求是钢产量指标的不断提高,一场覆盖全国范围的大炼钢铁运动由此掀起。由于中共中央对实际生活中已经相当严重的浮夸和混乱现象,不仅没有察觉和纠正,反而加以支持,从而将"大跃进"运动推向高潮,致使以高指标、瞎指挥、浮夸风和"共产风"为主要标志的"左"倾错误严重泛滥,极大地破坏了社会生产力和社会生活的正常秩序。

在发动"大跃进"时还掀起了"人民公社化"运动。这其实是生产关系、生产生活组织形式变革的"大跃进"运动。这场生产关系的骤变,最初是由高级农业生产合作社的小社并大社引起的,这本来是出于兴修水利、大搞农田基本建设的特殊需要,但在"大跃进"氛围的推动下,却演变成不顾客观条件、争相推动农业集体生产组织向所谓更高级的形式过渡的一场普遍的群众性运动,其根本的错误在于所有制关系上盲目求纯。1958年8月,毛泽东在河北徐水听完汇报后强调,农庄不如"人民公社"好,还是"人民公社"好。此后,他多次重申这个意见,指出"人民公社"的特点,一曰大,二曰公,它的好处是可以把工农商学兵合在一起,便于领导。毛泽

① 《邓小平文选》(第2卷),人民出版社,1994年版,第390页。

东视察过的河南新乡七里营乡在全国第一个打出“人民公社”的牌子，很快全国各地闻风而动，争先恐后地成立“人民公社”。当时的中共中央还认为，“人民公社”“是指导农民加速社会主义建设，提前建成社会主义并逐步过渡到共产主义所必须采取的基本方针”①。然而，残酷的事实是，由于这种超常规发展违背经济发展和社会发展的客观规律，给中国经济造成了严重的困难。

历史和实践证明，关于社会主义建设总路线、“大跃进”运动和农村“人民公社化”运动，是“由于对社会主义建设经验不足，对经济发展规律和中国经济基本情况认识不足，更由于毛泽东同志、中央和地方不少同志在胜利面前滋长了骄傲自满情绪，急于求成，夸大了主观意志和主观努力的作用，没有经过认真的调查研究和试点，就在总路线提出来后轻率地发动了‘大跃进’运动和农村“人民公社化”运动，使得以高指标、瞎指挥、浮夸风和‘共产风’为主要标志的‘左’倾错误严重地泛滥开来”②。客观地讲，“大跃进”运动是中国共产党和毛泽东探索一条独特的、有别于“苏联模式”的社会主义建设道路的尝试，但由于教条地运用马克思主义的个别原理，又照搬革命时期的某些经验，结果是虽然在表面上标新立异，不同于“苏联模式”，实际上却带有浓厚的主观主义、经验主义色彩，非但没有发展马克思主义，反而迟滞了马克思主义中国化实践和进程。“人民公社化”运动集中地反映了中国共产党对社会主义社会目标模式的设计，体现了毛泽东建设理想社会的构想，但是，同样这种构想带有浓厚的空想社会主义和军事共产主义色彩，所以，这个设想是错误的，是不能实现的。对于这个错误，全党都有责任，并非是毛泽东一个人的错误，正如邓小平同志后来的评说，“讲错误，不应该只讲毛泽东同志，中央许多负责同志都有错误。‘大跃进’，毛泽东同志头脑发热，我们不发热？刘少奇同志、周恩来同志和我都没有反对，陈云同志没有说话。”③这是马克思主义中国化实践必须吸取的重要教训。

最后是“文化大革命”。正当全国人民在党中央的领导下，艰难度过了三年自然灾害，经过团结一致的共同努力，克服了国民经济的严重困难，胜利完成了调整经济的任务，准备满怀信心地从1966年起执行发展国民经济的第三个“五年计划”，为实现四个现代化任务而努力工作的时候，不幸地发生了“文化大革命”。关于“文化大革命”的研究非常之多，本研究在此不再赘述其历史过程，重点剖析发生“文化大革命”的主要原因。“文化大革命”之所以发生，从主观上讲，是毛泽东希望

① 《建国以来重要文献选编》(第11册)，中央文献出版社，1995年版，第447页。

② 《中国共产党中央委员会关于建国以来党的若干历史问题的决议》，人民出版社，2009年版，第20页。

③ 《邓小平文选》(第2卷)，人民出版社，1994年版，第296页。

寻求一种不同于传统的“苏联模式”的社会主义建设道路，达到维护党的纯洁、巩固无产阶级专政、防止资本主义复辟的目的。从客观上讲，毛泽东发动的“文化大革命”后来被“四人帮”所利用。从理论上讲，发动“文化大革命”是毛泽东对什么是社会主义本质的认识还不清楚，以及对国内阶级斗争形势的错误估计密切相关。从实践上讲，毛泽东之所以采取“文化大革命”这种极端形式，是因为他认为过去几年的农村“四清”、城市“五反”和意识形态领域的批判，都已不能解决问题，只有采取断然措施，公开地、全面地、由下而上地发动广大群众，才能揭露党和国家生活中的阴暗面，把被“走资派”篡夺了的权力夺回来，才能“避免出修正主义”，“防止资本主义复辟”。① 但是，历史证明，“文化大革命”是党对社会主义建设道路探索中的一个非常特殊的产物，是20世纪50年代开始的党的指导思想发生错误并向恶性化发展的总爆发，是马克思主义中国化进程中的一次重大迷误。用以指导这场运动的“无产阶级专政下继续革命”的理论，是对马克思主义中国化正确方向的背离。从根本上讲，“文化大革命”不是任何意义上的革命，而是给党、国家和人民带来严重灾难的内乱。

二、建设时期马克思主义中国化的主要特点

新中国的成立，对中国共产党而言确实来之不易，但比夺取政权更重要得多的问题是：夺取政权后能否建成和如何建成社会主义？中国共产党人创造性地运用马克思列宁主义，充分结合中国国情对这一根本问题进行了艰辛的探索，在理论和实践上取得了一系列成就，也发生了一系列重大失误。

（一）从“第二次以苏为师”向“第二次结合”转变

如果说新民主主义革命的胜利，是中国共产党第一次“以苏为师”并把马克思列宁主义基本原理与中国革命的具体实际相结合的结果的话，那么，新中国成立后，如何在经济文化十分落后的国家建设社会主义，就会很自然地想到要继续向苏联学习，在完成向社会主义过渡，建立社会主义基本制度后，开始社会主义建设探索。

正如前文所述，新中国成立之时，以高度集中的政治经济体制为标志的“苏联模式”已经显示出了巨大的“优越性”，并深刻地影响着中国人民。正是在这样的背景下，新中国成立伊始，无论是政府的组成形式，从机构设置到部门名称，都基本照搬了苏联的做法；还有关于国民经济的发展规划，从五年时间跨度到计划名称，都

① 《中国共产党历史》第二卷(1949—1978)(下册)，中共党史出版社，2011年版，第751页。

与苏联如出一辙。这就说明，从模式选择的角度来看，如果说新中国成立头3年，我国的混合经济模式接近于列宁晚年的“新经济政策”，那么，从1953年提出过渡时期总路线，将新民主主义混合经济变成单一的公有制经济和计划经济体制，则基本是以“苏联模式”为标准的。主要参照“苏联模式”，而没有在理论上感悟到社会主义的实现形式应该根据我国的不同情况而有所不同，这是思想认识上的严重缺陷。1956年毛泽东同德国统一社会党代表团谈话时说：“方向是一个，内容是一个，是社会主义的内容，民族的形式。”①他没有认识到，“社会主义的内容”不只是“苏联模式”那一种；民族的特点不仅表现在“形式”上，更应该反映在“内容”上。

客观地讲，“第二次以苏为师”确实表现出了一定的历史局限性，没有更充分地结合我国的基本国情，这在探索我国社会主义道路的初期实践中很难避免，我们不能以后来人的认识苛求于前人；但也有值得肯定的一面，那就是它使我国无论是向社会主义过渡，还是开展社会主义建设缩短了探索的时间，甚至是避免了走更大的弯路。况且，毛泽东只是说，基本一致，“枝叶不同”②。当然，对毛泽东的这个说法也有一个如何解读的问题。

值得庆幸的是，党中央和毛泽东没有陶醉于社会主义改造所取得的历史性成就，而是及时认识到应该从“第二次以苏为师”转向“以苏为鉴”，毛泽东在1955年底就提出了“以苏为鉴”的问题。不仅发现了照搬“苏联模式”所表现出的各种弊端，也清醒地看出了社会主义改造后期过于急促和粗糙而遗留的许多问题。苏共二十大后，毛泽东更感到探索中国建设社会主义道路的重要和紧迫，“‘以苏联为鉴戒’的思想更加明确了”③，并很快就着手调整政策和进行改革，从而提出了要进行“第二次结合”的任务，即从理论和实践结合上探索一条适合中国国情的社会主义建设道路。

（二）在社会主义改造和建设探索中注重理论创新

在任何时期，理论都是实践的先导，没有理论上的清醒，便没有实践上的成功。建设时期中国共产党尤其重视对马克思列宁主义理论的学习、理解和把握，并在实践中丰富、发展和创新，形成有中国特点的向社会主义过渡和改造理论，提出了社会主义建设理论。

1. 形成了有中国特点的向社会主义过渡和改造理论

向社会主义过渡是中国共产党人既坚持马克思列宁主义，又结合新中国成立

① 《毛泽东传(1949—1976)》(上)，中央文献出版社，1980年版，第540页。

② 《毛泽东文集》(第7卷)，人民出版社，1999年版，第371页。

③ 《若干重大决策与事件的回顾》(上)，人民出版社，1997年版，第489页。

初期的具体实际,走独立自主、自力更生道路的实践开端。因为经过“一五”计划的实践,党对苏联经济建设中的一些缺点和错误逐步有所认识,认为苏联的经验或许对于苏联是成功的,对于中国就未必适合,学习苏联终究不能代替对自己道路的探索。毛泽东特别重视汲取苏联的经验教训,他认为:“在过渡时期,我们对私营资本主义工商业的改造,必须通过国家资本主义逐步过渡到社会主义。我们的国家资本主义,其性质和苏联的国家资本主义是相同的,苏联是共产党领导的无产阶级专政的国家,我们也是共产党领导的国家,但实行的办法则有很多不同。”①因此,必须以苏联为借鉴,总结我们自己的经验,探索出一条适合我国国情的建设社会主义的道路。毛泽东的过渡时期理论是根据马克思和列宁关于革命转变的科学理论,并借鉴了列宁新经济政策中科学合理部分,结合中国社会的具体实际,在总结新中国在国民经济恢复时期的实践经验的基础上逐步提出和形成的,是对马克思列宁主义理论的重大贡献。

毛泽东对“三大改造”提出了许多创造性的思想,其中最重要的有:一是把工业化与所有制改造结合起来,两者同时并举,而不是“先工业化,后所有制改造”;二是对资本主义工商业进行和平改造,把所有制的改造和对人的使用与改造结合起来;三是在农业上“先合作化,后机械化”,而不是相反;四是采用了从互助组、半社会主义性质的初级合作社,到高级合作社等的由低级到高级过渡的多种形式,并始终贯穿着自愿的原则。1953 年,中国共产党根据国内经济发展现实和国际形势变化的情况,提出了党在过渡时期的总路线,即,“要在一个相当长的时期内,逐步实现国家的社会主义工业化,并逐步实现国家对农业、对手工业和对资本主义工商业的社会主义改造。”②到 1956 年年底顺利实现了对农业、手工业和资本主义工商业的社会主义改造,建立起了社会主义基本制度,实现了中国历史上最深刻的社会变革。

2. 结合国情,提出了社会主义建设的思想

实事求是地讲,我国的社会主义改造有鲜明的中国特点,但仍保留了“苏联模式”的痕迹,那是因为,在改造时期,中国共产党只有“苏联模式”可以借鉴,许多体制只能模仿苏联。但在改造过程中,中共中央和毛泽东已经逐渐发现了“苏联模式”的一些弊端,并提出了搞社会主义建设不能照搬“苏联模式”,必须找出在中国这片土地上建设社会主义的具体道路。如何摆脱“苏联模式”成为摆在党中央和毛泽东面前的重大课题。

毛泽东和中共中央带领全党和全国人民在实践中进行了艰辛的探索和思考,提出了许多具有中国特色的社会主义建设思想,这些思想主要反映在毛泽东的《论

① 《毛泽东文集》(第 6 卷),人民出版社,1999 年版,第 285 页。

② 《毛泽东文集》(第 6 卷),人民出版社,1999 年版,第 316 页。

十大关系》、《关于正确处理人民内部矛盾的问题》等著名文章和讲话中。主要包括：

第一，根据国内主要矛盾的变化确定党的根本任务。毛泽东认为，社会主义改造胜利完成，无产阶级同资产阶级之间的矛盾已经基本解决，国内的主要矛盾已经是人民对于建立先进的工业国的要求同落后的农业国的现实之间的矛盾，已经是人民对于经济文化迅速发展的需要同经济文化不能满足人民需要的状况之间的矛盾。这就是后来概括的，人民日益增长的物质文化的需要同落后的社会生产之间的矛盾。与此相适应，党和全国人民的主要任务，就是集中力量去解决这个主要矛盾。

第二，制定了综合平衡、稳步前进的经济建设方针。中共中央根据 1953 年建设中曾经出现过的“盲目冒进的偏向”和 1956 年年初一些地方和部门出现的急于求成的情况，周恩来明确强调：“应该根据需要和可能，合理地规定国民经济的发展速度，把计划放在既积极又稳妥可靠的基础上，以保证国民经济比较均衡地发展。”①此外，陈云也提出建设速度要和国力相适应，要保持财政收支、物资供应和银行信贷三大平衡的思想。

第三，提出了符合中国国情的工业化道路。毛泽东在《论十大关系》十分清晰地论述了工业化的重要性，指出重工业是中国建设的重点，但同时必须处理好重工业和轻工业、农业的关系，从而使国民经济各个部门、各个方面按比例地协调发展。这样的工业化道路也基本符合当时的中国国情和国际形势。

第四，提出了关于管理制度和经济体制改革的设想。由于从 1953 年起，中国在苏联的大力援助下开始了大规模的经济建设，这就使得中国经济在制度和体制等多方面带有明显的“苏联模式”的痕迹，苏共二十大后，中国共产党开始对自己发展道路进行思考，不仅在《论十大关系》中提出了要正确处理中央同地方的关系和企业自主权的问题，毛泽东还就企业民主管理方面，提出了“两参 改三结合”的设想，即干部参加生产劳动，工人参与企业管理，改革企业中不合理的规章制度，企业领导干部、技术人员和工人要注重结合。这些设想虽未能很好地落实到实践中，但作为探索的积极成果，成为后来形成邓小平理论的重要思想资源。

第五，是提出了加强社会主义民主政治建设的思想。中国共产党从八大开始，特别注意借鉴苏联的经验教训，强调要充分发扬民主、加强法治建设和执政党建设，反对官僚主义和个人崇拜。其中，在政党制度方面形成的中国共产党领导的多

① 《周恩来选集》(下卷)，人民出版社，1984 年版，第 218 页。

党合作与政治协商制度,既不同于苏联的一党制模式,又不同于资本主义国家的多党制模式,是中国特色社会主义民主政治建设的一个创举,是马克思主义中国化的重要成果。

第六,提出社会主义科学、教育和文化的发展与建设问题。中国共产党认为,在社会主义时代,知识分子中的绝大多数是工人阶级的一部分。社会主义建设必须依靠脑力劳动和体力劳动的密切合作,要重视发展科学技术,要向科学进军。为促进社会主义文化的繁荣和发展,毛泽东提出了"百花齐放,百家争鸣"的方针。突出强调了教育事业在社会主义建设事业中的重要地位,毛泽东倡导的德、智、体全面发展的教育方针是对马克思关于人的全面发展思想的深化和具体化。

第七,提出了关于社会主义社会的矛盾问题。毛泽东不仅对社会主义社会的基本矛盾、主要矛盾和两类性质不同的社会矛盾等重要问题做出了精辟的分析,而且将如何正确处理人民内部矛盾引入国家政治生活,这是对马克思列宁主义的创造性贡献,为国际共运解决了一个重大难题。

尽管上述理论和思想在实践中由于种种主客观原因未能得到有效而自始至终的坚持和贯彻,但理论的存在是客观的,其中有很多正确内容,为后来的改革开放和中国特色社会主义事业奠定了理论基础,对马克思列宁主义关于社会主义建设理论发展的贡献是不可磨灭的。

(三) 确立了有中国特色的社会主义政治制度

社会主义基本制度包括基本经济制度和基本政治制度。"三大改造"的胜利完成标志着中国建立了社会主义的基本经济制度,那么,中国将实行什么样的政治制度呢? 以毛泽东为代表的中国共产党人,把列宁主义的政治学说、国家学说和政党学说应用于中国的制度建设实际,逐步设计了人民代表大会制度、共产党领导的多党合作和政治协商制度、民族区域自治制度,形成了具有中国特色的社会主义政治制度。

人民代表大会制度是按照民主集中制原则,由选民直接或间接选举代表组成人民代表大会作为国家权力机关,统一管理国家事务的政治制度。以人民代表大会为基石的人民代表大会制度是我国的根本政治制度,人民代表大会制度是适合我国国情的根本政治制度,它直接体现我国人民民主专政的国家性质,是建立我国其他管理制度的基础。它具有明显的优越性:它有利于保证国家权力体现人民的意志,它有利于保证中央和地方的国家权力的统一,它有利于保证我国各民族的平等和团结。总之,我国人民代表大会制度,能够确保国家权利掌握在人民手中,符合人民当家做主的宗旨,切合我国的国情。

中国特色的政党制度,是对马克思主义政党学说的丰富和发展,是马克思主义中国化的生动体现。从世界历史上看,政党制度有多种类型和模式。在新中国成立时,可供中国共产党参考的有一党制、两党制和多党制三种类型。最终选择了"一党执政的多党合作制",这"不取决于任何政党或个人的主观愿望,而是由客观的历史发展所决定的"。[①] 从民主革命的具体实践来看,各民主党派是爱国统一战线的重要力量,为新中国的成立做出过重要贡献,中国共产党珍视历史,面向未来,邀请民主党派参加联合政府,充分体现了中国共产党博大的政治气魄和务实的民主作风。江泽民同志曾对中国政党制度进行了精辟的阐述和评价。他说:"中国共产党领导的多党合作和政治协商制度,是我国的一项基本政治制度,是马克思主义政党理论和统一战线学说同我国实际相结合的产物,是我国政治制度的一大特点和优点"[②],"是适合中国国情、具有中国特色的社会主义新型政党制度。"[③]

民族区域自治制度是我国解决民族问题的一项基本的政治制度,是在中国革命和建设的实践中逐步形成和发展起来的。关于民族问题,列宁认为,民族自决"就是民族脱离异族集合体的国家分离,就是成立独立的民族国家"[④]。民族自决权就是"分离权和成立独立国家的权利"[⑤]。俄国无产阶级革命把民族自决原则写入民族问题纲领,是列宁从俄国的国情实际和无产阶级运动的需要出发确定的重要原则。而中国当时的民族问题特点与俄国的情况大为不同,主要表现在:一是汉族人口占绝大多数,而且分布广泛,除新疆和西藏外,其他少数民族聚居地区的汉族人口基本上都超过当地的少数民族人口;二是边疆少数民族地区虽然地域辽阔、资源丰富,但经济文化水平远远落后于中原地区和东南沿海地区;三是少数民族地区千百年来遭受封建专制的阶级压迫和民族压迫统治,近代以来又受到帝国主义的侵略、掠夺、蚕食和分裂威胁;四是中国陆路周边国家大都处于帝国主义殖民统治之下,基本不具备发展资本主义的现实条件。因此,从中国当时的多民族社会结构和外部环境的具体条件看,中国境内少数民族实行民族自决、建立独立国家,甚至与中国脱离都是不可能的,任何一个边疆少数民族通过民族自决建立独立国家的前途,只能是沦为帝国主义列强的殖民地,这是显而易见的。因此,正如前文所述,实践证明,中国共产党实行的民族区域自治制度,完全符合中国的现实国情,既有利于各少数民族的发展,又有利于维护祖国的完整和统一,是中国共产党人对列

① 《周恩来统一战线文选》,人民出版社,1984年版,第347页。
② 《江泽民文选》(第1卷),人民出版社,2006年版,第157页。
③ 《江泽民文选》(第2卷),人民出版社,2006年版,第412页。
④ 《列宁全集》(第25卷),人民出版社,1995年版,第225页。
⑤ 《列宁全集》(第24卷),人民出版社,1995年版,第61页。

宁主义民族理论的创造性运用和发展,是对马克思主义民族问题理论的重大贡献。正如邓小平所说的:“解决民族问题,中国采取的不是民族共和国联邦的制度,而是民族区域自治的制度。我们认为这个制度比较好,适合中国的情况。”①

(四)在探索社会主义建设道路中犯了主观主义错误

所谓主观主义错误,又称主观唯心主义错误,简单地说,就是指实践主体错误地用自己的某种主观精神如感觉、经验、心灵、意识、观念、意志等来指导客观实践活动。毛泽东在党的八大开幕词中说:“只要我们更多地懂得马克思列宁主义,更多地懂得自然科学,一句话,更多地懂得客观世界的规律,少犯主观主义错误,我们的革命工作和建设工作,是一定能够达到目的的。”②党的八大正确地分析了国内形势和国内主要矛盾的变化,提出全党的工作中心要转向经济建设,客观地说,党的八大提出的路线、方针和政策是基本正确的,关键是后来没有很好地执行,而且主要由于犯了主观主义错误等原因,导致社会主义建设探索中接连出现严重的失误。

党的八大提出了加强执政党建设,要求在全党开展整风,这本来也是对的,因为全党整风的主题,就是要正确处理人民内部矛盾,整风的基本方法就是开展批评和自我批评。但是,受苏共二十大和波匈事件的影响,在整风过程中发生一些复杂情况,一些人士除了对党的工作作风中的官僚主义、宗派主义、主观主义的具体表现进行大量批评之外,许多意见涉及对党的领导地位、对社会主义基本制度、对党的对内对外方针政策、对新中国成立以来的历次政治运动等重大问题的根本评价,出现了怀疑、否定共产党领导和社会主义制度的右倾思潮,这种情况引起了中共中央和毛泽东的关注。毛泽东对国内的阶级斗争形势做出了错误的估计,犯了一系列的主观主义错误,包括反右斗争扩大化、“大跃进”和“人民公社化”运动,尤其是“文化大革命”。这场由文化领域批判开始的“文化大革命”,随后又被称作“政治大革命”。实际上,它根本不是任何意义上的革命或社会进步,而只是一场由领导者错误发动,被反革命集团利用,给党、国家和各族人民带来严重灾难的内乱,使党、国家和人民遭到新中国成立以来最严重的挫折和损失,使全国人民艰苦创建的社会主义事业遭到前所未有的浩劫。③ 这是马克思主义中国化实践中出现的最严重的失误和错误。

---

① 《邓小平文选》(第3卷),人民出版社,1993年版,第257页。

② 《毛泽东文集》(第6卷),人民出版社,1999年版,第393页。

③ 《中国共产党历史》第二卷(1949—1978)(下册),中共党史出版社,2011年版,第752页。

（五）领袖人物的作用影响社会主义建设探索

毛泽东是马克思主义中国化的首倡者和亲身实践者，是中国共产党第一代领导集体的核心。1981 年 6 月党的十一届六中全会通过的《中共中央关于建国以来党的若干历史问题的决议》(以下简称《决议》)，对毛泽东同志所做的评价是完整准确和客观公正的。《决议》强调毛泽东在中国共产党的创立和发展、在新民主主义革命的胜利和新中国的成立以及在向社会主义过渡过程中做出的卓越贡献，无愧于伟大领袖的称号。同时，《决议》也指出，中国社会主义建设探索的实践中出现的一系列严重失误确实与毛泽东有很大的关系，前文对此已经做了论述。已经面世的关于研究毛泽东的理论类和传记类著作亦可谓汗牛充栋，笔者在此仅从马克思主义中国化的视角，对毛泽东在社会主义建设探索中的主要贡献做简要分析。

第一，毛泽东在马列主义理论指导下确立了社会主义建设的战略目标。1956 年 9 月，党的八大召开，毛泽东在开幕词中提出八大的主要任务，具体地说，就是用三个五年计划或者再多一点的时间，建成一个基本上完整的工业体系，使工业生产在社会生产中占显著的优势。然后，有系统、有步骤地进行国民经济的技术改造，使中国具有强大的现代化工业、农业、交通运输业和国防。到 2001 年，也就是进入到 21 世纪，中国将变成一个强大的社会主义工业国。① 应该说，毛泽东在党的八大中确立的社会主义建设的这一战略目标符合马列主义关于社会主义建设的理论，因而既是宏伟的，也是符合实际的。因为是立足于分阶段实现这个总目标，因此也是可操作的。这一目标成为改革开放后制定“三步走”战略的重要参考依据。

第二，毛泽东准确研判国际形势，尊重国情，指导实施了决定国际地位的国防建设。新中国的成立以及社会主义制度的建立成为西方帝国主义的心头之痛，因此，不仅新中国久久得不到承认，而且世界范围内的反共反华浪潮一直没有消停，中国处于帝国主义的经济和军事的包围与封锁之中，战争的危险时刻存在。再加上，新中国成立不久又经历了抗美援朝战争，因此，在毛泽东的思想意识中，战争这根弦一直绷得很紧，备战成为当时社会主义建设的一个极其重要的内容。在这样的时代背景下，毛泽东高度重视军队和国防建设。在他的指导下，中国开始了以核武器研制为主要内容的“三线”建设，主要依靠自己的力量，很快成功爆炸了第一颗原子弹，紧接着又成功爆炸了第一颗氢弹和发射了第一颗人造地球卫星，中国的国防建设震惊了世界。谁都知道，在那个特殊的年代，“落后就要挨打”是铁律，因此，国防和军队的建设水平是决定一个国家国际地位的决定性因素，而且这种国际地

① 郭德宏:《中国马克思主义发展史》，中共中央党校出版社，2010 年版，第 196—197 页。

位直接影响着国内社会主义建设。

第三,毛泽东顺应国际共产主义运动潮流,创造性地开创了外交工作新局面。近代以来,中国落后于世界的一个主要原因是闭关锁国,是帝国主义的坚船利炮教训了中国,也叫醒了中国。但是,新中国成立以后,帝国主义加紧对中国的封锁,不让中国与世界发生联系。毛泽东准确地把握并顺应了国际共产主义运动的潮流,在动员一切力量加紧本国的建设的同时,尽一切可能与世界其他国家结交朋友,在和平共处五项原则的指导下,新中国很快迎来了第一次建交高潮,一大批非洲和拉丁美洲的国家纷纷与中国建立了外交关系,打开了新中国外交工作的新局面。1971 年,中华人民共和国恢复了在联合国的合法席位。1974 年 2 月,毛泽东在会见赞比亚总统卡翁达时提出了著名的“三个世界”理论,他说:“我看美国、苏联是第一世界。中间派,日本、欧洲、澳大利亚、加拿大,是第二世界。咱们是第三世界”,“第三世界人口很多”,“亚洲除了日本,都是第三世界。整个非洲都是第三世界,拉丁美洲也是第三世界”。[①] 并强调说,是第三世界的朋友把中国“抬进了联合国”。从此,新中国走出了孤立无援的境地,走向了世界。

第四,毛泽东汲取苏共二十大教训,首提领袖人物评价的三七开法。苏共二十大赫鲁晓夫所做的秘密报告,其核心内容是揭露斯大林在领导苏联社会主义建设中的严重错误,特别是个人崇拜、个人专断和严重破坏民主与法制所造成的后果。这就给当时的苏联,乃至全世界都带来了巨大的震动,这个事件给中国共产党提出了一个直接而严肃的课题,即如何评价苏共二十大,以及如何评价斯大林?

1956 年 3 月 17 日,中共中央召开书记处会议,主题是讨论赫鲁晓夫的秘密报告,毛泽东在会上说,赫鲁晓夫的秘密报告值得认真研究一下。他对报告的认识概括为两句话:一是揭了盖子,这是好的;二是捅了娄子,全世界都震动。在 3 月 19 日和 24 日中央政治局扩大会议上,中国共产党就斯大林的评价问题进行了讨论。毛泽东说,他并不认为斯大林一贯正确。斯大林的错误是明摆着的,问题是如何评价斯大林的一生。是二八开,三七开,还是倒二八开,倒三七开,还是四六开?他认为三七开比较合适。正确是七分,是主要的;错误是三分,是次要的。[②] 毛泽东对斯大林的错误是有清醒认识的,“过去的王明路线,实际上就是斯大林路线”,“中国第一次王明路线搞了四年,对中国革命的损失最大”,“它把当时我们根据地的力量搞垮了百分之九十,把白区几乎搞垮了百分之百”。[③] “整风实际上也是批判斯大

① 《毛泽东外交文选》,中央文献出版社,1994 年版,第 600—601 页。

② 吴冷西:《十年论战》(上册),中央文献出版社,1999 年版,第 12 页。

③ 《毛泽东文集》(第 7 卷),人民出版社,1999 年版,第 120 页。

林和第三国际在指导中国革命问题上的错误，但是关于斯大林和第三国际我们是一字未提。”[①]根据毛泽东的意见，4月5日发表的《关于无产阶级专政的历史经验》一文在肯定苏共二十大批判斯大林错误的同时，也对斯大林做了实事求是的评价。毛泽东在修改《关于无产阶级专政的历史经验》一文时特别加上了一段话：“我们应当用历史的观点看斯大林，对于他的正确的地方和错误的地方作出全面的和适当的分析，从而汲取有益的教训。不论是他的正确的地方，或者错误的地方，都是国际共产主义运动的一种现象，带有时代的特点。”[②]在4月25日中央政治局扩大会议上，毛泽东又说：“中央认为斯大林是三分错误，七分成绩，总起来还是一个伟大的马克思主义者。”[③]可见，目前在所能见到的资料中，毛泽东是对领袖人物评价提出“三七开法”的第一人。

实践表明，毛泽东对斯大林“三七开”评价的方法，后来实际成为中国共产党评价领袖人物的一种基本方法，其基本精神就是共产党人对于共产主义运动中所发生的错误，必须采取分析的态度，要坚持一分为二和客观公正的方法和原则，从这个意义上讲，“三七开法”中的数字“三”和“七”就不再是精确的实数，而是一个虚数，一如我国古代人常使用“三”和“九”来说明问题一样。这个方法后来又被邓小平再次使用，用来评价毛泽东。“他虽然在‘文化大革命’中犯了严重错误，但是就他的一生来看，他对中国革命的功绩远远大于他的过失。他的功绩是第一位的，错误是第二位的。”[④]这里的“第一位”、“第二位”与“三”、“七”是一个意思。这个评价与毛泽东生前的自我评价也相吻合，“他生前自己也承认有错误，他说过，我死后如果能够得到三分错误、七分功劳的评价就满意了”[⑤]。中国共产党对毛泽东的评价遵循了马克思主义实事求是的理论品质，在当时的历史环境下是非常重要的，因为毛泽东逝世之时“文化大革命”仍未结束，改革开放之初的国内局势并不十分稳定，批判性思维仍有很大市场，如果对局势把握不好，极有可能出现对毛泽东的不准确评价，甚至是全盘否定。虽说历史无法假设，但事实结果丝毫不影响我们对毛泽东首创“三七开法”价值的肯定。对领袖人物实事求是、客观公正的评价也是马克思主义本土化的基本要求。

---

① 《毛泽东文集》(第7卷)，人民出版社，1999年版，第121页。

② 《毛泽东文集》(第7卷)，人民出版社，1999年版，第20页。

③ 《毛泽东文集》(第7卷)，人民出版社，1999年版，第42页。

④ 《中国共产党中央委员会关于建国以来党的若干历史问题的决议》，人民出版社，2009年版，第42页。

⑤ 《邓小平文选》(第3卷)，人民出版社，1993年版，第271页。

第三节　建设时期中俄(苏)马克思主义本土化比较

中俄(苏)两国社会主义革命和建设时期虽不完全重合,但在总体上都经历了两个性质相同的阶段,即都经历了向社会主义过渡阶段,和社会主义制度在两国建立、逐步巩固并开启社会主义建设探索阶段。两国在这个时期的实践探索,有共同的成功经验,也有类似的失误和教训。

一、建设时期中俄(苏)两国马克思主义本土化中的相同得失

中俄(苏)两国都是社会主义国家,在相同的社会主义基本制度的条件下,两国都对如何建设社会主义进行了艰难而宝贵的探索,也都发生了一些影响社会主义建设的严重错误。

(一)两国在向社会主义过渡的实践中都保留了资本主义的合理因素

从社会形态的关系来说,成熟的资本主义是前社会主义社会形态,在生产力方面已经取得了长足的发展,尤其在生产技术和科学管理等方面已经达到了较高的水平,积累了丰富的经验。社会主义制度由于特定的"出生",基本上不可能有自己"胎记"的生产技术和科学管理,可以说属于"白手起家"。但是,对于取得社会主义革命胜利的国家来说,无论是自身与资本主义制度存在历史的、纵向的取代关系,还是其与资本主义存在空间的、横向的共存关系,他们都不可能无视资本主义的"曾经拥有"和"现实存在",都无法割裂与之的种种联系。

对于俄国(苏联)来说,虽说采用"军事共产主义"政策是列宁想直接过渡到社会主义社会,但通过实践发现其失灵后,迅速转向"新经济政策",理性地承认在特定的历史阶段资本主义并非一无是处,允许资本主义在一定的范围,以一定的方式存在,对社会主义建设是有利而无害的。尽管"新经济政策"持续的时间并不很长,却开创了利用资本主义合理因素发展社会主义的先例。

对于中国而言,新中国的成立标志着新民主主义革命的胜利,以毛泽东为代表的中国共产党人不仅鉴于对中国国情的深刻把握,自觉意识到从新民主主义社会到社会主义社会必须有一个较长时间的过渡期,待国家经济文化有了一个较大的发展,即实现了国家的工业化之后,再进行社会主义革命与建设。而且也在于自觉地推行列宁主义中国化,即借鉴列宁的"新经济政策"思想,在设计"一化三改造"政策时,确定了对资本主义工商业进行社会主义改造,通过赎买等形式将资本主义工

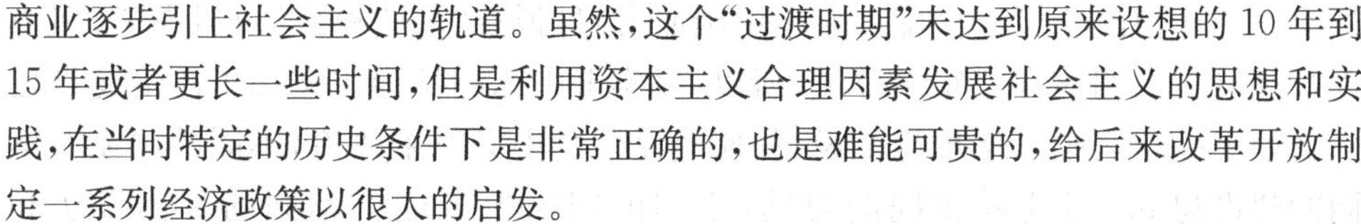

商业逐步引上社会主义的轨道。虽然，这个“过渡时期”未达到原来设想的 10 年到 15 年或者更长一些时间，但是利用资本主义合理因素发展社会主义的思想和实践，在当时特定的历史条件下是非常正确的，也是难能可贵的，给后来改革开放制定一系列经济政策以很大的启发。

（二）两国都以成功实践回答了如何在经济文化落后的国家建设社会主义的问题

按照马克思、恩格斯的理论，社会主义革命应该爆发在资本主义矛盾严重激化的历史时机，社会主义建设却应当开始于资本主义发达的物质基础之上。但是，十月革命的胜利使“一国胜利论”从理论变为现实，而中国的新民主主义革命也正是在“一国胜利论”的启发和指导之下取得了胜利。然而，革命取得胜利的这种突破无法回避建设实践中的困难，即社会主义建设都面临物质基础相当落后的困难，历史已经证明，两国都以成功实践回答了如何在经济文化落后的国家建设社会主义的问题。

对于苏联来说，虽然其前身俄国从 1861 年农奴制改革起就全面开始了资本主义工业化的进程，但由于特定的村社制度，工业化进展缓慢，国内的经济发展水平提高不快。更为重要的是俄国“多次卷入”战争的旋涡，其中有两次世界大战和多次国内战争。虽然，战争使俄国成为帝国主义链条中的薄弱环节，为十月革命提供了机会，但是同样是战争消耗了原本就非常有限的资源，使得苏联在准备向社会主义过渡时，面临国内物质资料严重短缺的困难，列宁果断采取“军事共产主义政策”的短暂过渡，后转向新经济政策，才使俄国步入向社会主义过渡的轨道，最终建立了社会主义基本制度。

对于中国而言，从 1840 年起开始逐步沦为半殖民地半封建社会，没有经过真正意义上的资本主义工业化过程，民族资本主义发展也相当有限，这就造成中国本来物质生产水平就十分低下，却又类似于俄国，“长期处于”战争的状态，包括持续的军阀混战、北伐战争、抗日战争、解放战争，以及新中国成立后抗美援朝战争等。因此，同样也是战争使整个国家遍体鳞伤、满目疮痍，人民生活在水深火热之中，国民经济处于崩溃的边缘。新中国成立后的国家是一穷二白、百废待兴，建立社会主义基本制度的物质基础极其落后。但是，中国人民在中国共产党的领导下，依靠独立自主、自力更生，创造性地运用马克思列宁主义理论，完成了社会主义改造，建立了社会主义基本制度。

（三）两国在阶级斗争和民主政治建设问题上都犯了实践与理论脱节的错误

民主政治建设对新生的社会主义国家而言是个全新的内容，对于苏联而言根本没有任何经验可以借鉴。对于中国而言,虽说有“苏联模式”可以参考,但由于“苏联模式”明显存在很多弊端,所以,事实上中国的社会主义民主政治建设也一直处于探索之中。从理论上说,如何建设社会主义民主政治,不同的国家有不同的建设思路,即便是相同的思路,不同的国家也可能有不同的具体方法和路径。

民主集中制是党的根本组织原则,也是党的工作原则。中苏两党在社会主义的实践中,都宣称坚持民主集中制原则,但在实践中都犯了不能始终坚持民主集中制的错误,讲集中多,讲民主少,并把关于社会主义建设的不同意见上升到政治的高度和阶级的高度,都错误地判断在社会主义建设时期仍然存在阶级斗争,给持不同意见的人贴上了阶级的标签,导致阶级斗争扩大化,制造了大批冤假错案,给社会主义建设造成了巨大的损失。在苏联,社会主义制度建立以后,斯大林就宣布在社会主义国家,剥削阶级已经消灭,阶级斗争将不再广泛存在。但是,在实践中,却运用了清洗的办法,借助于有组织的警察力量,以统一全党的意见、“纯洁”党的队伍为名,排除异己。在中国,发生了反右斗争扩大化和“文化大革命”的严重错误,尽管毛泽东也提出要正确区分敌我矛盾和人民内部矛盾,并发表了《关于正确处理人民内部矛盾》的文章。但是,他本人把有些本来属于人民内部的矛盾划入了敌我矛盾的范畴,借助于政治运动和“群众专政”的方式加以解决,还提出要“七八年再搞一次”,在实践中严重地破坏了党内民主和社会民主政治建设。

二、建设时期中俄(苏)两国马克思主义本土化中的不同选择

马克思主义本土化的原理是一贯的,对不同国家的本土化要求也是一致的,那就是将马克思主义基本原理与本国的具体实际相结合,在革命、建设和改革发展的实践中创造性地运用马克思主义,推动本国社会进步,并形成本土化的马克思主义理论的过程。中苏两国由于具体国情不同,决定了两国的马克思主义本土化的具体步骤、路径、战略策略、进程以及本土化的结果有一些不同之处。

(一)两国向社会主义过渡的具体路径不同

在革命取得胜利后向社会主义过渡,是经济落后国家建设社会主义普遍需要经历的环节。中俄(苏)两国虽然都同为经济落后国家,但由于两国的具体国情不一样,过渡前的革命性质也不尽相同,所以,两国向社会主义过渡的起点、具体路径和措施就存在诸多不同。

对于俄国而言,十月革命是社会主义的政治革命,政治革命胜利后就应该自然

地过渡到经济革命,而经济革命从社会发展的角度讲,就已经具备了建设的成分。因此,俄国向社会主义过渡,列宁是把过渡放在社会主义建设的框架内来总体考虑和设计的。列宁在俄国向社会主义过渡的初步规划中认为,俄国在没收资本和镇压资本家反抗的任务大体完成后,无产阶级及其政党的主要任务就是管理的任务,党应当把工作重心由向资本进攻转到计算和监督上来。列宁在1918年俄共七大提出,党的近期奋斗目标是:"逐步地但是坚定不移地向共耕制和社会主义大农业过渡。"①在过渡的步骤上,列宁反复强调首先要恢复和发展大工业,从而为社会主义奠定物质基础。他指出,这种途径"就是向建立在机器工业基础上的大经济过渡,向社会主义过渡"②。在发展工业的基础上建立由国家控制的工业、直接的产品交换体系,同时引导小农实现共耕制,并最终实现全部国民经济由国家实行统一计划和统一领导的"大工厂"的设想。后来,列宁预料和估计到了小农国家过渡到社会主义的困难,提出增加利用国家资本主义这一中间环节逐步改造旧的经济关系,从而使过渡变得比较谨慎和具有渐进性。当然,后来由于战争的威胁而经过了"军事共产主义"政策的短暂干扰,再转到新经济政策,但总的过渡思路并没有做根本的调整。

对于中国而言,向社会主义过渡经过的是由新民主主义革命建立新民主主义社会,再向社会主义过渡的历程。毛泽东提出了新民主主义理论的最突出的历史贡献就在于,从中国半殖民地半封建社会的性质出发,设计了一条具有中国特色的新民主主义革命的道路。毛泽东在党的七届二中全会上指出,中国革命首先要建立以无产阶级为首领的各个革命阶级联合专政的新民主主义社会,然后,才过渡到建立社会主义社会。这种"新民主主义的社会"、"新民主主义共和国","一方面和旧形式的、欧美式的、资产阶级专政的、资本主义的共和国相区别","另一方面,也和苏联式的、无产阶级专政的、社会主义的共和国相区别","一切殖民地半殖民地国家的革命,在一定历史时期中所采取的国家形式,只能是第三种形式,这就是所谓新民主主义共和国"。③ 这实际上是强调了新民主主义共和国是一定历史条件下的过渡形式,是中国特定的形式,也是不可移易的必要的形式。在过渡的具体步骤上,新中国成立后,经过了三年的恢复国民经济,彻底完成民主革命任务等过程,然后才开始对个体农业、个体手工业和资本主义工商业进行社会主义改造,在"三大改造"完成以后,中国才建立起社会主义的基本制度。

---

① 《列宁全集》(第34卷),人民出版社,1985年版,第66页。
② 《列宁全集》(第34卷),人民出版社,1985年版,第140页。
③ 《毛泽东选集》(第2卷),人民出版社,1991年版,第675页。

(二)两国社会主义经济建设的战略选择不同

经济建设是任何社会制度形态的国家都必须重视的社会活动。对于社会主义制度的国家来说,由于基本上都是建立在经济发展水平比较落后的基础之上,虽然经过了向社会主义过渡阶段的准备,有了一定的经济基础,但是总的来说经济发展还处于较低的水平。因此,社会主义国家重视经济建设显得尤为重要。因为,经济建设是一项复杂的、系统的、涉及多领域的综合行为,在客观上决定了经济建设在国家层面上必须有一个合理的布局和统筹的安排。同时,由于经济建设是一项长期的、几乎没有止境的行为活动,因此,对于一个国家而言,就必须既要有一个短期的计划安排,又要有一个长远的战略规划。一个国家的经济建设战略受当时的国际国内形势的制约,也跟这个国家的经济基础水平有关。

对于苏联来说,因为十月革命前就有了一定的资本主义的发展,工业化水平和农业机械化水平有一定的基础,但是与资本主义国家相比还是极其落后的,还不能满足社会主义经济建设的需要。因此,当苏联还处于向社会主义过渡的时候,列宁就对建立社会主义制度后的经济建设有了一个设想,那就是大力恢复和发展大工业。当社会主义制度建立以后,斯大林认为,苏联的原始性的小农经济还是汪洋大海,迫切需要迅速实现社会主义工业化,为社会主义建立物质技术基础。但是,苏联很快又处于帝国主义的包围之中,国际环境十分恶劣,尤其是希特勒法西斯上台后,战争的危险日益迫近,苏联不得不大力发展军事工业,以此来带动国家的工业化,因此,国家必须把有限人力、物力和财力高度集中起来,建设强大的国防工业部门。历史事实证明,这样的经济发展战略适合当时苏联国情和应对国际形势的需要,并取得了巨大的成就,苏联仅用了12年的时间就完成了资本主义国家花了50年到100年时间才完成的工业化任务,这表明对苏联共产党而言,在无前人经验可借鉴的情况下,首次进行计划经济体制的实验,在一定程度上有其不可避免性。当时实行计划经济体制、优先发展重工业和军事工业的战略是国家紧急状态的产物,也可以被看作是"摸着石头过河",其实践适应了经济落后、结构简单和以增强国防能力为首要目标的状况。正因为如此,这样的体制和战略才成为"苏联模式"的重要特征被长久地保持了下来,直到20世纪80年代中期。虽然,后斯大林时代由于潜在的战争威胁一直存在,可以作为继续推行这种体制和战略的理由,但这个理由是不够充分的。因为,战争威胁是潜在的,和平是总的态势。况且,这种体制和战略的确存在明显的弊端,最为突出的一点就是,国家集中过多,统得过死,企业缺乏发展生产、改进经营的内在动力,不能发挥企业的积极性和主动性。与人民生活直接有关的生产资料的生产和消费品的生产长期得不到重视,人民的生活水平得不到有效的提高,这不仅影响了整个国民经济的协调发展和健康发展,而且更重要地

影响了人们对社会主义，乃至共产主义生活水平标准的认识，影响了社会的稳定和长治久安，这也成为后来苏联解体的一个重要的原因。

对于中国而言，正如前文所说，由于数十年的战争，中国的经济几乎处于崩溃的边缘，整个国家的经济水平与当年的苏联也不可同日而语。再加上新中国成立后不久又经历了抗美援朝战争，所以，中国最紧迫的任务是要进行全方位的经济恢复和发展。1956 年 4 月，毛泽东发表了《论十大关系》，不仅确定了把党的工作重心转移到大规模经济建设上来的方针，而且还提出了调整经济结构的初步设想，这是毛泽东根据苏联经济建设中已经暴露的问题，结合我国在经济建设方面取得的经验而提出的“以苏为鉴”的具体表现。《论十大关系》所体现的对经济结构进行调整的思想体现在三大主要方面。一是重工业和轻工业、农业的关系问题。这实际上是中国的工业化道路问题。毛泽东充分考虑和吸收了苏联的经验教训，提出了“又要重工业，又要人民”①的主张。在肯定重工业是中国建设重点的同时，又强调，如果真的想发展重工业，“农业、轻工业投资的比例要加重一点”。因为这样做，“一可以更好地供给人民生活的需要，二可以更快地增加资金的积累，因而可以更多更好地发展重工业”②。后来，毛泽东将此关系发展为按农、轻、重的顺序安排国民经济和“以农业为基础，工业为主导”的国民经济总方针。二是沿海工业与内地工业的布局问题。毛泽东认为，中国全部重工业和轻工业，约 70%在沿海，只有 30%在内地，这是历史形成的一种不合理的状况。过去由于朝鲜战争和国际形势的原因影响了我们对沿海工业发展的看法，现在，新的侵华战争和新的世界大战短期内打不起来，应该充分利用沿海工业的老底子来发展和支持内地工业，同时，要真想迅速发展内地工业，就必须更多地利用和发展沿海工业，特别是轻工业。三是经济建设与国防建设的关系问题。毛泽东认为，过去受斯大林世界大战不可避免观点的影响，不得不十分重视国防建设，而国防工业建设规模过大，要求过急，引起了整个工业建设的全面紧张。毛泽东指出：“现在是和平时期，军政费用的比重太大不好。”③如果真想要原子弹，就要首先加强经济建设，加强冶金工业、机械工业和化学工业，把底子打好。可见，毛泽东十分透彻地把握了国防建设与经济发展的辩证关系。此外，毛泽东在《论十大关系》中还鉴于苏联过去把权力过分集中于中央、把地方卡得太死等弊端，提出了正确处理国家、生产单位和生产者个人的关系，发挥中央和地方两个积极性等一系列观点，提出了对旧的经济体制进行改革的要

---

① 《周恩来选集》(下卷)，人民出版社，1984 年版，第 230 页。

② 《毛泽东文集》(第 7 卷)，人民出版社，1999 年版，第 25 页。

③ 薄一波：《若干重大决策与事件的回顾》(上卷)，中共中央党校出版社，1991 年版，第 487 页。

求。可惜的是,后来由于党在阶级斗争问题上"左"倾错误的指导思想没有能及时和彻底纠正,对形势和政策的许多看法在领导层存在分歧,再加上中苏关系恶化的影响,导致社会主义经济建设战略最终受制于阶级斗争,党提出的建设社会主义的若干方针和政策没有被很好地贯彻执行。

(三)两国的政党制度和党的建设措施不同

政党制度是一个国家的各个政党在政治生活中所处的法律地位,政党同国家政权的关系,政党对政治生活的影响,政党如何实现自身的运转、行使国家政权、干预政治生活的活动方式、方法、规则和程序,是各个政党在争夺对于国家政权支配时逐渐地形成的权力和地位划分的模式。① 中苏两国的政党制度存在明显的区别。苏联实行的一党制的政党制度,以 1936 年苏联《宪法》为依据,其特点是一党的权力、一党领袖的权力高于国家的权力,或者是等同于国家的权力。斯大林在《关于苏联宪法草案》的报告中,认为在苏联只有共产党一党存在的基础,没有几个政党存在的基础。中国实行的是中国共产党领导的多党合作和政治协商制度,也以宪法为依据。中国共产党是执政党,其他民主党派是参政党,执政党与民主党派合作的基本方针是"长期共存、相互监督、肝胆相照、荣辱与共"。

中苏两国在建设时期党的建设方面存在明显的差别。从斯大林时期开始,苏联党的建设就已经出现了严重的问题。党的组织和个人不同程度地出现了高高在上、脱离实际的官僚主义;斯大林本人受制于"个人崇拜",违背民主集中原则,使党的组织生活不能正常开展,党内民主受到严重损害;党内逐渐滋生了特殊化倾向,出现了一批特权官员,使人民对党的先进性产生了怀疑。赫鲁晓夫时期,苏联党的建设方面出现的问题更多:一是违背马克思主义政党学说,提出"全民党"和"全民国家"错误理论,使党的建设逐渐丧失了阶级原则。赫鲁晓夫一方面借宣传苏联社会主义建设取得了巨大的成就,否认国内依然存在阶级矛盾和阶级斗争,另一方面他错误地看待国际形势,忽视"国际阶级敌人"的势力对苏联的影响,因此,赫鲁晓夫在苏共二十一大上讲:"没有任何力量能够在我国恢复资本主义、能够摧毁社会主义阵营。资本主义在苏联复辟的危险已经没有了。"②这是党的建设指导思想的重大错误。二是党的管理体制不停变化,党的上层组织不停调整,党的高级领导人不停撤换,使人民群众逐渐失去对之的信任,这在实际上削弱了党的领导,留下了垮台的隐患。赫鲁晓夫在党的组织建设上推行改革,1958 年,赫鲁晓夫将参加中央委员会会议的人数扩大到数百位官员,表面是加强了党的民主,但实质是削弱了

① 周淑真:《政党和政党制度比较研究》,人民出版社,2009 年版,第 4 页。
② 《苏联共产党第二十一次代表大会主要文件》,人民出版社,1956 年版,第 141 页。

党的集中统一。1962年,赫鲁晓夫将共和国以下各级党组织划分为“工业党”和“农业党”两个平行的机制,目的想分别加强对工业和农业的领导和管理,实际上却造成了削弱党的领导的结果。三是实行干部更新制度,每次例行选举,中央委员会及主席团成员至少更换1/4,加盟共和国中央、边疆区委、州委的成员至少更换1/3,市委、区委、基层党组织党委会或支委会的成员至少更换1/2,对各级干部的连任当选的次数也有规定。这些教条主义做法和简单化的改革使党的组织失去了稳定性和连贯性,实际上不利于党的建设。

1964年10月,赫鲁晓夫被迫下台,他的20年内基本建成共产主义的乌托邦思想遭到了继任者勃列日涅夫的批判,但是他的“全民党”思想得到了继承和发展,不过,勃列日涅夫强调了“全民国家”仍然具有阶级性,仍然是“无产阶级专政的继续”,主张“阶级性”和“全民性”的调和与统一。勃列日涅夫还对“全民党”理论进行了“系统论证”,并将这个理论以《宪法》形式确定下来,实质成为苏共党的建设更大的隐患。此外,勃列日涅夫时期苏共党内业已存在的各种不正之风及贪污贿赂、特权腐败、卖官鬻爵、徇私枉法不仅没有得到遏制,反而愈演愈烈,从一批特权官员逐渐形成了一个特权阶层。不仅如此,苏共党内出现了一个仿等级制度,等级制度内的上层和中层开始越来越多地脱离基层群众。[①] 勃列日涅夫后的两位继任者虽然对“发达社会主义”理论进行了修正,提出了“发达社会主义”的“起点论”,但在党的建设上并没有新的理论,也没有新的、有效的措施,事实上,苏共继续走向泥潭。

中国建设时期,中国共产党的建设有一个不错的基础和开端,后来却由于一系列政治运动,党的建设受到不小的冲击,但是党的建设指导思想没有改变,党的执政地位没有受到影响。党的八大制定了加强党的建设的方针。邓小平在报告中论述了坚持实事求是的思想路线、群众路线、民主集中制、加强党的团结和统一的重要意义。已经开始注意汲取苏联党的建设的教训,要求“继续坚决执行中央反对个人突出、反对对个人歌功颂德的方针”[②]。在党的八大通过的新党章中增加了一些关于发展党内民主、保障党员权利的规定。新党章还根据毛泽东提出的他准备到适当时候不再当党的主席的要求,增加了“中央委员会认为有必要的时候,可以设立中央委员会名誉主席一人”的内容,为废除实际存在的领导职务终身制做准备。此外,新党章还规定党的全国代表大会实行常任制,每届任期五年,每年开一次全国代表大会,这也是加强党的民主建设的一系列重要举措。

---

① [俄]亚·维·菲利波夫:《俄罗斯现代史(1945—2006)》,吴恩远等译,中国社会科学出版社,2009年版,第84页。

② 《邓小平文选》(第1卷),人民出版社,1994年版,第203页。

党的八大所确定的关于党的民主建设的思路是值得肯定的,但后来由于种种原因未能切实贯彻。在“文化大革命”中,党的建设理论遭到了林彪、江青等人的歪曲和篡改,毛泽东虽然在整体上陷入了阶级斗争扩大化的“左”倾迷误中,但是他仍然做出过一些正确的决策,如他领导开展批判陈伯达的整风运动,对全党进行历史唯物论的教育,批判“天才论”之类的唯心论。1970 年 11 月,他号召党的高级干部读《共产党宣言》、《哥达纲领批判》、《法兰西内战》(选读)等马克思、列宁的书籍,对当时只准读毛泽东的书的要求,是一个很大的突破。党内其他卓越的理论家对党的建设也进行了艰辛的探索,如 1969 年年底张闻天在遭受监视的环境中写下了《人民群众是主人》、《无产阶级专政下的政治与经济》、《党内斗争要正确进行》等许多文稿,在《人民群众是主人》一文中,他阐述了党和人民的关系,指出:“人民群众是主人,党是勤务员”,“共产党的一切方针、政策必须来自人民群众,并由人民群众来检验”。① 此外,关于党内斗争的性质和方法,张闻天在《党内斗争要正确进行》一文中指出:“党内矛盾不仅是人民内部矛盾,而且是为共产主义事业奋斗的革命同志之间的矛盾,因此决不能用镇压的办法去解决。”②同样遗憾的是,这些探索和努力被“文化大革命”的浪潮完全淹没,党的建设没有取得实质性的成绩。

可见,中苏两国在建设时期党的建设都存在失误和错误,关键是,两党的失误和错误性质不同,尤其是在建设时期向改革时期转变过程中,两党在国家社会生活中的权威和在人民群众心目中的地位不一样,决定了对改革时期党的建设和发展产生影响就不一样。

三、比较得出的启示

社会主义建设是马克思主义本土化在革命胜利后的继续深化。通过比较中俄(苏)两国在建设时期马克思主义本土化实践中的异同,我们可以从中得出如下的启示。

(一)社会主义建设有共同原则和目标,没有等同划一的具体建设模式

建设社会主义是人类全新的事业,马克思主义经典作家对之在理论上做了初步而精辟的预测。那么,社会主义建设实践是否完全按照理论预测来进行呢?实践证明,理论预测只是阐述了社会主义的基本特征,而社会主义的实现方式则必须依靠实践探索。应该说,社会主义作为资本主义的替代形态,必须具备严格区别于

① 《张闻天选集》,人民出版社,1985 年版,第 569 页。

② 《张闻天选集》,人民出版社,1985 年版,第 596 页。

资本主义的制度特征,或者说,必须能够解决资本主义存在的基本矛盾。而资本主义最为本质的特征是生产资料的资本主义私人占有和存在剥削,因此,社会主义理所当然地建立和坚持生产资料的公有制和按劳分配的制度。

从社会主义建设的实践来看,中苏两国都坚持了这些共同原则,先后建立起社会主义的基本制度。但是两国社会主义建设的具体实践,由于两国的基本国情不同,导致所建立的反映社会主义制度的体制和机制又有所不同,这是基本理论与具体国情相结合的必然结果,还包括两国执政党对马克思主义本土化本质要求的不同理解以及理解程度的差异。客观地讲,苏联的社会主义建设在先,其实践更具有原创性和探索性,中国的社会主义建设稍后,使得中国共产党人有机会对"苏联模式"在实践中出现的有所察觉,"苏联模式"运行中计划经济"高度集中"的特征比较明显,实际的运行并不高效。斯大林在世时中国共产党虽不方便指出,当斯大林逝世以后,毛泽东在两次中央政治局会议上都说了这样的话:"赫鲁晓夫这次揭了盖子,又捅了娄子。他破除了那种认为苏联、苏共和斯大林一切都是正确的迷信,有利于反对教条主义。不要再硬搬苏联的一切了,应该用自己的头脑思索了。"①当然,中国后来所采取的通过发动"大跃进"和"人民公社化"运动来建设社会主义,全然不顾社会主义经济建设的基本规律,盲目调动人民群众建设社会主义的积极性,凭主观愿望挖掘人民群众的主动性、积极性和创造性,过早地将原本属于社会主义高级阶段——共产主义社会——的体制机制运用到实践中来,显然也是不正确的。

(二)社会主义经济建设是基础,要注重经济建设的统筹、协调和可持续

在哲学的世界里,物质和意识构成了人类社会,其中物质决定意识。经济是物质的载体和表现形式,上层建筑是意识的载体和表现形式,其中经济基础决定上层建筑。经济建设在社会发展中具有基础性和决定性的作用,因此,任何一个国家,无论坚持什么样的社会制度,搞好经济建设是保持国家稳定和繁荣的基础。

苏联作为世界上第一个社会主义国家,固然在经济建设上没有现成的经验可以直接借鉴,但是,在完成向社会主义过渡后的不到20年时间里,虽然经受了第二次世界大战的冲击,却仍然建立起了比较完整的经济制度和工业体系,且拥有比较厚实的经济基础,问题是斯大林后的多位继任者,始终没有准确把握世界发展的形势和大局,错误地估计了战争爆发的可能性,采取了若干错误的经济建设政策。一是继续坚持和强化高度集权的、封闭的计划经济体制。在这种体制下,资源配置的

---

① 吴冷西:《忆毛主席》,新华出版社,1995年版,第6页。

不合理性和经济活动的低效率长期得不到解决。虽然在短期内可以使国民经济的总量迅速膨胀,但是在长时期内无法解决国民经济的结构问题和质量问题。采用这种经济体制的直接后果是,背离了列宁关于“应当把自己的生存同资本主义的关系联系起来”①的思想,使整个苏联、东欧集团与世界市场处于割裂状态,不仅难以从西方获得技术和资金,影响了国际竞争力的提升,而且无法融入世界经济大潮,使国民经济失去发展方向,失去自我调整、自我修复的机会。尽管后来情况有所改变,但总体效果不佳。二是进一步强化了军事化的经济发展策略。没有正确处理农业、轻工业、重工业的比例关系,整个国民经济活动长期与战争或准战争状态结合,形成国民经济的军事化,即与军事相关的科技和重工业畸形发展,农业和消费品生产长期落后和不足,人民的生活水平得不到根本的提高。三是过度依赖粗放型经济模式。苏联长期依靠地大物博、资源丰富的优势,主要通过大量无偿开采、出口自然资源,来获得经济增长,这样的经济发展缺乏后劲,且不可持续。

中国在经济建设的初期,曾主要以“苏联模式”为蓝本来展开建设,但随着实践中对“苏联模式”弊端的不断察觉,在“三大改造”开始时就十分注重结合本国的基本国情,逐渐探索出了有中国特色的向社会主义过渡道路。首先,在经济建设的总体布局上,注重农、轻、重并重、协调发展,并以此作为发展国民经济的总方针,探索中国工业化的发展道路。毛泽东说:“过去安排是重、轻、农,这个次序要反一下,现在是否提农、轻、重?要把农、轻、重的关系研究一下。过去搞过十大关系,就是两条腿走路,多快好省也是两条腿,现在可以说是没有执行,或者说是没有很好地执行。过去是重、轻、农、商、交,现在强调把农业搞好,次序改为农、轻、重、交、商。这样提还是优先发展生产资料,并不违反马克思主义。”②可以说,毛泽东的经济建设思路非常契合中国工业落后、农业薄弱的实际。在实践中,全国掀起“工业学大庆”、“农业学大寨”的运动热潮,虽说,采用运动的方式来发展经济并不科学,但在较短时间内统一全国人民的思想,鼓舞人民鼓足干劲方面的效果不错。其次,在协调经济建设与国防建设的关系上,虽然也受“苏联模式”的影响,在1962年后提出准备打仗,开始强调工业,尤其是重工业的发展,但是没有过分强调国防军事工业的绝对优先地位,而是基本保持军民并重,共同发展。不仅国民经济的发展起色明显,而且国防建设,尤其在国防尖端科技方面依然取得了令世界瞩目的成就,相继成功研制出了“两弹一星”,迅速地提升了中国在国际上的地位,为国民经济的持续发展赢得了有利条件。

---

① 《列宁全集》(第41卷),人民出版社,1985年版,第167页。

② 《毛泽东文集》(第8卷),人民出版社,1999年版,第78页。

(三) 社会主义政治建设是保障，要注重制度和体制机制的创新

政治是个较抽象的概念，在国家层面就是上层建筑，具体表现为政治制度和政治文化。政治制度就是一个国家的阶级实质和政权组织形式。而政治文化是一个国家中的阶级、团体和个人，在长期的社会历史文化传统影响下形成的某种特定的政治价值观念、政治心理和政治行为模式，包括人民大众的政治认知、政治意识、政治信念、政治情感、政治态度、政治参与意识和参与能力等。政治建设既受制于经济建设，同时又为经济建设指明方向。

在政治建设方面，苏联的教训是深刻的。斯大林时期，高度集权是政治制度的基本特征，整个政治体制和运行机制缺少活力，缺乏生机，具有很大的封闭性和保守性，不能进行自我调节。政治生活中缺乏民主，制约了人民政治参与的热情和积极性。赫鲁晓夫以后，虽然集权的刚性被大大软化，一些极端的做法被废除了，加进了温和合理的因素，变得不那么令人畏惧了，但实质却没有发生根本变化，政治制度依然僵化。勃列日涅夫及以后时期，在前几任的惯性作用下，沿着前任的轨道，继续发展这种僵化。在政治文化方面，美国政治学家阿尔蒙德将苏联政治文化定义为传统型、服从型和行政型的政治文化，包括主流文化和非主流文化。苏联的主流文化，即在马克思主义、列宁主义指导下形成的，并长期居支配地位的社会主义观念、共产主义理想和国际主义原则等，在 20 世纪二三十年代酝酿、在 50 年代形成、在 70 年代中期前占据绝对统治地位，使得苏联政治和社会保持了近 60 年的相对平稳。到了 70 年代中期后，非主流文化，即 20 年代至 40 年代反共反苏势力、60 年代后的持不同政见者运动和 80 年代“民主派”提倡的政治文化，逐渐扩大影响，到 80 年代中期后发展到占据支配地位，这是导致苏共最终垮台，在政治体制和机制方面的不可忽视的重要原因。

中国的政治建设同样也存在很大问题。虽然毛泽东在政治建设的理论方面有所建树，其主要思想体现在 1956 年 12 月发表的《再论无产阶级专政的历史经验》一文中，该文论述了在社会主义阶段要正确处理两类不同性质的矛盾，即敌我矛盾和人民内部矛盾。1957 年 2 月，又发表了《关于正确处理人民内部矛盾的问题》的重要讲话，提出要用民主的、说服教育的、“团结—批评—团结”的方法来解决人民内部矛盾。在政治文化方面，提出了“百花齐放，乃家争鸣”的方针，但是，由于受阶级斗争“左”的思想的支配，国家的政治生活没有形成敢于说话、敢于批评、敢于争论的民主氛围，政治建设徒有一套正确的理论。在社会主义建设时期之所以出现一系列的严重失误，政治建设缺失是主要原因。

由此可见，一个国家要健康发展，必须要有良好的政治保障，推行政治体制机制改革和创新是唯一出路。

(四) 要客观评价领袖人物在社会主义建设中的作用,防止出现“个人崇拜”

人民群众创造了历史,这是唯物史观的基本观点。同时,历史唯物主义并不否认任何一个历史伟人都是那个特定历史时代的产物,其历史作用是一种客观存在,是不以人的意志为转移的。从本质上讲,领袖人物也是人民群众中的一员,之所以称为领袖,是因为他们在本国历史发展阶段中的作用确实超过了一般人。领袖人物不仅是本国无产阶级政党的领袖,而且是这个国家的缔造者,自然是本国马克思主义本土化的领导者和推动者。实践证明,简单否定领袖人物的作用会导致历史虚无主义,过分夸大领袖人物的作用又会造成“个人崇拜”。

为此,我们要充分理解和正确看待领袖人物在社会主义建设中的影响。领袖人物对国家的影响来自两个方面。一方面来自领袖人物自身,领袖人物是国家的缔造者,在情感上会不自觉地认为江山是自己领导打下来的,对于“守江山”而言,自己是首要责任人,这既是情感自觉,也是政治自觉。所以,关于社会主义建设,领袖必须主动施加个人影响。从这个意义上说,领袖在如何建设国家的问题上要比一般人想得多些、想得复杂一些、想得久远一些。在实际生活中,领袖人物是党和国家路线、方针、政策的主要制定者,他们会把自己对如何建设社会主义的思想和理论,通过党和国家的大政方针体现出来,甚至通过国家的法律体现出来,成为整个国家的行动准则。另一方面来自领袖人物之外,领袖人物在人民群众心目中的地位是至高无上的,人民群众在情感上对领袖人物充满了无限的信任,在行动上表现为坚决地服从,有时会盲目地服从,甚至形成依赖。所以,在社会主义建设的实践中,人民群众会主动去感受领袖人物的影响,主动去反映这种影响。从这个意义上说,领袖人物的影响是被“捧”出来的。

“个人崇拜”是特定历史时期的一种社会现象,是人们对领袖人物与人民群众之间相互关系的批判性结论。要防止出现“个人崇拜”现象,就必须弄清楚产生“个人崇拜”的机理。笔者认为产生“个人崇拜”现象不外乎几方面的因素。一是道德因素。一般说在开国领袖身上容易发生“个人崇拜”现象。原因是开国领袖在人民中享有绝对的威望,在制度转换时期,把对制度的道德情怀转移到了领袖身上,领袖便是再生父母,是救世主。二是民族因素,或文化因素。一个民族如果有着悠久的君主统治历史,那么,这个民族就容易产生“个人崇拜”的现象。三是权力因素。就是说领袖们从高度的责任自觉,到高度的权力自信,容易使领袖们注重发挥自己的主观意志,与人民群众的热情拥戴产生互动,最终导致“个人崇拜”。四是他人因素。就是说不排除极少数别有用心的人,为了个人的不可告人的目的,借助领袖的影响,故意制造“个人崇拜”,企图达到获得个人利益的目的,等等。

因此,我们必须理性地看待领袖人物,客观公正地评价领袖人物在特定历史条件下所做出的贡献,不能“神化”领袖。领袖人物也是人,领袖既是时代的宠儿,更是人民群众中的一员。他们只是在特殊时期的特殊条件下发挥了特别的作用,产生了特殊的影响,除此之外,他们和普通人一样有七情六欲,有喜怒哀乐,也会犯错误。把领袖人物的话说成“句句是真理”、“一句顶一万句”,搞“凡是式”的“个人崇拜”是错误的。当然,在任何时候任何情况下,我们也不能“魔化”领袖,即当领袖人物犯了错误时,我们要客观分析领袖犯错误的原因、错误的性质、错误的影响,抓住领袖曾经犯过的错误不放,搞“一过抵千功”也是要不得的。

第三章

改革时期中苏马克思主义本土化比较

改革时期,在苏联是指从戈尔巴乔夫上台到苏联解体;在中国是指从党的十一届三中全会召开到今天。改革时期是中苏是否坚持马克思主义本土化的关键时期,在苏联马克思主义本土化彻底异化,最终导致苏共垮台、苏联解体;在中国马克思主义本土化稳步推进、成效显著,不仅实践成果举世瞩目,而且理论创新层出不穷。

第一节　改革时期马克思主义在苏联异化的基本历程和主要特点

戈尔巴乔夫上台后的所作所为表明,虽然苏联在政治生活中表面上还使用马克思主义,但已经不再坚持作为党的指导思想,实际上已经背离了马克思主义。苏联共产党名义上还是执政党,但在国家生活中逐步丧失了领导地位。在国际关系中,苏联对外还是社会主义的国家性质,但在实质已经走上了资本主义的复辟道路。因此,改革时期,马克思主义在苏联已经彻底异化。

一、马克思主义在苏联改革中被彻底异化

改革时期马克思主义在苏联彻底异化,是一个较为复杂的过程,其根本原因是戈尔巴乔夫推行抛弃马克思主义的改革新思维,其根本标志是改革不再坚持社会主义方向,逐步放弃了党对改革的领导。下文将从戈尔巴乔夫改革新思维的酝酿、形成和推行,即改革偏离社会主义方向走向异化、改革逐步放弃党的领导、社会主义在苏联彻底失败三个层面进行分析。

(一) 改革前戈尔巴乔夫新思维的酝酿、形成及在实践中推行

戈尔巴乔夫是苏联全面改革的启动者,是改革新思维的提出者,是马克思主义在苏联异化的始作俑者。考察戈尔巴乔夫思想变化的过程,对分析苏联改革的性质、苏联解体的原因、总结苏联解体的教训具有重要的意义。

1. 戈尔巴乔夫对苏联社会体制产生不满

戈尔巴乔夫出生于贫苦的农民家庭，10 岁时父亲应征入伍参加了卫国战争，是一位出生入死的革命战士。战争给戈尔巴乔夫性格的影响很大，他自认为“我们这一代是战争之子的一代”①。青年时期，戈尔巴乔夫勤奋好学、成绩突出、个性独立，有一种自命不凡，能干一番大事业的自我感觉。大学毕业后一直在家乡斯塔夫罗波尔工作，一干就是近 25 年，从边疆区检察院到共青团，由于在共青团岗位上初试锋芒，很快转到党的工作岗位，一直升至边疆区党委第一书记。1978 年 11 月 27 日，当选为苏共中央书记，从此开始了他的政治生涯。

在从事共青团工作的时候，戈尔巴乔夫就对共青团组织与共产党组织的关系有了自己的看法，他认为：“这个青年政治组织其实并无任何独立性可言，实际上充当苏共的‘分包人’。”“共青团任何级别的任何采取独立行动的尝试，不仅不受欢迎，而且被当成危险的事情。党组织把直接领导经济的职能揽在自己身上，自己成了经济机关不算，希望共青团也照此办理。一切都通过经济成就来评价。”②戈尔巴乔夫企图探索活跃的、人道的工作方式的做法一直得不到党委的理解，在他的思想深处就已经蒙生了对共产党和社会体制的不满和偏见。

2. 戈尔巴乔夫对苏联社会体制的认识发生转变

苏共二十大和赫鲁晓夫的秘密报告带来了戈尔巴乔夫政治上和心理上的第一次震动。他在边疆区党委看到了中央的通报信后赞成赫鲁晓夫的大无畏行动，同时，他的思想也存在矛盾，并开始发生微妙的变化。他说：“报告没有分析，没有‘推论’，甚至可以说带有个性鲜明、激烈揭露的性质。没有论证，而是刺激人们的神经。将许多极其复杂的政治过程、社会经济过程、社会心理过程的原因统统归结为‘领袖’本人不良的个人品质。本来应当进行更加深入的分析。可是，唉……”③随后，戈尔巴乔夫对赫鲁晓夫的批判进行了深刻的分析，他认为对斯大林的揭露方面，赫鲁晓夫历史作用的矛盾性非常鲜明。一方面是胆略和勇气，果断和逆潮流而上的决心值得肯定；另一方面赫鲁晓夫的政治思维受到某些刻板公式束缚的局限性，他不能也不愿意揭露所抨击的现象的深层基础。因此，戈尔巴乔夫认为赫鲁晓夫的批判是肤浅的，如果苏联社会历史上悲剧事件的原因仅仅在于“恶棍”斯大林的个人品质，那么，斯大林就是“个人崇拜”的俘虏。要改变，或避免这类事件的再发生，就只需将坏的领导人换成好的领导人就可以了。戈尔巴乔夫认为问题的实质不在于此，赫鲁晓夫不想去深入分析集权主义的真正原因，是不想去触动体制的基础。这

① 《戈尔巴乔夫回忆录》，唐弢等译，社会科学文献出版社，2002 年版，第 31 页。

② 《戈尔巴乔夫回忆录》，唐弢等译，社会科学文献出版社，2002 年版，第 51 页。

③ 《戈尔巴乔夫回忆录》，唐弢等译，社会科学文献出版社，2002 年版，第 55 页。

实际上表明,戈尔巴乔夫已经在思想深处开始抵触当时的体制了。他对赫鲁晓夫所搞的党的改组看成是矫揉造作,造成了领导的混乱,是仍然沿用原来的体制,强迫体制工作,根本没有改进党的领导,当然也谈不上对体制的触动。此外,戈尔巴乔夫对苏共取代一切、党政不分和党履行管理社会的职能等也不认可。但是,戈尔巴乔夫对体制的抵触又表现出矛盾的另一面,那就是他承认正是这个体制使他,一个来自普通百姓的人平步青云、步步高升,最终成为国家首脑。“成了今天这样的人,我们是充分利用了国家为公民提供的条件。”①而不是传说中的,是他夫人家族背景所致。

从赫鲁晓夫时期开始,一直到勃列日涅夫及以后的数十年间,戈尔巴乔夫对党的至高无上的领导作用的合法性存有怀疑,他认为斯大林时期宪法把“党是劳动人民一切组织、包括社会组织和国家组织的领导核心”的提法放在宪法的第十章,只是一般的宣言,而不是宪法和法律的准则,党的核心地位没有宪法的合法性。戈尔巴乔夫对党的不满还表现在对党内形成的等级制度,“这种等级制度有时搞到了荒诞不经的地步,它对一切都做了规定,甚至包括政治局开会时的座次。绝非戏言!”②在经历了勃列日涅夫及以后两任领导的更替以后,戈尔巴乔夫对苏联体制有了一个总的、更理论化的认识,“其他国家通过痛苦的探索逐渐走上适应时代挑战的道路,而我国的体制看似有科学的理论、有计划的系统的途径和科学管理方法做依靠,却排斥新的思潮,凌驾于普遍的文明潮流之上”③。这在实际上表明,戈尔巴乔夫对苏共的合法性及国家体制的认识已经从怀疑转向了否定,成为他上台后决心改革的思想基础。

3. 戈尔巴乔夫决定改革苏联社会体制新思维的产生和形成

戈尔巴乔夫认为勃列日涅夫当政的18年是个停滞的时期,他指出了勃列日涅夫的一系列缺点:在政治上,利用对党和国家精英、军工综合体的了如指掌,依靠他们的无限支持,实际上推行了一条强硬的新斯大林主义路线。民主遭到了破坏,通过新的宪法,开展了史无前例的对持不同政见者的斗争,把一些人关进监狱、把一些人送进疯人院,将一些人逐出国境。在经济上,口头上讲必须搞节约经济、市场集约化,加速科技进步,实际上抵制“柯西金改革”,拖延召开科技进步全会,沿着粗放式、高消耗的道路越走越远,经济处于破产的边缘。在军事上,在争取缓和国际形势的宣传舆论掩饰下,甚至在耗费巨资达到同美国战略均势之后,继续军备竞赛,毫不犹豫地扼杀了“布拉格之春”,首次卷入明知必败的阿富汗军事冒险。因此,

① 《戈尔巴乔夫回忆录》,唐徵等译,社会科学文献出版社,2002年版,第72页。

② 《戈尔巴乔夫回忆录》,唐徵等译,社会科学文献出版社,2002年版,第82页。

③ 《戈尔巴乔夫回忆录》,唐徵等译,社会科学文献出版社,2002年版,第94页。

戈尔巴乔夫认为勃列日涅夫的去世，社会各界并不认为是个沉重的损失，对国家、对他本人是个机会，“我们每个人当然都在以某种方式思考未来，思考国家处于怎样的境地、我们可能有什么样的前景。可以肯定地说：当时大部分人都期待着锐意改革，改弦更张”，“社会感觉到国家不仅需要变革，而且已经处在变革的前夜”①。

勃列日涅夫去世后，由于种种原因，戈尔巴乔夫未能立即实现在勃列日涅夫刚上台时就迫切想改革的愿望，而是经历了安德罗波夫和契尔年科先后上台执政的“等待”过程。因为，由于安德罗波夫虽属于改革派，但毕竟是一个仍停留在他所处时代的人物，属于想改革却又未能挣脱旧的思想和价值观念樊篱的人，他不会搞激进的改革。而契尔年科则属于勃列日涅夫式的顽固派，他上台后一切又恢复到了“勃列日涅夫景象”。经过这么两任总书记不长在位时间的锻炼和煎熬，戈尔巴乔夫的思想在“等待”中越来越“成熟”，一旦上台，就注定会出现一改而后快的改革行动。

（二）改革中戈尔巴乔夫新思维偏离了社会主义方向

戈尔巴乔夫的改革最终离开社会主义方向，无论是有学者认为的是戈尔巴乔夫战略考量、策略推进的结果，还是如有的学者认为的是形势所逼、不断演变的结果，都经历了一个较为复杂的过程。

1. 戈尔巴乔夫改革初期基本坚持社会主义

1985 年 3 月戈尔巴乔夫上台时，苏联的经济发展实际上已经跃过了抛物线的最高点，并表现出急剧下滑、不断恶化的状况。由于国家经济的长期畸形发展，“石油成了苏联经济的毒品，国家越来越依赖于石油天然气的出口。从 1970 年到 1980 年，西伯利亚的石油开采量从 3 100 万吨增加到了 3.12 亿吨，同期的天然气开采量从 95 亿立方米增加到 1 560 亿立方米。巨大的石油天然气管道将燃料输送到西方国家换取外汇，再用这些外汇为国家购买食品和高科技设备”②。农业部门出现的危机决定了国家整个的经济危机。国家对国外采购粮食的依赖，变得越来越明显，越来越危险。1973 年的粮食采购量占国内总产量的 13.2%，到了 1981 年则上升到了 41.4%。③ 可见，仅仅从经济发展的角度讲，苏联也确实到了非改革不可的地步。事实上，戈尔巴乔夫本人也正是在这样的危机背景下被起用和重用的，“戈尔巴乔夫被优先考虑了”。1978 年 11 月底，戈尔巴乔夫被召到莫斯科，但他不知道被召见的原因，在与契尔年科见面的日程里没有等到见面，就到自己的朋友那里参加酒宴去了，后来他的助手好不容易才在酒宴上找到了他，否则“戈尔巴乔夫差一

① 《戈尔巴乔夫回忆录》，唐弢等译，社会科学文献出版社，2002 年版，第 95、97 页。

② ［俄］鲁·格·皮霍亚：《苏联政权史》，徐锦栋等译，东方出版社，2006 年版，第 407 页。

③ ［俄］鲁·格·皮霍亚：《苏联政权史》，徐锦栋等译，东方出版社，2006 年版，第 408 页。

点自己毁了跻身中央委员会的前程"①。戈尔巴乔夫就可能失去最后当上苏共总书记并推行改革的机会。由此看来,改革存在某种必然性,关键问题是如何改革?向什么方向改革?

从总体上讲,戈尔巴乔夫在改革初期还是基本坚持社会主义的。首先,他认为苏联出现的困难和问题,不是社会主义的危机,或者关键不是社会主义制度造成的。他说:"70—80年代出现的困难和问题,不是社会主义作为一种社会政治制度发生的某种危机,相反,主要是由于不能始终如一地实行社会主义原则,背离甚至歪曲这些原则造成的,是由于一成不变地沿用在一定历史条件下,在社会主义发展的头几个阶段出现的社会管理方法和方式造成的。"②"历史经验证明,社会主义社会也不能保险不出现和不积累停滞趋势,甚至也不能保证不发生严重的社会政治危机。""社会主义能够进行革命性变革,因为就其本质来说,社会主义是有活力的。"③其次,他认为改革不是否定社会主义。他说:"我们将走向更美好的社会主义,而不是背离它。我们是真心实义地这样说的,既不是对自己的人民,也不是对国外说假话。"④最后,他的一些实际举动也证明了他的最初思想。1985年4月,戈尔巴乔夫在四月全会前夕,邀请了一批著名经济专家对国民经济进行了客观的分析,得出了必须进行结构性改革的结论。为了稳妥起见,他还是"采取了加速社会主义经济发展的路线"⑤,并作为6月召开科技进步问题讨论会的主旋律,在苏共二十七大及其以后的一段时间,都围绕这个主题来开展工作,直到1986年春,才将"加速"与"改革"的概念结合起来使用。为了不授人口实,戈尔巴乔夫也曾想希望依靠诸如计划加动员的方法、组织工作、劳动者的自觉性和积极性等"社会主义优越性"去消除经济停滞状态。但事实上,戈尔巴乔夫并没有打算坚持多长时间,只准备象征性地先做做整顿工作,用老办法对付一阵子,然后再着手进行深入的改革。即便这样,戈尔巴乔夫后来还是表示了后悔,他认为那样做错了,浪费了时间。因此,从总体上看,这一时期的改革在客观上还算在社会主义范围内,"加速战略"是在社会主义制度基础上寻求加快经济发展。但从逻辑推理上可以看出,改革在初期仍坚持社会主义并非戈尔巴乔夫的本意,而是他的一种策略。

2. 戈尔巴乔夫对社会主义本质的理解发生变化

人们一直不能理解戈尔巴乔夫在坚持社会主义方面言行不一的现象。因为,

---

① [俄]鲁·格·皮霍亚:《苏联政权史》,徐锦栋等译,东方出版社,2006年版,第410页。

② [俄]戈尔巴乔夫:《改革与新思维》,苏群等译,新华出版社,1987年版,第38—39页。

③ [俄]戈尔巴乔夫:《改革与新思维》,苏群等译,新华出版社,1987年版,第57页。

④ [俄]戈尔巴乔夫,《改革与新思维》:苏群等译,新华出版社,1987年版,第38页。

⑤ 《戈尔巴乔夫回忆录》,唐筱等译,社会科学文献出版社,2002年版,第160页。

他在口头上坚持社会主义没有持续多长时间，在接下来的对社会主义本质的认识理解上就出现了明显的问题。首先，他在对社会主义本质的认识中特别强调了"民主性"。1986 年 2 月苏共召开二十七大，戈尔巴乔夫在报告中强调了社会主义民主的重要性，他说："不进一步发扬各个方面和各种表现的社会主义民主，加速社会的发展便是不可思议的，也是不可能的。"①其次，他很快就提出"公开性"，并与民主性结合到一起。他说："多一些社会主义，意味着社会生活中多一些民主、公开性和集体主义，在人与人之间的生产关系、社会关系和个人关系中多一些文明和人道主义，多一些人的尊严和自尊。"②他进一步认为，加强公开性原则是加强民主的措施，"没有公开性就不会有民主"，"必须使公开性成为不停顿地发挥效力的一种制度"。③ 从这里，人们就开始认为戈尔巴乔夫当初的坚持社会主义是虚假的，是为抛出"公开性"的预谋。

3. 戈尔巴乔夫的改革抛弃社会主义

如果戈尔巴乔夫起初所谓的坚持社会主义具有欺骗性的话，那么，对戈尔巴乔夫接下来抛弃社会主义的实践就很好理解了。早在 1985 年 5 月的列宁格勒之行时，他就把 3 月和 4 月中央全会未经公布的、原本只限在高层内部传达的文件内容，在事先没有与政治局同事商量的情况下，就突然地、直接地向普通百姓做了报告，他的这种行为虽有偶然的和意外的假象，但在客观上为他在苏共二十七大报告中提出"公开性"做了铺垫。苏共二十七大报告集中表明了戈尔巴乔夫准备对苏联社会生活各个领域进行质的改造的决心。在报告中戈尔巴乔夫除了重点阐述了"民主化"和"公开性"之外，还阐述了他的外交新思维，他认为核战争解决不了任何问题，世界是相互联系、相互依存的一个整体，将世界分割成相互对立的集团是何等的荒谬。他还提出了社会主义国家与资本主义国家要和平共处，全人类的利益高于一切，社会主义发展的多样性等一系列观点。更为戏剧性的是苏共二十七大开幕日期正好是苏共二十大 30 周年纪念日，有人不得不认为这是戈尔巴乔夫的精心安排。

1987 年 6 月，苏共中央通过的《根本改革经济管理的基本原则》，要求改革各个经济领域的管理体制和运行机制，从表面看来，文件保留了社会主义的字眼，但是文件中提出了一系列理论观点，如民主化、公开性、多元化，以及人道主义等，已经严重背离了马克思列宁主义基本原理。11 月出版的戈尔巴乔夫论著《改革与新思维》，则更加系统地阐述了上述错误思想。1989 年 11 月 26 日，戈尔巴乔夫在《真

① 沈志华、于沛等：《苏联共产党九十三年》，当代中国出版社，1993 年版，第 887 页。

② ［俄］戈尔巴乔夫：《改革与新思维》，苏群等译，新华出版社，1987 年版，第 39 页。

③ 《戈尔巴乔夫回忆录》，唐弢等译，社会科学文献出版社，2002 年版，第 129 页。

理报》上发表了文章《社会主义思想与革命性变革》,他在文章中明确表示了要与斯大林模式彻底决裂,提出多党制,要扩大社会主义的原则基础和理论来源,要认同西方的价值观等。所有这些表明,戈尔巴乔夫思想中的社会主义已经转向了社会民主主义,在这样的理论指导下的改革,已经注定要完全彻底地抛弃社会主义方向,走向异化。

(三)改革后期戈尔巴乔夫彻底抛弃党的领导

决定苏联改革走向异化的另一个重要标志是逐步抛弃党的领导。对这个问题,很难对戈尔巴乔夫的思想发展有一个准确的分析和把握。因为人们一直无法把他在1989年以前的文章报告中,尤其是在《改革与新思维》和在纪念十月革命70周年大会上的讲话中对苏共的充分肯定,与他在3年后辞去苏共中央总书记职务、解散苏共的行为统一起来。

1. 戈尔巴乔夫表面承认苏共是改革的领导力量

改革初期,戈尔巴乔夫在谈到苏共在改革中作用时,还在表面上承认苏共是改革的领导力量。戈尔巴乔夫在他的引以为豪的《改革与新思维》中说:“苏共是为加强社会主义的利益、为劳动者的利益而进行改革的倡导者、推动者、组织者和领导者,我还要说是改革的保证人。”“对待改革也是这样,党定将改革进行到底。”“首先是从理论上思考情况,及时找到矛盾发展的关键,修正战略和策略,制定政策和确定这个政策的方式和方法,挑选和配备干部,从组织上和意识形态上保证改革。除了苏共以外,所有这些事情是谁也做不到的。”①戈尔巴乔夫还在1987年1月召开的苏共中央全会上所做的报告中发表过类似的观点。其实,无须再多引证,就足以说明,戈尔巴乔夫认为的苏共在改革中所具有的不可动摇的领导地位和作用的言论是表面的、虚伪的。因为,在改革实践中,戈尔巴乔夫言行不一,并没有照自己的理论去做。甚至可以说,戈尔巴乔夫是在利用苏共充当他推行新思维的工具。

2. 戈尔巴乔夫在改革实践中有策略地削弱党的领导

要准确把握一个人的思想动机,除了要听其言,更重要的是要观其行。戈尔巴乔夫非常清楚自己为什么要改革、改什么和怎么改,以及如何体现党在改革中的作用。他说:“改革的成败,尤其在初始阶段,完全取决于苏共对待改革的态度,因为实际上苏共本应自动舍弃原来的独裁专制。”②作为党的总书记,戈尔巴乔夫的思想在某种意义就代表了党的思想,因此,戈尔巴乔夫真实思想直接决定了党对待改革的态度。如何使整个党的组织,首先是党的高层能够按照戈尔巴乔夫的思路来

---

① [俄]戈尔巴乔夫:《改革与新思维》,苏群等译,新华出版社,1987年版,第150—151页。

② 《戈尔巴乔夫回忆录》,唐哎等译,社会科学文献出版社,2002年版,第190页。

左右改革，一直是戈尔巴乔夫千方百计要解决的重要问题。为此，戈尔巴乔夫与其说采用了阳奉阴违的卑鄙伎俩，不如说戈尔巴乔夫善于运用隐蔽的、策略的手段。戈尔巴乔夫自己也承认："运用策略手段削弱上层的抵制，孤立其中最保守的部分，广招具有新思维的人士一起参与改革。"①为此，首先，戈尔巴乔夫从改革选举制度开始，实行议会制，让共产党在争取议会席位的过程中、在争取媒体的残酷斗争中，与党外集团进行角逐，以此暴露党的高层维护既得利益的缺点，从而瓦解党的团结。夸大改革中出现的困难和问题，引起人民对改革的不满，并把这种不满记在共产党的头上，唤起人民要求对党进行改革，最终达到削弱党的整体领导的目的。其次，戈尔巴乔夫着手组建新的领导班子，奠定拥护改革的组织力量系统。这一行为其实早在他就任总书记一个月后的苏共中央全会时就已经开始，他精心考虑人事安排，为一年后的苏共二十七大组建领导班子做准备。事实上，苏共二十七大后，继续留在新班子中属于勃列日涅夫时期的人只剩 3 人，所以，这是一个坚决拥护改革的新班子，这就表明戈尔巴乔夫的"新人政治"已基本定局。至此，戈尔巴乔夫为他逐步推行"去党化"行动奠定了组织基础。

3. 戈尔巴乔夫彻底抛弃党在改革中的领导

苏共第十九次全国代表会议后，戈尔巴乔夫在公开讲话中不再提"发达的社会主义"、"共产主义的到来"，到了 1989 年 12 月 31 日午夜向全苏人民的新年致辞中，戈尔巴乔夫首次没有提及列宁、共产主义、"苏联模式"和共产党等话题。事实上，戈尔巴乔夫决意要背弃马克思主义的意图彻底公开化了。美国记者马特洛克曾对戈尔巴乔夫的言行做过这样一针见血的评述："从 1988 年到 1989 年，他已经一步一步地抽去了影响苏联历史 70 年的'社会主义'的真正含义。到 1991 年中，他实际上已经成为一个隐藏的资本主义者，甚至他自己对此毫无察觉。"②

最终导致苏共失去对改革的领导还有一个重要原因，那就是在戈尔巴乔夫推行新思维的过程中，由于默许、纵容和支持，导致在苏共党内形成了以叶利钦为首的民主派，且势力迅速膨胀。戈尔巴乔夫起先对改革中的不同意见持宽容的态度，"在对待持不同政见者方面，务必要表现出眼界的开阔与宽容"③。戈尔巴乔夫不久就表示了后悔，"革新力量和反动势力之所以能够发生尖锐的冲突，是我姑息的结果"④。因为，很快，他发现民主派的核心目标是废除苏联宪法第六条，实行多党

① 《戈尔巴乔夫回忆录》，唐弢等译，社会科学文献出版社，2002 年版，第 190 页。

② [美]小杰克·F. 马特洛克，《苏联解体亲历记》(下)，吴乃华等译，世界知识出版社，1996 年版，第 655 页。

③ 《戈尔巴乔夫回忆录》，唐弢等译，社会科学文献出版社，2002 年版，第 360 页。

④ 《戈尔巴乔夫回忆录》，唐弢等译，社会科学文献出版社，2002 年版，第 367 页。

制,公开向苏共夺取政权。民主派的分裂企图非但没有遭到及时识破和回击,相反却从戈尔巴乔夫及其周围相当一部分人那里得到了实际上的支持。其显著表现就是戈尔巴乔夫同意修改联盟条约草案,承认各加盟共和国主权,把"苏维埃社会主义共和国联盟"改为"主权苏维埃共和国联盟"。实际上,如果这个新联盟条约一旦签署,至少有5个加盟共和国不再属于苏联,这关系到苏联国家的完整和统一,虽然这个结果可能不是戈尔巴乔夫的既定计划,因为他也曾为挽救苏联的继续存在做出了最后的努力,但是,签订新联盟条约已成定势。

这个草案由于泄密,于1991年8月15日发表在《莫斯科新闻》上,这就意味着苏联解体迫在眉睫,在这种情形下,1991年8月19日爆发了举世震惊的"8·19"事件。苏联"传统派"势力为挽救苏联原有的联盟体制做出了最后一次尝试,试图化解苏联危机。但是由于发起人和领导者的策划缺乏周密,选择调动军队不当,又不敢理直气壮地使用暴力工具,最终没有得到所谓党国"精英"的支持,很快以失败而告终。"8·19"事件失败后,激进"民主派"势力迅速接管和控制了苏联中央的军、政、财等实权。8月24日,戈尔巴乔夫宣布辞去他的苏共中央总书记的职务,并建议苏共中央"自行解散"。12月21日,俄罗斯等11个独立国家领导人在哈萨克斯坦首都阿拉木图举行独立国家首脑会议,会议通过了《阿拉木图宣言》和《关于武装力量的协议书》等文件,正式宣告建立独立国家联合体。12月25日19时32分,克里姆林宫屋顶旗杆上,那面为几代苏联人所熟睹的镰刀锤子旗帜开始徐徐下落,至此,1922年12月30日成立的、一个具有93年光荣历史、执政70余年、尚有1 500万党员的苏维埃社会主义共和国联盟就这样不复存在了。

二、改革时期马克思主义在苏联异化的主要特点

苏联马克思主义本土化最终走向异化绝非偶然,如果我们把苏共垮台、苏联解体简单归结为戈尔巴乔夫的个人原因,那我们就陷入了英雄创造历史的唯心史观的泥潭。我们不能忘记那句至理名言:"实践是检验真理的标准。"事实上,无论是苏联曾经的成功,还是最终的失败,都证明了马克思主义是颠扑不破的真理,而苏联的失败,或者说马克思主义在苏联的异化,恰恰说明改革时期苏共在对待马克思列宁主义的认识和态度上出了问题。除了西方资本主义国家实施"和平演变"的因素不可回避以外,最根本的原因是以戈尔巴乔夫为首的苏共领导人从歪曲马列主义理论,使改革背离社会主义方向,到最终公开抛弃和背叛马克思主义意识形态理论,使改革失去了稳定的思想基础,再到违背马列主义党的领导原则,使党在改革中失去领导地位,再加上在具体改革中操之过急而失去控制,最后导致苏共垮台、

苏联解体的悲惨命运。

（一）歪曲马列主义理论，社会主义改革方向选择错误

改革是社会主义制度的自我完善，其根本前提是要坚持社会主义基本制度。改革初期的戈尔巴乔夫还能在绝大多数公开场合声称自己坚持社会主义，但是在实践中却不断暴露出其歪曲马列主义关于社会主义的理论，进而否定社会主义基本制度的用心和目的，从手段和效果来看具有明显的策略性和欺骗性。

1985 年 3 月，戈尔巴乔夫当选苏共中央总书记，他在就职讲话中明确提出苏联面临的政治任务是进一步完善和发扬民主以及人民的整个社会主义自治体系，后来发展成为他的“完善社会主义”思想。从报告的表面看，戈尔巴乔夫还保留了社会主义的字眼，以及要完善社会主义的想法，但是实际上，在戈尔巴乔夫的思想意识中，他所强调的社会主义已经发生了实质性的变化，已经是民主的、自治的社会主义，或者根本就不再是科学社会主义，所谓“完善”其真实目的是“改变”、是抛弃。在 4 月的苏共中央全会上，戈尔巴乔夫在报告中指出，列宁教导共产党人从阶级立场出发，现实主义地评价社会现象，不断创造性地寻求实现共产主义理想的最好途径。“生活及其发展促使我们继续变化和改革，争取达到社会的新的质的状态，而且是最广泛意义上的新的质的状态。”①在这里，戈尔巴乔夫以作秀的姿态，声称按列宁的教导，创造性地寻求实现共产主义理想的最好途径，其中，“创造性地”和“最好途径”是关键词，体现了他的意图。他提出的要现实主义地评价社会现象，其目的就是要改革社会，使之达到“新的质的状态”，这个“质”的变化，就是包括政治制度和社会制度的整个体系的根本变化。为了使自己的“完善社会主义”的思想能够迅速地成为全党的统一思想，在 10 月的苏共中央例行全会上，讨论苏联共产党纲领新修订本草案和苏联共产党章程修改草案时，戈尔巴乔夫指出，党纲新修订本草案中关于发展苏联社会的政治制度、日益充分地实行社会主义的人民自治的论点具有原则性意义。“在所有国家组织和社会团体的活动中进一步实行公开原则、加强自下而上的监督、加深民主原则方面采取的每一个实际步骤都是可贵的。”②这番讲话其实就已经充分地表明了戈尔巴乔夫要“完善社会主义”的最终目的、具体途径和方法步骤，并已经付诸实际行动之中了。

1986 年 1 月，戈尔巴乔夫利用提出销毁核武器计划发表声明，指出人类正处于一个新纪元的重要阶段，应当摈弃“石器时代思维”，进行新的政治思维，这是戈尔巴乔夫第一次明确提出“新的政治思维”概念。在 2 月的苏联共产党第二十七次

---

①　沈志华、于沛等:《苏联共产党九十三年》，当代中国出版社，1993 年版，第 870 页。

②　沈志华、于沛等:《苏联共产党九十三年》，当代中国出版社，1993 年版，第 879—880 页。

代表大会上，戈尔巴乔夫在政治报告中提出社会的进一步民主化，加深人民的社会主义自治。在谈到当代世界的主要趋势和矛盾时说，“当今世界是复杂多变的，充满着各种矛盾。两种制度的竞赛和对抗与世界大家庭国家的相互依赖关系日益增长的趋势相结合，这就是当代发展的现实辩证法”①。大会代表批判性地总结了苏联20世纪70—80年代初的社会发展状况，确定了对苏联社会生活各个领域进行质的改造的方针。在大会闭幕式讲话中，戈尔巴乔夫再次强调了要“扩大党和社会生活的公开性”②。这为戈尔巴乔夫日后推行他的改革新思维打下了伏笔。10月，戈尔巴乔夫在全苏高等学校社会科学教研室主任会议上讲话，首次使用了“发展中的社会主义”这一概念，这是对“完善社会主义”概念的发展，这里的“发展中的”用词在戈尔巴乔夫心目中就是“变化中的”或“变化着的”。他提出要对整个社会科学体系中的关于生产力和生产关系的辩证法、社会主义所有制、合作制、人民自治和民主、社会意识的发展等一系列问题的概念，用现代生活的材料加以丰富。可见，戈尔巴乔夫想否定社会主义制度的思想已经昭然若揭。1987年11月，戈尔巴乔夫的《改革与新思维》由苏联政治书籍出版社和美国哈泼-罗公司分别出版，该书被称为是一部谈苏联的打算和准备如何实现这些打算的书。戈尔巴乔夫在纪念十月革命70周年庆祝大会上指出：“像当今世界上的许多其他事物一样，共产主义运动也需要革新和质的变化。”③

戈尔巴乔夫在1988年2月全会上提出了“给革命性的改革以革新思想”的口号。6月，苏共第十九次全国代表会议在莫斯科召开，会议的中心议题是政治体制改革，这是戈尔巴乔夫作为总书记实施的所有政治措施中“最激进的改革措施”。④这次会议通过了一些决议，这些决议除了偶尔还能看到社会主义一词外，几乎再也没有共产主义、《共产党宣言》等字眼。戈尔巴乔夫报告的第二部分从7个方面详细阐述了为什么要进行政治体制改革和如何改革的问题。他指出：“30年代形成的政治体制是严格集中、靠行政命令领导国家的体制，它限制了社会主义民主，导致了极其严重的后果，这种高度集权的体制发生了严重的扭曲和变形。这种体制是苏联历史上改革屡遭失败、个人迷信和‘独裁’得不到克服、经济‘停滞’以及目前改革进展迟缓的根源。”“假如这种政治体制仍然不动，苏联就实现不了改革的任务。”⑤在报告的第三部分，戈尔巴乔夫说：“应该抛弃一切在30年代使社会主义变

① 沈志华、于沛等：《苏联共产党九十三年》，当代中国出版社，1993年版，第886页。

② 沈志华、于沛等：《苏联共产党九十三年》，当代中国出版社，1993年版，第887页。

③ 沈志华、于沛等：《苏联共产党九十三年》，当代中国出版社，1993年版，第919页。

④ [俄]鲁·格·皮霍亚：《苏联政权史》，徐锦栋等译，东方出版社，2006年版，第591页。

⑤ 沈志华、于沛等：《苏联共产党九十三年》，当代中国出版社，1993年版，第930—931页。

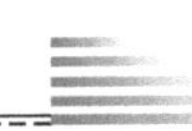

形、在70年代又使社会主义停滞不前的东西。我们所要的社会主义是一个真正的、现实的人道主义制度，是一种有效而活跃的经济制度，是一种社会公正的制度，是一种具有高度文化素养和道德的制度，是一种真正的民主政治制度，是一种各民族真正平等、各民族社会与精神繁荣并相互充实的制度，是一种渴望和平，能够在各国和各国人民之间建立正常和文明关系的制度。这就是'民主的和人道的社会主义面貌'。"①可见，戈尔巴乔夫在推行改革的整个过程中，已经完全歪曲了马克思列宁主义关于社会主义的论述，把改革引向了错误的方向。

（二）背离马列主义意识形态理论，使改革失去了稳定的思想基础

意识形态是一种观念的集合，是人类社会发展到一定阶段的产物。马克思主义意识形态理论是马克思主义最为重要的基本理论之一，阶级性是其核心特征。马克思、恩格斯认为："一个阶级是社会上占统治地位的物质力量，同时也是社会上占统治地位的精神力量。支配着物质生产资料的阶级，同时也支配着精神生产资料，因此，那些没有精神生产资料的人的思想，一般地是隶属于这个阶级的。"②列宁进一步论述了意识形态的阶级性。他讲道："或者是资产阶级的意识形态，或者是社会主义的意识形态。这里中间的东西是没有的（因为人类没有创造过任何"第三种"意识形态，而且在为阶级矛盾所分裂的社会中，任何时候也不可能有非阶级的或超阶级的意识形态）。"③在戈尔巴乔夫时期，继续默许"解冻"政策，逐步放弃在意识形态问题上的话语权，使得改革的思想基础发生了动摇，并最终导致改革的失败。俄罗斯联邦共产党总书记久加诺夫指出："我们也清楚地知道，苏共领导集团对意识形态的背离，最终导致他们对政治和社会主义祖国的背叛，事实证明，在意识形态的斗争上不应有丝毫妥协。"④

戈尔巴乔夫主观上表现出不愿坚持马列主义意识形态。在苏共党内，总书记是"绝对真理"的最高的无可争议的代言人。在戈尔巴乔夫执政初期，尽管他内心存有对社会主义制度的种种不满，但迫于舆论的压力，他还强调自己仍然信奉社会主义，还能打着发展列宁主义、革新社会主义等美丽旗号，在几乎所有的公开场合他都反复地、不知疲倦地声称自己忠于社会主义选择，宣扬改革是"十月革命"事业的继续。在戈尔巴乔夫执政早期正规出版的报告中还不乏"共产党人的角度"、"工

---

① 沈志华、于沛等：《苏联共产党九十三年》，当代中国出版社，1993年版，第931页。

② 《马克思恩格斯选集》（第1卷），人民出版社，2012年版，第178页。

③ 《列宁选集》（第1卷），人民出版社，2012年版，第326—327。

④ ［俄］久加诺夫：《俄罗斯联邦共产党第十五次全国代表大会政治报告》，陆轶之译，俄罗斯联邦共产党官网：http://kprf.ru/party-live/cknews/115709.html.

人阶级、农民和知识分子利益的反映”等苏联人耳熟能详的字眼。但随着戈尔巴乔夫权力和地位的不断巩固，他对社会主义、共产主义信仰的宣传就越来越少了。西方学者约翰·戈丁在对戈尔巴乔夫的《戈尔巴乔夫言论选集》的内容进行了量化分析后发现：第一卷(1967年—1983年)有28处提到共产主义或共产主义建设；第三卷(1985年10月—1986年)有12处提到；第四卷(1986年7月—1987年4月)只有3处提到；而在第六卷(1987年12月—1988年10月)中仅2处提到。① 到了1989年时，戈尔巴乔夫除了不提共产主义外，还有不少否定共产主义的说法。

在处理国内意识形态问题上，戈尔巴乔夫有步骤地使之逐步走向弱化。戈尔巴乔夫任总书记两个月后，就开始着手将以往禁放的电影、小说等文艺作品“解禁”，如雷巴科夫的《阿尔巴特街的儿女们》等，他以文学艺术提倡“公开性”为掩护，向社会传递与主流意识形态不一致的声音，很快那些原来被苏联出版检查打入“冷宫”的作品纷纷问世。在文学艺术的启示下，其他思想文化领域也闻风而动，全国几乎所有的报纸、杂志、电视台、电台都发表了大量文章、讲话、回忆录，并公布了一些所谓的“档案材料”。“解冻”政策掀起了新一股全盘否定斯大林的热潮，而且，随着“解冻”的进一步推进，以往苏共的领袖人物无一幸免地遭到了否定，其实就是一个十分危险的现象。因为以往的无产阶级领袖人物代表着过去苏共的历史，因而否定领袖人物就必然会发展到否定苏共的历史。因此，到了戈尔巴乔夫中后期，苏联已经基本丢弃马克思主义的意识形态了。

在处理国际关系问题上，戈尔巴乔夫给人的印象是根本没有意识形态概念。把国际关系看得过于理想化，完全不考虑意识形态在国际关系中的作用，把改革成功的希望寄托在西方的援助上，而不是立足于自力更生、独立自强、充分发挥和调动人民群众的积极性、主动性和创造性。他寄希望于同苏联长期处于对峙状态的西方资本主义大国，尤其是美国，能够慷慨帮助苏联——一个社会主义大国、自己的竞争对手。然而，“西方国家的领导者们并未忘记意识形态，没有忘记苏联是个社会主义国家”②。他所提出的“全人类的利益高于一切”口号，成为他“新思维”的核心思想。1986年2月22日，戈尔巴乔夫在对外政策的内部“小范围”讨论中就公开表示：“世界是多维的，这使我们想起了列宁：在他的论述发表100年之后，我们

① [英]约翰·戈丁：《戈尔巴乔夫和民主》，载：《苏联研究》，1990年4月号，陈巨山译，参见《今日苏联东欧》，1991年第5期，第30页。

② 左凤荣：《致命的错误》，世界知识出版社，2001年版，第318页。

又重新来理解他关于社会利益往往高于阶级利益这个论断。”①戈尔巴乔夫在他的《改革与新思维》中认为:“过去曾作为一种经典公式的克劳塞维茨公式——战争是政治以另一种形式的继续——已经过时了,它应藏在图书馆里。在历史上第一次迫切需要把社会的道德伦理标准作为国际政治的基础,使国际关系人性化,人道主义化”,“世界是一个整体。我们大家都是地球这条船上的乘客,不能让这条船翻沉。第二艘诺亚方舟是不会有的”。“对手不得不成为伙伴,不得不共同寻找通往普遍安全的道路。”②可见,戈尔巴乔夫在思想上已经完全抛弃了意识形态。而且,他在多个场合明确表示意识形态的改革具有不可逆转性,充分表明了戈尔巴乔夫对抛弃意识形态的一贯想法与坚定决心。

此外,戈尔巴乔夫还有明确的放弃意识形态的实践步骤。在完成了缓和美苏关系和退出核军备竞赛后,戈尔巴乔夫就急于推进军转民的发展战略。但要急于开启“自上而下的革命”,必须得到“来自下层”的支持,“公开性”和“多元化”则是调动社会支持的首要条件,也是各项改革的先导。关键问题是,“公开性”在俄文中的含义是既有公众知情权的一面,又包含有党和政府的政治活动公开的一面,其概念本身并无严重的缺陷,如果戈尔巴乔夫把“公开性”“作为民主的一个不可或缺的特征,作为社会民主化进程一个不可缺少的条件,概而言之,如果苏共是想通过社会生活的民主化和给予人民充分的言论自由,使他们意识到自己是国家的主人,从而发挥社会主义制度的优越性的话”,“公开性”作为苏联全方位改革的一种象征,本也无可厚非。但是戈尔巴乔夫的真实想法并非如此,他是想“利用‘公开性’来进行全盘否定苏共和苏联社会主义的历史,营造过去现实社会主义失败、共产主义远大目标虚幻的浓厚氛围,从而为推行‘人道的民主的社会主义’打下坚实的基础”③。此外,戈尔巴乔夫成长于“苏联模式”之下,事实上并不具备对“苏联模式”进行根本改革的能力,他的改革措施没有针对性和系统性,没有认清苏联问题的症结所在,他并没有把发展民用经济、提高人民的生产积极性作为目标,他制定的“加速战略”实际上缺少战略考虑,所要加速发展的仍是机器制造业,也就是重工业,仍然轻视消费品的生产,原有的畸形的经济结构没有得到纠正。可见,戈尔巴乔夫想急于推行的转折性改革不是一个简单的失误,如果硬要说成是一个失误的话,那也是一个蓄意的失误,是一个精心策划的失误,是一个致命的失误,这个失误最终导致了苏

---

① [苏]阿·切尔尼亚耶夫:《在戈尔巴乔夫身边六年》,徐葵、张达楠译,世界知识出版社,2001年版,第71页。

② [苏]戈尔巴乔夫:《改革与新思维》,苏群等译,新华出版社,1987年版,第6、176—177、179页。

③ 蔡文鹏:《信仰危机与苏联的命运》,社会科学文献出版社,2012年版,第153—154页。

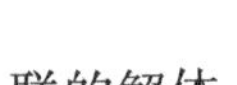

联的解体。

(三) 违背马列主义党的建设理论,党在改革中失去领导地位

政党现象是近代议会政治的产物,政党与国家、政府、领袖一起,成为近代以来社会的结构元素。有人曾概括说,现代政治具有两个重要的特征,一是法治,一是党治。这就是说,政党问题是一个带有普遍性的政治问题。[①] 这为研究政党建设提供了必要性依据。马克思主义认为,政党是指一定阶级、阶层或集团的积极分子为维护本阶级、阶层或集团的利益,围绕夺取政权、巩固政权或影响政府而结合起来采取共同行动的政治组织。在现代意义上讲,政党具有如下一些特点:具有明确的政治目标和政治纲领、是一个国家政治体系的核心力量、与政权密不可分、具有一定的组织形态和纪律等。按照上述关于政党的基本知识和理论,来考察苏联共产党的建设就会发现,赫鲁晓夫的"全民党"思想实际上就放弃了党的阶级属性。用"一切为了人,一切为了人的幸福"理论,用抽象的人道主义模糊了苏共的政治目标和政治纲领;勃列日涅夫则继承并发展了前任的思想和理论,使党丧失了先进性基础。再加上党由于自身的腐败而形成的特权阶层,又使党失去了群众基础,这些反而成为戈尔巴乔夫决意改造党的思想基础和实践依据(托辞)。

戈尔巴乔夫在改革中从不断强调对政党的革新,打破共产党对权力的垄断,到主张实行多党制,最终放弃党在政治生活中的领导地位有一个隐蔽而逐渐展开的过程。

首先在理论上,戈尔巴乔夫借反对超级大国搞核竞赛威胁人类安全而荒唐地提出"全人类利益高于一切"的理论,进而推行"公开性"和"多元化",此举具有很强的欺骗性和隐蔽性。1986 年 10 月,戈尔巴乔夫开始公开提出:"'列宁关于社会发展的利益优先于各阶级的利益'的思想,在核导弹时代,其重要意义体现得尤为突出。"[②]这是戈尔巴乔夫宣扬"全人类利益高于一切"的初步尝试。1987 年 6 月,苏联最高苏维埃通过了苏共起草的《苏联全民讨论国家生活重要问题法》,戈尔巴乔夫多次重申:"我们希望多一些社会主义,因而也希望多一些民主。"[③]关于"多元化",在戈尔巴乔夫上台前,苏共一直是反对和批判"多元化"理论的,戈尔巴乔夫成为苏联历史上第一个赞成"多元化"的苏共领导人。他首先从发表意见多元化、舆论多元化入手,逐渐推广到思想多元化,最后是意识形态多元化。因为任何政党都是阶级的政党,都以反映它所代表的特定阶级的根本利益的思想理论为指导的,因

---

① 李建中、黄福寿:《政党衰败根源析》,学林出版社,2003 年版,第 1 页。

② 《戈尔巴乔夫回忆录》,唐豉等译,社会科学文献出版社,2003 年版,第 365 页。

③ [苏]戈尔巴乔夫,《改革与新思维》,苏群译,新华出版社,1987 年版,第 38 页。

而任何政党的指导思想必须是一元的而非多元的。可见，戈尔巴乔夫提出的一系列思想都为他否定党的领导做理论上的准备。

其次在实践中，戈尔巴乔夫为推行“多党制”做足了功夫。第一步，公开引出多党制话题。1989 年 1 月 21 日他出席莫斯科市第二十七次代表会议，在谈到多党制时还说：“大家生活在一党制国家，这是历史形成的。有些人认为，为使社会充满活力地发展需要多党制。但这种观点只能在寻求一种保证积极的社会生活、保证监督机制、公开性和批评所需要达到的目的。为此，应尽一切力量使党真正作为政治先锋队而展现在人们面前。谁也不能在政治上代替党。今天，在发扬公开性、民主化的情况下，党是一支强大的思想政治凝聚力量。”①第二步，间接批评一党制的弊端。2 月 14 日，戈尔巴乔夫在会见国民经济一些部门的工人时，他又谈到对多党制的看法说：“关于多党制的辩论是什么呢？这种辩论是没有根据的。要知道，即使有三四个政党存在，也可能保持这种强迫命令的做法，谁也不敢说个不字，不能自由呼吸！”“社会生活和国家生活的民主化以及公开性，这才是主要的。党将坚决走这条道路，并将利用自己的全部威信来支持这些进程。”②他的这一番讲话从表面看是在否定多党制，其实质又在否定当下的政党现实。这种卑劣的自相矛盾其实暴露了他的险恶用心。第三步，言不由衷地假表态。9 月 28 日，戈尔巴乔夫在基辅举行的乌克兰共产党中央全会上发表讲话时指出：“党过去和现在一向起主要的组织、协调和团结的作用，不允许出现不良的和悲剧性的事态。某些‘理论家’、集团和运动为了谋取政权，正在寻求工人阶级支持，企图同党对立并提出党自我取消问题。有些人对党的革新和放弃某些过去的职能的事实本身，特别是对党使自己接受人民的公开监督、实行民主化、好像正在失去先锋队作用的事实越来越公开地表示不满。有人企图造成这样的印象，好像改革背离马列主义思想基础，从而使国家陷入混乱。这一切都是对党的诬陷……我国人民在 1917 年十月革命中做出了选择，尽管过去发生过对社会主义、对列宁的社会主义概念的歪曲，但是，我们将坚定地沿着这条道路前进。”③戈尔巴乔夫欲盖弥彰、掩耳盗铃的说辞确实欺骗了很多人。到了 11 月 15 日，戈尔巴乔夫出席莫斯科全苏大学生会议并发表讲话时，他想要借改革之名放弃党在国家生活中的领导地位的意图就有所暴露了。他说：“苏联已走上了深刻改革的道路，需要对宪法做出修改，可能涉及宪法的第 6 条（党的领导作用）。但是有人以讨论这一条为借口，企图贬低党的威信，散布对党的怀疑，这是在打击改革。有人认为实行多党制才能表达各方的利益，这在一定程度上

① 沈志华、于沛等：《苏联共产党九十三年》，当代中国出版社，1993 年版，第 940 页。

② 沈志华、于沛等：《苏联共产党九十三年》，当代中国出版社，1993 年版，第 941 页。

③ 沈志华、于沛等：《苏联共产党九十三年》，当代中国出版社，1993 年版，第 953—954 页。

是一种误解。"[①]这实际上表明戈尔巴乔夫已经公然提出要修改苏联《宪法》第六条,取消党在政治经济生活中的领导地位。在1989年12月9日苏共中央全会上,戈尔巴乔夫公开指出:"任何一条都可能成为重新思考的问题或者给以取消。这也完全适用于第六条,何况列宁在世时通过的第一部苏联宪法里也没有这样专门写下党的领导作用。即使在1936年的宪法里,也只是在针对公民结社的权利时才谈到这个问题。"[②]至此,戈尔巴乔夫似乎还在为他决意抛弃党的领导的阴谋做无聊的狡辩,但是党失去了对改革的领导已经变成了现实。

第二节　改革时期马克思主义中国化的基本历程和主要特点

1978年12月党的十一届三中全会召开,马克思主义中国化实践发生了历史性转折。30多年来,中国人民在中国化马克思主义理论指引下,在中国共产党的坚强领导下,艰苦奋斗,锐意进取,不断推进马克思主义中国化向纵深发展。

一、社会主义在改革中形成中国特色

改革开放以来的马克思主义中国化历程经历了三个重要的阶段,在这三个阶段中,不仅马克思主义中国化实践成果喜人,中国的社会面貌发生了翻天覆地的变化,综合国力不断增强,国际地位不断提升,大国形象不断优化,人民生活不断改善。而且,马克思主义中国化的理论成果丰硕,形成了中国特色社会主义理论体系。

(一)改革开放,继续"第二次结合"主题回归的历程

这是从党的十一届三中全会至1982年党的十二大前阶段。在此阶段中,以邓小平为核心的第二代党中央领导集体恢复了党的实事求是的思想路线,果断结束了"以阶级斗争为纲"的指导思想,确定了以经济建设为中心的政治路线,提出了坚持"四项基本原则"的政治要求,初步形成了"一个中心,两个基本点"的党的基本路线。这其间有两个决策标志改革开放全面启动,一是允许农村实行联产承包责任制,二是支持创办经济特区。与此相适应,政治思想方面也有两项重大决策,一是开始改革党和国家的领导制度,二是通过《中共中央关于建国以来党的若干历史问

---

① 沈志华、于沛等:《苏联共产党九十三年》,当代中国出版社,1993年版,第956页。

② 沈志华、于沛等:《苏联共产党九十三年》,当代中国出版社,1993年版,第959页。

题的决议》。这 4 年如邓小平所说，实现了党的工作重心“从以阶级斗争为纲转到以发展生产力为中心，从封闭转到开放，从固守成规转到各方面改革”，初步开辟“建设有中国特色的社会主义的全新的事业”。①

这个阶段是将马克思主义基本原理与中国社会主义改革实践相结合的阶段，是对中国特色社会主义建设探索时期，毛泽东提出“第二次结合”主题的历史回归阶段。无论是“实践是检验真理的唯一标准”大讨论，还是提出冲破“两个凡是”，否定“以阶级斗争为纲”指导思想，还是要求科学地评价毛泽东，准确地完整地理解毛泽东思想体系，都坚持了马克思主义的实事求是的理论品质。“一个中心，两个基本点”方针的提出更是以国家和民族的前途与命运为出发点，面对现实，把马克思主义基本原理与中国当代具体实际相结合的生动体现。邓小平指出：“在中国的现实条件下，搞好社会主义的四个现代化，就是坚持马克思主义，就是高举毛泽东思想伟大旗帜。你不抓住四个现代化，不从这个实际出发，就是脱离马克思主义，就是空谈马克思主义。”②

（二）改革开放不断推进，马克思主义理论在实践中得到丰富和发展

这是从党的十二大至 1992 年年初邓小平南方谈话和党的十四大召开前阶段。在党的十二大提出全面开创现代化建设新局面、到 20 世纪末实现小康社会目标的发展战略后，党的十二届三中全会通过了关于经济体制改革的决定。1987 年党的十三大系统地阐述了社会主义初级阶段理论，提出了党在社会主义初级阶段的基本路线，概括了建设有中国特色的社会主义理论的总体轮廓，明确了“三步走”发展战略。在此阶段，党经受住了 1989 年春夏之交的政治风波和国际形势剧变的严峻考验，实现了领导集体的平稳交接。在全面加强治理整顿的同时，加快了上海浦东和海南的开发。

这一阶段是马克思主义中国化能否逐步展开的决定性阶段。伴随改革开放，各种思潮蜂拥而入，极大地影响着人们的思想，不仅有一部分人由于看到开放带来的消极因素而否定改革，更有少部分人借助开放感受到西方资本主义社会的诱惑而否定社会主义，搞资产阶级自由化。中国共产党面对马克思主义中国化所遇到的新形势、新挑战，坚定地以马克思列宁主义和马克思主义中国化的最新理论成果为指导，运用历史唯物主义和辩证唯物主义的方法，做耐心细致的思想教育工作。一方面通过纵向比较，向人们全面宣传改革开放所取得的巨大成就，从而坚定了人们对进行改革开放必然性的认识和继续推进改革开放的信心；另一方面通过全面

---

① 《邓小平文选》(第 3 卷)，人民出版社，1993 年版，第 269 页。

② 《邓小平文选》(第 2 卷)，人民出版社，1994 年版，第 162—163 页。

的国情教育和横向比较，帮助人们不断强化对改革中出现困难和问题可能性、必然性的理解，从而坚定了人们在党的领导下，团结一心，克服困难，在进一步改革开放中解决问题的决心。行之有效的思想政治教育迅速使人们的思想恢复了统一，自由化思潮的影响在人们的思想中得到了肃清，马克思列宁主义的真理性和进行改革开放的战略决策更加深入人心，马克思主义中国化围绕治理整顿任务继续向前推进。

(三) 不断深化改革，推进“第二次历史性飞跃”，逐步形成中国特色社会主义理论体系

这是从邓小平的南方谈话和党的十四大召开一直到现在阶段。邓小平的南方谈话和党的十四大是此阶段决定中国改革朝着什么样的方向前进的两个前后相连的重大事件，成为我国改革开放和中国特色社会主义事业进入新阶段的重要标志。党的十四大初步确立邓小平建设中国特色的社会主义理论在全党的指导地位。党的十四届三中全会制定了建立社会主义市场经济体制的纲领，指导各个领域的改革不断深入，对外开放加快步伐。党的十五大进一步阐述邓小平建设中国特色社会主义理论的历史地位，首次使用“邓小平理论”的提法，报告指出：邓小平理论“是指导中国人民在改革开放中胜利实现社会主义现代化的正确理论。在当代中国，只有把马克思主义同当代中国实践和时代特征结合起来的邓小平理论，而没有别的理论能够解决社会主义的前途和命运问题。邓小平理论是当代中国的马克思主义，是马克思主义在中国发展的新阶段”①。邓小平理论的形成标志着马克思主义基本原理与中国改革开放实际相结合实现第二次历史性飞跃。到20世纪末，我国初步建立起了由国家宏观调控的社会主义市场经济体制，“三步走”战略的前两步任务提前完成，城乡居民生活水平基本实现总体小康。马克思主义中国化的实践主体是广大的人民群众，马克思主义中国化成果的惠及对象也是全体人民，人民群众在改革开放中以真实的体验感受和检验着马克思主义中国化的成败得失。在经历了改革方向的抉择以后，又经过“第二步走”的发展历程，人民群众亲眼目睹和亲身感受到了中国经济社会发展所带来的巨大变化，每个人内心无不增添喜悦和信心，“人民拥护不拥护”是马克思主义中国化能否建立自信的关键所在。可以说，中国人民是在满怀对未来的美好憧憬中迎来了新世纪。

党的十五大以后，以江泽民为核心的第三代党中央领导集体，结合改革开放和中国特色社会主义建设的具体实际，逐渐形成并提出了“三个代表”重要思想，

① 《十五大以来重要文献选编》(上)，人民出版社，2000年版，第10页。

经党的十六大确立为党的指导思想。随后，以胡锦涛为总书记的党中央又提出了以“以人为本”为核心的科学发展观等一系列重大战略思想，着重瞄准解决改革开放和经济社会发展中出现的重大现实问题，在原有的经济建设、政治建设和文化建设的基础上增加了社会建设的内容，形成了“四位一体”的总体格局。党的十七大以来，在社会主义市场经济体制进一步完善、逐步实施以建立公共服务型政府为主要内容的行政管理体制改革、区域协调发展战略、深入开展社会主义新农村建设的同时，以改善民生为重点的社会建设加快推进，呈现了科学发展、和谐发展的新局面。党的十八大选举产生了以习近平为总书记的新一届党中央领导集体，把加强生态文明建设纳入到中国特色社会主义事业的“五位一体”总体格局，提出建设“美丽中国”的构想，以“中国梦”引领中华民族的伟大复兴，确定了全面建成小康社会的战略目标。党的十八届三中全会吹响了全面深化改革的集结号，为继续深入推进马克思主义中国化发出了动员令。党的十八届四中全会做出了全面推进依法治国的战略部署，在党的群众路线教育实践活动总结大会上，提出了全面从严治党的新举措，为进一步推进马克思主义中国化提供了有力的法治保证和领导保证。

这一阶段是马克思主义中国化更加自信的新阶段。进入新世纪，中国特色社会主义事业可谓高歌猛进，成为新中国成立以来发展最好、最快的阶段。从马克思主义中国化的视角来解读，是马克思主义理论与中国特色社会主义事业具体实际相结合，实现第二次历史性飞跃的继续深化。这个飞跃从实践层面讲，是开辟了中国特色社会主义道路；从制度层面讲，是建立了中国特色的社会主义制度；从理论层面而言，是丰富了中国化的马克思主义，形成了包括邓小平理论、“三个代表”重要思想以及科学发展观等重大战略思想在内的中国特色社会主义理论体系，中国人民将在道路自信、制度自信和理论自信中，紧紧依靠“四个全面”战略布局的协调推进，昂首阔步迈向美好未来。

二、改革时期马克思主义中国化的主要特点

改革开放30多年来，马克思主义中国化的实践历程波澜壮阔，绚丽多姿，在不同的历史阶段呈现出许多特点。本节从整体性原则出发，归纳出如下几个特点：马克思主义理论品质通过中国化实践的揭示更加完整、实践社会主义本质的内容更加丰富、坚持走社会主义道路的信心更加坚定、社会主义事业的中国特色更加鲜明等。

（一）马克思主义的理论品质在中国化实践中的揭示更加完整

首先是“解放思想、实事求是”的揭示。党的十一届三中全会之前，党一直认为

是坚持了马克思主义的基本原理和科学社会主义的基本原则的,但是实际情况并非完全如此。要走中国特色的社会主义道路,就必须抛弃前人囿于历史条件仍然带有空想因素的个别论断,必须破除对马克思主义教条式的理解,必须破除我们自己在错误的实践中附加到马克思主义名下的错误观点,并根据新的实践对科学社会主义做出新的解释和回答。因此,确立解放思想、实事求是的思想路线是实现拨乱反正、推进中国特色社会主义伟大事业的逻辑前提和历史起点。邓小平一再强调指出,毛泽东思想的精髓是实事求是,并亲自领导和支持了关于实践是检验真理的唯一标准的大讨论,彻底地否定了"两个凡是"的错误思想和路线,科学地评价了毛泽东同志和毛泽东思想,做出把党和国家工作的中心转移到经济建设上来、实行改革开放的历史性决策。邓小平在为党的十一届三中全会做准备的中央工作会议上所做的《解放思想,实事求是,团结一致向前看》的重要报告中,指出:"一个党,一个国家,一个民族,如果一切从本本出发,思想僵化,迷信盛行,那它就不能前进,它的生机就停止了,就要亡党亡国。""实事求是,是无产阶级世界观的基础,是马克思主义的思想基础。过去我们搞革命所取得的一切胜利,是靠实事求是;现在我们要实现四个现代化,同样要靠实事求是。"①此后,邓小平同志又以伟大政治家的气魄,运用解放思想,实事求是的理论武器,在对科学社会主义理论透彻理解和准确把握的基础上,提出了社会主义初级阶段的重要论断和"中国式的现代化道路"的命题。他指出:"过去搞民主革命,要适合中国情况,走毛泽东同志开辟的农村包围城市的道路。现在搞建设,也要适合中国情况,走出一条中国式的现代化道路。"②可见,没有解放思想、实事求是,就没有改革开放,就没有社会主义初级阶段,也就没有中国特色社会主义的今天。

其次是"与时俱进"的揭示。从党的十一届三中全会到党的十三届四中全会,中国人民和中华民族在以邓小平同志为核心的第二代中央领导集体的领导下,已经初步认识并掌握了"什么是社会主义,怎样建设社会主义"这一基本问题,可就在中国人民正进一步回答这个问题的时候,即 20 世纪 80 年代末 90 年代初,我国国内发生了严重的政治风波,世界社会主义出现了严重曲折,中国的改革开放和社会主义现代化事业面临空前压力和巨大困难,党和国家的前途命运处于重大的历史关头。中国的社会主义事业向何处去?中国特色社会主义道路会不会因国内风波和东欧剧变、苏联解体而中断?这些重大问题历史地摆在了中国共产党人面前。以江泽民为核心的党的第三代中央领导集体,受命于重大历史关头,勇敢地担负起捍卫中国特色社会主义事业的历史重任,战胜了各种风险挑战,创建了社会主义市

① 《邓小平文选》(第 2 卷),人民出版社,1994 年版,第 143 页。

② 《邓小平文选》(第 2 卷),人民出版社,1994 年版,第 163 页。

场经济体制等一系列新体制、新政策、新思想、新理念，并最终创立了“三个代表”重要思想。因为，中国特色社会主义建设关键在党，当改革开放和经济社会发展进入新阶段的时候，也就到了一个应该回答“建设什么样的党、怎样建设党”问题的关键时刻，这种在新的历史条件下坚持和发展党的先进性、提高党的执政能力的时代课题的提出，反映了中国共产党在推进马克思主义中国化的进程中，善于把握时代脉搏，确立时代主题，顺势而变，乘势而为，以实际行动揭示了马克思主义的与时俱进的理论品质和开拓进取精神。

再次是“求真务实”的揭示。党的十六大以来，以胡锦涛为总书记的党中央领导集体，紧密结合新世纪新阶段国际国内形势发展的新变化，继续高举邓小平理论和“三个代表”重要思想的伟大旗帜，以着力解决经济发展和经济发展模式所带来的社会问题和生态问题，创造性地提出了“科学发展观”，强调第一要务是发展，核心是以人为本，基本要求是全面协调可持续，根本方法是统筹兼顾。这是对改革开放30多年来经济社会发展根本目的的充分诠释，那就是发展为了人民，发展依靠人民，发展的成果要惠及人民，把发展的落脚点定位在人的全面发展上。这是对发展理论的“求真”，对发展目的的“务实”。党的十八大，选举产生了以习近平为总书记的新一届党中央领导集体，更是提出了“美丽中国”、“中国梦”、“打铁还需自身硬”、“空谈误国、实干兴邦”等一系列既振奋人心、催人奋进，又掷地有声、触手可及的新理念、新举措，充分表明了新一届党中央领导集体以实际行动进一步揭示马克思主义“求真务实”理论品质的决心。

（二）探索社会主义本质的实践内容更加丰富

关于什么是社会主义的理论，大体经历了三个发展阶段，或者说三个层面的发展：即社会主义从作为一种思潮到社会主义成为理论；社会主义从理论到社会主义成为现实实践，也即社会主义从作为一种理想到社会主义成为现实；社会主义从作为制度形态的进一步巩固到社会主义本质内涵的进一步揭示。前两个阶段可以说已经成为了历史，广义的马克思主义理论已经较好地解决了这两个阶段所包含的基本问题。因此，还剩下第三阶段的问题有待人们去努力回答。

中国特色社会主义事业的伟大实践正在丰富着关于社会主义的本质内涵，这个本质内涵主要包括三个基本层面，即物质层面、精神层面和人的层面。改革开放30多年的历程正暗合了关于社会主义本质的三个层面的不同重点，在三个不同时期的依次探索。

首先是物质层面。众所周知，党的十一届三中全会召开之时，中国的国民经济已经处于崩溃的边缘，人民基本生活的维持已经十分困难，而作为制度的社会主义依然在强大政权力量的控制之下，但是经济基础与上层建筑的关系是一个客观规律,作用与反作用是客观存在的,只是并不完全同步而已。因此,以经济建设为中心和改革开放,首先是着眼于解决经济问题,即物质层面的问题。邓小平同志基于对和平与发展当代世界主题的把握,陆续提出了关于贫穷不是社会主义、发展太慢不是社会主义的思想,关于社会主义初级阶段的思想,关于计划与市场不是区分资本主义与社会主义的界限,社会主义也可以搞市场经济的思想,等等。无不有其明确的应用目的,其意旨不在于全面系统阐述社会主义的理论原理,而在于根据实际需要,针对旧的理论观念,或挖掘,或突出,或修正改造社会主义的这一方面或那一方面,使之为改革开放和现代化建设的现实任务服务。[①] 因此,笔者认为,邓小平提出的社会主义本质是"解放生产力,发展生产力,消灭剥削,消除两极分化,最终达到共同富裕"[②],是关于社会主义本质的物质层面的规定。这样的评价是否低估了邓小平的社会主义本质理论呢?一点也不!因为只要不是心怀偏执或耽于不切实际的幻想,而是从中国当时的社会现实需要出发,就不得不承认,这个物质层面的社会主义本质理论对解决当时中国面临的迫切任务来说,是何等的及时和何等的有效。无论是站在中国传统文化历来强调的"民以食为天"的角度,还是站在现代西方哲学强调的"人的需要五层次理论"的角度,物质层面的需要的满足,对于任何一个民族的任何个人来说都是最为基本的和最为重要的。

其次是精神层面。当下的人们都很清楚,改革开放进行到20世纪末的时候,即实现了邓小平同志提出的"三步走战略"的第二步,"从一九八一年开始到本世纪末,花二十年的时间,翻两番,达到小康水平,就是国民生产总值人均八百到一千美元"[③]。但是,与此同时,也出现了越来越严重的社会问题,如收入差距加大导致贫富悬殊加剧、腐败丑恶现象蔓延、生态环境不断恶化、拜金主义和享乐主义抬头等,这就引起了人们对到底什么是社会主义,即社会主义本质的重新思考。因此,从先进行物质发展,后出现社会问题的时间逻辑上可以看出,"邓小平关于社会主义本质的理论具有明显的时代特征,是改革开放初期经济极不发达的特定历史条件下的阶段性理论,应该与时俱进地充实新的内容"[④]。

"我们进行现代化建设,无疑要致力于发展生产力,把物质文明建设好。同时,必须把社会主义精神文明建设提到更加突出的地位。要把物质文明建设和精神文明建设作为统一的奋斗目标,始终不渝地坚持两手抓,两手都要硬。任何情况下,

---

① 张光明:《社会主义由西方到东方的演进》,云南人民出版社,2004年版,第250页。

② 《邓小平文选》(第3卷),人民出版社,1993年版,第373页。

③ 《邓小平文选》(第3卷),人民出版社,1993年版,第224页。

④ 姚永明:《当前马克思主义中国化发展的主要任务》,载《中国青年政治学院学报》,2011年第6期,第69页。

都不能以牺牲精神文明为代价去换取经济的一时发展。”[①]这就说明，社会主义建设事业的核心内容至少应当包括物质文明和精神文明，社会主义的本质应当体现精神层面的追求。至于在具体实践中，先发展哪一方面，后发展另一方面，何时发展另一方面，要看具体情况。

党的十四届五中全会上，江泽民同志在《正确处理社会主义现代化建设中的若干重大关系》中，为什么把“物质文明建设和精神文明建设的关系”作为第12个关系放在最后讲，我们视为最重要的关系来理解。党的十五大报告提出要加强中国特色社会主义文化建设，“同改革开放以来我们一贯倡导的社会主义精神文明是一致的”，“有中国特色社会主义的文化，是凝聚和激励全国各族人民的重要力量，是综合国力的重要标志”，“在全社会形成共同理想和精神支柱，是有中国特色社会主义文化建设的根本”，要“引导人们树立正确的世界观、人生观、价值观。大力弘扬爱国主义、集体主义、社会主义和艰苦创业精神”。[②] 这里讲的文化建设，人们普遍认为与精神文明在本质上是一致的。党的十六大继续提出加强精神文明建设，党的十六届四中全会提出了社会主义核心价值体系概念，并在全国开展了关于社会主义核心价值观的学习和讨论。党的十八大在报告中正式将社会主义核心价值观概括为国家、集体和个人三个层面的“富强、民主、文明、和谐；自由、平等、公正、法治；爱国、敬业、诚信、友善”24字要求，这是对社会主义本质在精神层面追求的具体体现和要求。

再次是人的层面。众所周知，马克思、恩格斯在《共产党宣言》中指出：共产主义社会“将是这样一个联合体，在那里，每个人的自由发展是一切人的自由发展的条件”[③]。因此，人们一致认为，人的全面发展是马克思主义理论的逻辑归属，是马克思主义理论的终极目标，也是马克思主义理论的魅力所在。也就是说，共产主义社会之所以为人们所向往，不仅在乎于到那时生产力高度发达、物质产品极大丰富、社会实行各尽所能，按需分配，更在乎于那个社会是“自由人的联合体”。然而，我们知道，共产主义那是个遥远的目标，需要几代人、十几代人，乃至几十代人的不懈努力才能无限接近它，目前我们所处的社会主义初级阶段由于种种的现实限制，决定了生活在这个阶段的人还不是“自由的人”。那么，如何使人最终成为“自由的人”呢？笔者认为，社会主义社会作为共产主义社会的初级阶段，应当成为“自由的人”的准备阶段、追求阶段和具体实践阶段，也就是说，社会主义的本质还应当包含

---

① 《十一届三中全会以来党和国家重要文献选编》(二)(1992年10月—1997年9月)，1997年版，第307—308页。

② 《中国共产党第十五次全国代表大会文件汇编》，人民出版社，1997年版，第37页。

③ 《马克思恩格斯选集》(第1卷)，人民出版社，2012年版，第422页。

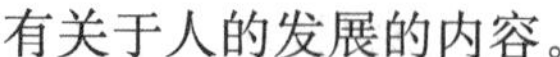

有关于人的发展的内容。

关于人的发展，我们参照马斯洛人的需要层次理论，可以简单地体现在人的生存、人的安全、人的尊重、人的发展和人的价值实现五个方面。事实上，党的十一届三中全会以来，在中国特色社会主义事业的实践中，关于人的发展的这五个方面的内容确实不同程度地得到体现。如党和政府长期以来在与西方就人权问题的斗争中一直强调人的生存权是最大的人权，并经过20多年的努力，在20世纪末基本解决了13亿多人的温饱问题。在正确处理改革、发展与稳定的关系时，一直强调“稳定压倒一切”，把维护安定团结的政治局面，给人民群众安居乐业的生活环境作为头等大事来抓，确保全体人民在生活中感到安全。1977年5月，邓小平同志就提出“尊重知识，尊重人才”。1986年6月又强调，“我们是社会主义国家，国民收入分配要使所有的人都得益”，“我们不参加军备竞赛，要把总收入更多地用来改善人民生活，用来办学”。同月，他在中央政治局常委会上强调，要在全体人民中树立法制观念，“这么多青年人犯罪，无法无天”，“一个原因是文化素质太低，所以，加强法制重要的是进行教育，根本问题是教育人”[①]。在强调教育的重要性时更是指出，教育是百年大计，教育要“面向现代化、面向世界、面向未来”。[②] 党的十六大以来，党和国家进一步把发展民主列为推动社会进步和促进人的发展的一项迫切的课题。当前，尽管在我们需要怎样的民主和怎样实现我们所需要的民主等问题上还没有形成一致的意见，人们的民主素养还参差不齐，尽管社会主义本质所孕育的民主不可能在一个早晨当人们从睡梦中醒来时突然降临，但是，马克思、恩格斯所主张的由人民大众真正行使权力、真正参与社会管理、真正体现自身价值的自由人的联合体理论是我们争取实现民主的不可缺少的理论资源。在过去的实践中，由于历史的原因没有能够使它成为现实，并不等于将来它就不能成为现实，至少，我们应当通过一步一步的努力去接近它。

(三) 社会主义制度的比较优势经受了实践的检验

人类社会的发展进步是不以人的意志为转移的。当社会主义还是一种思潮时，人们热衷地讨论研究它；当社会主义成为一种理论时，人们开始选择实验它；十月革命胜利以后，社会主义作为一种崭新的社会形态，才开始了它的真正的实践探索历程。20世纪中期，一批社会主义国家相继成立，如同工业革命后，一批资本主义国家如雨后春笋般出现，形成了资本主义世界一样，社会主义不仅成为了一股潮流，而且是一种可以替代资本主义的更高级的社会形态似乎成为了定论，社会主义

---

① 《邓小平文选》(第3卷)，人民出版社，1993年版，第161—163页。

② 《邓小平文选》(第3卷)，人民出版社，1993年版，第35页。

亦是中国那时的选择。然而，20 世纪 80 年代末 90 年代初突然发生的东欧剧变和苏联解体，犹如一场政治大地震，使得马克思主义是否是真理重新又成为了一个问题，对于这个问题，中国共产党在成立之初曾给出了一个响亮而明确的回答：坚持马克思主义，走社会主义道路。可以说，这个回答在改革开放以后变得更加坚定。

一是社会主义中国经受了“命运考验”。20 世纪的“冷战”期间，社会主义与资本主义两大阵营间的较量尖锐公开，意识形态层面的“和平演变”与反“和平演变”斗争一直激烈存在，以美国为首的西方发达资本主义国家长期对中国推行资产阶级自由化，妄图达到使中国“变色”的目的。资产阶级自由化对中国比较集中的影响至少有三次：第一次是在改革开放初期。社会主义在中国改革开放前的实践可谓喜不抵忧，特别是“文化大革命”的错误，给社会主义蒙上了一层迷雾，“在粉碎‘四人帮’以后出现一种思潮，叫资产阶级自由化，崇拜西方资本主义国家的‘民主’、‘自由’，否定社会主义”[①]。这是极少数人借否定“文化大革命”来否定社会主义和党的领导，中国共产党及时察觉，果断处理，事态没有扩大。第二次是在 1986 年年底。1986 年 12 月中下旬，在资产阶级自由化思潮一度泛滥的背景下，合肥、北京等地一些高等院校的少数学生出于各种情绪和缘由上街游行，极少数别有用心的人从中进行反对共产党的领导、反对社会主义道路的煽动，有的地方出现了扰乱交通秩序和违反社会治安规定的情况，后经各地有关部门和学校的教育和疏导，事件逐渐平息。[②] 第三次是在 1989 年春夏之交。极少数别有用心的人借悼念胡耀邦逝世之机，制造谣言，蛊惑人心，鼓动反对共产党的领导和社会主义制度。北京部分学生在境内外敌对势力的支持下，非法组织“高自联”，煽动一些人进行绝食静坐，长时间占据天安门广场，党和政府依靠人民，采取果断措施，平息了政治风波。

最为重大的抗变考验是东欧剧变和苏联解体对中国的影响。客观地讲，20 世纪 90 年代初，中国面临的压力是前所未有的，有来自外国的干涉，也有来自国内的压力。不少人对社会主义的大旗到底能扛多久表示了担心。但是，中国共产党以无可争辩的事实向全世界证明了其选择社会主义道路的正确与坚定。“我们的社会制度是根据自己的情况决定的，人民拥护，怎么能够接受外国干涉加以改变呢?”[③]事实已经证明，我们挺过来了。

二是社会主义中国展示了“发展优势”。从生产力的角度来讲，社会主义在诞生之时确有其基础薄弱的先天不足，但是中国特色社会主义确也赢得了比资本主

① 《邓小平文选》(第 3 卷)，人民出版社，1993 年版，第 123 页。

② 《邓小平文选》(第 3 卷)，人民出版社，1993 年版，第 404 页。

③ 《邓小平文选》(第 3 卷)，人民出版社，1993 年版，第 359 页。

义更优质的后天发展。具体表现在:第一是快速发展。人们常用“翻天覆地”和“举世瞩目”等词汇来形容改革开放30多年来中国经济和社会的发展所取得的巨大成就,其中,“翻天覆地”说明了发展的速度和程度,“举世瞩目”则表明了世人的惊讶与认同。对于具体的成就有无数的统计数据可以佐证,笔者也无意费墨赘述,问题在于为什么会有如此快速的发展?按理说,资本主义社会已经有了几百年的发展历史,积累了丰富的发展经验,时至今日,在相当广的领域,仍然比社会主义国家拥有绝对优势的技术、资金与管理,而且还在吸引和使用着全世界范围内的精英人才,保持经济与社会快速发展是顺理成章的。与此相反,中国的改革开放,是建立在人口多、底子薄的基础之上,仅才短短30多年的实践与摸索,却以平均每年超过8%的速度持续发展,这不能不说是个奇迹。全世界的经济学家可能都在研究这个问题,笔者认为答案只有一个,那就是中国坚持了社会主义制度,除此以外,可能想不出其他原因。第二是共享发展。关于社会主义的本质,邓小平多次在不同场合反复强调两点,一是公有制,二是共同富裕,这实际上是强调了社会主义发展的前提与发展目标的内在逻辑,强调了国家发展与个体发展的一致性。检验改革开放是否成功的“三个有利于”标准,其落脚点是看是否有利于广大人民群众生活水平的提高,这就表明中国特色社会主义把发展的成果由人民共享的目标放在至上的位置,这是任何一个非社会主义制度国家所无法做到的。从让“一部分地区、一部分人可以先富起来,带动和帮助其他地区、其他的人,逐步达到共同富裕”①政策的设计,到“沿海如何帮助内地”,“可以由沿海一个省包内地一个省或两个省”等具体措施的落实,都围绕“共同富裕,我们从改革一开始就讲,将来总有一天要成为中心课题”来展开,为的就是实现“社会主义不是少数人富起来、大多数人穷,不是那样子。社会主义最大的优越性就是共同富裕,这是体现社会主义本质的一个东西”。② 实践表明,改革开放30多年,人民群众的生活水平显著提高,人民群众从内心里拥护中国共产党的领导,拥护社会主义制度。

三是社会主义中国成为影响世界的重要力量。《国际歌》中唱道:“从来就没有救世主。”那是从人类彻底解放的角度而言,没有人类之外的力量来帮助人类。但是,在多种社会形态共存的社会发展阶段,社会主义作为比较高级的社会形态对世界及人类的影响,客观上扮演了“救世主”的角色。具体来说,在东欧剧变、苏联解体后,世界范围内的社会主义运动处于低潮,资本主义即将以胜利者的姿态而自我陶醉的时候,由于资本主义制度本身所固有的矛盾,分别在20世纪末和21世纪初接连爆发了一系列经济危机,如亚洲金融危机、美国次贷危机、欧洲

---

① 《邓小平文选》(第3卷),人民出版社,1993年版,第149页。

② 《邓小平文选》(第3卷),人民出版社,1993年版,第364页。

债务危机，以及美国出现的“财政悬崖”等。当然，这些危机或已经，或正在，或可能得到逐步化解，因为危机所涉及的这些资本主义国家毕竟拥有比较雄厚的经济基础，尚未达到列宁所描绘的腐朽和垂死的阶段。但是，一个举世公认的事实就是，当这些危机发生以后，这些资本主义国家所采取的化解措施几乎都与社会主义中国有关。如澳大利亚私人铁矿业主尼克认为：“澳大利亚矿业能维持繁荣离不开中国。”德国埃马克公司表示：“中国市场‘拯救’了埃马克公司。”①姑且不论实施这些措施的手段是否高尚，可以肯定地说，社会主义中国不自觉地承担了大国的责任，对化解危机发挥了巨大的、不可替代的作用。如何看待这一点，国内学界已经有人开始了相关研究。笔者认为，与其说这是东方文化的魔力，不如说这是社会主义制度使然。

（四）中国特色社会主义实践更加切合国情

人类社会发展的历史是连贯一致的，处于不同社会形态时期的不同国家对人类社会的发展进步都做出了贡献，这些贡献将以不同的方式打上国家的印记。改革开放 30 多年来，中国特色社会主义事业不仅取得了巨大的成功，而且其实践过程的中国特色越来越鲜明。这些鲜明的中国特色之所以能够形成，与中国特色社会主义实践更加切合中国国情密切相关。

首先是和平发展。“和”是中国传统文化的核心要素之一，“以和为贵”一直是中国人民的处世价值观和行动准则。中华民族是一个爱好和平的民族，尽管历史上，中国人民被强加于多次的战争，但是中国人民一直没有放弃对和平的追求。因为，和平是发展的前提，和平是人类的共同理想。因此，在第二次世界大战后，中国人民就向全世界表达了追求和平的心声。1954 年，中国总理周恩来首倡了处理国际关系的“和平共处五项原则”。尽管，自此以后世界范围内仍然不断发生局部战争，但是以邓小平为核心的中国共产党第二代领导集体全面地分析了国际形势，果断地做出了“和平与发展”是当今世界主题的判断，这一判断不仅是中国人民对世界形势的预判，更是对世界需要和平的希望与倡议。此后，中国共产党不断向全世界发出坚决维护世界和平，坚定成为促进世界和平的力量的承诺，并自觉走一条和平发展、和平崛起的中国道路。而实践证明，只有和平的国际环境，中国特色社会主义建设才可能赢得时间、赢得机遇。

其次是特色发展。所谓特色发展，从理论上讲就是要走一条有别于他国的发展道路。从实践上讲就是要紧扣国情，解决最基本国情方面所存在的问题。众所

---

① 《中国大订单的世界机遇》，载《报刊文摘》，2013 年 4 月 22 日(第 1 版)。

周知,“农”字国情是中国最大和最基本的国情。因为,改革开放之时,我国仍是一个发展中的农业大国,从整体上看,我国由农业文明向工业文明的社会转型尚未完成。由于受国际环境的影响,在我国又存在由工业文明向后工业文明迈进的情况,这导致了城乡二元结构所决定的城乡差别更加明显。而我国基本国情最显著的特征是农村人口众多。因此,解决好“三农”问题仍然是推进我国工业化、现代化进程的前提性任务。只有发展好农村经济,建设好农民的家园,让农民过上幸福的生活,才能保障经济社会持续发展,才是真正地保障全体人民共享改革开放的成果。为此,国家连续11年以“1号文件”的方式表明解决“三农”问题的决心。中共中央、国务院明确指出:“当前,我国总体上已进入以工促农、以城带乡的发展阶段,初步具备了加大力度扶持‘三农’的能力和条件。”①因此,笔者认为,“城乡融合”不仅是马克思主义理论所规定的社会发展目标,而且应当上升为我国的经济社会发展的发展战略,更要成为当下中国特色社会主义实践的特色。

再次是科学发展。所谓科学发展,就是要正确发展、协调发展和可持续发展。关于正确发展,众所周知,新中国成立以后的30年时间里,由于种种原因,走的是一条“俄国人的路”,即便是苏共二十大以后,中国表示了要改革苏联式体制的思想和愿望,但实际上却没有能够彻底抛弃“苏联模式”,直到改革开放前,中国社会主义在理论观念、社会组织特点等基本方面都还有“苏联模式”的痕迹,实行的是单一的计划经济体制。改革开放后,中国逐步建立了社会主义市场经济体制,将计划和市场都看成是发展经济的手段,建立了以公有制为主体、多种经济成分共同发展的所有制结构和以按劳分配为主体、多种分配方式并存的分配制度,探索出了一条符合中国国情的正确的发展之路。关于协调发展,实事求是地讲,一度存在比较严重的问题,表现为城乡不协调、区域不协调、东西部不协调等,尽管这些问题的出现有国家层面非均衡发展战略设计方面的原因,但毕竟这不是目的,况且已经严重地影响了经济社会的整体发展。随着改革开放的不断深入,“让一部分人先富来”的设想逐步得到实现,党和国家适时地进行了战略调整,如在2000年3月提出“西部大开发”战略、在2003年9月提出“振兴东北老工业基地”战略,以及社会主义新农村建设战略等。从此,中国社会经济的发展呈现出趋于协调的态势。关于可持续发展,是改革开放以来被不断认识和强化的意识。在改革开放后的很长一段时间,我们走过的是以消耗资源和能源为主的粗放型经济发展道路,这是一条不可持续发展的道路。1992年8月,中国政府向联合国环境与发展大会提交了“中国环境与

① 《中共中央国务院关于推进社会主义新农村建设的若干意见》,载《求是》,2006年第5期,第3页。

发展十大对策”，提出走可持续发展道路是中国当代以及未来的选择。[①] 20 多年来，可持续发展的思想不断深入人心，不仅从制度的顶层设计到政策措施的具体落实都力求体现对可持续发展的追求，而且还前瞻性地提出了“代际公平”的问题，越来越多的地方提出既要有金山银山，还要为子孙后代留下绿水青山。

更为重要的是，党的十八大把科学发展观确定为党的指导思想，党的十八届三中全会提出了全面深化改革的战略决策，对科学发展进行了更全面、更深入、更具体的阐述，这将从根本上保证了中国特色社会主义事业将沿着科学发展的道路不断前进。

第三节　改革时期中苏是否坚持马克思主义本土化比较

改革时期，中苏两国在是否坚持马克思主义本土化问题上的迥异结局令全世界震惊。显然，任何简单地认为两国存在是否坚持马克思主义本土化的复杂情况是没有说服力的。本节将围绕“改革”这个关键词，全面分析和比较中苏两国改革所面临的国际国内环境和围绕改革所采取的异同措施。通过深入分析马克思主义在苏联异化的深层次原因，全面总结马克思主义中国化的具体经验，在汲取教训发展经验的基础上，更好地推进马克思主义中国化向前发展。

一、改革时期中苏具备马克思主义本土化的相同条件

马克思主义本土化是一个不断发展的动态的历史过程，这个过程的发展和实质，不仅与本土化所处的外部环境和时代主题有关，也与本土化所面对的国情有关。由于社会主义制度并不是天生就十分完美，现实的社会主义制度又因为历史条件的限制，存在许多不完善的地方，因此，社会主义改革是马克思主义本土化的必然要求，是马克思主义本土化的题中应有之义。中苏两国的社会主义改革有着相同的外部环境和相似的国情背景。

（一）两国改革时所处的大环境相同

进入 20 世纪七八十年代，中苏两国的社会主义建设都出现了程度不同的问题和困难，进入到了一个该如何把握社会主义方向和命运的关键时期，即进入到是否进行真正的本土化，以及如何本土化的时期，亦即是否改革和如何改革的时期。要

---

① 康平：《中国国家发展战略》，红旗出版社，2005 年版，第 132、145、6 页。

回答这个问题，首先必须认真研究本土化所面临的外部大环境。

第一，和平与发展是世界形势的主题。这个结论的形成，既经过时间的检验，也经受过事实的考验。第二次世界大战结束后，尽管在世界范围内曾零星地发生过局部战争①，但都很快就结束了，世界总体上是太平的、和平的。1946 年 4 月，毛泽东在《关于目前国际形势的估计》中指出："世界反动力量确在准备第三次世界大战，战争危险是存在着的。但是，世界人民的民主力量超过世界反动力量，并且正在向前发展，必须和必能克服战争危险。"②新中国成立后，1950 年 6 月，他在党的七届三中全会上再次指出，帝国主义的战争威胁依然存在，但是制止战争的斗争力量发展得很快。"只要全世界共产党能够继续团结一切可能的和平民主力量，并使之获得更大的发展，新的世界战争是能够制止的。"③毛泽东认为："事物的多样性是世界的实况。马克思主义也是承认事物的多样性的，这是同形而上学不同的地方。"据此，他提出："不同的制度是可以和平共处的"，"只需要一个条件，就是双方愿意共处"。④ 处理国与国之间的关系，包括社会主义国家和资本主义国家的关系，应遵循和平共处的五项原则。1960 年 3 月，毛泽东在《关于反华问题》(手稿)中进一步说：看我们工作做得怎么样，主要看两条：一是"我们全党全民真正团结一致"；二是使"我们的主要生产项目的总产量和按人口平均的产量，接近或超过他们"。⑤ 在这种情况下，帝国主义的反华活动就会受到更有力的遏制，而中国在世界上的发言权就会更大，在维护世界和平的事业中就能做出更大的贡献。毛泽东在战争与和平问题上阐明的思想和制定的方针，是他的国际战略思想和对外工作方针的重要组成部分。他不是要求为了战备而放慢建设的速度，而是要求更加集中力量搞好建设事业。因此，这个方针不仅没有妨碍经济建设的发展，而且直接成了激励中国人民建设热情、推进中国建设事业的动力。正因为如此，在中国进入改革开放和社会主义现代化建设的新时期时，邓小平说过这样一句话："我们能在今天的国际环境中着手进行四个现代化建设，不能不铭记毛泽东同志的功绩。"⑥19 世纪 70 年代末以后，邓小平对世界形势的发展变化进行了深入的研究和分析，在战争与和平问题上逐渐形成了新的判断。他先是提出，国际形势是好的，我们有可

---

① 19 世纪 50 年代初的朝鲜战争、1960 年年底的中苏珍宝岛事件、19 世纪 60 年代的美国侵略越南战争、两次中东战争、19 世纪 80 年代的英阿战争、19 世纪 80 年代的苏联入侵阿富汗战争等。

② 《毛泽东选集》(第 4 卷)，人民出版社，1991 年版，第 1184 页。

③ 《毛泽东文集》(第 6 卷)，人民出版社，1999 年版，第 67—68 页。

④ 《毛泽东外交文选》，中央文献出版社，1994 年版，第 167、160 页。

⑤ 《建国以来毛泽东文稿》(第 9 册)，中央文献出版社，1997 年版，第 95 页。

⑥ 《邓小平文选》(第 2 卷)，人民出版社 1994 年版，第 172 页。

能争取多一点时间不打仗。同时，我们也要防备别人早打、大打。后来，随着国际形势的进一步发展，他又指出，世界政治力量对比出现重要变化，和平因素增长超出战争因素增长，世界大战打不起来，争取一个较长时期的和平环境是可能的。1985 年 3 月，邓小平进一步阐述了他关于时代主题的思想："现在世界上真正大的问题，带全球性的战略问题，一个是和平问题，一个是经济问题或者说发展问题。和平问题是东西问题，发展问题是南北问题。概括起来，就是东西南北四个字。"①他认为发展问题是"核心"问题，和平是基础、是条件，发展才是目的。邓小平提出"和平与发展"是当代世界的两大主题，是对世界各种矛盾的普遍性和规律性的深刻认识，是以 20 世纪 80 年代的世界格局变化为基础的。他甚至还明确指出，至少到 20 世纪末以前，世界大战打不起来，我们可以集中精力进行社会主义现代化建设。

苏联对国际形势也有类似的判断，后斯大林时期的苏共和苏联政府都表现出了对国际形势向和平方向发展的分析，以及为之所做出的努力。1963 年 7 月，苏共中央向各级党组织和全体共产党员发表公开信说："防止新的世界战争是一项完全现实的和可以完成的任务。我们党在第二十次代表大会做出了关于在我们时代国与国之间的战争的注定不可避免性是不存在的这样一个有最伟大的意义的结论。"②1973 年 7 月，勃列日涅夫在接受加强国际和平列宁奖金时发表讲话说："今天出现了战后整个历史中的一个重大转折。这个转折就是：由国际生活中的敌我对抗时期，转向社会主义国家和资本主义国家日益稳定的和平共处以及在互利和同等安全基础上实行明智的和平合作的时期。"③1982 年 4 月，苏共中央政治局委员安德罗波夫在纪念列宁诞辰 112 周年大会上做报告时说："我们党和苏联政府正在尽一切努力使苏联的政策有效地为和平事业服务，启发群众，揭露军备竞赛和侵略的辩护士的阴谋。"④由此可见，和平与发展不仅是 20 世纪 70—80 年代世界形势的真实反映，而且中苏两国两党分别对之有准确的分析判断，和平与发展是两国推行改革的共同的时代背景。

第二，意识形态间的斗争依然激烈。进入 20 世纪中叶以来，在世界范围内开始形成了资本主义与社会主义的两大阵营，这既是历史事实，也符合马克思主义关于人类社会发展一般规律所设想的情况，两种制度将在相当长的历史时期内共存相处，但是两种制度间的斗争却一刻也没有停止过。这个结论有 70 年前的文件，

① 《邓小平文选》(第 2 卷)，人民出版社，1994 年版，第 105 页。
② 沈志华、于沛等：《苏联共产党九十三年》，当代中国出版社，1993 年版，第 592—593 页。
③ 沈志华、于沛等：《苏联共产党九十三年》，当代中国出版社，1993 年版，第 727 页。
④ 沈志华、于沛等：《苏联共产党九十三年》，当代中国出版社，1993 年版，第 833 页。

即1945年美国中央情报局局长杜勒斯当着美国总统杜鲁门的面在国际关系委员会上发表的一篇演说为证。他说:“战争将要结束,一切都会有办法弄妥,都会安排好。我们将倾其所有,拿出所有的黄金,全部物质力量,把人们塑造成我们需要的样子,让他们听我们的。人的脑子,人的意识,是会变的。只要把脑子弄乱,我们就能不知不觉改变人们的价值观念,并迫使他们相信一种经过偷换的价值观念。”“我们要把布尔什维克主义的根挖出来,把精神道德的基础庸俗化并加以清除。我们将以这种方法一代接一代地动摇和破坏列宁主义的狂热。”①从已经呈现的历史事实来看,以美国为首的西方资本主义国家是这么说的,也是这么做的。他们一直没有放弃这个信念,也一直没有停止这样的行动。他们以西化、分化和丑化为主要手段,通过文学艺术、电影电视等途径,进行意识形态领域的渗透;通过经济援助和技术输出,附带并不能引起人们注意和反感的其他条件,从物质和生活层面对社会主义国家的人们施加影响;通过在社会主义国家物色和培植代理人,从事颠覆和破坏行动;通过对社会主义国家发生的重大事件和社会主义建设过程中出现的问题和困难,夸大和歪曲事实,诬陷和攻击执政党和社会主义制度,动摇社会主义国家人们的思想和信念。在苏联,自苏共二十大起,随着对斯大林个人崇拜的批判,意识形态领域就出现了自由化思潮,再加上社会主义建设受军事战略的影响,出现了停滞和僵化的现象等,为西方在戈尔巴乔夫时期推行“和平演变”提供了绝好的机会。同样在中国,以美国为首的西方,充分利用党的八大以来在社会主义建设中的一系列失误和错误,大肆加紧对中国进行价值观念和生活方式的影响和渗透,特别注意利用“文化大革命”的错误,攻击中国共产党和社会主义制度。改革开放以后,西方更是加大了“和平演变”的力度,把希望寄托在争取第四、第五代人身上,资产阶级自由化思潮泛滥、“1989年政治风波”就是铁证。总之,在和平与发展为时代主题的大背景下,意识形态间的斗争风起云涌,十分激烈,不可忽视。

(二)两国的改革有着相似的国情背景

一个国家在某一历史阶段的主要任务,是由这个国家在这个阶段的国情所决定的,也即由这个国家在该阶段的社会主要矛盾所决定的。中苏两国虽然改革的时间起点不一样,但是进行改革的迫切性是相同的,改革之初的基本国情也有诸多相似之处。

在经济方面,中苏两国都实行单一的公有制,过分集中的、排斥市场经济的计

---

① [俄]尼古拉·伊万诺维奇·雷日科夫:《大国悲剧——苏联解体的前因后果》,徐昌翰等译,新华出版社,2010年版,第1—3页。

划经济，国家不仅对宏观经济政策统得过死，而且对微观经济活动干预过多，经济单位缺乏自主性和积极性，经济发展缺少生机和活力。经济形态单一，几乎没有外向型经济，与世界的经济交流很少。苏联的经济总量虽然较高，但发展极不协调，国民经济各部门比例失调，市场供应紧张，特别是消费品缺乏，货币不稳定，严重影响了人民生活水平的提高。中国经济却整体处于生产力水平低下的状况，特别是由于“文化大革命”的折腾，国家整个经济体系处于崩溃的边缘。“现在，我们的经济管理工作，机构臃肿，层次重叠，手续繁杂，效率极低。”①戈尔巴乔夫曾在谈到当年经济改革的设想时说：“我很清楚经济改革的重要意义，所以认为首先应当争取使经济现代化，以便为90年代初进行彻底的经济改革创造条件。”“这些设想在一定程度上与邓小平在中国实行改革的方法颇为近似。”②

在政治方面，中苏两国都同属于“集权式”的政治运行模式，党政不分，总体缺乏民主，民主集中制原则有名无实。“苏联模式”虽然经过近50年的修修补补，但没有根本触动其基本框架，少数领导人专权，缺乏民主监督机制，官僚主义严重，法制不健全，而且老人政治明显。中国则刚经过“文化大革命”，在“四人帮”反党集团的阴谋影响下，“个人崇拜”现象比较严重，整个国家的政治生活极不正常。“民主集中制受到破坏，党内确实存在权力过分集中的官僚主义。这种官僚主义常常以‘党的领导’、‘党的指示’、‘党的利益’、‘党的纪律’的面貌出现，这是真正的管、卡、压。”③

在文化方面，中苏两国都受意识形态影响较大，思想僵化保守，几乎没有言论、出版、集会等自由。苏联采取严格的书报审查制度，控制出版，垄断意识形态。中国虽然明确加强民族的、科学的、大众的文化建设，提倡“百花齐放，百家争鸣”的方针，但受“四人帮”、江青集团的操控，对内搞“一句顶一万句”，对外搞关门政策，文化领域死气沉沉。“林彪、‘四人帮’大搞禁区、禁令，制造迷信，把人们的思想封闭在他们假马克思主义的禁锢圈内，不准越雷池一步。否则，就要追查，就要扣帽子、打棍子。在这种情况下，一些人就只好不去开动脑筋，不去想问题了。”④

受上述三个主要方面的影响，两国在社会建设和党的建设等方面也都存在不少相似的问题，虽然整个社会在强大的国家机关的作用下，表现为相对稳定，但实际上缺乏活力，严重地影响了人们对社会主义制度优越性的认同，国家到了不改革

① 《邓小平文选》(第2卷)，人民出版社，1994年版，第150页。

② 《戈尔巴乔夫回忆录》，唐弢等译，社会科学文献出版社，2003年版，第161—162页。

③ 《邓小平文选》(第2卷)，人民出版社，1994年版，第141—142页。

④ 《邓小平文选》(第2卷)，人民出版社，1994年版，第141页。

就死路一条的地步。

二、改革时期中苏是否坚持马克思主义本土化的不同作为

中苏两国是否坚持马克思主义本土化的结局不同,不仅取决于是否进行真正的本土化,还取决于如何本土化。是否坚持马克思主义是是否本土化的原则,体现在具体的本土化措施中,体现在对微观细节的把握上。

(一) 两国对待马克思主义理论指导地位的认识不同

改革时期如何对待马克思主义理论的指导地位是一个原则问题,在实践中决定改革的宏观方向。所谓决定改革方向的指导思想,就是是否坚持党的领导。所谓改革所制定的理想目标就是是否坚持发展和完善社会主义。中苏两国在这两方面存在本质的区别。

1. 两国改革指导思想上的区别在于是否坚持党的领导

所谓改革的指导思想,是指决定改革性质和方向的战略性和全局性的理论。确定一个国家改革指导思想的通常是这个国家的执政党,因此,是否坚持党的领导是改革指导思想的核心。

苏联改革的指导思想的实质是逐步削弱并最终放弃党的领导。1985 年戈尔巴乔夫上台,开始了苏联“真正”的改革时代。所谓“真正”的改革,是指戈尔巴乔夫公开提出,并最终真正放弃了党的领导。迄今为止,很多人依然对戈尔巴乔夫的改革不能理解,其中,最为核心的就是,支持戈尔巴乔夫改革的指导思想究竟是什么。因为,在苏联解体后,戈尔巴乔夫在有些场合始终为自己辩解说他仍然信奉社会主义。但是综观他的整个执政时期,除了改革初期,他表面上还能打着发展列宁主义,革新社会主义等美丽旗号,在几乎所有的大小会议、会见、巡视中,戈尔巴乔夫多次反复、不厌其烦地声称自己忠于社会主义的选择,宣扬“改革”是十月革命事业的继续,其中还有“共产党人的角度”、“工人阶级、农民和知识分子利益的反映”等苏联人耳熟能详的字眼,但他在实际行动中处处都在为葬送社会主义而卖力。在苏联解体一段时间后的另一些场合,戈尔巴乔夫对“改革”指导思想的表述则又是那样的“赤裸裸”。“当别人问到我是个什么样的人的时候,我的回答只有一个:‘我是社会民主主义者。’如果要思考未来,思考我们朝什么样的社会目标努力,我不止一次论述过,我们面临的,绝不是在社会主义或是资本主义之间进行选择的问题。我们的未来是一个趋同的社会,具有趋同性的价值基础。在这种社会中融合了资本主义的经验,还有很多其他可以利用的东西。不光是市场,还有所有制问题,以

及对所有制的态度。"[①]此外，戈尔巴乔夫还在其他很多场合表示了后悔没有及时对苏共进行"改革"，他本人说早应该在1991年8月政变前几个月就宣布退出共产党等。因此，可以肯定地说，指导苏联改革的思想基调就是放弃马克思主义，放弃苏共在国家社会生活中的领导地位，这就决定了马克思主义在苏联必定出现异化。

中国改革的指导思想以坚持党的领导为原则。党的建设总体不断加强，具体表现为党的建设理论得到了丰富，党的建设前景充满希望。

党的建设理论的不断丰富集中体现为党的指导思想的不断丰富，以党章的历次修改为标志。党的十一届三中全会重新恢复了解放思想、实事求是的思想路线，实现了党的指导思想上的拨乱反正。党的十二大为了适应新的历史时期的特点和需要，对十一大党章进行了许多有根本意义的修改，对党的性质和指导思想，做了马克思主义的规定。1982年9月6日通过的新党章明确规定："中国共产党以马克思列宁主义、毛泽东思想作为自己的行动指南。"[②]从党的十二大起，以邓小平为核心的第二代党中央领导集体开创了建设中国特色的社会主义伟大征程，在回答"什么是社会主义，怎样建设社会主义"的实践中，形成了邓小平建设有中国特色的社会主义理论。党的十五大，把这一马克思主义中国化的最新理论成果概括为邓小平理论，并确定为党的行动指南而写入了新党章，这是中国共产党把马克思主义基本原理与中国改革开放具体实际相结合的第二次历史性飞跃。在此进程中，1989年6月党的十三届四中全会选举江泽民同志为党的总书记，带领全党和全国各族人民把中国特色社会主义事业全面推进21世纪。以江泽民为核心的第三代党中央领导集体，根据新世纪、新形势、新情况和新任务，提出了"建设一个什么样的党、怎样建设党"的时代课题，2002年党的十六大指出中国共产党必须始终代表中国先进生产力的发展要求，代表中国先进文化的前进方向，代表中国最广大人民的根本利益。党的十六大把"三个代表"重要思想确定为党的行动指南并写入新的党章。同样，2002年11月，党的十六大选举胡锦涛同志为党的总书记，提出了全面建设小康社会的宏伟目标，在进一步回答"实现什么样的发展、怎样发展"新课题的实践中，形成了科学发展观。2012年11月，党的十八大通过的新党章，把科学发展观明确为党的行动指南。除此之外，党的建设理论在思想、组织、作风、制度、方法和反腐倡廉等方面，都得到了进一步的充实和完善。

中国共产党是马克思主义中国化的领导者和推进者，马克思主义中国化是一

① 李慎明：《苏联解体——二十年后的回忆与反思》，粟瑞雪等译，社会科学文献出版社，2012年1月版，第7页。此文是俄罗斯《独立报》记者列姆楚科夫对原苏共中央总书记、苏联总统戈尔巴乔夫的访谈录，译自2010年4月6日俄罗斯《独立报·政治专刊》。

② 《中国共产党第十二次全国代表大会文件汇编》，人民出版社，1982年版，第77页。

个没有止境的历史进程,因此,加强党的建设将是一个永恒的课题。我们可喜地看到,党的十八大选举产生了以习近平为总书记的新一届领导集体,以事实证明中国共产党已经找到了一个实现党的领导新老交替、平稳过渡的方法,已经确立了加强党的思想建设、组织建设、作风建设、反腐败建设和制度建设的"五位一体"的建设战略,已经做出了"空谈误国、实干兴邦"、"全面提高党的建设科学化水平"的郑重承诺,已经制定了"打铁还需自身硬"等一系列加强党的建设的具体措施,我们有千万个理由相信,中国共产党一定能够带领全国各族人民在本世纪中叶顺利实现中华民族伟大复兴的"中国梦"。

2. 两国在改革目标上的区别在于是否坚持发展和完善社会主义

所谓改革的目标,就是执政党所推行的改革在可能预见的时间里,是否不断揭示社会主义的本质,国家社会经济发展达到什么样的水平,未来国家实行什么样的社会制度,处在什么样的社会阶段。

苏联改革的目标是人道的民主的社会主义,其本质是放弃社会主义。戈尔巴乔夫上台以后推行他的改革"新思维",并用"人道的民主的社会主义"取代共产主义作为改革的最终目标。戈尔巴乔夫从全盘否定斯大林到否定其他领袖人物,从全盘否定斯大林到全面否定苏共历史,从全盘否定斯大林到否定社会主义制度,他亲自参与了为实现此目标的所有实践。美国前总统尼克松曾评价戈尔巴乔夫"不是思想家,而是实干家"①,在 1986 年戈尔巴乔夫上台不久,他在公开场合对"斯大林"和"斯大林主义"等历史问题还持谨慎和回避的态度,他表示:"在为将来工作的同时,不能陷入与昔日的纠纷。"②1987 年秋天,戈尔巴乔夫仍公开表示:"要溯本求源,更加明确地评价过去,确定首先需要做什么和怎样做。不懂得这一点,就可能迷失方向。"③但是,戈尔巴乔夫所公开说的和他内心想做的以及实际行动并不一致,他不仅悄悄地、一步步地将赫鲁晓夫开创的"非斯大林化运动"推到了"顶点",而且将运动延伸到其他领袖人物、苏共和苏联历史,以及现实社会主义制度。可见,苏联的改革目标不是社会主义制度的自我完善和发展,而是对马克思主义所规定的社会主义制度的否定。

中国的改革目标是坚持社会主义,不断完善社会主义。中国改革的目标,从理论层面来讲,强调改革是实现社会主义制度的自我完善;从实践层面来讲,就是要把中国建成社会主义现代化强国;从发展战略上讲,立足于社会主义初级阶段,分步骤实现目标。1978 年 12 月,邓小平在中共中央工作会议上做了《解放思想,实

① [美]尼克松:《1999:不战而胜》,中国人民大学出版社,1988 年版,第 169 页。

② 蔡文鹏:《信仰危机与苏联的命运》,社会科学文献出版社,2012 年版,第 138 页。

③ [苏]戈尔巴乔夫:《改革与新思维》,苏群等译,北京,新华出版社,1987 年版,第 72 页。

事求是，团结一致向前看》的讲话，正式提出要“把全党工作的重心转到实现四个现代化上来”，要“正确地改革同生产力迅速发展不相适应的生产关系和上层建筑，根据我国的实际情况，确定实现四个现代化的具体道路、方针、方法和措施”。① 并进一步强调：“实现四个现代化是一场深刻的伟大的革命。在这场伟大的革命中，我们是在不断地解决新的矛盾中前进的。”②这里所说的“革命”当然就是指“改革”。1985 年，邓小平在提出改革是第二次革命后不久，在 9 月党的全国代表会议上进一步指出：“改革是社会主义制度的自我完善，在一定的范围内也发生了某种程度的革命性变革。”③这就表明，中国改革的基本原则和根本目的是社会主义制度的自我完善，绝不是改旗易帜。

中国的改革的目标还体现在对社会主义本质的逐步揭示上。1992 年年初，邓小平在视察南方的谈话中首次对社会主义本质做了完整准确的概括：“社会主义的本质，是解放生产力，发展生产力，消灭剥削，消除两极分化，最终达到共同富裕。”④从改革的角度来解读这段话，包含了三层意思：第一，改革能够解放和发展生产力；第二，通过改革能够消灭剥削和消除两极分化；第三，改革的最终目的为了发展，最终达到共同富裕。“社会主义有两个非常重要的方面，一是公有制为主体，二是不搞两极分化。”“如果导致两极分化，改革就算失败了。”⑤共同富裕是社会主义与资本主义的本质区别，只有共同富裕才能体现社会主义制度的优越性。改革的过程是共同富裕的过程，共同富裕的过程是社会主义制度不断完善的过程，也是实现社会主义四个现代化的过程。

中国改革的目标还体现在中国特色社会主义建设的发展战略上。1979 年年底，邓小平首次提出中国四个现代化的目标是到本世纪末人均国民生产总值翻两番，达到 800 至 1 000 美元，人民生活达到小康水平。1982 年党的十二大正式提出到 20 世纪末的 20 年内翻两番和实现小康水平的战略目标。1984 年以后，邓小平进一步提出中国到 21 世纪中叶再翻两番，达到中等发达国家水平的目标。1987 年党的十三人将邓小平“三步走”战略思想，用党的文件形式固定下来。即“第一步，实现国民生产总值比一九八〇年翻一番，解决人民的温饱问题。这个任务已经基本实现。第二步，到本世纪末，使国民生产总值再增长一倍，人民生活达到小康水平。第三步，到下个世纪中叶，人均国民生产总值达到中等发达国家水平，人民

① 《邓小平文选》(第 2 卷)，北京，人民出版社，1994 年版，第 140、141 页。

② 《邓小平文选》(第 2 卷)，北京，人民出版社，1994 年版，第 152—153 页。

③ 《邓小平文选》(第 3 卷)，北京，人民出版社，1993 年版，第 142 页。

④ 《邓小平文选》(第 3 卷)，北京，人民出版社，1993 年版，第 373 页。

⑤ 《邓小平文选》(第 3 卷)，北京，人民出版社，1994 年版，第 138、139 页。

生活比较富裕,基本实现现代化。”①人们习惯将此称为邓小平的“大三步走”战略。1992年10月,江泽民同志在党的十四大报告中又对“大三步”中的第三步进行了进一步细化,初次提出了“两个100年”的概念,即“到建党一百周年的时候,我们将在各方面形成一整套更加成熟更加定型的制度。在这样的基础上,到下世纪中叶建国一百周年的时候,就能够达到第三步发展目标,基本实现社会主义现代化。”②1997年9月,江泽民在党的十五大报告中将“大三步”战略中的第三步具体化为:“我们的目标是,第一个十年实现国民生产总值比二〇〇〇年翻一番,使人民的小康生活更加富裕,形成比较完善的社会主义市场经济体制;再经过十年的努力,到建党一百周年时,使国民经济更加发展,各项制度更加完善;到世纪中叶建国一百年时,基本实现现代化,建成富强民主文明的社会主义国家。”③人们习惯将此称为“小三步”或“新三步”。可以看出,在“三步走”战略中,不仅突出了经济发展,而且更强调了制度完善。实践证明,制定“三步走”战略,让人们能看到不久的将来,似乎触手可及,有利于调动全国人民参与改革的积极性,不仅体现了策略性,更体现了可操作性,从而最终体现了改革目标制定的科学性。党的十八大以来,特别是党的十八届三中通过的《中共中央关于全面深化改革若干重大问题的决定》,为中国特色社会主义事业实现“两个一百年”目标进一步指明了方向,吹响集结号,注入新动力。

(二)两国对是否坚持马克思主义本土化所采取的具体措施和步骤不同

是否坚持马克思主义本土化,首先取决于改革的指导思想和改革的目标,但更关键的是要看围绕改革所采取的具体措施和落实这些措施的步骤。

1. 两国的改革都以经济改革为起点,但措施和步骤反差很大

经济建设是一个国家建设和发展的基础,受一个国家基本国情的制约,也受所处国际环境的影响。一个国家制定什么样的经济发展战略,设计什么样的经济发展机制,采用什么样的经济发展方式,是决定这个国家改革能否成功的关键因素。

苏联的经济改革措施上倒行逆施,步骤上操之过急。戈尔巴乔夫上台后,苏联的经济改革受政治改革导向的影响开始了方向上的转折,其突出的表现就是经济改革完全背离社会主义基本经济制度,采用了“西化”的经济学政策,把“非国有化”和“私有化”作为改革的首要方针,把构建资本主义经济制度作为改革的目的。混

① 《中国共产党第十三次全国代表大会文件汇编》,人民出版社1987年版,第14—15页。

② 《中国共产党第十四次全国代表大会文件汇编》,人民出版社1992年版,第55页。

③ 《中国共产党第十五次全国代表大会文件汇编》,人民出版社1997年版,第4页。

淆经济形态的一般与特殊，用转向市场经济掩盖转向资本主义经济。借口突出企业家的经济地位，大力培育资本家阶级。鼓吹抽象的人权和自由，否定社会主义生产关系对劳动者权益的根本决定作用。贯彻新自由主义，实行卖国主义经济政策。推行民主社会主义，照搬发达资本主义国家的福利政策等。这一系列的经济改革转向以"500 天纲领"①或称"休克疗法"为标志和见证。而事实上，"500 天纲领"的问世，很快就混乱了原本就不够正常的经济发展秩序，从而进一步加速了苏联国民经济的全面危机，出台 400 天不到，苏联就解体了。在此，我们不得不记住一个细节，那就是"500 天纲领"发表前，曾征求过美国哈佛大学教授的意见。一个关系到社会主义国家前途和命运的经济改革纲领，竟然要征求美国西方主流经济学家的意见，回望此举，对苏联解体而言显然是一个讽刺。

中国的经济改革措施上遵循规律，步骤上循序渐进。中国的经济改革与发展探索出了一条成功的特色之路，贯穿这条道路的主线是逐步建立和完善了社会主义市场经济体制。社会主义市场经济理论不是原有的、现成的理论，它是中国共产党人的集体发明创造，虽说它的确立有着特定的历史背景，看似必然，但是它的形成和发展却经历了艰难曲折的历程，当然，它的逐步完善还需要经历更加漫长的过程。

党的十一届三中全会召开的时候，中国的经济几乎处于崩溃的边缘，人们思想中对什么是社会主义已经产生了较大的困惑，如何认识社会主义，必须寻找到一个合适的切入口。如何改革开放，也必须寻找到一个有效的突破口。以邓小平为核心的党中央第二代领导集体，对如何摆脱社会主义贫穷落后面貌问题进行了深入的思考，"社会主义是一个很好的名词，但是如果搞不好，不能正确理解，不能采取正确的政策，那就体现不出社会主义的本质"，"所谓政策，也主要是经济方面的政策"②。农村联产承包责任制则拉开了农村经济体制改革的序幕。"农村政策放宽以后，一些适宜搞包产到户的地方搞了包产到户，效果很好，变化很快。"③当邓小平看到农村经济体制改革初现成效的时候，就开始意识到中国可能找到了一条解放生产力的正确道路。那么，如何看待计划经济与市场经济关系呢？长期以来，人

---

① 所谓"500 天纲领"，得名于一份叫做《民主俄罗斯》的小报上刊登的《国家向市场关系过渡的 500 天纲领》。其实，这个"纲领"是一本名为《向市场过渡　构想与纲领》这部书的浓缩版，由时任苏共总书记的戈尔巴乔夫和自由化势力的代表人物叶利钦共同决定组织撰写。其核心思想是，从 1990 年 10 月 1 日起始的 500 天之内，通过各种"非常"政策措施，彻底改变苏联国民经济的基础和结构，转向所谓的市场经济，实质是转向资本主义经济。

② 《邓小平文选》(第 2 卷)，人民出版社，1994 年版，第 313、195 页。

③ 《邓小平文选》(第 2 卷)，人民出版社，1994 年版，第 315 页。

们都把社会主义同计划经济联系在一起,认为只有计划经济才是社会主义。但是,多国的实践证明,只搞计划经济会使经济限于僵化,缺乏活力,而市场经济则可以搞活经济。因此,早在1979年,邓小平就提出社会主义也可以搞市场经济。1980年1月,他在谈到我们正在寻找一条合乎中国实际的建设道路时,把"计划调节和市场调节相结合"作为这条道路的内容之一。同年9月,国务院在《关于经济体制改革的初步意见》中提出:"我国现阶段的社会主义经济,是生产资料公有制占优势,多种经济成分并存的商品经济","要按照发展商品经济和促进社会化大生产的要求,自觉地运用价值规律"。[①] 这种对传统经济体制挑战的观点,一时间引来了大量的质疑声,也带来了热烈的讨论。然而,实践是检验真理的唯一标准。1984年10月,党的十二届三中全会召开,统一了对经济体制改革取向的认识,大会通过的《关于经济体制改革的决定》,明确指出:"改革计划体制,首先要突破把计划经济同商品经济对立起来的传统观念……商品经济的充分发展,是社会经济发展的不可逾越的阶段,是实现我国经济现代化的必要条件。"[②]这种对原来计划经济观念的突破得到了邓小平的高度称赞,他说这个文件好"就是解释了什么是社会主义,有些是我们老祖宗没有说过的话,有些新话","写出了一个政治经济学的初稿,是马克思主义基本原理和中国社会主义实践相结合的政治经济学"。[③] 沿着这一思路,邓小平此后不断强调发展市场经济的问题。1987年,党的十三大没有再提计划经济,实践中的新的经济运行机制也是"国家调节市场,市场引导企业"。

然而,到了19世纪80年代末,随着国内政治风波和东欧剧变、苏联解体的发生,有人开始批判市场经济,认为市场经济就是资本主义,"市场化"就是资本主义化。在一片责难声中,市场经济的主张开始在报刊上销声匿迹,中央的有关文件也代之以"计划经济与市场调节相结合"的提法。甚至有经济学家上书中央领导人,建议中央当机立断,"推进建立奠基在商品经济基础上的经济管理体制为目标的综合改革"[④]。在这个关键时刻,邓小平再次讲话,他说:"我们必须从理论上搞懂,资本主义与社会主义的区分不在于计划还是市场这样的问题。社会主义也有市场经济,资本主义也有计划控制。""不要以为,一说计划经济就是社会主义,一说市场经济就是资本主义,不是那么回事,两者都是手段,市场也可以为社会主义服务。"1992年年初,88岁高龄的邓小平发表著名的南方谈话,再次明确指出:"计划多一

---

① 国家经济体制改革委员会:《中国经济体制改革规划集》(1979—1987),中共中央党校出版社,1988年版,第22—25页。

② 《十二大以来重要文献选编》(中),人民出版社,1986年版,第568页。

③ 《邓小平文选》(第3卷),人民出版社,1993年版,第91、83页。

④ 《薛暮桥回忆录》,天津人民出版社,1996年版,第431页。

点还是市场多一点，不是社会主义与资本主义的本质区别，计划经济不等于社会主义，资本主义也有计划；市场经济不等于资本主义，社会主义也有市场。计划和市场都是经济手段。”①邓小平关于市场经济的论述，极大地解放了人们的思想，推动了对这一重大理论问题的讨论，并很快取得了共识。1992 年 6 月，江泽民在中央党校讲话指出：“加快经济体制改革的根本任务，就是要尽快建立社会主义的新经济体制。而建立新经济体制的一个关键问题，是要正确认识计划和市场问题及其相互关系，就是要在国家宏观调控下，更加重视和发挥市场在资源配置中的作用。”要“大力培育和发展市场，建立统一的完备的社会主义市场。”②1992 年 10 月召开的党的十四大，明确宣布我国经济体制改革的目标是建立社会主义市场经济体制。江泽民在大会的报告中说：“我国经济体制改革确定什么样的目标模式，是关系整个社会主义现代化建设全局的一个重大问题。这个问题的核心，是正确认识和处理计划和市场的关系。”③至此，标志着社会主义市场经济体制在我国基本确立。社会主义市场经济体制的确立，发挥了市场在国家宏观调控下对资源配置的基础性作用(党的十八届三中全会“决定”改为“决定性作用”)，实现了国家对经济的宏观调控，并建立起了有中国特色的以公有制为主体的所有制结构和以按劳分配为主体的分配制度，极大地调动了人民群众参与中国特色社会主义建设的积极性。同时，国有经济、集体经济和其他经济持续快速发展，致使整个国民经济不断攀登新的台阶，一跃成为世界第二大经济体，综合国力不断增强，国际地位和国际影响力不断提升，中国在世界上正在扮演着越来越重要的角色。

2. 两国的政治体制改革切入点有明显区别

政治建设是经济建设和其他建设的基础和前提，是构成社会主义国家路线方针政策的重要因素，是决定一个国家是否坚持马克思主义本土化的根本因素。

苏联的政治改革从推进民主化开始。戈尔巴乔夫虽说不是苏联政治改革的发起者，但是苏联政治体制的终结者和社会主义制度的葬送者。戈尔巴乔夫从一上台起，就积极推行政治改革。在改革初期，他还极力地宣传改革是“完善社会主义”，从而骗取人民对他推行改革的拥护。随着 1987 年 11 月，戈尔巴乔夫《改革与新思维》的出版，标志着戈尔巴乔夫的“新思维”正式出台。他把民主化作为政治体制改革的核心和目标，他说：“发扬民主是国内政治生活的一项根本任务。”④他把

① 《邓小平文选》(第 3 卷)，人民出版社，1993 年版，第 364、367、373 页。

② 《江泽民文选》(第 1 卷)，人民出版社，2006 年版，第 198、204 页。

③ 《中国共产党第十四次全国代表大会文件汇编》，人民出版社，1992 年版，第 21 页。

④ 《戈尔巴乔夫言论集》，苏群等译，人民出版社，1987 年版，第 39 页。

“民主化”概括为这样一句口号:“多一些社会主义,多一些民主。”[①]他将“公开性”作为实现民主化的一种途径和制度。他在苏共二十七大上提出“完善”政治体制,其主要内容和方向是进一步实现民主化,扩大公开性,使之“成为不断起作用的制度”。当到了 1988 年 6 月苏共第十九次全国代表会议时,苏联政治改革的重点成了:“充分恢复苏维埃作为政治权力机关和强大的社会主义民主因素的体现者的作用。”[②]实际上,苏联的政治改革已经逐渐从完善社会主义转向了“人道的民主的社会主义”。此外,在新闻舆论方面,“舆论多元化”左右着执政党和政府自己办的报纸,这些昔日的党和政府的喉舌,受民主派的支配和操纵,完全失去了政治原则和社会责任感,沦为诋毁党和政府的工具。在社会科学领域,资产阶级学术观点泛滥开来,谩骂马克思主义、诋毁社会主义、丑化苏联共产党成了最时髦的理论。在戈尔巴乔夫的姑息、纵容、支持和欣赏之下,苏联的意识形态完全失去了控制。至此,苏共亡党、改革失败的命运就到了不可挽回的地步了。正如美国政治家布热津斯基在 1989 年写道:“戈尔巴乔夫在改革过程中已逐渐走上了修正主义道路”,“他不仅要改变苏联的经济结构,还要修改苏联制度的思想基础,甚至要在一定程度上改变苏联的政治秩序”,“在克里姆林宫出现一位修正主义的总书记所造成的影响是巨大的”,“世界共产主义就会有瓦解的危险”,“有朝一日,苏共要丧失对社会的垄断控制,苏维埃联盟随时可能解体”。[③]

中国的政治改革从发展社会主义民主开始。20 世纪 70 年代末,以邓小平同志为核心的党中央第二代领导集体,深刻地认识到要改革开放,就必须解决政治建设方面存在的突出问题。党的十一届三中全会前夕,邓小平发表了《解放思想,实事求是,团结一致向前看》的讲话,统一了全党的思想,为党的十一届三中全会奠定了基调,也为政治建设指明了方向。经过 30 多年的艰苦努力,中国特色社会主义政治建设取得了巨大成就,公民政治文化在逐步形成,人民群众政治参与与制度化程度在不断提高,政治系统满足民众需求的能力在日益增强,社会主义政治制度得到不断完善和发展。大体有五个方面的表现。一是自主选择了符合中国国情的政治发展模式和政治发展道路。坚持人民民主是社会主义的生命。扩大人民民主,保证人民当家做主。发展基层民主,保障人民享有更多更切实的民主权利。全面落实依法治国基本方略,加快建设社会主义法治国家。壮大爱国统一战线,团结一切可以团结的力量。加快行政管理体制改革,建设服务型政府。完善制约和监督

① [苏]戈尔巴乔夫:《改革与新思维》,苏群等译,新华出版社,1987 年版,第 36 页。

② [苏]戈尔巴乔夫:《改革与新思维》,苏群等译,新华出版社,1987 年版,第 138 页。

③ [美]兹·布热津斯基:《大失败——20 世纪共产主义的兴亡》,军事科学院军事研究部译,军事科学出版社,1989 年版,第 65—66、76—77 页。

机制，保证人民赋予的权力始终用来为人民谋利益，政治建设体现了自主性。二是坚持中国共产党在政治发展中的主导作用。形成了坚持党的领导、人民当家做主、依法治国有机统一，坚持和完善人民代表大会制度、中国共产党领导的多党合作和政治协商制度、民族区域自治制度以及基层群众自治制度等，不断推进中国特色社会主义政治制度自我完善和发展，政治建设体现了主导性。三是坚持政治稳定和政治发展并重的方针。坚持"稳定压倒一切"的原则，正确处理稳定与改革、发展的关系，把政治稳定作为政治体制改革和政治发展的前提和基础。"中国一定要坚持改革开放，这是解决中国问题的希望。但是要改革，就一定要有稳定的政治环境。""我们是要发展社会主义民主，但匆匆忙忙地搞不行，搞西方的那一套更不行。"①确保了政治发展稳妥推进，政治建设体现了稳定性。四是推进政治体制改革坚持了循序渐进，稳步推进的方针。既用对"改革是第二次革命"的认识来深刻理解政治体制改革，又兼顾了中国政治建设的现实国情，包括国民的政治素养。既认识到政治体制存在弊端对经济发展带来的制约和影响，更遵循了物质决定意识，经济基础决定上层建筑的规律。既坚定了积极推进政治体制改革的决心，更坚持了"发展社会主义民主政治是一个历史过程，需要在发展中国特色社会主义的总进程中不断推进"的原则，确保了政治发展稳步推进，政治建设体现了渐进性。五是在推进政治体制改革时充分考虑到政治体系能力、政治制度化水平和政治民主化程度等呈现区域不平衡性和梯次性分布的特征。考虑到政治觉悟的因素，坚持以党内民主促进人民民主。考虑到政治素养的因素，坚持先解决政治认识后解决政治参与。考虑到经济对政治的影响因素，坚持从都市扩大民主到乡村推广民主。使得政治建设在全国范围内同步开展，梯度推进，区别要求，共同发展，政治建设体现了梯度性。

此外，中国特色社会主义政治建设始终没有放松坚决抵制西方"和平演变"这根弦。在改革开放之初，邓小平等老一辈无产阶级革命家就富有远见地告诫全党，要深刻汲取苏联借否定斯大林进而否定苏联历史、否定共产党的领导、否定社会主义的历史教训，旗帜鲜明地提出要坚持四项基本原则。在 20 世纪 80 年代中期，我们党在酝酿启动政治体制改革时曾十分的慎重，目的就是防止国内外敌对势力借改革开放之机搞乱中国。邓小平说："政治体制改革的内容现在还在讨论……需要审慎从事。我们首先要确定政治体制改革的范围，弄清从哪里着手。要先从一两件事上着手，不能一下子大干，那样就乱了。"②当 19 世纪 80 年代末资产阶级自由化思潮有所抬头并逐步泛滥的时候，以邓小平为核心的党的第二代领导集体，果断

① 《邓小平文选》(第 3 卷)，人民出版社，1993 年版，第 284、285 页。

② 《邓小平文选》(第 3 卷)，人民出版社，1993 年版，第 176—177 页。

英明地提出反对资产阶级自由化,自觉抵制以美国为首的西方敌对势力,为妄图推翻中国共产党领导的社会主义制度而实行的“和平演变”,成功地平息了1989年春夏之交的政治风波,维护了安定团结的政治局面。当中国特色社会主义事业成功推进到21世纪的时候,党的三任总书记都对加强社会主义民主政治建设提出了具体要求。如江泽民同志在《领导干部一定要讲政治》中明确指出:“西方敌对势力要‘西化’、‘分化’我们,要把他们那套‘民主’、‘自由’强加给我们……我们不讲政治行吗?不警惕不斗争行吗?树欲静而风不止,这是不依人们的意志为转移的。”①胡锦涛同志也多次指出:“西方反华势力对我国实施西化、分化战略的图谋依然没有改变。”“我们发展社会主义民主政治,需要借鉴人类政治文明有益成果,但绝不照搬西方政治制度的模式,决不放弃我国社会主义政治制度的根本。”②胡锦涛在党的十八大报告中强调指出:“必须继续积极稳妥推进政治体制改革,发展更加广泛、更加充分、更加健全的人民民主。”“要把制度建设摆在突出位置,充分发挥我国社会主义政治制度优越性,积极借鉴人类政治文明有益成果,绝不照搬西方政治制度模式。”③习近平在党的十八届三中全会报告中指出:“发展社会主义民主政治,必须以保证人民当家做主为根本,坚持和完善人民代表大会制度、中国共产党领导的多党合作和政治协商制度、民族区域自治制度以及基层群众自治制度,更加注重健全民主制度、丰富民主形式,从各层次各领域扩大公民有序政治参与,充分发挥我国社会主义政治制度优越性。”④

总之,改革开放以来的中国政治建设始终坚持走中国特色的社会主义政治发展道路,始终贯穿于中国特色社会主义事业的全过程,始终在坚持四项基本原则的前提下稳步推进,始终绷紧反对“和平演变”这根弦不放松。

3. 两国改革中的文化建设措施不同

文化是社会思想的载体,也一个国家社会制度和体制的集中体现,更是一个国家社会制度发展的方向标。文化建设相对于政治建设和经济建设,很少有轰轰烈烈的声势,但更具有潜在性和基础性,是一个国家是否坚持马克思主义本土化的潜在核心因素。

苏联的文化建设默认自由化。斯大林逝世后不久,在苏联曾急速兴起过一股“解冻文学”思潮,这股新的文学潮流远远超越了文学的范畴,渗透到了整个社会的

① 《江泽民文选》(第1卷),人民出版社,2006年版,第458页。

② 《十七大以来重要文献选编》,中央文献出版社,2009年版,第91、237页。

③ 《中国共产党第十八次全国代表大会文件汇编》,人民出版社,2012年版,第23—24页。

④ 《党的十八届三中全会〈决定〉学习辅导百问》,党建读物出版社、学习出版社,2013年版,第18页。

思想领域，奠定了自由化的文化基础。戈尔巴乔夫当选苏共中央总书记后，苏联国内又出现了一股“回归文学”的浪潮，与戈尔巴乔夫的新思维相呼应，再次为思想文化的混乱推波助澜。经过戈尔巴乔夫的默许，“回归文学”挤压社会主义现实主义文学，逐渐成为苏联文坛的主流，其所宣扬的苏联社会制度的黑暗对普通大众和官僚阶层的影响甚深。“回归文学”的不少作者本身就是苏联的持不同政见者，他们对苏联社会主义制度是不认同的。面对苏联社会主义发展积累的复杂矛盾和问题，戈尔巴乔夫以民主社会主义为取向进行改革，他也有意利用“回归文学”打破传统观念坚冰，推动思想解放，对苏联社会制度进行反思。这种文化领域的纰漏启动了思想领域的混乱，文化和思想的混乱，改变了人们的思维和观念，使其偏离了社会主义制度的本质要求。戈尔巴乔夫还提出了“公开性”和“多元化”的指导思想，走所谓“人道的、民主的社会主义道路”，放弃了文化建设的马克思主义方向。可见，苏联的变化最先始于文化，由文化影响到思想，再由思想渗透到政治，再到政党，最终导致苏联社会主义制度的倾覆。

中国的文化建设坚持马克思主义意识形态。改革开放时期，中国的文化建设走过了一条从拨乱反正到逐步繁荣的曲折发展之路，为中国特色社会主义建设全局做出了重要贡献。

党的十一届三中全会不仅标志着以经济建设为中心和改革开放征程的全面开启，也标志着政治思想和文化领域的全面拨乱反正。文化建设在当时是纳入在精神文明建设的总体范畴内的。邓小平在 1979 年 10 月就指出：“我们要在建设高度物质文明的同时，提高全民族的科学文化素质，发展高尚的丰富多彩的文化生活，建设高度的社会主义精神文明。”①所谓精神文明，不但是指教育、科学、文化，而且是指共产主义的思想、理想、信念、道德、纪律、革命的立场和原则，人与人的同志式关系。党的十二大报告把建设高度的社会主义精神文明上升到作为社会主义社会的一个基本特征来认识，报告指出：“如果忽视共产主义思想指导下在全社会建设社会主义精神文明这个伟大的任务，人们对社会主义的理解就会陷入片面性，就会使人们的注意力仅仅限于物质文明的建设，甚至仅仅限于物质利益的追求。那样，我们的现代化建设就不能保证社会主义的方向，我们的社会主义社会就会失去理想和目标，失去精神的动力和战斗的意志，就不能抵制各种腐化因素的侵蚀，甚至会走上畸形发展和变质的邪路。”报告进一步指出：“文化建设指的是教育、科学、文学艺术、新闻出版、广播电视、卫生体育、图书馆、博物馆等各项文化事业的发展和人民群众知识水平的提高，它既是建设物质文明的重要条件，也是提高人民群众思

① 《邓小平文选》(第 2 卷)，人民出版社，1994 年版，第 208 页。

想觉悟和道德水平的重要条件。文化建设也应当包括健康、愉快、生动活泼、丰富多彩的群众娱乐活动，使人民在紧张劳动后的休息中，得到有高尚趣味的精神上的享受。”①这实际上表明中国共产党已经从“文化大革命”中走了出来，这种对文化建设与经济和政治建设的内在关系的认识，不仅是对文化建设重要性的认识达到了一个历史的新高度，更是对社会主义认识的一个突破。邓小平认为：“搞社会主义精神文明，主要是使我们的各族人民都成为有理想、讲道德、有文化、守纪律的人民。”党的十二届三中、六中全会则进一步把社会主义精神文明建设的根本任务凝练为培养“四有”新人，即“有理想、有道德、有文化、有纪律”。党的十三大报告强调，要继续“以马克思主义为指导，努力建设精神文明。要根据党的十二届六中全会关于精神文明建设的决议，按照‘有理想、有道德、有文化、有纪律’的要求，提高整个民族的思想道德素质和科学文化素质”②。但是，党的十三大以后，由于受资产阶级自由化的影响，社会主义精神文明建设一度出现了滑坡和混乱的情况，并在1989年春夏之交发生了政治风波。党的十三届四中全会，形成了以江泽民为核心的党的第三代领导集体，旗帜鲜明地提出坚持“两手抓，两手都要硬”的方针，努力把社会主义精神文明建设提高到新的水平。党的十四大报告指出：“积极推进文化体制改革，完善文化事业的有关经济政策，繁荣社会主义文化。”③这是首次在精神文明框架下对文化建设提出具体要求，并把“搞好社区文化、村镇文化、企业文化、校园文化”作为把精神文明建设落实到基层的主要抓手。1997年1月11日，中共中央下发《中共中央关于进一步做好文艺工作的若干意见》的第五部分，具体提出了“加快文艺立法、完善文化经济政策、加强文化市场管理、加强中外文化交流工作的管理”等明确要求，并在文件的第七部分专门谈了“加强和改善党对文艺工作的领导”。④

党的十五大报告将“有中国特色社会主义的文化建设”放在第七部分单列一块，第一次与经济建设和政治建设并列论述，更加突出文化建设的重要性。报告指出：“有中国特色社会主义的文化，是凝聚和激励全国各族人民的重要力量，是综合国力的重要标志。”“建设有中国特色社会主义，必须着力提高全民族的思想道德素质和科学文化素质，为经济发展和社会全面进步提供强大的精神动力和智力支持，培育适应社会主义现代化要求的一代又一代有理想、有道德、有文化、有纪律的公

---

① 《中国共产党第十二次全国代表大会文件汇编》，人民出版社，1982年版，第31、32页。

② 《中国共产党第十三次全国代表大会文件汇编》，人民出版社，1987年版，第12页。

③ 《中国共产党第十四次全国代表大会文件汇编》，人民出版社，1992年版，第36—37页。

④ 《新华月报》，1997年第6号。

民。这是我国文化建设长期而艰巨的任务。”[①]此时此刻，中国共产党把对文化建设重要性的认识又一次提高到一个新的历史高度，不再把文化建设视为经济建设和政治建设的基础和条件，而把文化建设看作是中国特色社会主义的一个重要组成部分。至此，中国特色社会主义事业经济、政治、文化“三位一体”的战略格局开始形成。

进入新世纪，中国共产党面对新的世情、国情和党情，开始着手考虑“建设一个什么样的党、怎样建设党”的时代课题，提出了“三个代表”重要思想，并把“代表先进文化的前进方向”作为考量一个党先进性的因素和标准。党的十六大报告在第六部分专门论述了“文化建设和文化体制改革”，明确提出“牢牢把握先进文化的前进方向、坚持弘扬和培育民族精神、积极发展文化事业和文化产业、继续深化文化体制改革”[②]等要求，号召建设更加灿烂的先进文化，为人类文明进步做出中国文化应有的贡献。这实际上表明，中国的文化建设已经取得了巨大成功，在将来有可能成为中国影响世界的重要力量。

党的十六大以后，以胡锦涛为总书记的党中央更加清醒地认识到：“当今时代，文化越来越成为民族凝聚力和创造力的重要源泉、越来越成为综合国力竞争的重要因素，丰富精神文化生活越来越成为我国人民的热切愿望。”因此，党的十七大提出要“推动社会主义文化大发展大繁荣”，“要坚持社会主义先进文化前进方向，兴起社会主义文化建设新高潮，激发全民族文化创造活力，提高国家文化软实力，使人民基本文化权益得到更好保障，使社会文化生活更加丰富多彩，使人民精神面貌更加昂扬向上”。[③] 党的十七届六中全会审议通过了《中共中央关于深化文化体制改革、推动社会主义文化大发展大繁荣若干重大问题的决定》，进一步明确提出了要努力建设社会主义文化强国的时代任务。通过建设社会主义核心价值体系，增强社会主义意识形态的吸引力和凝聚力；通过建设和谐文化，培育文明风尚；通过弘扬中华文化，建设中华民族共有精神家园；通过推进文化创新，增强文化发展活力，使中华文化繁荣兴盛成为中华民族伟大复兴的重要支撑。2008 年中国成功举办了一届无与伦比的奥运会，2010 年又举办了上海世博会，向全世界展示了中华文化的无穷魅力，而与此同时，西方爆发了金融危机，以中华文明为代表的东方文明前所未有地受到了全世界的高度关注，中华文化的国际影响力由此逐步扩大，中国人民的文化自信力也由此提升。

党的十八大对文化的本质认识达到了空前的深刻：“文化是民族的血脉，是人

① 《中国共产党第十五次全国代表大会文件汇编》，人民出版社，1997 年版，第 36—37 页。

② 《中国共产党第十六次全国代表大会文件汇编》，人民出版社，2002 年版，第 37—41 页。

③ 《中国共产党第十七次全国代表大会文件汇编》，人民出版社，2007 年版，第 31、32 页。

民的精神家园。"[①]将扎实推进社会主义文化强国建设的要求提到了议事日程。提出了用社会主义核心价值观,全面提高公民道德素质,丰富人民精神文化生活,增强文化整体实力和竞争力。通过深化文化体制改革,解放和发展文化生产力,开创全民族文化创造活力持续迸发、社会文化生活更加丰富多彩、人民基本文化权益更好保障、人民思想道德素质和科学文化素质全面提高、中华文化国际影响力不断增强的新局面,从而实现从文化自觉走向文化自信。

4. 两国改革中对社会建设的重视程度和实际效果不同

所谓社会建设,就是以社会和谐和人民幸福为目标,是教育、科技文化、医疗卫生、体育、劳动就业、社会保障、社区管理、人口与计划生育等各方面的建设的综合体现。具有公众性、公益性、公用性和非营利性等特征,由于资金投入规模大、周期长、回报率低等因素,一般个体和企业或不愿做,或不能做,或做不了,因此主要由国家来举办。社会建设是决定一个国家是否坚持马克思主义本土化的又一个基础性因素。

苏联的社会建设总体上忽视民生。戈尔巴乔夫上台之时,苏联已经处于内外交困、民怨沸腾的境地。苏联民众对于年轻的戈尔巴乔夫寄予了无限厚望,希望他能通过改革,让人民的生活好起来,让苏联社会重归稳定。戈尔巴乔夫也认识到苏联社会必须改革,因此,他提出了许多与以前不同主张的"新思维"。在关于时代和苏联社会主义历史地位问题上,他放弃了苏共曾经长期坚持的"帝国主义和无产阶级革命的时代"观,承认资本主义还有很强的生命力。在对世界形势的认识上,承认世界是一个整体,苏联要发展,必须加入到世界经济体系中去。承认世界的多侧面、多色彩、多变化和充满矛盾等。最为核心的是,戈尔巴乔夫否定了两种社会制度完全对立的观点,并在此基础上,提出了对所有制进行改革,这本是一次可能给人民群众带来希望的举措。可惜的是,这一改革在实施时触及到基本制度的性质,不是改革公有制的实现方式,而是将公有制改为私有制,不仅没有惠及民生的具体举措,反而被苏共党内业已形成的"特权阶层"所利用,他们大肆侵吞国有资产,化公为私,据为己有。尤其是到了 19 世纪 80 年代后期,这个阶层的私有财产急剧膨胀,几乎占据了涉及社会建设的各个领域,造成了整个社会阶层的更加不公平,这些特权阶层在苏联解体后摇身一变,变成了新体制下的新官僚或者富翁。有数据显示,最高领导层中的 75%、政党首领中的 57.2%、议会领导中的 60.2%、政府部门中的 74.3%、地方领导中的 82.3%、商界精英中的 61%[②]成为不同级别的新富翁,人民群众的生活和保障不仅没有改善,在某些方面还有所降低,社会建设的其

① 《中国共产党第十八次全国代表大会文件汇编》,人民出版社,2012 年版,第 28 页。

② 张树华:《过渡时期的俄罗斯社会》,新华出版社,2001 年版,第 88 页。

他方方面面也没有明显的改善。因此，可以说，戈尔巴乔夫从上台到苏联解体前，苏联不仅几乎不存在什么社会建设，倒是存在实质性的破坏。

中国的社会建设注重以人为本，不断关注民生。改革开放以来，中国的社会建设经历了从国家到社会、从经济到社会、从局部到全面的发展过程，换言之，中国的社会建设是走过了一个从无到有、从笼统到明确、从抽象到具体的过程。

具体来说，就是从党的十一届三中全会到20世纪末的20年，中国共产党以建设一个高度文明和高度民主的社会主义现代化国家为目标，尚未有明确的社会建设概念，或者是以国家概念代替社会概念。整个国家的建设强调的是以经济建设为中心，外加政治建设和文化建设，还没有社会建设一说。如果说有涉及社会建设的内容，也是笼统地强调社会的稳定和安定团结的政治局面。即便是提出的“小康”概念，也是以经济作为指标的。

在1982年党的十二大时，报告表述党在新的历史时期的总任务是：“团结全国各族人民，自力更生，艰苦奋斗，逐步实现工业、农业、国防和科学技术现代化，把我国建设成为高度文明、高度民主的社会主义国家。”①在整个党的报告中，通篇没有“社会建设”的字眼，只在少数几个地方提及“社会”、“社会成员”、“社会道德”、“社会政治制度”、“社会秩序”、“社会风气”等名词。但是，已经将属于社会建设的部分内容提上了议事日程，如提出要“集中资金进行重点建设和继续改善人民生活”，“在农村要利用众多的劳动力因地制宜地、有效地进行农业基本建设”，“城镇居民中，在工资、就业、住宅和功用设施等方面都还有许多问题需要解决”等。还在精神文明建设中谈到一些属于社会建设的内容，如“党中央下决心要在今后五年内实现社会风气的根本好转”，“做到社会秩序明显改善”，“社会刑事犯罪事件显著减少”等。②

到1987年党的十三大时，虽然提出了社会主义初级阶段的概念，但是对初级阶段概念的界定和解读是从生产力的角度而非社会的角度。党在社会主义初级阶段的基本路线依然把“富强、民主、文明的社会主义现代化国家”作为奋斗目标。仅在报告的第五部分——关于政治体制改革部分的第（五）部分，提出“建立社会协商对话制度”用于正确处理和协调各种不同的社会利益和矛盾。

到了1992年党的十四大，报告指出：“十一亿人民的温饱问题基本解决，正在向小康迈进。”这里的小康，主要还是强调了物质水平。但在继续强化国家建设目标的同时，越来越多的关于社会建设的内容开始出现在党的报告中。“城乡居民的

---

① 《中国共产党第十二次全国代表大会文件汇编》，人民出版社，1982年版，第14页。

② 《中国共产党第十二次全国代表大会文件汇编》，人民出版社，1982年版，第19—21、36页。

实际收入、消费水平和生活质量要有明显提高。衣食住行尤其是居住条件,应有较多改善”,要“认真执行控制人口增长和加强环境保护的基本国策”,“重视研究人口老龄化问题”①等开始受到人们的关注。

1997年党的十五大指出,在社会主义初级阶段,尤其要把集中力量发展社会生产力摆在首先地位,首次提出在经济、政治、文化之外,在社会生活方面也存在种种矛盾,“社会的主要矛盾是人民日益增长的物质文化需要同落后的社会生产之间的矛盾,这个主要矛盾贯穿我国社会主义初级阶段的整个过程和社会生活的各个方面”。在谈到经济体制改革的配套改革时,首次提出:“建立社会保障体系,实行社会统筹和个人账户相结合的养老、医疗保险制度,完善失业保险和社会救济制度,提供最基本的社会保障。建立城镇住房公积金,加快改革住房制度。”②这实际上预示着社会建设将要成为党和国家关注的重点和建设的基本内容。

进入新世纪,党的十六大终于提出了“全面建设小康社会”的命题。同样是“小康”,此时“小康”的内涵和指标却发生了深刻的变化,已经赋予了社会建设的规定性。报告在总结13年基本经验时说:“城乡市场繁荣,商品供应充裕,居民生活质量提高,衣食住行用都有较大改善。社会保障体系建设成效明显。”在描绘21世纪头20年的目标时,报告说:“我们要在本世纪头二十年,集中力量,全面建设惠及十几亿人口的更高水平的小康社会”,“社会更加和谐”,“形成比较完善的现代国民教育体系、科技和文化创新体系、全民健身和医疗卫生体系”③,专门划出章节来谈“城镇化”建设、“社会保障体系”建设、扩大就业,改善人民生活,以及维护社会稳定等内容,这些都是社会建设的实质性内容。

2007年党的十七大,把“促进社会和谐,为夺取全面建设小康社会新胜利而奋斗”写入大会主题,并单列第八部分,以“加快推进以改善民生为重点的社会建设”为标题,全面阐述社会建设的目的、意义和具体措施。报告指出:“社会建设与人民幸福息息相关。必须在经济发展的基础上,更加注重社会建设,着力保障和改善民生,推进社会体制改革,扩大公共服务,完善社会管理,促进社会公平正义,努力使全体人民学有所教、劳有所得、病有所医、老有所养、住有所居,推动建设和谐社会。”④篇幅之长、内容之全面、措施之具体前所未有。这一方面表明中国的经济建设已经取得了巨大的发展,到了应该明确考虑社会建设的时候,也具备了加强社会建设的能力了;另一方面也说明,在经济建设的过程中,积累了太多的社会问题,已

① 《中国共产党第十四次全国代表大会文件汇编》,人民出版社,1992年版,第38—39页。
② 《中国共产党第十五次全国代表大会文件汇编》,人民出版社,1997年版,第17、24页。
③ 《中国共产党第十六次全国代表大会文件汇编》,人民出版社,2002年版,第4、18—19页。
④ 《中国共产党第十七次全国代表大会文件汇编》,人民出版社,2007年版,第36页。

经出现了制约经济发展的情况，也到了不得不考虑社会建设问题的时候。

2012 年党的十八大提出了“全面建成小康社会”的明确目标。从“全面建设”到“全面建成”，一字之别，不仅表明了中国的社会建设已经取得了重要进展，更表明了对实现社会建设具体目标的坚定决心。党和政府对社会建设的重要性的认识，上升到了人类社会发展的规律和马克思主义理论的逻辑归属的高度。把和谐社会的建成视为实现人的自由而全面发展的基础和前提。报告以更加浓重的笔墨、更加翔实的内容、更加具体的措施，展示了建成和谐社会的坚定信心，描绘了未来和谐社会的美好蓝图。报告在此部分最后号召：“全党全国人民行动起来，就一定能开创社会和谐人人有责、和谐社会人人共享的生动局面。”①

党的十八届三中全会提出了推进国家治理体系和治理能力现代化的新理念，进一步明确了经济发展是基础，社会发展是目的，让人民群众成为国家治理、社会治理的主体的建设思路，充分体现党坚定追求“以人为本、民为邦本”的决心。

5. 两国改革中党的建设宗旨不同

马克思主义政党是马克思主义的化身，是马克思主义理论的发展者，是马克思主义本土化实践的领导者和推动者。因此，党的建设是马克思主义本土化的关键和灵魂，是一个国家是否坚持马克思主义本土化的决定性因素。

改革时期苏联党的建设，在实质上是从弱化领导到最终抛弃。赫鲁晓夫上台时就违背马克思主义政党学说，提出“全民党”错误理论，为弱化党的领导埋下祸根。戈尔巴乔夫上台后，且不说他在内心早就有退出共产党的想法，在实际工作中，他虽然表面上有一些加强党的建设的言论，在实际上却默认了党内有人企图分裂苏共的现象。他身边的政治谋士已经准备了从政治和思想上将“苏共一分为二”的计划。1985 年 12 月，雅科夫列夫利用苏共中央宣传部部长的身份上书苏共中央总书记，向其提出实行民主化、公开性、多党制和总统制等一系列全面政治改革的建议。他建议在组织上将党一分为二：分成社会党和人民民主党。原苏联科学院美加研究所所长、曾担任几任总书记政治顾问的格·阿·阿尔巴托夫证实，当时苏共最高层的确讨论过这个计划。② 而且，就在苏共已经分裂在即时，苏共二十八大还为按民族和地区继续分立留下了空间。大会规定，各个加盟共和国的共产党可以制定自己的纲领和文件，独立解决政治、组织、干部、宣传和财政问题，包括与国外的政党和组织单独建立联系。不仅如此，苏共党内腐败已经十分严重，可谓病入膏肓。党的领导层严重腐化变质，党内高级干部已形成一个规模很大的特权阶层，职务越高，特权越多。莫斯科的特供商店就达 100 多处，在那里各种进口的生

① 《中国共产党第十八次全国代表大会文件汇编》，人民出版社，2012 年版，第 35 页。

② 李慎明：《历史在这里沉思》，社会科学文献出版社，2011 年版，第 72 页。

活用品应有尽有,供高级干部享用,严重地脱离了群众。有些高干的子女也仰仗亲属的权威,为非作歹,贪污受贿,走私贩私。[①] 作为党的总书记的戈尔巴乔夫虽然十分清楚这种情况,但是在主观上他根本就没有挽救苏共的想法。基于这种情况,实际上我们已经无须继续更加深入地分析就可以得出结论:苏共垮台已经注定,剩下的只是时间问题。

中国党的建设不断加强和改善,执政能力和科学化水平不断提高。改革开放以来,中国共产党的建设由于指导思想的一贯正确和创新发展,总体不断加强,虽然过程经历了曲折,但在党的建设重点上不断调整,党的建设显示了蓬勃生机。

党的建设历程经历了曲折。在 20 世纪 40 年代初,毛泽东就提出党的建设伟大工程的思想,这个思想旨在建设一个能够担当领导中国人民完成国家独立和人民解放历史重任的革命党,新中国的成立,可以说中国共产党向历史和人民交上了一份关于党的建设的满意答卷。在向社会主义过渡和探索社会主义建设道路的过程中,从总体上讲,党没有很好地把握角色转换,长期以革命党的思维方式指导党的建设,直到党的十一届三中全会,才标志着党的建设真正开始从革命党向执政党转型。在这个转型中,党的建设经历了曲折,这个曲折的核心指向党的执政合法性。在国内方面,19 世纪 80 年代中后期,伴随改革开放的不断深入,各种非马克思主义的思潮渗入我国,与马克思主义理论和社会主义价值观发生激荡和碰撞,在人们的思想中产生了复杂的影响,国内出现了资产阶级自由化的倾向。而这种倾向又被一些别有用心的人所利用,他们假借反对在改革过程中由于价格双轨制而出现的"官倒"和"腐败"现象,妄图制造混乱,其真实目的是要否定马克思主义,要否定社会主义制度,要推翻共产党的领导。在国际方面,19 世纪 80 年代末 90 年代初,发生了东欧剧变和苏联解体的重大事件,这是对国际共产主义运动的沉重打击,特别是苏联共产党的垮台对中国共产党的建设产生了严重的不利影响,那些别有用心的人趁机攻击中国共产党,企图把国际反共的浪潮引到中国。值得庆幸的是,中国共产党对党的自身建设始终保持着清醒的认识,面对曲折,适时提出党的建设新的伟大工程的号召,并及时果断地制止和平息了国内动乱,把苏联共产党的垮台视为"前车之鉴",从中汲取经验教训,化危为机。风雨之后见彩虹。进入新世纪以来,中国共产党更加重视党的建设,尤其是加强党的自身建设,决心在领导中国特色社会主义事业的实践中,不断总结建设和执政的规律,不断揭示和积累执政的合法性,以事实征服世界,以行动取信人民。

党的建设重点变化贯穿全过程。因为中国共产党是中国特色社会主义事业的

---

① 张全景:《苏联亡党亡国的惨痛教训》(代序),参见李慎明主编《十月革命与当代社会主义》,社会科学文献出版社,2008 年版,第 9 页。

领导核心，因此，加强党的建设必须贯穿中国特色社会主义事业的全过程，并随着现代化建设不同历史阶段而对党的建设重点有所调整。改革开放以来，党的建设重点有三次重大变化。第一次是在党的十四大前后，重点是加强党的团结和统一。党的十一届三中虽然提出了以经济建设为中心，坚持四项基本原则，坚持改革开放的“一个中心，两个基本点”，但是，在10多年实际生活中，“一个中心”得到了很好的贯彻落实，“两个基本点”的贯彻出现了不平衡的情况，出现了“一手软，一手硬”的现象，具体表现为坚持四项基本原则有所放松，在坚持党的领导方面出现了不同的声音。因此，在党的十四大报告中专门提出要“坚持和健全民主集中制，维护党的团结和统一”、“党的团结是党的生命”、“全党同志在基本路线的基础上加强团结。每个党员特别是领导干部，都要自觉维护党的团结和中央的权威，在思想上政治上同中央保持一致。决不允许有任何破坏和分裂党的行为存在”。① “三讲”（讲学习、讲政治、讲正气）教育就是这个变化后开展的加强党的建设活动。笔者把这个变化理解为加强党的思想建设。第二次是在党的十六大前后，重点是扩大党的群众基础。以江泽民为核心的第三代党中央领导集体，根据社会主义市场经济条件下非公有制经济发展的实际，在坚持公有制为主体的前提下，调整对非公有制经济的政策，将过去视非公有制经济为社会主义经济的补充，改为是社会主义经济的组成部分。由此提出：“切实做好基层党建工作，增强党的阶级基础和扩大党的群众基础。”“加强非公有制企业党的建设”，“要把承认党的纲领和章程、自觉为党的路线和纲领而奋斗、经过长期考验、符合党员条件的其他社会阶层的先进分子吸收到党内来，增强党在全社会的影响力和凝聚力”。② 这个重点的变化使党员队伍由党的十四大时的5 000多万发展到了党的十八前的8 000多万。第三次是在党的十八大前后，重点是加强党的先进性和纯洁性建设。加强党的先进性和纯洁性建设是党的建设的传统，在党的多次全国代表大会报告都有涉及，但绝非重点。在中国特色社会主义事业进入到21世纪的第二个10年的关键时期，党要面临的长期执政考验、改革开放考验、市场经济考验、外部环境考验是长期的、复杂的、严峻的，精神懈怠危险、能力不足危险、脱离群众危险、消极腐败危险更加尖锐地摆在全党面前。因此，党的十八大明确提出：“全党要增强紧迫感和责任感，牢牢把握加强党的执政能力建设、先进性和纯洁性建设这条主线。”增强党组织的自我净化、自我革新、自我完善、自我提高的能力，要“提高发展党员质量，重视从青年工人、农民、知

① 《中国共产党第十四次全国代表大会文件汇编》，人民出版社，1992年版，第52、53页。

② 《中国共产党第十六次全国代表大会文件汇编》，人民出版社，2002年版，第51—52、53页。

识分子中发展党员。健全党员能进能出机制,优化党员队伍结构”①。这就表明党的建设即将开始一个新的重点,新的整风运动呼之欲出。笔者将此重点的变化理解为加强党的作风建设和反腐败建设。当然,党的建设是一个系统工程,在每个时期都应该兼顾各个方面的内容,但是,由于党的建设所肩负的任务在不同时期有所变化,党的建设在不同时期所面临的环境也不尽相同,因此,党的建设重点在不同时期更应该有所侧重,这样才能保证党能够不断提高执政的科学化水平,才能够胜任领导中国特色社会主义事业的历史重任。

(三)两国体现是否坚持马克思主义本土化的微观细节不同

所谓微观细节,就是在国家或政党建设、发展总体布局或者战略层面之外的细小方面,如典型事件、个别现象、代表人物或特殊群体等。“细节决定成败”的道理表明,如果对细节不给予足够重视,也会对国家或政党建设和发展的大局产生重要影响。宏观与微观虽是视角和地位之别,在实际操作中有主次和顺序之分,但微观是宏观不可或缺的补充。对待微观问题,不仅在认识上要有“以小见大”战略高度,而且在实践上要有“举轻若重”的策略考量。

1. 两国改革中对社会信仰的重视程度不同

所谓社会信仰,它不同于“政治信仰”或“宗教信仰”,是指人民群众普遍的精神状态和价值追求,是长期以来在老百姓中形成的比较一致的、稳定的精神状态和价值追求。通俗讲,就是老百姓对党和政府的认可和信任、对现实生活的意义和对来日的希望。社会信仰是社会发展的基础动力,是维持社会稳定的基础力量。

苏联的社会信仰基础受损,丧失殆尽。斯大林去世后,赫鲁晓夫批判个人崇拜、批判斯大林所犯错误的做法,给苏联人民的思想带来了强烈的震荡,严重破坏了苏联人民的社会信仰。据雅科夫列夫记述,对斯大林的批评已完全明朗化后,“可在家里,我母亲仍然是斯大林的忠实捍卫者。她是个文盲,不读书,不看报,当我的朋友或者我们父子俩开始议论斯大林的种种失误时,母亲便会指出两个理由来反对,其一,我们姑且称其为道义吧——她认为说国王的坏话是愚蠢的:这是她的第一个理由。其二,她说:‘如让你们也像我们一样过过革命前或者革命初期的那种日子,你们就不会有那么多牢骚话了’”。② 可见,老百姓的思想已经出现了混乱,生活没有了方向。这种情况直到改革前期,不仅没有改善,反而更加严重。

到了戈尔巴乔夫时期,苏联的社会信仰已经严重恶化,成为政治信仰危机全面

---

① 《中国共产党第十八次全国代表大会文件汇编》,人民出版社,2012年版,第46、50页。

② [俄]雅科夫列夫:《“改革新思维”与苏联之命运》,高洪山、冯又松、阎亚平等译,吉林人民出版社,1992年(内部发行),第28页。

爆发的重要因素。戈尔巴乔夫上台后的一系列举动再次严重地破坏了苏联的社会信仰,也表明了他对马克思主义信仰的背弃。中国有句"做贼不打,三年自招"的谚语。我们用此谚语来验证戈尔巴乔夫背弃马克思主义信仰的事实。首先,在戈尔巴乔夫执政的六年中,从在公开场合强调"马克思主义"、"社会主义"和"共产主义"等字眼和词句,到逐渐减少对这些词句的运用,再到最后公开宣布放弃使用这些词句,以及这些词句所代表的理论。其次,就是考察戈尔巴乔夫在苏联解体后的言行。1999 年,戈尔巴乔夫在土耳其首都安卡拉美国大学演讲时直言:"我生活的目的就是消灭对人民实行无法忍受的独裁统治的共产主义","人类走向真正自由的道路将是漫长的,但将是成功的,整个世界应当清除共产主义"。① 尽管他本人此后多次对这个报道予以辩解,但是他在另外的场合承认:"社会主义思想有着深刻的历史渊源,同许多宗教,包括基督教都有联系。我曾对社会党朋友说,你知道谁是第一个社会主义者吗? 是耶稣。"②这就表明,在戈尔巴乔夫思想深处实际上早就已经放弃了马克思主义。作为党的总书记尚且如此,他的思想对普通老百姓的影响就可想而知了。

中国的社会信仰基础好、有波动,在发展中不断巩固。中国特色社会主义事业在改革发展时期与苏联的最后存在有 10 多年的重叠,因此,中国的社会信仰多少会受到苏联社会信仰的影响,但中国的社会信仰总体呈现出从反思到确立、从模糊到清晰、从总体到具体、从稳定到坚定等阶段性特征。

1978 年年底,党的十一届三中全会实现了党和国家发展思想的拨乱反正,通过深刻反思"文化大革命"时期的错误路线、方针和政策,同"宁要贫穷的社会主义,不要富裕的资本主义"思想彻底决裂,在最广大人民群众的思想中吹入了科学社会主义的春风。在这一时期,两大重要理论为老百姓确立社会信仰奠定了良好的基础。一是关于社会主义本质的理论。尽管社会主义本质理论如今看来由于受历史发展阶段的局限,没有涉及社会发展和人的自由而全面的发展内容,由于要急于解决生产力低下和物质匮乏的问题,将国家的发展重点落实在解放和发展生产力上,但是人们看到"共同富裕"的希望,这其实是老百姓最为关心的问题。二是关于社会主义初级阶段的理论。因为,在改革开放之初,社会生产力的发展和物质财富的创造,由于受人口多、底子薄等因素的限制,会遇到各种各样的困难和阻碍,人们很难从当前纷繁的局面中理清思路,确立信仰。而社会主义初级阶段理论很好地解决了人们思想中的疑虑和困惑,人们会既接受目前困难的事实,更坚定未来的信心。事实证明,以这两个理论为灵魂的邓小平理论在统一人们的思想,凝聚社会力

① [捷克]《对话》,1999 年第 146 期,转引自《中流》,2000 年第 11 期,第 21—22 页。

② 李永全:《戈尔巴乔夫访谈录》,载《科学社会主义》,2001 年第 2 期,第 58—59 页。

量方面发挥了巨大的作用。

随着改革开放实践的进一步深入，在经济建设方面出现了一系列问题，如“官倒”和“腐败”等。在思想建设方面出现了资产阶级自由化现象，有人借改革开放中出现的问题反对改革，否定改革，否定社会主义，否定中国共产党的领导。在文化建设方面由于受西方资产阶级生活方式的影响而出现了价值观念多元化倾向。特别是受苏联解体和苏共垮台的影响，人们的思想开始出现疑虑、担忧和混乱。1989年6月，党的十三届四中全会形成了以江泽民为核心的第三代党中央领导集体，成功抵制了来自国内外的干扰，坚定地高举邓小平理论伟大旗帜，用邓小平理论引领和统一全国人民的思想，带领全国人民顺利将中国特色社会主义事业推向了21世纪。不仅如此，江泽民同志还提出了“三个代表”重要思想，向全国人民承诺，中国共产党将始终代表先进生产力的发展要求，代表先进文化的前进方向，代表最广大人民的根本利益。其中，代表最广大人民的根本利益，与老百姓的期望产生了共鸣，这就说明，中国共产党一心想着人民，一切依靠人民，发展的成果将最终惠及广大人民，这对增加人民群众对执政党的信任，进而帮助老百姓逐步清晰、不断形成社会信仰至关重要。

党的十六大把国家发展战略的总体布局扩展到“四位一体”，增加了以改善民生为主要内容的社会建设，实际上就是增加了对社会的关注和对人的关心。而事实上，经过改革开放30多年的发展，不仅国家的面貌发生了翻天覆地的变化，而且人民群众的生活水平得到了很大的提高，老百姓得到了看得到、摸得着的实实在在的实惠，小康社会不再笼统，老百姓有了真实的从总体小康到具体小康的变化感受。与此同时，以胡锦涛为总书记的党中央敏锐地提出了科学发展观重要论断，解决了影响社会信仰的两大问题。一是解决了老百姓可能会担心的能否持续发展和能否最终富裕的问题。二是解决了如何处理个体与国家、个体与社会的关系问题。因为，随着经济社会的快速发展，在社会生活领域出现了一系列的问题，包括收入差距拉大、贫富分化倾向显现，特别是环境污染、生态环境受到破坏等情况。科学发展观不仅提出了发展是第一要务，要全面、协调、可持续发展，更提出了核心是以人为本，要统筹兼顾。这种突出人在经济社会发展中的主体地位，老百姓在国家发展中的主人翁地位，无疑对强化社会信仰起到了定心丸的作用。

党的十八大以来，党和国家更加注重社会信仰问题至少有五个方面的表现。一是党的十八大报告将“全面建成小康社会”作为主标题，与原来的“全面建设小康社会”仅一字之别，突出了党领导中国特色社会主义事业的正确性和坚定性。这是在新形势下党进一步凝聚人心、坚定信念，进一步强化社会信仰的决心。二是继续将现代化建设的总体布局由原来的“四位一体”扩大到“五位一体”，增加了生态文明建设，实际上是进一步落实“以人为本”理念的具体举措。三是强化了“幸福”概

念，提出了“中国梦”概念。党和政府在十八大后反复向老百姓传递这样的信息，“中国梦”归根结底是“人民的梦”。“梦”既是“梦想”，更是“理想”和目标。就是要求人们在感受国家更加富强、社会更加和谐的同时，要主动体验人民更加幸福，要正确处理物质富足与精神富裕的关系。“梦想”要成为“理想”，要实现“理想”目标，不是“梦出来”的，是干出来的，所以，“空谈误国，实干兴邦”。四是提出了进一步提高党的建设科学化水平，加强党的先进性和纯洁性建设。这就表明党要更加重视自身建设，健康肌体，取信于民，使党在社会信仰从稳定到坚定的过程中发挥更大的作用。五是习近平在多个不同场合提出了“人民有信仰，民族有希望，国家有力量”的最新理念。

综上所述，笔者认为中国的社会信仰确实拥有良好的基础，虽经历了曲折，但总体良性发展，更呈现出不断巩固的发展趋势，但是，社会信仰的不断坚定也确确实实面临诸多挑战，如社会腐败问题还比较突出、城乡差距还比较大、个别农村地区宗教渗透比较严重等，必须引起全党和全国人民的高度重视。

2. 两国改革中对青年教育的战略意义认识不同

无论是哪个历史时期，无论是哪个国家，青年都是一个特殊而重要的群体，代表着国家和民族的未来，所以，青年的教育就显得尤为重要，重要到能决定一个国家的前途和命运。在马克思主义本土化的实践中，人是决定性的因素，而青年就是这个决定性因素的决定性因素。这里的青年教育，特指青年大学生群体的思想政治教育。

苏联的青年教育主次失序，措施不力。在中国人的思想观念里，总认为苏联的教育是很成功的，那是因为苏联有世界公认的先进的科学技术和良好的公民素养。但事实上，苏联的教育，尤其是对青年大学生的思想政治教育却是很失败的。“冰冻三尺，非一日之寒”，苏联对青年教育的失败开始于赫鲁晓夫时期，突出表现在戈尔巴乔夫上台以后。

“60年代人”现象暴露了苏联基础教育阶段的失策。所谓“60年代人”现象，就是出生在20世纪30年代至50年代间，到60年代成为青年的这代人所表现出来的对信仰的摇摆或动摇。这个年代的人，在童年和少年时期，接受的是僵化的、教条式的马克思主义教育，在人生观、世界观和价值观形成的时期，接受了“非马克思主义”，或“反马克思主义”的教育，因此，可以说他们在童年和少年时期生活在“控制”和“斗争”的氛围中，经过苏共二十大这个具有分水岭意义事件的冲击，使他们到青年时期时，生活在“迷茫”和“怀疑”的氛围中。在他们的思想深处有一种“摆脱”的意识和冲动。戈尔巴乔夫就是这个年代的首席代表人物，诚如戈尔巴乔夫执政时期的理论“高参”，费·布尔拉茨基所说：“戈尔巴乔夫代表了我们整整一代二十大的儿女们。”①戈尔巴乔夫中学毕业的作文题目就是《斯大林是我们战斗的荣光,斯大林是我们青春的骄傲》,然而,到1955年7月戈尔巴乔夫从莫斯科大学毕业,“秘密报告”使戈尔巴乔夫对共产主义信仰产生了动摇,他后来从政,参加了苏共二十二大,并在苏共那样的体制内仕途一路攀升。

“阿飞”现象反映了苏联高等教育的失措。所谓青年“阿飞”,就是20世纪50年代中期开始,一直到80年代末期都如此,在苏联大城市里的大学生中出现的特殊群体,他们的思想行为特征为轻视劳动,追求“物欲主义”的生活方式,丧失原则,逃避社会生活,不问政治,对自己个人评价过高,希望着装、行为、语言等与众不同。用他们自己的说法,自己是“灰色的”苏联人。② 他们在接受高等教育的时候,苏联共产党宣布社会主义国家“已经没有敌对阶级和阶级斗争”了,宣扬要与资本主义制度进行“和平竞赛”,在这样的教育氛围下,苏联社会生活的各个领域都放松了对敌对势力的斗争,也没有采取措施防止西方的“和平演变”,在大学校园充满了爵士音乐和扭摆舞,“阿飞”之间交流都使用特别隐秘的黑话用语,“阿飞”们创作并高唱“阿飞”之歌,经常表现出极端化的情绪。政府对西方的广播采取了完全的放任态度,相反,对北京的广播却采取发出干扰信号等极严厉的措施。

青年价值选择世俗化及多元化反映了苏联对意识形态教育的失控。20世纪80年代末期的青年,他们没有经过苏联战争年代的考验与洗礼,成长在物质利益原则的年代里。他们在幼年时就被告知生活在无比优越的社会主义制度之下,在成长为青年时又被告知生活在“最发达的社会主义国家”中,使他们的思想中的高期望与现实中的不满意形成巨大的反差,这种矛盾和混乱的思想很容易就被西方资本主义国家的表面富裕和繁荣所征服。因此,青年大学生逐渐对苏共的信仰教育失去兴趣,表现出了信仰多元化、功利化、非理性化等特征。在具体生活中,苏共已经在青年大学生中丧失了神圣地位,已不再是青年一代崇尚和追随的核心,甚至有的大学生将校党委书记视为“愚蠢的化身”。不少青年大学生对政治表现了冷淡的倾向,一些节日游行被大学生当作是非城市学生与亲人团聚的机会,或者被看成是与朋友会见和再次与老师喝酒的机会。对政治理论学习表示了厌倦的情绪,不少大学生不仅不愿意读马列的书,有的还产生了严重的逆反心理和对立情绪。不少大学生推崇西方哲学、艺术,喜欢模仿西方的生活方式。还有的大学生热衷西方国家的宗教。③ 总之,苏联对青年的思想政治教育由于受特定的历史时期的限制,既在思想上不够重视,也没有行之有效的措施,导致了苏联社会主义事业接班无人。

---

① [苏]费·布尔拉茨基:《领袖和谋士》,徐锦东译,东方出版社,1992年版,第434页。

② 蔡文鹏:《信仰危机与苏联的命运》,社会科学文献出版社,2012年版,第71页。

③ 蔡文鹏:《信仰危机与苏联的命运》,社会科学文献出版社,2012年版,第117—123页。

中国的青年教育将思想政治素质作为核心素质，强调红专结合。中国是历来重视青年的国家，改革开放以来，党和政府更是把青年教育放到培养社会主义事业的合格建设者和可靠接班人的高度来加以重视。从民族的希望和国家的未来的高度采取具体而有效的措施加强对青年的教育，具体表现为四个方面。一是制定并贯彻落实党的教育方针。改革开放初期，我国恢复了高考制度，这本身就标志着党和政府十分重视对青年人才的选拔和教育。各类学校都坚决执行党的社会主义教育方针，即我们的教育方针是，应该使受教育者在德育、智育和体育等几方面都得到发展，成为有社会主义觉悟的、有文化的劳动者。这里的“有社会主义觉悟的”目标就是强调了政治思想品德，要“红”，才能保证是“可靠接班人”；这里的“有文化的”就是强调了业务能力，要“专”，才能保证是“合格建设者”。同时强调，“红”是基础和前提，“专”是基本和要求，并努力达到“红”与“专”，即“合格”与“可靠”的内在统一。此外，随着高等教育形势发展的实际需要，在原来的“德、智、体”“三育”的基础上增加了“美育”和“劳动”的要求，其目的是强调青年应当具备辨别“美与丑”、“是与非”的能力，应当具备热爱“劳动”的思想品德。二是制定明确而科学的教育目标。在基础教育阶段，就开始进行爱国主义教育。当青少年成长为青年，人生观、世界观和价值观进入全面形成和巩固时期，及时安排思想政治教育的内容。党和政府对青年大学生的教育倾注了极大的关心，不仅制定了一系列重视青年大学生教育的政策，还精心制定了符合中国特色社会主义事业建设需要的教育目标，即“四有”新人目标：有理想、有道德、有文化、有纪律，其目的就是要把当代大学生培养成中国特色社会主义事业的合格建设者和可靠接班人。在解读这个教育目标时，详细论述了这四项目标的具体要求，以及这四者之间的辩证关系，把“有理想”目标放在首位，特别强调“可靠”的重要性。三是有针对性地解决教育中出现的问题。青年大学生由于走过的是从学校到学校的简单成长路线，从总体上讲，其思想还比较单纯，很容易受外界思想的诱惑和干扰，也很容易被一些表面现象所迷惑，也很容易被一些别有用心的人所利用。也就很容易在思想上出现各种问题，乃至犯这样或那样的错误。苏联解体前在中国出现的资产阶级自由化思潮就对当时的青年大学生产生了极大的影响，在1989年春夏发生的“政治风波”就是一个典型的例证。党和政府及时采取措施，平息了风波。邓小平同志在总结这次事件的教训时指出：“十年最大的失误是教育，这里我主要是讲思想政治教育，不单纯是对学校、青年学生，是泛指对人民的教育”、“我们最大的失误在教育，对年轻娃娃、青年学生教育不够”。[①] 进入新世纪以来，党和国家还针对青年大学生思想教育中出

① 《邓小平文选》(第3卷)，人民出版社，1993年版，第306、327页。

现的问题,多次下发文件,采取了一系列有针对性政策措施。2004 年 10 月,中共中央和国务院下发了《关于进一步加强和改进大学生思想政治教育的意见》,提出了"适应新形势、新任务的要求,提高大学生的思想政治素质,促进大学生的全面发展"的任务。与此同时,为了提高大学生思想政治教育的实效性,中宣部和教育部还多次组织进行高校思想政治理论课课程设置的改革,从"85"方案到"98"方案,再到"05"方案,课程体系不断优化。此外,为了深化对青年大学生的马克思主义理论教育,党中央还提出并实施了青年马克思主义工程等。四是不失时机地对青年实施思想政治教育。针对青年大学生思想的可塑性、波动性和即时性等特点,党和政府还不失时机地运用各种机会加强对青年大学生的教育。如在每年的"五四青年节"、每年"七一"建党日、逢五或逢十的"国庆日"、著名高校的"校庆日"、重大活动的举办日、重大英模人物的表彰日和重大历史事件的纪念日等,或党和国家重要领导人发表讲话,向青年提出政治要求,希望青年大学生爱党、爱国、爱社会主义,立志成才,报效祖国,或通过召集青年大学生举办座谈会,了解青年大学生所思所想所需所困,通过各种方式传达党和国家对青年大学生的亲切关怀和殷切希望。

总之,中国的青年教育结合形势、实际和需要,采用"贴近学生、贴近实际、贴近生活"的方式方法,进行持续、灵活、科学的教育,收到了良好的效果。

三、比较得出的启示

通过对比改革时期中苏两国具备坚持马克思主义本土化相同的时代背景和国情条件,特别是比较了两国是否坚持马克思主义本土化在三个层次的诸多不同点,笔者从中得出如下的启示。

(一) 改革的前提是坚持社会主义,必须在党的领导下进行

从根本上讲,一个国家是否是社会主义国家,取决于共产党在这个国家是否执政。因此,坚持共产党的领导是坚持马克思主义、坚持社会主义制度的根本要求和具体体现。

其实,苏联的改革从赫鲁晓夫时就有局部体现,勃列日涅夫时期也有涉及,在戈尔巴乔夫上台时出现方向性拐点,尤其是在是否坚持党的领导问题上。赫鲁晓夫上台后提出"全民党"和"全民国家"的理论,完全否定国家的阶级性,完全否定无产阶级政党的阶级性,完全否定共产党的工人阶级先锋队的先进性,丢掉了马克思列宁主义的政治灵魂——阶级斗争学说和无产阶级专政学说,虽然在表面上仍然保持着共产主义的前进方向,但实际上已经举起了根本不同于马克思列宁主义的

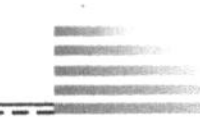

另外一面旗帜。在勃列日涅夫时期，虽然对“全民党”和“全民国家”理论做了一定的调整，强调“全民性”与“阶级性”的统一，但实际上并没有改变这种理论本身的谬误，并没有回到马克思列宁主义的轨道，而只是出于维护苏联社会稳定的考虑做出的权宜之计，苏联社会表面上政治局面相对稳定，殊不知，这种平稳的背后是共产党阶级性质的蜕化和领导优势的丢失。

戈尔巴乔夫上台之时，苏联经济社会犹如一辆“过山车”，靠着还是斯大林时期共产党执政的惯性，已经处在发展的最高峰，表面上看，国力强大，而党的组织则已经到了濒临崩溃的边缘。当然，即便是这个时候，如果操作得当，经过一定时期的艰苦斗争，未必不能起死回生，乃至保持一个长时期的相当高位的发展。但是一旦操作不当，就会亡党亡国。而戈尔巴乔夫所走的正是后者这条不归之路。戈尔巴乔夫主张的“毫无限制的公开性”，使共产党实际上失去了对知识界、理论界和新闻界的控制权，在苏共的默许之下，一下子新出现了 3 万多个“非正式组织”，在苏共的眼皮底下已经出现了严重的反社会主义的思潮。苏共还为反共势力提供论坛，当有的经济学家公开提出：“如果能够推翻苏联共产党的统治，俄国就会重新回到它革命前的所谓‘常态文明’。”①苏共竟然对之视而不见。当 1989 年 11 月，戈尔巴乔夫发表《社会主义思想与革命性变革》的文章，第一次肯定了资产阶级的三权分立模式，提出要引进西方的议会制度时，苏联共产党就已经是走投无路了。

在我国改革的过程中，也曾有过弱化党的领导的情况，并逐渐形成资产阶级自由化的思潮，但是，这些危险的思潮都被中国共产党和中国人民及时察觉并彻底纠正了。因此，坚持共产党的领导是改革性质的核心和改革能否成功的保证。

（二）改革的目的是完善社会主义，必须制定现实的、理性的和切合国情的目标

社会主义作为一种新生事物和科学体系，需要建立在反复实践和不断理论探索的基础之上，或需要经历一个不断实践探索和理论总结创新的过程。恩格斯曾指出：“社会主义自从成为科学以来，就要求人们把它当作科学来看待，就是说，要求人们去研究它。”②在这里“科学”两字很重要，一是要把社会主义理论“当作科学”，相信它、信仰它、理解它、遵循它，准确把握社会主义理论的科学内涵和实践要求；二是要“科学地看待”它，要以科学的态度、实事求是的态度、与时俱进的态度来

① 李慎明：《居安思危——苏共亡党二十年的思考》，社会科学文献出版社，2011 年版，第 103 页。

② 《马克思恩格斯文集》（第 2 卷），人民出版社，2009 年版，第 219 页。

看待它,包括正确看待社会主义在不断探索过程中所取得的各种成功,也包括在探索过程中遇到的各种新情况、新问题,当然包括困难、挫折和失败。只有这样社会主义才能永葆青春。

改革是社会主义制度的自我完善,这句话实际上表明了两层含义:第一,坚持社会主义制度是前提,决不能否定和抛弃这个制度,具有原则性;第二,制度的自我完善是目的,具有渐进性和过程性。这就决定了社会主义的改革必须制定符合国情的、切合实际的目标,并通过一系列阶段性目标的不断实现,从而达到社会主义制度的不断完善。恩格斯曾强调:"'社会主义'社会不是一种一成不变的东西,而应当和任何其他社会制度一样,把它看成是经常变化和改革的社会。"①那种以为社会主义制度一经宣布建立,就可以一劳永逸地稳坐"先进"交椅的想法是错误的,实践中也是不存在的。对任何先进的制度如果不加以悉心呵护,不断地加以改革和完善,都可能停止发展,甚至走向事物的反面,苏联的实例就是最好的证明。

在苏联,从赫鲁晓夫时提出"苏联已经建成社会主义和正在逐步向共产主义过渡"的观点,并提出"全面建成共产主义"的时代目标,到勃列日涅夫时期的"发达社会主义",及后来的"发达社会主义的起点",从形式上看仍然保留着社会主义的名称,但是与苏联的社会发展的实际很不相符。这种不顾国情、急于求成的政策,如果在正确的舆论引导下,有可能成为改革和社会发展的动力,但如果在错误的指导思想引领下,会反而成为人们怀疑社会主义制度的"负能量"。因为,原本人们抱着对共产主义的美好向往而建设社会主义的,不料呈现在人们眼前的并不发达的社会主义,却被冠之以发达社会主义的名号,人们享受不到应得的物质利益,感受不到幸福,而能看到的是一个党内的既得利益集团,以及日益腐败的党风。这就使人们开始对苏共的思想体系,乃至整个社会主义制度产生了怀疑,进而影响到对苏共的信任,直至信仰出现动摇。到这个时候,苏共越是强调处于发达社会主义阶段,人们越容易产生怀疑和抵触的情绪。当戈尔巴乔夫上台时,所有制的改革被提上了议事日程。如果说,苏联长期以来在经济方面排斥私有成分,影响了经济的快速发展,形成了短缺经济,那么,戈尔巴乔夫在改革中加速实行的私有化(在正式文字中用的"非国有化"),则是动摇甚至粉碎了社会主义国家制度的基石,最终注定苏联这个社会主义大厦的坍塌。

在中国,从改革开放的顶层设计开始,就坚定地坚持改革是社会主义制度的自我完善这个原则,紧扣基本国情,智慧地提出了社会主义初级阶段的论断,在实现

① 《马克思恩格斯文集》(第10卷),人民出版社,2009年版,第588页。

现代化这个总目标之下，又设计了一系列的阶段性目标。这种渐进的、增量的改革使得处在不同时期的人们能够真实地感受到，国家的经济在不断发展，社会在不断进步，生活在不断改善，这不仅使人们参与改革的积极性得到进一步激发，而且使人们对改革目标一定能够实现的信心得到进一步加强，从而对中国共产党的执政更加拥护，对社会主义的美好未来更加向往。

（三）文化是国家软实力的集中体现，要重视文化在意识形态工作中的特殊功能

文化是人类在社会历史过程中所获得的能力和创造的成果。在中国历史典籍中，文化有文治和教化之义。狭义的文化是指精神文化或观念形态，仅包括与精神生产直接有关的现象，如政治、法律、道德、艺术、哲学、宗教等的思想观念的生产活动及其产品。① 文化对于国家而言是一个国家的软实力，对于民族而言是一个民族的凝聚力。对于国家和民族的发展而言，文化自信具有强大的内动力功能。

改革时期苏联的文化建设，要么是苏共领导人没有深刻认识文化的精神动力功能，在批判斯大林"个人崇拜"错误时，把主要注意力放在了对"高压政策"、"禁锢思想"局面的打破上，只有"破"，而没有"立"，这就使得人民的思想犹如长期受压的弹簧，一旦撤去外力便没有了任何约束，进而走向了"自由"，乃至"自由化"的轨道。以"解冻文学"为标志，苏联人民的思想看似迎来了解放的春天，却一下子失去了方向，且一发不可收拾。要么就是苏共领导人太清楚文化的精神动力功能，假借纠正斯大林的错误，实际上想否定马克思主义，否定共产党的领导，否定社会主义制度，因而是故意借"解冻文学"之形式，行"三个否定"之实。从赫鲁晓夫一直到戈尔巴乔夫，从默许到公开纵容，致使苏联的非主流文化从滋生到形成影响，再到支配人民的精神世界，使文化之于苏联经济社会发展的"负动力"功能发挥得淋漓尽致。

改革时期中国的文化建设，从经历一段"解放思想"的过程开始，且这种思想的解放是在中国共产党的领导下进行的，围绕"真理标准"的大讨论而展开的，而且通过讨论达到了思想更加一致、思路更加清晰的目的。"只有思想解放了，我们才能正确地以马列主义、毛泽东思想为指导，解决过去遗留的问题，解决新出现的一系列问题，正确地改革同生产力发展不相适应的生产关系和上层建筑，根据我国的实际情况，确定实现四个现代化的具体道路、方针、方法和措施。"②从总体上讲，中国共产党较好地处理了政治、经济和文化建设的关系，在不同的历史时期，各有侧重地加强建设，在以经济建设为中心的时候，没有忘记"两个基本点"，在重视加强物

---

① 李淮春：《马克思主义哲学全书》，中国人民大学出版社，1996 年版，第 703 页。

② 《邓小平文选》(第 2 卷)，人民出版社，1994 年版，第 141 页。

质文明建设的时候,没有忽视精神文明的建设,当精神文明在人们日益增长的"物质文化需要"中的地位越来越重要的时候,中国共产党将精神文明进一步细化,把文化单独作为国家建设的一个重要方面来加以强调。从文化建设的历程来看,无论是"三位一体",还是"四位一体",一直到"五位一体",文化建设始终是国家建设的基本元素和核心元素,并最终上升到"国家软实力"的高度,把建立文化自信看作是加强意识形态工作的重要举措和根本目的,把加强文化建设提高到战略的高度加以重视。

当然,我们必须清醒地看到,我们在加强文化建设的具体实践中还存在诸多不足,特别是在充分实现文化自信的内动力功能上还没有很好的办法。从某种意识上说,人们对文化建设重要性的认识还没有完全统一,还没有内化为"骨子里"的意识,文化建设还没有和其他的建设很好地有机结合与融合。总之,我们在文化建设方面的任务还很艰巨。

(四)人是社会的细胞单元,社会建设要注重人的发展

长期以来,人们对社会建设的概念还没有达成完全一致的意见。但是,对社会作为经济、政治、文化和生态文明的共同载体,社会建设是经济建设、政治建设、文化建设以及生态文明建设的总和或说集中体现这一概念,已经有了广泛的认同。随着时代的发展,人们对社会的认识有了新的发展,普遍认为社会建设的内容除了与人的生活有关的所有物质层面,还应包括人的自身发展,这是社会进步的重要体现。因为,从社会的概念来看,社会也称作为人类社会,是以共同的物质生产活动为基础而相互联系的人类生活有机体,是人与自然之间和人与人之间双重关系的统一。① 所以,社会是社会环境与人自身的统一,包括人对所处外部环境的感受与体验,以及人对自身所处状态的自我体验,如人的快乐体验、人的幸福体验、人的和谐体验等。

对照上述概念,笔者认为,苏联的社会建设没有紧跟时代的发展,没有及时赋予社会建设以时代的内容。无论是赫鲁晓夫以后时期,还是到戈尔巴乔夫之后时期,苏联充其量只是进行了传统概念意义上的社会建设,即通过经济建设、政治建设和文化建设来体现,没有针对性的措施,因此,社会建设是在中央高度集权控制之下的表面平稳而实质僵化,人民的生活水平总体提高不快,缺少社会环境和秩序的管理与优化,生活在那样的社会环境下的人们,思想混乱,人心涣散,无和谐和幸福可言。

---

① 李淮春:《马克思主义哲学全书》,中国人民大学出版社,1996年版,第560页。

中国社会建设概念的提出虽然也相对较晚，但实际上社会建设的实践早已有之，且基本遵循马克思主义创始人的社会建设思想。具体说，在“三位一体”时就提出要注意解决“社会正义”问题，提出“效率优先，兼顾公平”。因为，社会的正义，包括公平、公正、平等，是一个社会是否合理的价值判断尺度。在人们逐步确立了社会正义意识，并参与追求社会正义的时候，党的十六大提出了构建社会主义和谐社会的重大任务，中国特色社会主义事业的总体布局发展为“四位一体”，社会建设应运而生，“创新社会管理”思想为研究社会管理规律，进而完善社会管理提供了丰富的理论资源和思想指导。党的十七大报告进一步提出要加快推进改善民生为重点的社会建设，强调：“社会建设与人民幸福安康息息相关。必须在经济发展的基础上，更加注重社会建设，着力保障和改善民生。”①“社会保障思想”成为社会建设的崭新内容，从社会保障的重要性，到社会保障的内容，再到社会保障的资金来源都有了详细的规定。这样，中国社会建设就建立起了由基本民生建设、社会安全建设和现代社会管理模式建设三个方面构成的相对完整的体系，为中国社会建设奠定了坚实的理论基础。党的十八大和十八届三中全会，对社会建设提出了更加明确的要求，那就是要在“富强、民主、文明、和谐”的现代化国家建设目标下，建设一个“自由、平等、公正、法治”的美好社会，引导全体人民“爱国、敬业、诚信、友善”，对人的自由而全面的发展目标充满向往。

诚然，由于中国社会建设起步较晚，物质基础还比较薄弱，社情又比较复杂，历史欠账较多，人民生活水平的提高与人民对美好生活的期望还有很大的距离，因此，中国的社会建设任重而道远。

（五）社会信仰是社会稳定的基础，是政权稳定的风向标

历史和现实的经验教训表明，信仰的丧失或崩溃是一个国家的政治、经济崩溃的先兆。因为信仰居于意识形态的最高层，超越于思想、精神和意识等具体内容，信仰的变化是根本性的变化。世界著名诗人歌德曾这样论述信仰在社会发展中的重要地位：“世界历史的唯一真正的主题是信仰与不信仰的冲突。所有信仰占统治地位的时代，对当代人和后代人都是光辉灿烂、意气风发和硕果累累的，不管这信仰采取什么形式；另一方面，所有不信仰在其中占统治地位的时代（也不管这不信仰是什么形式），都只得到一点微弱的成就，即使它也暂时地夸耀一种虚假的光荣，这种光荣也会飞快地逝去，因为没有人操心去取得一种对不信仰的东西的知识。”②笔者认为，歌德这种以知识代替信仰的观点有失偏颇，但也比较准确地表达

① 《中国共产党第十七次全国代表大会文件汇编》，人民出版社，2007年版，第36页。

② ［德］费希特：《伦理学体系》，梁志学、李理译，中国社会科学出版社，1990年版，第363页。

了人们对信仰需要的真实性,肯定了信仰在社会中的巨大作用。笔者认为,把上述“信仰”换成“社会信仰”同样成立。

苏联在存在时和在结束存在时,有两次出奇的“平静”就很能说明社会信仰出了问题。第一次“平静”发生在1964年10月,赫鲁晓夫被以“宫廷政变”的方式解除了最高领导职务,黯然地退出克里姆林宫的时候,苏联各个阶层以“出奇平静”的心态予以了默认,并未发生影响苏共和国家稳定的任何社会动荡。其后,甚至在民间还流传出一则关于赫鲁晓夫下台的幽默,幽默题为《导致赫鲁晓夫下台的疾病》,有人问大夫:“到底什么病最终使赫鲁晓夫下台了?”大夫答:“导致赫鲁晓夫下台的疾病很多,但主要有:疝气(说是要把农业搞上去,结果却失败了)、消化不良和腹泻(种豌豆和玉米太多了)、心脏病(发誓要追赶美国,却没有赶上)、喋喋不休(原因不明)。”①第二次“平静”就发生在1991年12月25日,苏联正式解体,人们“出奇平静”地收看了戈尔巴乔夫的辞职电视讲话,又看了为几代苏联人所熟睹的镰刀锤子旗从旗杆上徐徐下落,在当时的苏联全境也没有发生大的动荡。也许一方面人们已经厌倦了戈尔巴乔夫及其所代表的苏共,对未来生活失去了希望;另一方面人们也感觉到苏联的土崩瓦解已经无法逆转了。其实,整个社会集体的“平静”恰恰是无声的地动山摇。

因此,我们必须从苏联解体的事实中汲取深刻的教训,要确立和强化社会信仰意识。一方面坚决反对和抵制西方资本主义国家“和平演变”,时刻不能放松和麻痹大意;另一方面要坚决保持施行各项正确政策的连续性和稳定性,采取切实有效的措施,化解影响社会信仰的各种现实问题,让人民感觉到生活的美好和希望;同时,还要有培养稳定和坚定的社会信仰必须经历一个长期、渐进、复杂过程的心理和思想准备。牢记邓小平同志所言:“最重要的是人的团结,要团结就要有共同的理想和坚定的信念。我们过去几十年艰苦奋斗,就是靠用坚定的信念把人民团结起来,为人民自己的利益而奋斗。没有这样的信念,就没有凝聚力。没有这样的信念,就没有一切。”“在军队里要讲信念,在人民中间、在青年中间,也要讲信念。”②总之,只有人民有了信仰,民族才有希望,国家才有力量。

(六)青年教育是党的事业后继有人的基础,是国家长治久安的大计

青年教育,尤其是对青年大学生进行思想政治教育是一项极端重要而十分艰巨的任务,更是一项长期而复杂的系统工程,做好这项工作不仅要有正确的战略意识,更要有可行的策略措施,还要有灵活的、艺术的方式方法。一要把青年教育上

---

① 姜列青编译:《俄罗斯笑话与幽默》,中央编译出版社,2004年版,第298—299页。

② 《邓小平文选》(第3卷),人民出版社,1993年版,第190、191页。

升到国家战略的高度来认识。青年大学生是青年中的优秀群体和杰出代表。不仅因为当下的国家建设重任主要靠青年来担当，而且中国特色社会主义事业要靠青年来传承。正因为青年具有未来性，因此，青年教育就应当具有战略性。正因为青年层出不穷，因此，青年教育必须坚持一贯性和持久性，才能教育好青年，才能真正赢得青年，只有赢得青年，中国特色社会主义事业才能永远立于不败之地。二要特别重视加强对青年大学生的特殊功能研究。不仅要研究青年大学生的时代特征，探索青年大学生教育的针对性。而且要研究青年大学生的现实需求，探索青年大学生教育的结合性，务求青年大学生教育的有效和高效。特别要研究青年大学生的“群众性”与“代表性”的关系，因为青年大学生是一个“从群众来到群众去”的特殊群体，具有不可忽视的“种子”功能，只有把青年大学生教育好了，大学生毕业后像蒲公英一样又回到群众中去，才能发挥大学生的建设者功能，更能发挥大学生的思想宣传者、信仰传播者和行为示范者的综合功能。三要研究制定切实可行的青年教育措施。大学生思想政治教育不同一般的知识传授和技能培训，由于教育对象和内容要求的特殊性，决定了教育途径、载体以及形式要有别于一般性教育教学活动，要突出可行性，体现重要性，强调针对性、追求有效性。四是探索青年大学生教育的规律、方法和艺术。教育是一种学问，是一项技术，更是一门艺术。因此，教育不是教育内容与教育对象的简单相加，要认真探索青年教育的规律，改革和创新青年教育的方法和手段，在科学性的基础上追求艺术性。要加大对青年教育的投入，为青年教育提供有力保障。只有把青年教育好了，中国特色社会主义事业才会后继有人，社会主义中国才能长治久安。

第四章 中俄(苏)马克思主义本土化经验教训比较

所谓经验比较,就是总结马克思主义在两国本土化过程中共同的成功做法,即总结共同的经验。所谓教训比较,就是分析两国在马克思主义本土化过程中发生的性质共同的错误和存在的不足,即剖析共同的教训。本章按照整体性原则,从全局着眼,相对宏观地分析和总结主要经验教训,不求面面俱到。

第一节 中俄(苏)马克思主义本土化的经验比较

在中俄(苏)马克思主义本土化近一个世纪的历史进程中,两国都分别进行了大量艰辛而有益的探索,尽管两国马克思主义本土化的命运和结局不同,但是历史证明,两国在马克思主义本土化过程中还是积累和形成了一些共同的基本经验,当然,这些经验还将继续接受历史的检验。

一、建立无产阶级政党是推进马克思主义本土化的根本前提和组织基础

政党是人类社会进入近代以后作为封建专制君主的对立物并且是伴随着民主潮流而出现的。在当今世界 200 多个国家和地区中,除了 20 多个国家和地区因实行严格的君主制或政教合一而没有真正意义上的政党外,绝大多数国家都有政党存在,据初步统计,目前全世界有各类政党 5 000 多个。英国的辉格党和托利党是世界上最早出现的资产阶级性质的政党,大约形成于 1679 年,是英国自由党和保守党的前身。无产阶级政党的产生要比资产阶级政党晚得多。世界第一个民族国家内的无产阶级政党是德国社会民主工党(爱森纳赫派),第一个新型的无产阶级政党——俄国社会民主党布尔什维克派则出现于 1903 年,欧洲工人运动的发展和马克思主义的诞生与广泛传播是其产生的两个基本条件。中国共产党是马克思主义和中国工人运动相结合的产物,在发起和组建的过程中,得到了共产国际和俄国共产党的指导和帮助。

中俄两党的成立都是工人运动的产物,但是,由于两党产生的机制不一样决

定了两党成立之初所肩负的历史使命也是不一样的。俄国共产党脱胎于俄国社会民主工党这个母体,因此,俄共的首要任务是解决阶级矛盾,打倒资产阶级,建立无产阶级的一统天下。中国共产党诞生时,中国已经沦为半殖民地半封建社会,马克思列宁主义的传入是其创立的外部条件,解决民族矛盾和阶级矛盾是其创立的内部动因。实践已经证明,建立无产阶级政党是夺取革命胜利的前提和保证。

在取得革命胜利以后,两党选择了不同的政党政策和执政方式。俄共(布)在领导十月革命取得胜利以后,建立了一党制,实行俄共(布)独党执政,一直到苏共垮台。中国共产党由于在民主革命时期,为了解决民族矛盾,就建立广泛的民族民主统一战线,得到了其他民主党派的支持和拥护。在解决阶级矛盾时,继续发挥民族民主统一战线的优势和力量,最终夺取了政权。因此,在这个过程中,逐步建立并完善了中国共产党领导的多党合作与政治协商制度。尽管两党在政党制度和执政方式上存在明显差别,但是两党所肩负的领导社会主义建设和改革的使命是一样的。从两国社会主义建设和改革的实践中同样可以得出结论,是否坚定不移地坚持共产党的领导,是否重视加强党的自身建设,是社会主义建设和改革能否成功的根本前提和组织保证。

二、建立社会主义基本制度是马克思主义本土化的根本要求和实践体现

建立社会主义基本制度是马克思主义实现从理论到实践、从理想到现实转变的根本标志。正因为社会主义基本制度是阶段性制度形态,这就决定了社会主义基本制度也是发展马克思主义理论的实践性制度载体。因此,社会主义作为人类崭新的制度形态,决定了其基本内涵具有开创性,社会主义建设实践具有探索性。在苏联,从列宁时代到斯大林时期,逐步探索并建立了以生产资料社会主义公有制、实行计划经济以及按劳分配为主要特征的社会主义制度内涵,这一制度特征一直保持到苏联改革之前。在中国,到1956年,“一化三改”完成后,也在借鉴苏联经验的基础上,建立了类似苏联的社会主义基本制度。不同的是,后来经历了“一大二公”纯而又纯的极端阶段,直到改革开放时期,才开始对社会主义本质的进一步探索,逐步完善了社会主义制度的基本内涵,使之更加符合中国的基本国情。中国特色社会主义丰富了社会主义公有制的实现方式,形成了公有制为主体、多种经济成分共同发展的所有制模式,建立了社会主义市场经济体制,将计划经济和市场经济都看作是一种经济发展方式,建立了按劳分配为主体、多种分配方式并存的分配制度。这就从根本上坚持了马克思主义基本原理,又实事求是和与时俱进地发展

了其实现方式。

总之,建立社会主义基本制度,是马克思主义本土化在革命后继续推进的最直接目标和最具体体现,是继续丰富和发展马克思主义的根本要求和实践体现。

三、发展马克思主义理论是马克思主义本土化的重要内容和生命力所在

马克思主义从诞生之日起,其创始人就宣告他们的理论是那个时代无产阶级革命运动的经验总结,是一个开放的理论体系,可能也必定会随着社会历史的发展而不断发展。

当马克思主义传播进入俄国以后,经过以列宁为代表的俄国马克思主义者,将其与俄国革命的具体实际相结合,形成了列宁主义。列宁是马克思主义的忠实追随者和杰出贡献者,列宁对马克思主义在认识和理解上有许多独到之处。列宁认为,马克思主义是马克思、恩格斯的观点和学说体系,马克思主义是"由一整块钢铸成的"严整的科学体系,马克思主义是无产阶级的世界观,马克思主义不是教条,而是行动的指南和科学的方法,具体情况具体分析是马克思主义的精髓和灵魂,无产阶级斗争学说是马克思主义的基石。其中列宁对马克思的阶级斗争学说的深刻解读是列宁主义的重要组成部分,也是我们深刻认识列宁主义的关键所在。列宁指出:"马克思学说中的主要之点是阶级斗争。人们时常这样说,这样写。但这是不正确的。"[①]因为阶级斗争学说不是由马克思而是由资产阶级学者在马克思以前创立的,一般说来是资产阶级也可以接受的。资产阶级学者只承认资产阶级反对封建贵族、推翻封建制度斗争的合理性,却否定无产阶级对资产阶级斗争的权利。因此,"谁要是仅仅承认阶级斗争,那他还不是马克思主义者,他还可以不超出资产阶级和中产阶级政治的范围。把马克思主义局限于阶级斗争学说,就是阉割马克思主义,歪曲马克思主义,把马克思主义变为资产阶级可以接受的东西。只有承认阶级斗争,同时也承认无产阶级专政的人,才是马克思主义者。马克思主义者同平庸的小资产阶级(以及大资产者)之间的最深刻的区别就在这里。必须用这块试金石来检验是否真正理解和承认马克思主义"[②]。所以说,列宁"关于什么是马克思主义"问题的思考和回答,突出和强调了马克思主义的根本方面和主要内容,这不仅为人们提供了关于马克思主义的经典解释,也为人们认清机会主义对马克思主义的篡改,区分真假马克思主义提供了理论指导。

---

① 《列宁全集》(第31卷),人民出版社,1985年版,第31页。

② 《列宁全集》(第31卷),人民出版社,1985年版,第32页。

列宁逝世以后，斯大林继承和捍卫了列宁主义，并在领导苏联人民建立社会主义的基本制度和具体体制过程中提出了一系列的思想，奠定了作为苏联社会主义模式的基本理论框架。主要包括两大方面：一是有关发展战略、建设社会主义方针政策方面的内容，如优先发展重工业，迅速实现社会主义工业化，处理农业、轻工业、重工业关系等；二是有关制度方面的内容，即建立的社会主义制度及其具体的政治经济体制和运行机制。笔者认为，斯大林的思想现在看来固然有其局限性，但更多地应该理解为时代性，也就说具有相对真理性，我们不应该对之加以简单否定。从一定意义上说，斯大林的思想确实是对马克思主义、列宁主义的丰富和发展。至少从 1945 年之前的历史时期来看，无疑是正确的成分居多。

非常巧合的是，1945 年，中国共产党召开了七大，大会批判了过去曾经出现过的对马克思主义教条化的态度，倡导以马克思主义中国化的态度，提出确立和高举毛泽东思想，并初步阐明了毛泽东思想的科学内容，以及毛泽东思想与马克思主义的正确关系。其中，以刘少奇在《关于修改党章的报告》中对毛泽东思想与马克思主义的关系的论述最具代表性和权威性。报告指出："毛泽东思想，就是马克思列宁主义的理论与中国革命的实践之统一的思想，就是中国的共产主义，中国的马克思主义"，"毛泽东思想，就是马克思主义在目前时代的殖民地、半殖民地、半封建国家民族民主革命中的继续发展，就是马克思主义民族化的优秀典型"。① 这是马克思主义基本原理与中国具体实际相结合的第一次历史性飞跃。

之后，马克思主义基本原理经过邓小平、江泽民、胡锦涛等为代表的共产党人，将其继续与中国改革发展的具体实际相结合，完成了第二次历史性飞跃，形成了包含邓小平理论、"三个代表"重要思想和科学发展观在内的中国特色社会主义理论体系。其理论成果是马克思主义在中国一脉相承的新发展，是当代中国的马克思主义。

第二节　中俄(苏)马克思主义本土化的教训比较

在中俄(苏)马克思主义本土化实践中，也都犯过一些共同的错误，这些错误是实践中的错误、发展中的错误。所不同的是，在中国，有些错误被及时认识，得到彻底改正和有效根治。在苏联，有些错误不仅没有被及时认识，反而由小变大，最终酿成灾难。

① 《刘少奇选集》(上卷)，人民出版社，1981 年版，第 333 页。

一、坚持把马克思主义作为党的指导思想,不能改变党的工人阶级先锋队本质

共产党是在马克思主义理论指导下成立起来的工人阶级先锋队组织,这里至少包含了三层含义:第一,共产党必须坚持把马克思主义作为自己的指导思想和行动指南,离开了马克思主义的任何组织或政党,就不再是共产党;第二,共产党组织必须由信仰马克思主义的工人阶级先进分子组成,信仰马克思主义是前提,保持工人阶级先锋队性质是根本要求,这里的工人阶级是一个随着历史条件的变化而变化的、开放的群体,包括工人、农民、知识分子、军人、学生和其他社会组织的成员,如果不具备先进性,就不具备加入这个组织的基本条件;第三,共产党的工人阶级先锋队本质是由加入到这个组织中的全体党员的先进性而体现出来的,这里的先进性具有明确的规定性。如果这个组织在接受党员时不再坚持阶级性和先进性标准,或者这个组织的绝大多数成员不再坚持信仰马克思主义,那么这个组织就不再具有工人阶级先锋队性质,这个组织就不能继续存在下去。

如前文所述,苏共在执政 74 年的前 36 年里,基本做到了坚持以马克思列宁主义作为党的指导思想,在社会主义革命和建设中保持了工人阶级先锋队本质,成为苏联社会政治生活的领导核心。尽管在斯大林时期,党的建设方面也出现了一些问题,出现了一批特权官员,但尚未形成特权阶层。斯大林后时期,由于继任者们违背了马克思列宁主义的党建理论,赫鲁晓夫不再强调党的阶级性,而要把党发展成“全民党”。勃列日涅夫默许和纵容党内官僚主义的滋生和蔓延,从而形成了一个固定的特权阶层,使党逐渐丧失了工人阶级先锋队本质。戈尔巴乔夫则在主观上抛弃了马克思列宁主义,在实践中逐步放弃党在国家政治生活中的领导地位,最终导致苏共垮台。

中国共产党自成立以来,在绝大多数时间里,能坚持以马克思主义和马克思主义中国化的最新理论成果作为自己的指导思想和行动指南,在不断扩大党的群众基础和壮大党的队伍的同时,不断加强党的自身建设,不断强化党的阶级基础。只是在 20 世纪 80 年代中后期,曾一度出现弱化党的领导,放任资产阶级自由化思潮泛滥的情况,但很快这种情况就得到了及时纠正,党在国家政治生活中的领导地位得到重申和不断巩固。进入新世纪以来,中国共产党开展了一系列旨在增强先进性和纯洁性的运动和活动,如整风运动、保持党的先进性教育活动、“三讲”学习活动、党的群众路线教育实践活动和反腐败斗争,使党的组织和广大党员在国家政治生活中发挥战斗堡垒作用和先锋模范作用,党在推进中国特色社会主义的伟大事业中始终处于领导核心地位。

二、实事求是是马克思主义的灵魂，不能犯教条主义的错误

对于“马克思主义不是教条，而是行动的指南和科学的方法”的论断，中苏两党都有清醒的认识。但是，理论上的“应然”和实践上“实然”不是一回事。笔者认为，中苏两党在对待马克思主义的教条主义错误上的主要表现是：都曾错误地看待了计划经济、市场经济和资本主义。一段时期，中苏两党两国都曾坚持认为计划经济与市场经济是社会主义制度与资本主义制度的本质区别，而实行了高度集中的计划经济。在这一点上，除了在社会主义建设初期实行计划经济有一定的历史必然性之外，在道义上或情感上对资本主义的深恶痛绝也是两党犯教条主义错误的重要原因。在共产党看来，由资本主义首先建立并一直实行的市场经济，到处充满了剥削和丑恶，我们好不容易建立了社会主义，为什么还要采用市场经济呢？难道除了市场经济之外就没有发展社会主义经济的方式了吗？同样，在关于如何看待社会主义时期的资本主义，或说如何利用资本主义发展社会主义上，虽然曾经有列宁的新经济政策，但是，在斯大林时代新经济政策很快就被叫停了，而且苏联在斯大林模式的基础上社会主义确实也得到了长足的发展，这便更不利于人们清醒地认识利用资本主义发展社会主义的作用。对于中国而言，在时间上与苏联存在一个“前者榜样”和“后者效仿”的关系，因此，自然而然，中国就会直接照搬苏联的经济发展模式。所不同的是，苏联直到解体都没有能从僵化的苏联模式中走出来，而中国共产党在实践中掌握了解放思想、实事求是的思想武器，认识到了计划经济和市场经济都是发展经济的手段，而不是社会制度的本质特征，从而建立了中国特色的社会主义市场经济体制。

此外，在中国民主革命时期，也曾犯过严重的教条主义的错误，以王明为代表的机会主义者，机械地执行苏联和共产国际的指示，几乎就要葬送了中国革命，值得庆幸的是以毛泽东为代表的中国共产党人发扬马克思列宁主义实事求是的理论品质，立足国情，及时从教条主义的泥潭中抽身而出，从而挽救了革命，挽救了中国共产党。

三、要尊重经济发展的客观规律，在发展经济时不能急于求成

人类社会的发展以经济发展为基础和主要特征。十月革命铸就了“一国胜利”理论，也导致了“一国建成社会主义”理论的加速出笼。然而，在经济文化相对落后的东方国家进行革命并取得胜利，与在生产力十分落后的国家建设社会主义并不是一回事。因为，革命有其特殊性，而建设更须遵循一定的规律。在苏联，由于革命首先在此成功，无形中有一种“没有什么是不可能的”思想，加上苏联在革命胜利

后的建设时期,继续实行了军事取向的经济发展模式,苏共充分利用人民对生产力上与资本主义的"比较劣势"而带来的"比较之痛"和"比较之急",在实践中确实实现了较快地追赶英美等发达资本主义国家的目标,导致"自信心膨胀",不断提出一些超出现实的社会主义建设目标,如"发达的社会主义"等。在中国,社会主义建设的起步虽然更晚些,但是,新民主主义革命胜利前的生产力水平比苏联还要落后很多,因此,新民主主义革命胜利所带来生产力的解放是空前的,甚至是超过苏联的。正因为如此,在社会主义改造完成以后,生产力的发展出现了一个"出人意料"的加速度。再加上,中国又有苏联老大哥的榜样在眼前,所以,有一直保持这个"加速度",并利用这个"加速度惯性"的想法也是不奇怪的。当时,人民群众建设社会主义的积极性也是空前的,可以说达到了"头脑发热"的程度,正是在这样的背景下,"大跃进"、"人民公社化"运动一经发动,就立即得到人民群众的呼应,"超英赶美"、"跑步进入共产主义"成为当时整个社会的自觉追求和一致行动。

不同的是,在苏联,社会主义经济建设在某些指标上达到顶峰,并貌似已经与美国平起平坐的时候,却没有能使国家在这个高位上运行多长时间,就出现了命运的拐点,不久就遭遇到了解体。在中国,一方面较早地意识到必须真正把马克思主义基本原理与中国的实际相结合,中苏关系破裂后决意走一条与"苏联模式"不相同的发展道路;另一方面也发生了"文化大革命","十年动乱"使生产力发展遭受了严重的破坏,经济发展实际上处于停滞的状态。

四、要正确地看待领袖人物在国家生活中的作用,不能搞个人崇拜

前文对个人崇拜已经做过较详细的分析,不过,彼处是作为马克思主义本土化过程中的一种现象来阐述的,此处将作为教训来总结。关于为什么会出现个人崇拜现象,已经有了很多的研究成果,笔者此处试图从崇拜者和被崇拜者主体来分析产生个人崇拜的机理。一是被崇拜者因素,即领袖人物的权力情感。我们一方面可以认为革命以及革命的成功来之不易,无数革命先烈抛头颅、洒热血,用生命染红了旗帜。另一方面我们更能认识到领袖人物在革命中所发挥的不可忽视和不可替代的作用,正因为如此,领袖人物要比一般的人民群众在内心深处更珍惜来之不易的胜利,在他们的思想中有更多的自觉,要把打下的江山建设好,于是,领袖人物就更容易在领导行为中倾注更多的个人情感,更多地、有意识地要发挥自己的主观能动性。简单地说,就是他们确实一心要把国家建设好,这个出发点是好的,也是不容置疑的。二是崇拜者因素,即人民群众对领袖人物的过度依赖。首先,在长期的革命实践中,领袖人物已经在人民群众的心中建立起了无上的权威,容易使人民

群众认为领袖人物比一般人高明,他们的思想和行为都是正确的,值得人民群众去信任。其次,在探索性的社会主义建设实践中,民主制度还不那么健全,领袖人物的一些思想通过制度和法律的形式出现,更增加了对领袖人物言听计从的刚性力度。此所谓,一个"自作聪明",一个"信以为真",一拍即合,这样个人崇拜就出现了,这也验证了中国的那句俗话叫"一个巴掌拍不响"。

所不同的是,在苏联,个人崇拜现象形成了一个怪圈,后继者批判前任搞个人崇拜,却比前任更有过之而无不及;在中国,领袖人物和人民群众都能够真正认识到个人崇拜的危害,而杜绝了个人崇拜现象的继续重演。

第三节　比较得出的启示

无论是两国马克思主义本土化所总结出的共同经验,还是剖析出的共同教训,都是不可否认的客观存在,都将成为推进马克思主义中国化未来事业的宝贵精神财富,必须时刻铭记。

一、坚持共产党的领导是马克思主义本土化的根本前提

马克思主义政党是马克思主义理论的产物,马克思主义政党是马克思主义的承载者、信仰者、传播者和践行者。马克思主义本土化的逻辑目标是实现共产主义的社会制度,从迄今为止的社会发展和运动的历史实践来看,这个目标是正确的、美好的、令人向往的,是符合人类历史的发展规律的。而实现这个目标的具体实践是复杂的、困难的、充满曲折的,因而从理论上决定了最终实现这个目标的过程是长期的。因此,所有的问题就集中到首先是有没有这个过程?其次才是这个过程有多长?

从更宽阔的视野来看,人类社会的发展和演进是不以人的意志为转移的,常常表现为自发性、迂回性和轮回性等特点,但人类社会发展已经呈现的制度形态,按照唯物史观的观点来看,不仅具有客观性和进步性,而且自 20 世纪以来还明显地表现出能动性和导向性,那就是无产阶级政党引导人类社会向共产主义社会制度前进。因此,比较中俄马克思主义本土化的历史进程,我们可以很清楚地得出结论,那就是坚持共产党的领导是马克思主义本土化的根本前提。只有共产党把蕴含于马克思主义理论之中的关于人类社会发展的客观规律,转化为本政党的执政理念,具体化为本政党的路线、方针和政策,并进而通过国家意志的形式表达出来,才能引领国家和社会向着既定的方向前进。

众所周知,迄今为止所建立起来的,作为共产主义社会制度初级形态的社会主

义,无论是已经"死于非命"的苏联,还是正在蓬勃发展的中国,都是在生产力比较落后的基础上建立起来的。在其存在的近100年的时间里,从来不缺少来自这个制度建立时对立面的抵抗和破坏,也从来不缺少来自其所处国际环境中的,原本生产力水平就比较高,而现在仍然表现出较好的调控能力的资本主义的干扰和腐蚀。因此,只有坚持共产党的领导,并通过努力取得对现行资本主义发展的比较优势,才能实现共产党的长期执政,从而推动马克思主义本土化继续前进。任何削弱和放弃共产党领导的行为都将最终葬送马克思主义。

二、世情国情党情变化是马克思主义本土化的根本依据

马克思主义告诉我们,世界是物质的,物质是运动的,运动是永恒的。同理可知,人类社会是复杂的,是变化发展的,变化是绝对的。在绝大多数情况下,绝大多数人都能想起古希腊哲学高人德谟克利特有语:人不可能两次踏入同一条河流。这实际上就告诫人们,必须用变化的思维看待生活中的一切。推进马克思主义本土化的实践同样如此。一方面是因为马克思主义理论的产生是有条件的,这个条件是变化的;另一方面运用马克思主义也是有条件的,这个条件也是变化的,这个条件包括世情、党情和国情。其中,世情的变化包括时代的变化,以及社会环境的变化;党情的变化包括党的机体的变化、使命的变化、地位的变化,以及作为的变化;国情的变化包括国家经济社会发展的变化、人民思想觉悟的变化,以及利益诉求的变化等。因此,推进马克思主义本土化实践就必须研究"三情",并紧扣"三情"的变化,不断调整战略布局、不断调整策略措施、不断调整进度力度,因势利导,因时制宜,利用天时、地利和人和,整合力量,保证马克思主义本土化的顺利推进和最终成功。在这个方面,苏联显然没有重视"三情"的变化,尤其没有加强执政党的建设,最终失去了人民的支持,葬送了社会主义事业。

三、完善社会主义基本制度是马克思主义本土化的根本任务

从人类社会发展的历史来看,社会主义是崭新的社会制度,更是年轻的社会制度。从社会主义制度诞生的背景来看,社会主义制度具有先天性的不足,这是不可否认的。所以,我们不能仅看到社会主义制度具有合理性和未来性,还要看到社会主义制度的不完善性和可塑性。在建立了社会主义基本制度以后,为了坚持和巩固社会主义制度,就必须不断完善社会主义制度,这是马克思主义本土化的根本任务。

完善社会主义制度,有三项基本前提。一是把握社会主义的制度本质。到目前为止,人们普遍认同邓小平关于社会主义本质的论述,但学术界也有人认为这个

本质具有时代性,还有待于继续凝练。二是弄清社会主义的制度内涵。任何一个社会制度都有一个基本的制度框架。如今大家比较一致地认为生产资料的社会主义公有制和按劳分配应当是社会主义的基本制度,是否准确,还需实践进一步检验。即便是准确的,还有一个如何实现的问题。特别是在社会主义初级阶段,如何看待社会主义制度中的非社会主义因素,必须有一个令人信服的规定。三是熟悉社会主义的运行机制。社会主义如何实现从理论优势到现实优势的突破,关键取决于运行机制。在社会主义初级阶段,如何汲取人类的一切优秀文明成果,如何看待市场经济,如何利用资本主义发展社会主义,如何平衡效率与公平的问题等。

总之,我们不能把现行的社会主义制度看成是成熟的、完善的和最终的社会制度,而是要带着自省的心态和比较的目光,来审视现实的社会主义制度,让社会主义制度与理论同向,与实践同行。

四、丰富和发展马克思主义是马克思主义本土化的关键所在

从马克思主义本土化的概念出发,我们懂得了马克思主义本土化的逻辑目标是实现共产主义的社会制度,那是一个充满诱惑的目标,需要无数代人的不懈努力。在这个实践过程中,存在两个相辅相成、相互促进的方面,一是推动社会不断进步,向共产主义社会不断接近,二是形成本土化的马克思主义。因为,马克思主义本土化过程是一个实践探索的过程,这个过程充满了未知,充满了变化,充满了干扰,新情况和新问题可谓层出不穷。如何在实践中既做到解决问题,又保证实践的方向不发生偏离,是否坚持马克思主义是根本,是否真正坚持马克思主义是关键。所谓真正坚持,就是用发展的眼光看待马克思主义,在实践中丰富和发展马克思主义。

比较中苏两党马克思主义本土化的实践历史,我们清楚地认识到两党在发展马克思主义方面存在重大差别。苏共在社会主义革命时期以及社会主义建设初期,比较重视将马克思主义基本原理与本国的具体实践相结合,先后形成了列宁主义和斯大林思想,在斯大林以后,苏共在对待马克思主义的态度上发生了重大变化,进而偏离了马克思主义,也就谈不上丰富和发展马克思主义了。中国共产党则一贯重视将马克思列宁主义与中国的具体实际相结合,不仅在新民主主义革命时期形成了毛泽东思想,还在社会主义革命和建设时期形成了中国特色社会主义理论体系,包括邓小平理论、“三个代表”重要思想和科学发展观,从当前中国化的马克思主义理论发展态势来看,这个理论体系还将进一步丰富和发展,为马克思主义注入源源不断的活力。

五、正确评价领袖人物的历史作用是坚持唯物史观的基本要求

唯物史观告诉我们,是人民群众创造了历史,这是千真万确的。一方面人类历史的发展不是孤立的个人行为,而是无数的“群众运动”;另一方面,从一定意义上讲,领袖人物也是人民群众中的一员,没有任何人能够超越人民这个概念。但是,在具体的社会运动过程中,确实有一部分人扮演了组织者和领导者的角色,发挥了超出一般群众的作用。在无产阶级革命和社会主义事业中尤其如此,无产阶级领袖在革命事业中做出了卓越的贡献,在人民中拥有了崇高的个人魅力。因此,人们在追求理想信念的过程中,会表现出对领袖人物的由衷的信任、敬仰和依赖。虽然,这种信任、敬仰和依赖不是共产主义信仰的核心要素,但是这种情怀在与对共产党领导的情感相一致的情况下,也会成为人们马克思主义信仰的一部分,成为社会凝聚力量的一个重要源泉。作为执政的共产党必须在坚持人民群众创造历史的基础上,正确评价领袖人物的历史地位和历史功勋,实事求是地评价他们的功过是非,以传承和弘扬他们留下的宝贵精神财富,总结他们在那个时代所形成的经验和教训,取其精华,去其糟粕。既要反对个人崇拜,更要反对魔化、矮化和丑化领袖人物。

第五章 中俄(苏)马克思主义本土化国际影响比较

第一节 马克思主义俄国(苏联)化的国际影响

马克思主义作为一个具有实践性的理论,与俄国(苏联)实际相结合,走过了一条不寻常的曲折之路,其间发生的一系列重大事件对世界、对中国都产生了极其深刻的影响。

一、十月革命及其胜利开辟了人类社会发展新纪元

十月革命对世界的影响是巨大的和深远的。所谓巨大,是指1917年列宁领导的俄国十月革命取得了伟大胜利,成立起了世界第一个无产阶级政权,随后建立起了世界第一个社会主义国家,对尚未建立起稳定秩序的、20世纪初的世界产生了革命性的影响。第一次世界大战的爆发,既是资本主义列强为扩大殖民统治,进而瓜分世界而发动的非正义战争,也是与发达资本主义国家内部无产阶级为争取政治权力而斗争分不开的。十月革命为各国无产阶级反对资产阶级的斗争提供了许多有益的借鉴,如使用暴力革命的手段和方法、建立具有无产阶级性质的政党、加强与工人和农民阶级的联合、建立起自己的武装力量等。十月革命以胜利的结果证明了列宁坚持、丰富和发展了马克思主义关于无产阶级专政的思想。列宁指出:“马克思主义在国家问题上一个最卓越最重要的思想即‘无产阶级专政’。”同时他把“国家即组织成为统治阶级的无产阶级”的表述为无产阶级国家的定义。① 所谓深远,是指十月革命也深深地鼓舞了殖民地半殖民地人民的解放斗争。第二次世界大战以后,在欧洲、亚洲和拉丁美洲许多国家纷纷展开了无产阶级革命,并走上了社会主义道路,与十月革命的胜利不无关系。此外,十月革命还推动了发达资本主义国家社会主义理论和思潮的空前活跃,发达资本主义国家为了避免类似的革命在本国出现,不得不引入计划机制以补充市场机制缺陷和福利政策的普及和发

① 《列宁选集》(第3卷),人民出版社,第129—130页。

展。因此,十月革命道路所揭示的基本原理依然是全人类寻求解放的指南。

十月革命对中国的影响是直接的和深刻的。所谓直接,是指在十月革命的影响下,一大批先进的知识分子,以拯救民族和人民于水深火热之中为己任,学习宣传马克思主义,并于1921年7月成立了中国共产党。在大革命失败后,深刻总结失败教训,认识到开展武装斗争的重要性,于1927年8月成立了中国工农红军,随后通过建立农村革命根据地,将革命斗争向前推进,直到1949年成立新中国。因此可以说,十月革命是中国新民主主义革命的逻辑起点,也是中国社会主义制度的逻辑起点。所谓深刻,是指中国人民学习十月革命是积极的、灵活的和扬弃的,没有照搬照抄十月革命的所有做法,是对经验的继承和对教训的汲取,一切以中国的实际国情为依据。如无产阶级专政是无产阶级革命的一般规律,无产阶级要夺取和巩固政权,打碎旧的国家机器,建立新的社会制度,必须坚持无产阶级专政。但是无产阶级专政的过程是复杂的,途径和方法也可以是多样的,可以是暴力革命的,也可以是和平方式的。十月革命说明只进行合法的议会斗争是不行的,暴力革命是一个选择。在战争环境下,暴力革命由于流血、激烈和残酷,有时能起到不进行暴力革命的作用,无产阶级专政决不排斥和平的方式,如中国解放战争中的平津战役,就是使用战争手段解放了天津,而用和平的手段解放了北平。其实,恩格斯早在1847年回答"能不能用和平的办法废除私有制"问题时,就十分明确地说:"但愿如此,共产主义者当然是最不反对这种办法的人。"①所以,十月革命对中国的影响决不止于革命。

二、"苏联模式"对探索社会主义建设道路具有双重影响

"苏联模式"是指苏联人民在斯大林的领导下,将马克思列宁主义与苏联实际相结合,进行社会主义建设所形成的,关于社会主义建设的道路和方式,是20世纪30年代社会主义在苏联的具体实现形式。"苏联模式"以1936年12月制定和颁布新宪法,把社会主义社会的基本原则用法律的形式规定下来为标志。"苏联模式"的基本内容包括两部分,一是关于社会主义制度和体制机制,如公有制、按劳分配等;二是关于社会主义建设的战略,如社会主义建设的方针政策、战略策略等。对"苏联模式"历史地位及国际影响的评价,不能简单地、抽象地谈论它的功过是非,要把它放到特定的历史环境下加以考察。列宁曾指出:"在分析任何一个社会问题时,马克思主义理论的绝对要求,就是要把问题提到一定的历史范围之内。"②

① 《马克思恩格斯选集》(第1卷),人民出版社,1995年版,第239页。

② 《列宁选集》(第2卷),人民出版社,1995年版,第375页。

“苏联模式”在形成初期推动了社会主义革命和建设。“苏联模式”是斯大林执政时期险恶国际环境的产物，同时又对它所处国际环境产生了巨大的推动影响。这种影响反映在两个方面。一是“苏联模式”的积极主动扩张。第二次世界大战后，欧亚一批国家走上了社会主义道路，一方面是本国人民自主选择和长期奋斗的结果，另一个重要的因素就是“苏联模式”的扩张，亦即苏联共产党的“支持和帮助”。二是“苏联模式”提供了方法论借鉴和精神激励。对于当时的欧亚来说，社会主义是一个新生事物，这些国家普遍缺乏社会主义革命和建设经验，如何建立新社会、如何建设社会主义，是一个极为困难而又必须面对的重大问题，这些国家除了依据对科学社会主义的理解，当然这也是重要前提，此外没有别的办法，只能依据苏联社会主义革命和建设实践。苏联社会主义建设所取得的巨大成就如同一座耀眼的灯塔，引领和激励着欧亚各国的共产党和人民。可以说，以苏联为首的社会主义阵营就是在“苏联模式”的影响下形成的。

“苏联模式”在形成后的发展和对欧亚的继续影响中走向了僵化。这里所指的僵化主要表现在两个方面：一是“苏联模式”在自身发展中，因脱离本国国情而趋于僵化。众所周知，“苏联模式”是在战争的环境和面对帝国主义军事包围的情况下形成的。在其形成到20世纪50年代，对苏联经济的恢复和迅猛发展起到了非常明显的推动作用。高度集中的体制有一个最大的优点，就是比较容易地集中全国的力量，主攻某些关键的重点问题，这种做法在一定历史条件下有其必要性和合理性，实践也证明了这一点。但是，第二次世界大战后，特别是后斯大林时期，由于受两大阵营意识形态对立的作用和冷战思维的影响，苏共几届领导人错误地估计了战争爆发的可能性，不仅长期错误地坚持军事化的经济发展战略，而且忽视经济与社会的协调发展，从而使“苏联模式”一再错过调整和改革的时机，不断走向僵化。二是“苏联模式”在对外影响中，忽视他国基本国情而显得僵化。由于欧亚社会主义国家中的大部分共产党都是在共产国际和苏联共产党的号召和帮助下建立起来的，所以，这些国家的共产党必须坚决执行共产国际的决议，并竭力向苏联及苏联共产党靠拢。苏联共产党实际上成了共产国际中的领导党，与各国党的关系是领导与被领导的关系，苏联共产党亦通过共产国际影响各国党。特别是由于斯大林对马克思列宁主义缺乏全面的、深刻的理解，在思想上有大国大党主义残余，把苏联建设社会主义的经验和“苏联模式”当作神圣不可侵犯的教条，曾强制地要求欧亚社会主义各国照搬照抄“苏联模式”，甚至把是否实行“苏联模式”作为衡量马克思主义与修正主义、国际主义与民族主义的标准，把别国根据本国国情，走自己的发展道路视为“异端”。可见，“苏联模式”在对欧亚各国影响的发展中逐步趋于僵化。

“苏联模式”对中国的影响也大体符合上述两种情况，但是，中国共产党及时发现“苏联模式”的弊端，并在实践中加以纠正，走出了一条有中国特色的社会主义建设道路，也可以说，中国共产党学习借鉴“苏联模式”，是由中国国情决定的。一方面，中国共产党承认“苏联模式”真理性的一面。“苏联模式”与马克思、恩格斯、列宁提出的社会主义理论有内在的一致性，其基本框架体现了社会主义的基本特征，如无产阶级专政、社会主义民主、生产资料公有制、按劳分配制度等，这是毛泽东和中国共产党选择“苏联模式”的基本依据，“沿着苏联所胜利地走过的社会主义工业化和国民经济的社会主义改造的光荣道路上前进”。① 另一方面，毛泽东对苏联经济体制模式所反映的社会主义性质始终保持着清醒的认识，并对中国国情与苏联国情的异同性保持清醒的认识。中国共产党在实践中纠正“苏联模式”存在的弊端有两个重要的时间结点，一次是在斯大林逝世后苏联批判和否定斯大林前后。毛泽东指出，苏联经验是重要的，我们要借鉴和学习，但不能搞迷信。他在1954年关于宪法草案的讲话中说：我们是以自己的经验为主，自己的经验是我们的立足点，“科学没有什么谦虚不谦虚的问题。……我们除了科学以外，什么都不要相信，就是说，不要迷信。……正确的就信，不正确的就不信，不仅不信而且还要批评。这才是科学的态度。”②1958年，毛泽东就斯大林《苏联社会主义经济问题》一书发表了一些重要讲话，肯定了斯大林经济理论正确的一面，也指出了许多问题，如苏联在农轻重关系上处理得不好、对人民的眼前利益和长远利益结合得不好、斯大林只着重讲技术，讲技术干部，只要干部，不要政治，不要群众、只讲经济基础，不要上层建筑等等。另一次是1978年年底，以党的十一届三中全会召开为标志。中国共产党以高度的责任自觉，果断纠正了“以阶级斗争为纲”的错误思想，实现了思想上的拨乱反正，做出了以经济建设为中心，坚持四项基本原则，坚持改革开放的重大历史抉择，并开启了建设中国特色的社会主义建设道路的探索征程。随着社会主义市场经济体制的逐步确立，中国的经济社会发展彻底地摆脱了以高度集中的计划经济为主要特征的“苏联模式”的影响。

三、苏联解体给世界社会主义运动带来巨大震动

苏联解体是对1985年戈尔巴乔夫上台后，苏共背离马克思列宁主义后果的写实性描述和判断。导致苏共垮台、国家解体的原因非常复杂，前文已进行了具体分析。苏联解体也经历了一个不长的过程，真正开始其解体是始于1985年戈尔巴乔夫上台后推行的改革新思维。从严格意义上讲，自1985年后，就不存在马克思主

① 《建国以来毛泽东文稿》(第4册)，中央文献出版社，1990年版，第390—391页。

② 《毛泽东著作选读》(下册)，人民出版社，1986年版，第713页。

义在苏联本土化的事实,至多可以说,是马克思主义在苏联本土化的失败始于1985年。

苏联解体,无论从地缘政治,还是从社会变革,无论是从意识形态战略,还是从世界格局变化来说,都是自第二次世界大战以来最具决定性意义的大事,给了全世界太多的震惊。1992年担任美国国务卿的劳伦斯·伊格尔伯格、他的前任詹姆斯·贝克、他的前任乔治·舒尔茨以及美国中情局资深苏联问题专家罗伯特·布莱克威尔,等等,无一不对苏联的解体一致地给出了“我很惊讶!”的反应。①

苏联解体给世界社会主义运动的影响是巨大的和多方面的,至少有如下三个方面。一是标志着世界社会主义阵营的解体。20世纪中叶建立起来的以苏联为首的世界社会主义阵营,在长达40多年的时间里,与以美国为首的西方发达资本主义国家阵营,在军事和意识形态等领域形成了均势的格局,曾对世界的稳定和发展发挥过积极的作用。二是标志着世界社会主义运动转入低潮。社会主义运动是在马克思主义诞生以来发生的,以消灭资本主义私有制为目的的无产阶级革命运动。它和其他各种类型的运动一样,有酝酿、有爆发、有高潮、有曲折,但和其他运动不同的是,它只有理论上的终点,而没有现实里的结束,因为它和共产主义有内在的一致性,只有当共产主义在全人类实现了,社会主义运动才宣告结束。所以,苏联解体是世界社会主义运动暂时的失利,自此处于低潮而已。三是带来关于马克思主义、社会主义是否过时的困惑。在资本主义和一切反社会主义势力为苏联解体弹冠相庆,认为共产主义已经灭亡,资本主义将一统天下的时候,确实在世界范围内,有一些在思想和行动上产生了困惑、发生了怀疑、出现了动摇,“共产主义过时了”、“马克思主义不灵了”、“社会主义不行了”等观点甚嚣尘上,给社会主义运动带来不小的消极影响。

苏联解体为马克思主义中国化提供了一部生动的反面教材。由于中俄(苏)马克思主义本土化存在一种千丝万缕的特殊关系,因此,在马克思主义中国化的过程中一直贯穿着一条从“以俄为师”到“以苏为鉴”的主线。从中国共产党以十月革命为旗帜、为动力、为力量,夺取了新民主主义革命的伟大胜利,到建立新中国为止,主要是“以俄为师”为主。在中国共产党领导中国人民实现“三大改造”,完成了向社会主义过渡起,中国共产党与苏共的关系出现了微妙的变化,两党就如何更好地坚持马克思列宁主义问题展开了10年论战,为此后走上“以苏为鉴”道路奠定了基础。由于党的十一届三中全会,制定了“一个中心,两个基本点”的正确路线,一再强调坚持四项基本原则,坚持改革开放,正确评价毛泽东和毛泽东思想,正确评价

① [以色列]戴维·阿尔贝尔、兰·埃德利:《西方情报机构与苏联解体》,孙成昊、张蓓译,社会科学文献出版社,2015年版,第1页。

新中国历史,使中国共产党经受住了1989年的政治风波和东欧剧变、苏联解体的考验。中国共产党从苏联解体的反面教材中得出了重要的启示和教训概括起来是四句话:苏联解体既有政治原因又有经济原因,政治原因是主要的;既有内因又有外因,内因是主要的;既有主观原因又有客观原因,主观原因是主要的;既有历史原因又有现实原因,现实原因是主要的。在众多原因中,必然有一种是主导的、起决定作用的。从根本上来说,问题主要出在苏共党内,又主要是其领袖人物背叛了马克思列宁主义的基本原则,对内背叛苏联人民,对外屈服于帝国主义的压力,把苏联党和国家引入歧途,葬送了几千万人流血牺牲换来的胜利成果。①

第二节　马克思主义中国化的国际影响

从马克思主义中国化的发展历程来看,虽然中国化起点迟于俄国化,新民主主义革命胜利晚于十月革命,社会主义建设探索阶段也没有取得苏联那样的辉煌成就,但是社会主义改革和发展获得了巨大的加速度,不仅克服了苏联解体所带来的不利影响,而且以其蓬勃健康的发展态势影响着整个世界。

一、新民主主义革命及其胜利促进了马克思主义在世界范围内的传播

第一,新民主主义革命创立了“农村胜利论”,强化了坚持把马克思主义基本原理与本国具体实际相结合的重要性。首先,新民主主义革命是发生在中国的革命,有别于十月革命。十月革命一声炮响给中国送来了马克思列宁主义,在马克思列宁主义指导下成立起来的中国共产党如何对待马克思列宁主义,是照搬照抄,还是结合国情灵活运用,这在当时不是一般性的态度问题,而是是否真正坚持马克思列宁主义的问题。其实质决定了中国革命能否最终取得胜利。历史已经证明,中国共产党立足中国国情,从中国半殖民地半封建社会的性质出发,设计并探索出了一条具有中国特色的,“农村包围城市,武装夺取政权”的革命新道路。在革命斗争过程中,中国共产党人既没有抛弃和偏离马克思列宁主义,又没有机械地听命于苏联共产党和共产国际的“瞎指挥”,多次纠正教条主义错误,挽救了红军,挽救了中国革命。毛泽东在《中国革命和中国共产党》一文中指出:“中国革命有在农村区域首先胜利的可能。”②这在当时对中国革命,乃至世界社会主义革命所具有的方法论

① 李慎明:《十月革命与当代社会主义》,社会科学文献出版社,2008年版,序言第5页。

② 《毛泽东选集》(第2卷),人民出版社,1991年版,第635页。

意义不亚于“一国胜利论”，它是“一国胜利论”在另一个国家的具体发展，其核心是强调革命要在马克思列宁主义指导下，但不能脱离国情。其次，新民主主义革命必须有别于“旧民主革命”。1921 年中国共产党成立之初，党对中国革命的规律和特点还不太了解，到党的二大时，制定了民主革命纲领，开始对新民主主义革命进行初步探索。1925 年前后，为了解决革命斗争中提出的实际问题，如革命中谁是朋友、谁是敌人，革命应当由谁来领导，党内出现了理论探索的高潮。陈独秀、李大钊、毛泽东、邓中夏、恽代英、瞿秋白等纷纷发表文章，阐述对中国革命基本问题的认识，初步提出了新民主主义革命的基本思想。毛泽东撰写的《中国社会各阶级的分析》、《国民革命与农民运动》、《湖南农民运动考察报告》等文章，集中反映了这一时期的探索成果。在实践上，以 1927 年大革命失败为标志的第一次国共合作宣告结束，以血的事实证明了无产阶级政党掌握革命领导权的重要性。

第二，新民主主义革命的胜利证明了社会主义革命胜利的必然性。十月革命以“首胜”的姿态证明了社会主义革命“一国胜利论”，并建立起历史上第一个社会主义国家。从理论研究的角度看，这一胜利只证明了社会主义革命胜利的可能性，但是否具有必然性和规律性，这在当时不仅是亟待解决的理论问题，实际上也急需要在实际中加以证明。新民主主义革命从地域上讲，是发生于苏联之外的东方国家，在当时不仅得到苏联共产党的指导和帮助，更吸引了世界范围各国的高度关注，不少国家，包括主要资本主义国家，都派出了记者、军事观察团，以及其他组织形式的人员，深入到中国的各个地区，广泛考察、深入研究，可以说对世界发生了重大的影响。从具体革命过程来看，中国人民抗日战争是世界反法西斯战争的主要战场，牵制了日本法西斯 94%的有生力量，为世界反法西斯战争的最终胜利做出了重大贡献。三年多解放战争，以及新中国的成立，不仅让占世界 1/4 人口的东方大国获得了独立，也极大地鼓舞了世界被压迫民族和人民的解放事业，为被压迫民族争取独立和解放树立了新榜样，新民土土义革命再次以铁的事实证明了社会主义革命胜利的必然性。

二、向社会主义过渡和探索建设社会主义实践创新了社会主义建设理论和实践

第一，“改造理论”丰富了向社会主义过渡的形式。十月革命后的新生苏维埃政权所经历的从“军事共产主义”到“新经济政策”的转变，至少说明了两个问题：其一就是马克思、恩格斯设想的“直接过渡”是有条件的过渡，在当时的俄国行不通；其二就是“新经济政策”是直接过渡之外的过渡方式，可能还有其他的方式，这一历史事实给了中国新生政权以极大的启发。在中国，新民主主义革命胜利以后，也经

历了一个由新民主主义社会向社会主义社会转变的阶段。毛泽东在党的七届二中全会指出,中国革命首先是要建立以中国无产阶级为首领的中国各个革命阶级联合专政的新民主主义社会,以完结其第一阶段。然后,才使它发展到第二阶段,从而建立中国社会主义的社会。这种社会,“一方面和旧形式的、欧美式的、资产阶级专政的、资本主义的共和国相区别”,“另一方面,也和苏联式的、无产阶级专政的、社会主义的共和国相区别”,“一切殖民地半殖民地国家的革命,在一定历史时期中所采取的国家形式,只能是第三种形式,这就是所谓新民主主义共和国”。① 毛泽东的新民主主义社会论在新中国成立初若干年得到了进一步充实和发展,其中最具特色的部分就是允许资本主义的存在和发展,因为,新民主主义社会时期的资本主义,从它的性质来看是革命的、有用的,是帮助社会主义的。在此思想的指导下,到 1956 年,中国共产党顺利完成了对农业、手工业和资本主义工商业的社会主义改造,实现了有别于苏联的向社会主义过渡。所以说,毛泽东创立的新民主主义是具有中国特色的建国模式,“改造理论”是中国共产党人根据中国的实际情况,对马克思主义社会发展规律的丰富和发展,对其后其他国家发动社会主义革命、向社会主义过渡具有重大的借鉴意义。

第二,“以苏为鉴”模式下探索建设社会主义道路。1956 年是社会主义运动史上非常值得记忆的一年。在苏联,召开了苏共二十大,从此进入后斯大林时代;在中国,基本完成社会主义改造,标志着社会主义基本制度初步建立起来,从此中国进入社会主义初级阶段。同时,也正因为苏共二十大,中国开启了由“以苏为师”转向“以苏为鉴”的建设模式。事实上,新中国成立之初,按毛泽东的话说,中国是“一穷二白”,中国社会生产力发展水平很落后,不仅建设社会主义的起点远低于马克思主义创始人对社会主义的最初设想,而且,在这样的基本国情下建设社会主义,在马克思主义的本本里也是不可能找到现成答案的。尽管,在过渡时期一度将“苏联模式”奉为学习的榜样,但随后不久就发现其存在不少弊端,加之后来中苏关系生变,因此,建设模式的转变是一种必然。

三、改革开放及其伟大成就赋予了社会主义制度新的更强大的生命力

第一,中国特色为丰富和发展社会主义制度提供了样式。走具有中国特色的社会主义建设道路,是毛泽东在 1956 年就提出来了的,经过 20 多年的艰辛探索,直到 1978 年党的十一届三中全会后,我们党才逐步确立起了一条成功的中国特色

---

① 《毛泽东选集》(第 2 卷),人民出版社,1991 年版,第 675 页。

社会主义建设道路。1979 年 3 月，邓小平首次提出“中国式的现代化道路”的命题，他指出：“过去搞民主革命，要适合中国情况，走毛泽东同志开辟的农村包围城市的道路。现在搞建设，也要适合中国情况，走出一条中国式的现代化道路。”①从理论上讲，科学社会主义的基本原理是具有永恒真理性的，这是因为科学社会主义在内容形态上具有一般性和原则性。在实践中是否对实践具有直接的指导作用，关键是要看运用这个理论的时间、地点和其他各种条件，而这个条件就是各国的具体国情。将科学社会主义的基本原理与各国具体国情相结合正是马克思主义本土化的必然要求。从实践上讲，十月革命胜利后建立起了世界上第一个社会主义国家，其经过 74 年的探索历程，最终却以失败而告终。虽然苏联解体是后话，但关键是在建立起社会主义制度后，苏联对其他各国都产生了重大的影响，其中有苏联对他国的主动直接干涉，也有他国对苏联的自觉模仿和照搬，东欧诸国剧变前的僵化发展和中国改革开放前 20 多年的探索就是证明。因此，改革开放后中国共产党和中国人民寻找到了中国特色社会主义道路的成功经验，为有志于坚持社会主义制度的世界各国提供了能够结合本国实际，走有自己特色的社会主义建设道路的样式。同时也说明，坚持社会主义道路没有固定的模式，也没有一致的标准，有自己特色的才是正确的。正如邓小平强调的：“无论是革命还是建设，都要注意学习和借鉴外国经验。但是，照抄照搬别国经验、别国模式，从来不能得到成功。”②

第二，改革开放为丰富和发展社会主义制度提供了动力。正如前文所述，解放思想、实事求是、与时俱进、求真务实是马克思主义的崇高理论品质，这就是说，马克思主义是一个开放的、发展的理论体系，要坚持马克思主义就必须不断丰富和发展马克思主义。同理，坚持社会主义是坚持马克思主义的具体体现，要坚持社会主义就必须不断丰富和发展社会主义，改革开放为丰富和发展社会主义提供了动力和根本途径，改革开放也是马克思主义中国化的本质要求和主要内容。从理论上讲，建设社会主义的关键，是要找到社会主义发展的内在动力。历史唯物主义认为，社会基本矛盾运动是人类社会发展的根本动力，其中社会生产力的发展是社会发展的最终动力、最根本的决定力量。对于中国而言，在生产资料的社会主义改造基本完成之后，社会主义社会基本矛盾的性质和内容已经发生了根本性的变化，人民日益增长的物质文化需要同落后的社会生产之间的矛盾，就成为社会主义社会的主要矛盾。因此，从根本上解决社会主要矛盾，就成为社会主义社会发展的根本动力和直接动力。由于历史的局限和各种复杂的国内外原因，我国在社会主义建设探索阶段走了 20 多年的弯路，邓小平指出：“如果现在再不实行改革，我们的现

① 《邓小平文选》(第 2 卷)，人民出版社，1994 年版，第 163 页。

② 《邓小平文选》(第 3 卷)，人民出版社，1993 年版，第 2 页。

代化事业和社会主义事业就会被葬送。”[①]改革就是变革社会主义生产关系和上层建筑中同生产力发展不相适应的环节和部分。改革是社会主义制度的自我完善和发展,而不是改变社会主义的根本制度。

改革开放30多年来,特别是在东欧剧变、苏联解体之后20多年来,虽然国际共产主义运动处于低潮,马克思主义“过时论”、社会主义“失败论”、资本主义“终结历史论”、民主社会主义“救中国论”等甚嚣尘上,如何认识资本主义、社会主义、马克思主义的前途和命运成为人们普遍关注的焦点。但是,以改革开放为根本途径和直接动力的马克思主义中国化,不仅以其成功的实践雄辩地证明了上述一系列思潮的荒谬和错误,而且以其辉煌的成就,为社会主义制度注入了新的强大的生命力。繁荣昌盛的中国,已经和必将继续对世界社会主义事业和国际共产主义运动以强有力的推动和支持。

第三节　中俄(苏)马克思主义本土化国际影响比较

马克思主义在俄国(苏联)和中国都发生了或存在着本土化,但由于两国本土化的具体情况和结果不一样,决定了两国本土化的国际影响是不一样的,亦即对马克思主义的发展、对他国本土化的推进所产生的作用和意义是不一样的。

一、俄国十月革命和中国新民主主义革命的胜利回答了不同的问题

俄国十月革命的胜利回答了马克思主义是否具有真理性的问题,对马克思主义的传播和发展具有里程碑的意义。马克思主义诞生于资本主义快速发展时期、资本主义相对繁荣时期,问世之时被认为是异端邪说,虽然经过创始人的努力,在工人阶级政党性质的组织中广为传播,也指导和激励着欧洲的工人运动,但是一直受到来自资产阶级的抵制和批判,特别在经过巴黎公社运动失败后,就连无产阶级内部也出现了质疑的声音。正是在创始人设想的欧洲革命迟迟不能到来这样的背景下,马克思主义传播到了资本主义发展相对落后的俄国,并与俄国革命的具体实际相结合,产生了俄国化的马克思主义,在马克思列宁主义的指导下,俄国十月革命取得了胜利,以铁的实践事实证明了马克思主义具有真理性,对当时的世界产生了强烈的震撼,所以说,十月革命开辟了人类历史的新纪元。

① 《邓小平文选》(第2卷),人民出版社,1994年版,第150页。

中国新民主主义革命及其胜利回答了马克思主义是否需要本土化的问题,对马克思主义的传播和发展具有推动剂的意义。“十月革命一声炮响,给中国送来了马克思列宁主义”是对马克思主义传入中国时机和方式的描述,是对在封建落后的中国进行革命急需要科学理论指导现实的描述。马克思主义指导俄国革命取得了胜利,是如何指导革命的,以及在中国是否适用仍然是一个很大的问题。在马克思列宁主义指导下成立起来的中国共产党,领导中国人民以最满腔的热情和最务实的作风,自觉和不自觉地学习和运用马克思列宁主义,在新民主主义革命的 28 年里,进行了或主动,或被动的正反两方面的实践,从成功中积累经验,在失败中汲取教训,不仅在 1938 年总结性地提出了马克思主义中国化的概念,而且以夺取新民主主义革命的胜利,建立新中国的生动实践证明了坚持马克思主义本土化的重要性,对当时的世界社会主义革命运动起到了极好的示范作用。

二、建设社会主义的“苏联模式”和“中国探索”产生了不同的效应

在“苏联模式”指导下的社会主义建设和发展不断趋向僵化。1936 年苏联宪法颁布实施,标志着“苏联模式”正式形成。历史地看,“苏联模式”在建成后的近 50 年里,尤其是在第二次世界大战期间,为取得卫国战争和世界反法西斯战争的胜利,以及为此后形成社会主义阵营等方面确实发挥了巨大的积极作用。而问题也恰恰就产生于此,因为这一系列的胜利,使得苏共陶醉于此,认为自己一手打造的“苏联模式”是放之四海而皆准的至高无上的真理,是可以一劳永逸的永恒真理。对外,对那些在苏共指导和帮助下获得独立主权的东欧各国照搬照用就行,无须变动,也不容变动。对内,无视不断变化发展的国际国内形势,以军事化发展战略主导经济发展,采用高度集中的计划经济体制和高度集权的政治体制,背弃民主,忽视民生,虽然也进行了一系列所谓的改革,但总体上是换汤不换药,国民经济和社会畸形发展,虚假强大的背后是不断蔓延的僵化趋势,不仅为苏联改革酝酿了风雨,也给世界社会主义运动埋下了隐患。

中国的社会主义建设开启了探索“特色之路”。新中国成立后,经过 7 年医治战争创伤、恢复生产和向社会主义过渡,到 1956 年年底完成了“一化三改造”,标志着中国建立了社会主义基本制度,并开始了社会主义建设探索。辩证地看,在党的十一届三中全会之前的 20 多年时间里,尽管发生了“反右扩大化”、“大跃进”、“人民公社化运动”和“文化大革命”等严重失误和错误,但是,在短短 20 多年时间里,不仅建立起独立的比较完整的工业体系和国民经济体系,而且,外交工作取得重大进展,国际地位得到恢复和提升,国防军队建设得到加强,尖端科技取得重大突破,

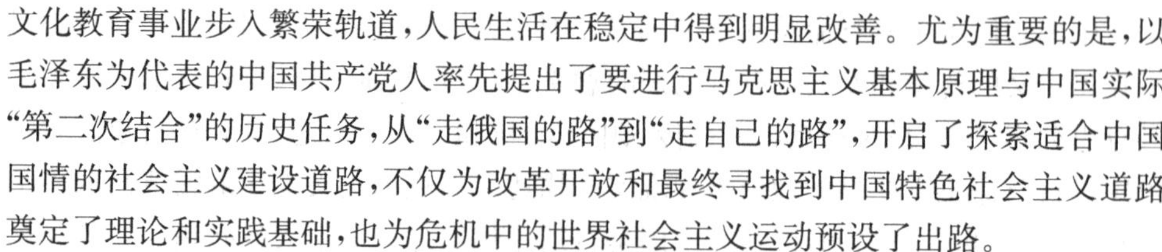

文化教育事业步入繁荣轨道，人民生活在稳定中得到明显改善。尤为重要的是，以毛泽东为代表的中国共产党人率先提出了要进行马克思主义基本原理与中国实际“第二次结合”的历史任务，从“走俄国的路”到“走自己的路”，开启了探索适合中国国情的社会主义建设道路，不仅为改革开放和最终寻找到中国特色社会主义道路奠定了理论和实践基础，也为危机中的世界社会主义运动预设了出路。

三、马克思主义在苏联被异化和在中国得到坚持和发展导致了不同命运

马克思主义在苏联改革中被异化，最终导致苏共垮台和苏联解体。从理论上讲，马克思主义基本原理具有真理性，同时也具有开放性，是一个不断与实践结合、接受实践检验、在实践中不断丰富、发展和完善的理论体系，但是无论如何发展，这个理论体系不能走向她的反面。从实践上讲，任何一个国家都需要发展，任何一个国家在发展中都会遇到困难、遇到瓶颈。改革前的苏联在本质上还是一个社会主义国家，在苏共的领导之下，坚持社会主义制度，实行公有制等，但是由于社会主义相对于资本主义还是一个新生事物，不仅具有内在的不完善性，而且在具体的社会主义建设中还因为人为的因素，使得社会主义不能很好地体现优越性。因此，改革是社会主义发展的题中应有之义，如今不能因为苏联解体而否定改革，要否定的是苏联的改革，是苏联背离马克思主义的改革，是苏联放弃共产党领导的改革。苏联曾经是社会主义大家庭中的一员，苏联解体是社会主义运动中出现的挫折，是社会主义的不幸，而不是终结。

坚持和发展马克思主义，中国共产党持续执政，中国特色社会主义充满生机和活力。苏联解体发生在中国改革开放之后，实事求是地讲，苏联解体给世界社会主义运动带来过沉重的打击，也给中国的社会主义建设带来过严重的影响。但是，苏联解体后的 20 多年来，中国共产党秉承改革开放的初衷和原则，并及时地、全面地、深刻地汲取苏联解体的教训，“以苏为鉴”，不仅顺利摆脱了由于苏联解体而兴起的颜色革命旋涡，成功地将中国特色社会主义事业推向了 21 世纪，而且在改革开放不断取得长足发展，对世界日益产生深刻影响的情况下，提出实现中华民族伟大复兴的“中国梦”，以及“两个 100 年”战略目标，使中国特色社会主义焕发出勃勃生机。

结束语

为什么要进行中俄(苏)马克思主义本土化比较研究,是一个人们关注的、理论上应然、实践中未然的问题。从上述比较研究的内容上可以看出,马克思主义的真理性经受了实践的检验,十月革命的胜利、第一个社会主义国家的建立和苏联的解体,从正反两个方面证明了,如果坚持将马克思主义基本原理与本国的具体实际相结合,社会主义革命、建设和改革发展就成功,反之,就会走向失败。中俄(苏)两国对待马克思主义的不同态度和不同结局,也从正反两方面证明了,如果坚持马克思主义,坚持社会主义,坚持共产党的领导,国家就强大,社会就发展,人民就幸福,反之亦然。马克思主义本土化在苏联失败的教训是惨痛的,导致苏联解体的原因是多方面的,是宏观的、中观的和微观的,各种因素的综合作用。马克思主义中国化的历程里,既有成功的经验,也有值得汲取的教训。马克思主义中国化的未来将面临更复杂的形势与挑战,必须严肃认真地总结自身的经验教训,更要汲取社会主义在苏联失败的教训。从比较研究这一活动过程可以看出,比较研究两国本土化的实践历史是吸取教训的最直接、最有效的途径和方法,比较研究不仅是当务之急,更是永恒课题。

今后在如下几方面将继续努力:一是鉴于苏联解体20多后仍然有许多历史档案尚未解密,这就决定了本文是该课题研究的阶段性成果,今后将在收集、整理和占有资料的全面性上下功夫,为做到叙述基本历程更全面、归纳凝练特点更准确、阐述启示更深刻提供保证;二是本课题研究的目标是进行全面系统的比较,但两国本土化实践时间跨度长、具体情况非常复杂,不同历史阶段的资料占有存在不平衡、苏联在改革时期实际上已经背离了马克思主义和社会主义等实际困难,今后将在确定比较研究对象的全面性、对应性上下功夫,在具体比较研究的层次性、系统性上下功夫,力争较好实现研究目标;三是在加强理论阐述和增添语言文字的生动性上做进一步的深入加工。

参考文献

一、文献资料

[1] 马克思恩格斯全集(第 1—50 卷). 北京:人民出版社,1956—1985.

[2] 马克思恩格斯选集(第 1—4 卷). 北京:人民出版社,2012.

[3] 列宁全集(第 1—60 卷). 北京:人民出版社,1984—1990.

[4] 列宁选集(第 1—4 卷). 北京:人民出版社,2012.

[5] 斯大林全集(第 1—13 卷). 北京:人民出版社,1953—1956.

[6] 斯大林选集(上、下卷). 北京:人民出版社,1979—1980.

[7] 毛泽东选集(第 1—4 卷). 北京:人民出版社,1991.

[8] 毛泽东文集(第 1—8 卷). 北京:人民出版社,1993—1999.

[9] 中共中央文献研究室,中共湖南省委《毛泽东早期文稿》编辑组. 毛泽东早期文稿(1912.6—1920.11). 长沙:湖南出版社,1990.

[10] 建国以来毛泽东文稿. 北京:中央文献出版社,1987—1998.

[11] 毛泽东书信选集. 北京:中央文献出版社,2003.

[12] 毛泽东外交文选. 北京:中央文献出版社,1994.

[13] 毛泽东著作选读(下册). 北京:人民出版社,1986.

[14] 邓小平文选(第 1—3 卷). 北京:人民出版社,1994、1994、1993.

[15] 邓小平年谱. 北京:中央文献出版社,2004.

[16] 邓小平文集(上、中、下卷). 北京:人民出版社,2014.

[17] 江泽民文选(第 1—3 卷). 北京:人民出版社,2006.

[18] 江泽民论有中国特色社会主义(专题摘编). 北京:中央文献出版社,2002.

[19] 周恩来选集(上、下卷). 北京:人民出版社,1980、1984.

[20] 周恩来统一战线文选. 北京:人民出版社,1984.

[21] 刘少奇选集(上、下卷). 北京:人民出版社,1981、1985.

[22] 刘少奇论党的建设. 北京:人民出版社,1991.

[23] 陈云文选(第 1—3 卷). 北京:人民出版社,1995.

[24] 李大钊全集(第 1—3 卷). 北京:河北教育出版社,1999.

[25] 李大钊全集(第 2 卷). 北京:人民出版社,2006.

[26] 李大钊文集. 北京:人民出版社,1984.

[27] 李大钊文集(上、下卷). 北京:人民出版社,1987.

[28] 艾思奇文集. 北京:人民出版社,1981.

[29] 瞿秋白. 新青年之新宣言. //新青年(季刊),1923-06-15(1).

[30] 萧三,等. 青年运动回忆录(第 2 集). 北京:中国青年出版社,1979.

[31] 薄一波. 若干重大决策与事件的回顾(上、下卷). 北京:中共党史出版社,2008.

[32] 胡绳. 中国共产党的七十年. 北京:中共党史出版社,1991.

[33] 中央档案馆. 中共中央文件选集(1—18). 北京:中共中央党校出版社,1989—1992. 北京:中央档案馆,中共中央文献研究室. 中共中央文件选集(1949—1966)(1—50). 北京:人民出版社,2013.

[34] 中共中央党史研究室第一研究部. 共产国际、联共(布)与中国革命档案资料丛书(1—6 卷). 北京:北京图书馆出版社,1997—1998.

[35] 中共中央党史研究室第一研究部. 共产国际、联共(布)与中国革命档案资料丛书(7—12 卷). 北京:中央文献出版社,2002.

[36] 中共中央党史研究室第一研究部. 共产国际、联共(布)与中国革命档案资料丛书(13—17 卷). 北京:中共党史出版社,2007.

[37] 中共中央文献研究室. 建国以来重要文献选编(第 1—20 册). 北京:中央文献出版社,1992—1998.

[38] 中共中央文献研究室. 十六大以来重要文献选编(上、中、下). 北京:中央文献出版社,2005—2008.

[39] 中国人民大学马列主义发展史研究所. 马克思主义史(一至四卷). 北京:人民出版社,1995—1996.

[40] 中国人民大学马列主义发展史研究所. 马克思恩格斯思想史. 上海:上海人民出版社,1982.

[41] 中国人民大学马列主义发展史研究所. 列宁思想史. 上海:上海人民出版社,1988.

[42] 国际共产主义运动史》编写组. 国际共产主义运动史——从马克思主义诞生至十月社会主义革命胜利. 北京:人民出版社,1978.

[43] 中国人民大学科学社会主义系国际共产主义运动史教研室. 国际共产主义运动史——从十月社会主义革命胜利到社会主义阵营形成. 北京:中国人民大学出版社,1983.

[44] 中国人民大学科学社会主义系国际共产主义运动史教研室. 当代国际共产主义运动. 北京:中国人民大学出版社,1991.

[45] 中共中央文献研究室. 建国以来重要文献选编(1—20 卷). 北京:中央文献出版社,1992—1998.

[46] 中共中央文献研究室,中央档案馆. 建党以来重要文献选编(1—26 卷). 北京:中央文献出版社,2011.

[47] 中共中央文献研究室. 三中全会以来重要文献选编(上、下). 北京:人民出版社,1982.

[48] 中共中央党校党建教研室,中共中央党校出版社. 十一届三中全会以来重要文献选编. 北京:中共中央党校出版社,1981.

[49] 中共中央文献研究室. 改革开放三十年重要文献选编. 北京:中央文献出版社,2008.

[50] 中共中央文献研究室第四编研部. 新时期重要会议通览(1978—1998),中央文献出版社,1999.

[51] 中共中央文献研究室. 中共十三届四中全会以来历次全国代表大会中央全会重要文献选编. 北京:中央文献出版社,2002.

[52] 中共中央文献研究室. 十二大以来重要文献选编(上、中、下). 北京:人民出版社,1986—1988.

[53] 中共中央文献研究室. 十三大以来重要文献选编(上、中、下). 北京:人民出版社,1991—1993.

[54] 中共中央文献研究室. 十四大以来重要文献选编(上、中、下). 北京:人民出版社,1996—1999.

[55] 中共中央文献研究室. 十五大以来重要文献选编(上、中、下). 北京:人民出版社,2000—2003.

[56] 中共中央文献研究室. 十六大以来重要文献选编(上、中、下). 北京:中央文献出版社,2005—2008.

[57] 中共中央文献研究室. 十七大以来重要文献选编(上、中、下). 北京:中央文献出版社,2009—2013.

[58] 中共中央文献研究室. 十八大以来重要文献选编(上). 北京:中央文献出版社,2014.

[59] 中国共产党历史(第一卷,上下册). 北京:中共党史出版社,2002.

[60] 中国共产党历史(第二卷,上下册). 北京:中共党史出版社,2011.

[61] 卡斯特罗言论集(第 2 册). 北京:人民出版社 1963.

[62] [朝]金日成. 在朝鲜劳动党历次代表大会上的报告. 北京:人民出版

社，1979.

[63] [朝]金正日. 以人民群众为中心的我们朝鲜式社会主义是战无不胜的. 平壤：朝鲜外文出版社，1991.

[64] 布哈林文选(上册). 北京：人民出版社，1981.

[65] [苏]赫鲁晓夫. 伟大的十月社会主义革命四十年. 新华社据塔斯社 1957 年 11 月 6 日电讯稿翻译. 北京：人民出版社，1957.

[66] [苏]赫鲁晓夫. 伟大的十月社会主义革命四十年(1957 年 11 月 6 日). // 赫鲁晓夫言论(第 7 集). 北京：世界知识出版社编辑，北京，世界知识出版社，1965.

[67] 赫鲁晓夫言论(第 1—15 集). 北京：世界知识出版社，1964—1966.

[68] [苏]赫鲁晓夫. 最后的遗言——赫鲁晓夫回忆录续集. 上海：东方出版社，1988.

[69] 赫鲁晓夫时期苏共中央全会文件汇编. 北京：商务印书馆，1976.

[70] 勃列日涅夫言论(第 1—18 集). 上海：上海人民出版社，1974—1979.

[71] [苏]戈尔巴乔夫. 改革与新思维. 苏群等译. 北京：新华出版社，1987.

[72] 戈尔巴乔夫言论集. 北京：人民出版社，1987.

[73] 戈尔巴乔夫回忆录. 唐玿等译. 北京：社会科学文献出版社，2002.

二、学术专著

[1] 顾海良. 马克思主义发展史. 北京：中国人民大学出版社，2009.

[2] 龚育之. 党史札记(第 2 集). 杭州：浙江人民出版社，2004.

[3] 俞良早. 马克思主义东方社会理论研究. 北京：中共中央党校出版社，2006.

[4] 邢和明. 中共眼里的苏联模式. 福州：福建人民出版社 2006.

[5] 张光明. 社会主义由西方到东方的演进. 昆明：云南人民出版社，2004.

[6] 左凤荣. 致命的错误. 北京：世界知识出版社，2001.

[7] 蔡文鹏. 信仰危机与苏联的命运. 北京：社会科学文献出版社，2012.

[8] 林志友. 马克思主义中国化的进程及其规律研究. 北京：中国社会科学出版社，2010.

[9] 李永忠，董瑛. 苏共亡党之谜. 北京：商务印书馆，2012.

[10] 龚育之. 从毛泽东到邓小平(增订新版). 北京：中央党史出版社，2000.

[11] 郭德宏. 中国马克思主义发展史. 北京：中共中央党校出版社，2010.

[12] 戴隆斌. 斯大林传. 北京：中共中央党校出版社，1998.

[13] 李慎明. 居安思危——苏共亡党二十年的思考. 北京：社会科学文献出版社，2011.

[14] 李慎明. 历史在这里沉思. 北京:社会科学文献出版社,2011.

[15] 李慎明. 十月革命与当代社会主义. 北京:社会科学文献出版社,2008.

[16] 荣长海,董四代. 社会主义思想史. 天津:天津社会科学院出版社,2002.

[17] 余金成. 马克思"两大发现"与现实社会主义. 天津:天津科学院出版社,2000.

[18] 董四代. 科学社会主义中国化的文化解读. 天津:天津人民出版社,2007.

[19] 董四代. 传统理想与社会主义现代化. 合肥:安徽人民出版社,2005.

[20] 李锦坤,等. 毛泽东战略思想研究. 天津:天津社会科学院出版社,2003.

[21] 刁谏,林志友. 马克思主义基本原理研究. 北京:红旗出版社,2007.

[22] 张泽民,林志友. 中国马克思主义发展史论(上). 北京:中国广播电视出版社,2006.

[23] 王锦伦. 毛泽东的理想主义和邓小平的现实主义——美国学者论中国. 北京:时事出版社,1996.

[24] 郑异凡. 布哈林论稿. 北京:中央编译出版社,1997.

[25] 杜维明. 儒学第三期发展的前景问题. 台北:联经出版事业公司,1989.

[26] 何一成. 马克思主义中国化专题研究. 长沙:湖南人民出版社,2005.

[27] 汪青松. 马克思主义中国化与中国化的马克思主义. 北京:中国社会科学出版社,2004.

[28] 施维树. 马克思主义中国化论析. 成都:四川大学出版社,2007.

[29] 罗本琦,等. 马克思主义中国化机制论. 北京:中国社会科学出版社,2007.

[30] 何萍,李维武. 马克思主义中国化探论. 北京:人民出版社,2002.

[31] 柳国庆. 马克思主义中国化历史经验研究. 杭州:浙江大学出版社,2006.

[32] 何继龄. 马克思主义中国化问题研究. 北京:中国社会科学出版社,2006.

[33] 曾德祥. 马克思中国化发展进程研究. 重庆:西南财经大学出版社,2005.

[34] 于桂芝. 全球化、中国现代化与马克思主义. 杭州:浙江大学出版社,2006.

[35] 李敬煊. 中国现代化与马克思主义中国化互动关系研究. 上海:华中师范大学出版社,2005.

[36] 肖浩辉. 马克思主义中国化研究. 长沙:湖南人民出版社,2008.

[37] 杨奎松. 马克思中国化的历史进程. 郑州:河南人民出版社,1994.

[38] 尚庆飞. 马克思中国化的历史与逻辑. 长春:吉林人民出版社,2002.

[39] 张锡金. 人生哲语. 合肥:安徽人民出版社,1992.

[40] 沈志华. 苏联共产党九十三年. 北京:当代中国出版社,1993.

[41] 赵常庆,等. 苏联民族问题研究. 北京:社会科学文献出版社,2007.

[42] 张树华. 过渡时期的俄罗斯社会. 北京:新华出版社,2001.

[43] 李淮春. 马克思主义哲学全书. 北京：中国人民大学出版社，1996.

[44] 李建中，黄福寿. 政党衰败根源析. 上海：学林出版社，2003.

[45] 姜列青. 俄罗斯笑话与幽默. 北京：中央编译出版社，2004.

[46] 徐隆彬. 赫鲁晓夫执政史. 济南：山东大学出版社，2002.

[47] 徐世澄. 古巴》(列国志). 北京：社会科学文献出版社，2003.

[48] 唐宝林. 马克思主义在中国 100 年. 合肥：安徽人民出版社，1997.

[49] 吴冷西. 忆毛主席. 北京：新华出版社，1995.

[50] 吴冷西. 十年论战(上册). 北京：中央文献出版社，1999.

三、翻译著作

[1] [美]塞缪尔・亨廷顿. 文明的冲突与世界秩序的重建. 周琪，等译. 北京：新华出版社，2002.

[2] [美]塞缪尔・亨廷顿. 变化社会中的政治秩序. 王冠华，译. 上海：上海人民出版社，2008.

[3] [德]哈拉尔德・米勒. 文明的共存. 郦红，等译. 北京：新华出版社，2002.

[4] [苏]索科洛夫斯基. 军事战略. 北京：世界知识出版社，1964.

[5] [俄]阿・切尔尼亚耶夫. 在戈尔巴乔夫身边六年. 徐葵，张达楠，译. 北京：世界知识出版社，2001.

[6] [美]尼克松. 1999：不战而胜. 杨鲁军，等译. 北京：中国人民大学出版社，1988.

[7] [美]兹・布热津斯基. 大失败——20 世纪共产主义的兴亡. 军事科学院军事研究部，译. 北京：军事科学出版社，1989.

[8] [俄]雅科夫列夫. "改革新思维"与苏联之命运. 高洪山，冯又松，阎亚平，等译. 长春：吉林人民出版社，1992(内部发行)。

[9] [法]布兰科・拉齐奇. 赫鲁晓夫秘密报告事件始末. 夏平，译. 上海：上海人民出版社，1988.

[10] [苏]费・布尔拉茨基. 领袖和谋士. 徐锦栋，译. 上海：东方出版社，1992.

[11] [俄]鲁・格・皮霍亚. 苏联政权史. 徐锦栋，等译. 上海：东方出版社，2006.

[12] [俄]尼古拉・伊万诺维奇・雷日科夫. 大国悲剧——苏联解体的前因后果. 徐昌翰，等译. 北京：新华出版社，2010.

四、期刊论文

[1] 秦宣. 马克思主义中国化最新成果的社会历史条件分析. 科学社会主义，

2007(2).

[2] 石仲泉.马克思主义中国化的历史进程.毛泽东邓小平理论研究,2006(6).

[3] 高放.再谈社会主义"同时胜利"和"一国胜利"问题.鲁东大学学报(哲学社会科学版),2006(3).

[4] 张静如,李向勇.马克思主义中国化历史进程中的两大理论体系.中国特色社会主义研究,2008(2).

[5] 刘林元.马克思主义中国化进程的理性审视.江海学刊,2007(6).

[6] 申小萃."马克思主义中国化"内涵的争鸣与科学辨伪.中国特色社会主义研究,2010(3).

[7] 徐梦秋,张爱华.马克思主义中国化的可能、现实与限度.马克思主义与现实,2009(1).

[8] 车玉玲.后苏联时期的马克思主义与启示.哲学动态,2010(3).

[9] 任晓伟.比较视阈中的"马克思主义俄国化"与马克思主义中国化.科学社会主义,2009(1).

[10] 崔桂田.共产党执政国家的马克思主义民族化比较.山东社会科学,2005(4).

[11] 秦宣.十月革命与社会主义现代化的历史经验.江汉论坛,2007(9).

[12] 董德刚.论马克思主义中国化的实质.马克思主义与现实,2009(1).

[13] 王永贵.论推动当代马克思主义大众化.南京师范大学学报(社会科学版),2010(3).

[14] 李曙新,徐德修.马克思主义创始人的社会建设思想论要.求实,2010(6).

[15] 刘霞."马克思主义中国化"研究之特性.理论探索,2010(3).

[16] 王熔楦.马克思主义的时代化和民族化新解读.理论学刊,2010(12).

[17] 李建勇.马克思主义经典作家理论"民族化"思想论述.社会主义研究,2010(4).

[18] 王锐生.马克思主义民族化与当代化的几个问题.中国特色社会主义研究,2005(6).

[19] 王素莉."五四"前后马克思主义在中国传播的若干问题探讨——也评石川祯浩〈中国共产党成立史〉的有关论述.中共党史研究,2010(5).

[20] 肖贵清.马克思主义中国化与中国化马克思主义的关系.安徽行政学院学报,2010(1).

[21] 洪建设,赵麟斌.马克思主义中国化研究述评.学术界,2010(4).

[22] 潘绍龙,王伟娜.马克思主义中国化基本规律探析.南京政治学院学报,

2010,26(1).

[23] 陈雯.毛泽东对马克思主义中国化的历史贡献.马克思主义理论研究,(理论月刊),2009(2).

[24] 卢冀宁.时代主题转变与新中国　两个30年我们党对马克思主义理论的发展和创新.理论学刊,2010(3).

[25] 杨秀萍.试论马克思主义中国化与大众化的关系.探索,2010(3).

[26] 杨彩娟.李大钊对马克思主义中国化的贡献.西安社会科学,2010,28(3).

[27] 林建华.马克思主义的时代化、本土化与中国化.中共天津市委党校学报,2008(4).

[28] 奚广庆.理论与实践:马克思主义民族化.文史哲,2000(2).

[29] 王荣栓.马克思主义的时代化和民族化新解读.理论学刊,2005(12).

[30] 李春华.马克思主义民族化的理论体系与实践范例.重庆社会科学,2008(7).

[31] 金德万.马克思主义中国化的民族化命题论.江汉论坛,2004(10).

[32] 李述森.论马克思主义俄国化过程中含义的改变.理论学刊,2006(6).

[33] 徐元宫.俄罗斯学者关于新中国60年发展经验教训评价之分析.中国特色社会主义研究,2010(2).

[34] 胡柏枝.浅谈前苏联社会主义建设的若干经验和教训.理论月刊,2001(6).

[35] 王果夫,张文喜.苏联解体原因新析.理论探讨,2004(3).

[36] 宋贵伦.马克思主义中国化的历史进程和阶段划分.中国特色社会主义研究,2007(5).

[37] 安念启.马克思主义哲学中国化:规律和形态.中国人民大学学报,2005(3).

[38] 林志友.对马克思主义三分法的再认识.马克思主义、列宁主义(人大复印资料),2008(10).

[39] 耿虹.论建国初期马克思主义大众化的背景和途径.传承,2009(12).

[40] 郑德荣,王占坤.抗日战争与马克思主义中国化的历史进程.毛泽东邓小平理论研究,2005(7).

[41] 马龙闪.马克思主义的俄国化与十月革命(一)(二).历史教学,2008(2)(4).

[42] 王久高.近十年来关于"一国建成社会主义"理论研究综述.当代世界与社会主义,2004(3).

[43] 杨谦,李萍.苏联推进马克思主义大众化的经验与教训.河北学刊,2010(6).

[44] 徐元宫.研究中国特色社会主义亟须加强对苏联历史的考察.中国特色社会主义研究,2008(6).

[45] 李敬煊,张安.关于马克思主义中国化基本规律研究的若干思考.马克思主义与现实,2009(1).

[46] 余金成.用整体马克思主义深化社会主义基础理论研究.学习论坛,2004(1).

[47] 张维忠,王晓林.论邓小平在马克思主义中国化进程中的历史地位.西安政治学院学报,2004(3).

[48] 张继清,黄明哲.从规律到规则:马克思主义和当代知识论核心的转换.教学与研究,2001(9).

[49] 吴克明.论马克思主义发展的基本规律.湘潭师范学院学报(社会科学版),2005(3).

[50] 王绍兴.论马克思主义理论发展新境界的基本规律.社会主义研究,2002(5).

[51] 张琳.马克思主义中国化进程早期若干不利倾向分析.中共中央党校学报,2001(4).

[52] 黄治正.马克思主义发展的内在动力学规律初探.求索,1987(2).

[53] 张天荣.马克思主义发展的一条规律.云南师范大学学报(哲学社会科学版),1990(1).

[54] 郑丽娅,胡学举.马克思主义发展规律新探.四川大学学报(哲学社会科学版),2006(2).

[55] 范迎秋.马克思主义理论创新的基本规律.理论界,2008(3).

[56] 赵洁新.试论马克思主义的发展规律——兼及马克思主义新发展的大趋势.学术交流,1988(4).

[57] 夏东民.借鉴创新:马克思主义中国化理论创新的一条重要规律.苏州大学学报(哲学社会科学版),2008(4).

[58] 包心鉴.马克思主义中国化的基本规律.中共云南省委党校学报,2004(5).

[59] 宋一.马克思主义中国化的规律与启示.学习论坛,2007(12).

[60] 郑谦.延伸与准备:1949 年至 1978 年马克思主义中国化的曲折进程与原因.中共党史研究,2007(4).

[61] 姚宏志,苏海舟.比较视域中的马克思主义本土化及其创新.安徽师范大

学学报(人文社会科学版),2010(6).

[62] 赵付科. 十六大以来马克思主义中国化进程中的理论创新及特点. 求实,2008(3).

[63] 孔朝霞,秦永芳. 马克思主义中国化早期探索的历史进程. 社会科学家,2007(4).

[64] 黄刚,彭冰冰. 近三年我国学者关于国外马克思主义研究综述(下). 思想理论教育导刊,2009(4).

[65] 陆魁宏. 马克思主义真理发展的规律. 湖南社会科学,2002(6).

[66] 李述森. 马克思主义·俄国马克思主义·中国马克思主义:一种比较分析. 东岳论丛,2010(1).

[67] 李述森. 论列宁与马克思恩格斯资本主义观的差异. 齐鲁学刊,2014(3).

[68] 李述森. 论列宁在不同历史时期的俄国国情观. 山东社会科学,2014(8).

[69] 李述森. 重大历史事件对列宁思想发展演变的影响. 山东师范大学学报(人文社会科学版),2013(5).

五、外文资料

[1] E. J. Hobsbawmed, *The History of Marxism*, *Vol*. 1: *Marxism in Marx's Day*, The Harvester Press, 1982.

[2] John H. kautsky, *Marxism and Leninism*, *not Marxism-Leninism*, Greenwood Press, 1994.

[3] A. James Gregor, Marxism, *China & Development*, New Jersey: New Brunswick,1995.

[4] Maurice Meisner. *Mao's China and After*, The Free Press, a Division of Simon & Schuster Inc. , 1986.

[5] Peter Worsley, Marx and Marxism, *London & New York*: Routledge, 2002.

[6] Jonathan Wolff, *Why Read Marx Today*, Okford University Press ,2002.

[7] L. Kolakowski, *Main Currents of Marxism*, *Vol. 1-3*, Oxford University Press,1978—1981.

后 记

当这本在我的博士学位论文基础上修改整理而成的专著即将定稿的时候，内心全然不是如释重负的感觉，而是些许不安、意犹未尽和莫名的压力。因为，做这个选题并不明智，甚至有点冒险，顺利获得博士学位只能是一个逗号，以此为新的起点继续进行深入研究还有很长的路要走。

我要衷心感谢中国人民大学秦宣教授和南京师范大学俞良早教授的诚恳指导和帮助，他们在我确定选题时给予我鼓励和信心；我要感谢南京师范大学王跃教授，感谢盐城师范学院芮鸿岩研究员，感谢扬州大学周建超教授、秦兴方教授、费迅教授、张扣林教授，以及江苏省委宣传部双传学教授，他们在我书稿写作和修改过程中给予了学术上的指导和精神上的支持，他们在百忙中抽空为本书稿进行“集体会诊”。他们有的意见春风化雨，丰富了我的观点；有的意见忠言逆耳，启发了我的思维；也有的意见则是基于不同的观点、处于不同的视角而提出的，但拓展了我的思路，让我受益匪浅。

我要特别感谢我的导师扬州大学马克思主义学院刘诚教授，她是我学术研究的领路人，是她让我确立了专业研究的意识和方向。她治学严谨、行为示范，督促我阅读了大量原著；她学风民主、开放宽容，培育了我创新思维的勇气；她对我的工作和学习关怀备至，为我排解工作中的烦恼，克服学习中的困难。在书稿的写作和修改过程中，刘老师耐心犹加、全面指导，从篇章布局到标题润色，从原理运用到论据阐述，从观点归纳到遣词造句，从写作进度到写作技术，可以肯定地说没有刘老师就没有本专著。

我还要感谢我的爱人和女儿，她们是我完成专著写作的坚强后盾。我的爱人包揽了全部家务，免除了我的后顾之忧；女儿学习自觉，不仅免去了我为她升学的担忧，她还经常和我交流，和我开展学习上的竞赛，让我增添了研究和写作的乐趣和动力。我还要感谢我的同学、师兄弟和姐妹，他们和我平等交换意见，他们乐于学习、勤于思考、敢于创新的学风经常激励着我、感染着我。此外，我还要感谢我的老领导童昭岗教授，他是体育运动训练学方面的著名专家，也是马克思主义理论的爱好者，多次在出差途中和我讨论马克思主义理论中我们共同感兴趣的内容，他于我亦师亦友。

在专著写作过程中，我参考了大量相关文献，从中吸取了很多有益的营养，有的以脚注的方式在文中做了说明，有的列入了参考文献，可能还存在有的借鉴和引用由于疏忽而被遗漏，在此我向所有作者表示诚谢！在本书出版的过程中，得到了南京大学出版社的支持和帮助，在此表示感谢！

最后，我不得不说，虽然本专著从起笔至今历时 1 000 余天，但因本人理论功底较浅，进入此领域时间较短，克服收集和占有资料方面存在困难的方法不多，加之平日工作任务繁杂，写作时断时续，所以，本书虽几经修改，一定还存在许多不足和错误之处，祈请读者和各位专家、学界同人批评指正！

姚永明

2015 年 9 月于扬州